रेत

आभार

डॉ. मुन्शी खाँ, राहुल मिश्रा, श्रीमती नीतू शर्मा,
चौधरी रहमान खाँ, देवेन्द्र 'माँझी'

रेत

भगवानदास मोरवाल

राजकमल प्रकाशन
नयी दिल्ली पटना इलाहाबाद

मूल्य : रु. 350.00

पहला संस्करण : 2008
पहली आवृत्ति : 2009

प्रकाशक : राजकमल प्रकाशन प्रा. लि.
1-बी, नेताजी सुभाष मार्ग
नई दिल्ली-110 002

शाखाएँ : अशोक राजपथ, साइंस कॉलेज के सामने, पटना-800 006
पहली मंजिल, दरबारी बिल्डिंग, महात्मा गांधी मार्ग, इलाहाबाद-211 001

वेबसाइट : www.rajkamalprakashan.com
ई-मेल : info@rajkamalprakashan.com

मुद्रक : बी.के. ऑफसेट
नवीन शाहदरा, दिल्ली-110 032

RET
(Novel) by Bhagwandass Morwal

ISBN : 978-81-267-1533-6

दूर तक फैले मटमैले जंगल को पुल के ऊपर से खड़े होकर देखें, तो पहले उसमें कुछ नहीं दिखाई देगा—सिवाय नीम-शीशम के कुछ नए-पुराने पेड़ों, अपने कोटरों में परिन्दों को आसरा देते एकाध बुज़ुर्ग पीपल के दरख़्तों और जगह-जगह बेतरतीब उलझे बालों के गुच्छों की तरह बिखरे करील की झाड़ियों के। मगर जैसे-जैसे उसमें दाख़िल हो आगे बढ़ते जाएँगे, उसकी निर्जनता का भ्रम टूटता जाएगा। बीच में किसी ठहरे हुए तालाब में जमी काई की मोटी परत की तरह छोटी-सी हरी चादर की कोख में बसी बस्ती। बस्ती से पुल को जोड़नेवाले छोटे-छोटे धूसर बीहड़, जो साँझ के गहराते झुटपुटे के साथ यहाँ आनेवाले धूल में लिपटे ट्रक, मारुतियों और मोटर साइकिलों के लिए अभेद्य पनाहगाहों में बदल जाते हैं। इसी पुल के इस पुराने नेशनल हाईवे से अपने-आपको जोड़नेवाली सड़क के एक ओर कटोरीवालों का तिबारा, तो थोड़ा आगे जाकर ठीक उसके सामने छोटी-सी हरी चादर से आच्छादित मील भर फैला यह फ़ासला, एक ही नाम के कई हिस्सों में बँटा हुआ है—गाजूकी, गाजूकी नदी और जहाँ वह खड़ा हुआ है गाजूकी पुल।

साइकिल को इसी पुल की दीवार के सहारे टिका और उसे थोड़ा विश्राम देते हुए घनश्याम 'कृष्ण' पूरब में टँगी श्यामल घटाओं से रह-रहकर चमकती बिजली को देखकर पहले तो न जाने किस सोच में डूब गया, किन्तु अचानक उसे न जाने क्या सूझा कि उसने साइकिल उठाई, और जहाँ जाने के लिए वह निकला था, उस तरफ़ अपनी साइकिल बढ़ा दी।

थोड़ी दूर जाकर साइकिल अब पुल के बग़ल से पच्छिम की ओर जाते एक तंग बीहड़, या कहिए सँकरी-सी धूसर घाटी में उतर गई। रेत के छोटे-छोटे बगूले जहाँ चौमासे की बारिश से कटकर बने जिन बीहड़ों की दीवारों से टकराकर, उन्मुक्तता के साथ निश्छल बच्चों की तरह ऊधम मचाते हुए किलकते रहते, वहीं ये बीहड़ चौमासे में पुल तक आते-आते एक अच्छी-खासी जीवित नदी का रूप

धारण कर लेते। हवा के ठण्डे-ठण्डे झोंके रेत की इन कटी दीवारों के बीच फँसकर, हल्की-हल्की सीटी मारते हुए साइकिल को पीछे से धकेलते, तो लगता मानो बच्चों का छोटा-सा हुजूम उसे पीछे से धकिया रहा है।

बीच-बीच में रेत की इस घाटी में समाया तीखा कसैला भभूका नथूनों से होता हुआ, फेफड़ों में जाकर ही दम लेता। घनश्याम 'कृष्ण' बहुत कोशिश करता उससे बचने की किन्तु पहले तोड़ की यह तीखी गन्ध तब तक उसका पीछा करती, जब तक वह इस फ़ासले को तय नहीं कर लेता। जगह-जगह बनी वाश-भट्टियों से उठती गन्ध और मटमैले धुएँ से ये बीहड़ उसे हमेशा बौराए-से लगते।

रास्ते में पड़नेवाली इन भट्टियों के लिए हालाँकि घनश्याम 'कृष्ण' कोई अनजाना-अपरिचित व्यक्ति नहीं है लेकिन भीतर-ही-भीतर इन सबको एक जिज्ञासा कुतरती रहती है कि भला-सा दीखनेवाला यह व्यक्ति आख़िर इस गाजूकी में करने क्या आता है? न कोई क्लिनिक, न दवाख़ाना। न किसी की दवा, न दारू और नाम वैद्यजी। क्यों सप्ताह में कम-से-कम दो चक्कर लग जाते हैं इसके? क्यों देर-सवेर इन बीहड़ों की आवारा रेत को खूँदता हुआ, सरकण्डों की पैनियों से अपनी देह को नुचवाता और समय-असमय कँटीले झाड़-झंखाड़ों से हाथापाई करने आता है?

रेत की सँकरी घाटी को पार कर उसने साइकिल बस्ती की ओर मोड़ दी, परन्तु अगले ही पल उसने उसकी गति कम कर दी और सोचने लगा कि क्यों न भूरा की मज़ार के सामने से होकर चला जाए। फिर न जाने क्या सूझा और उसने मज़ार के सामने से जाने का विचार त्याग दिया तथा सामने खड़े खोखों में से एक खोखा यानी 'अंगूरी पान भण्डार' की ओर बढ़ गया।

घनश्याम 'कृष्ण' को माँगने की ज़रूरत नहीं पड़ी। उसकी ज़रूरत की चीज़ जैसे पहले से उसका इन्तज़ार कर रही थी।

"अंगूरीऽऽ..."

"लेओ बैद्जी।" उम्र में कम किन्तु देह से प्रौढ़-सी दीखनेवाली दुकानदार ने महीन मुस्कान बिखेरते हुए उसका वाक्य पूरा होने से पहले कहा।

घनश्याम 'कृष्ण' यानी वैद्यजी चुप।

उसने खोखे से अपनी चीज़ ली और उसे जेब के हवाले कर पैसे देने लगा तो एक रहस्यमयी मुस्कान पुनः खोखे से उछली, "बैद्जी, आज तो बहुत दिनों में दिखाई दिए हो।"

वैद्यजी ने कोई जवाब नहीं दिया बल्कि चुपचाप साइकिल उठाई और आगे

बढ़ गया।

साइकिल अब बस्ती में प्रवेश कर गई। बस्ती का यह आम रास्ता कहने भर को है, असल में यह आमने-सामने के घरों से बहनेवाली छोटी-छोटी नालियों से मिलकर बनी एक बड़ी नाली का ही काम करता है।

इसी रास्ते से गुज़रते हुए जगह-जगह कमरों के सामने बिछी चारपाइयों और अलगनियों पर सूखते कपड़ों के बीच से झाँकते चेहरों का अभिवादन स्वीकारते हुए साइकिल आगे बढ़ती रही। थोड़ी दूर जाकर वह दाईं ओर मुड़ी तथा एक मकान के सामने जाकर रुक गई। अपनी चिर-परिचित शैली में पहले साइकिल की घण्टी बजी, और फिर दीवार का सहारा ले अभी वह दम लेती कि दरवाज़े पर खड़ी चार-साढ़े चार वर्ष की लड़की ने चिल्लाते हुए अन्दर जाकर उसके आने की सूचना दे दी।

उसने कुछ नहीं कहा। बस, मुस्कराकर रह गया।

कमला सदन।

लगभग पाँच सौ वर्ग ग़ज ज़मीन पर बना विशाल मकान। बाहर प्रवेश द्वार के बग़ल में जैटस्टोन अर्थात् संगमूसा के दो बाई डेढ़ फुट के आयताकार पत्थर पर अंग्रेज़ी के बड़े-बड़े शब्दों में खुदा 'कमला सदन'। इस पट्टिका पर 'कमला सदन' के ठीक ऊपर खुदी ओऊम् की आकृति को, पिछली बार की तरह वैद्यजी ने उसे एक पल रुककर प्रागैतिहासिक काल के किसी शिलालेख की तरह निहारा और फिर अन्दर प्रवेश कर गया।

"भाभीऽऽ, बैदूजी आए हैंऽऽऽ! पिंकी, जा अपनी मम्मी से कह कुछ खाने के लिए भी लेती आएगी!" रुक्मिणी ने अन्दर आवाज़ लगाने के साथ-साथ उसी चार-साढ़े चार वर्षीय लड़की को आदेश देते हुए कहा, जिसने चिल्लाते हुए वैद्यजी के आने की सूचना दी थी।

"अच्छा बुआ।" रुक्मिणी के आदेश पर आज्ञाकारी हरकारे की तरह पिंकी चहकती हुई दौड़ पड़ी अपनी माँ को अपनी बुआ का सन्देश देने।

लेकिन इस आज्ञाकारी हरकारे का चेहरा उस समय बुझता चला गया जब उसने देखा कि उसके सन्देश से पहले उसकी माँ हाथ में ट्रे थामे सामने से चली आ रही है। पिंकी की माँ अर्थात् भाभी ने अपनी ननद रुक्मिणी की आवाज़ सुन ली थी शायद। पिंकी को बीच रास्ते से माँ के साथ वापस लौटना पड़ा।

“बैद्जी, मरे कहाँ रहा इत्ते दिन?” मुँह में अठखेलियाँ करते ‘हुस्न बाग’ के किणकों को चुबलाते हुए, आते ही शिकायत की कमला बुआ ने।

“बुआ, बस ऐसे ही नहीं आ पाया।”

“आ जाया कर मरे। इस बूढ़ी बुआ की भी खैर-खबर ले लिया कर।”

वैद्यजी कुछ नहीं बोला। वह जानता है कमला बुआ का यह अपना अन्दाज़ है।

“बैद्जी, मेरी दवा अब की बार भी लाए हो या फिर भूल गए?” रुक्मिणी ने धीरे-से पूछा।

“पहले कुछ खा-पी लेने दे। आते ही पूछ बैठी कि मेरी दवा लाए हो या ना।” भाभी को स्टूल पर ट्रे रखता देख बुआ ने रुक्मिणी को डाँटा।

वैद्यजी का ध्यान पानी का गिलास उठाते समय भाभी की अँगुलियों पर गया। फिर नज़र घूँघट से अधढके चेहरे पर पड़ी, तो उसे जैसे अपने सन्देह की पुष्टि होती हुई दिखाई दी।

“मरे इन्हें तो खा!” बुआ ने एक प्लेट में रखी बर्फ़ियों की ओर इशारा करते हुए कहा।

तन्द्रा भंग हुई वैद्यजी की।

“बाजार की हैं।” बुआ ने जान-बूझकर कहा।

“बुआ, ऐसी कोई बात नहीं है। इतना ही बहुत है।”

“संतो, बेटी इनूने उठा ले!”

कमला बुआ के आदेश पर संतो भाभी स्टूल से ट्रे उठाकर ले जाने लगी कि जाते-जाते एकसाथ अपने-अपने कामों की फ़ेहरिस्त उसकी ओर बढ़ती चली गई। सारे आदेशों-निर्देशों को शिरोधार्य कर सन्तो भाभी चली गई।

वैद्यजी का इस पर पहले कभी ध्यान नहीं गया किन्तु अब उसने इस पर ग़ौर किया, तो पाया कि वह जितनी बार कमला सदन में आया है, तथा इस सन्तो का जब-जब अपनी सास, ननदों या फिर नानस कमला बुआ से सामना हुआ है, पहले से चकरघिन्नी बनी इसके कामों में एक नया काम इसकी सूची में शामिल हो जाता है। मगर वाह री संतो, सबके कामों को पूरा करने में जी-जान से जुटी रहती है जबकि उसकी ये ननदें रुक्मिणी, वंदना, पूनम और सास सुशीला...।

“बैद्जी, मैंने जो पूछा है उसका कोई जवाब नहीं दिया।”

“ऐं!” अकबकाते हुए वर्तमान में लौटा वैद्यजी।

“आपकी तबियत तो ठीक है?” रुक्मिणी ने झल्लाते हुए कहा।

''बुआ, संतो बीमार है क्या?'' रुक्मिणी के सवाल का जवाब देने के बजाय वैद्यजी ने बुआ से पूछा।

अपने सवाल के बदले जवाब के बजाय वैद्यजी के इस असमय सवाल पर रुक्मिणी ने खीझते हुए पूछा वैद्यजी से, ''क्यों, क्या हुआ इसे?''

''हाथ कुछ पीले-पीले से हैं इसलिए पूछ लिया।''

''पीले क्या, हमारी तो सुनती ही नहीं है। कितनी बार कहा है कि दिखा आ धरमपुरा जाकर किसी बैद-हकीम को...पर ना।'' सुशीला ने लगभग बहू की शिकायत करते हुए बताया।

''यह क्या दिखा आए...ले जाएगा मंगल। अकेली कैसे जाएगी?'' कहते हुए वैद्यजी का चेहरा खिंच आया।

''हुँ, मंगल। वह तो जरूर दिखाकर आएगा। सारे दिन दारू पीने से फुरसत मिले जब न।'' कमला बुआ ने असलियत बताते हुए कहा।

''मुझे शक है बुआ कि इसे पीलिया है!''

''क्यों, भाभी की बड़ी चिन्ता है और मैं जो इतनी बार पूछ चुकी हूँ, उसका कोई जवाब नहीं।'' रुक्मिणी ने तड़कते हुए टोका वैद्यजी को।

''हाँ बाबा लाया हूँ!'' वैद्यजी ने भी उसी अन्दाज़ में कहा।

''चलो, जवाब तो मिला।'' कनखियों से देखा रुक्मिणी ने बिना यह ध्यान दिए हुए कि कब उसका हाथ अपनी जाँघों के बीच चला गया।

''बुआ देख, मास्टरजी ने क्या बनवाया है।'' बीच में चहकते हुए पिंकी ने अपनी कॉपी दिखाते हुए व्यवधान डालते हुए पूछा रुक्मिणी से।

''मुझे क्या दिखाती है। बैद्जी को दिखा!'' पिंकी से पिण्ड छुड़ाते हुए रुक्मिणी ने उसे वैद्यजी की ओर धकेल दिया।

वैद्यजी ने पिंकी द्वारा कॉपी पर उकेरी गई आड़ी-तिरछी रेखाओं से बनी अमूर्त आकृतियों को ध्यान से देखने की मुद्रा बनाई। रेखाओं में उलझे वैद्यजी को देख पिंकी ने हुलसते हुए चारों ओर देखा।

''पिंकी, आज स्कूल नहीं गई?'' वैद्यजी ने कॉपी से नज़र हटाते हुए पूछा पिंकी से।

''ना।'' पिंकी ने पट्ट से जवाब दिया।

''क्यों?''

''आज सण्डे है।''

वैद्यजी ने मुस्कराकर देखा पिंकी की ओर।

''बैद्जी, हमारी पिंकी बड़ी सयानी है।''

कमला बुआ से अपनी प्रशंसा सुन पिंकी की आँखें चमक उठीं।

"मैं तो अपनी पिंकी को बैद्जी डाक्टर बनाऊँगी।" सुशीला ने पोती का उत्साह बढ़ाते हुए कहा।

"क्यों, बनेगी डॉक्टर?" वैद्यजी ने मुस्कराते हुए पूछा।

किसी तरह का जवाब देने के बजाय पिंकी ने भागकर अपनी दादी की गोद में सिर घुसेड़ दिया।

"पिंकी, बेटा बैद्जी पूछ रहे हैं कि डाक्टर बनेगी।" अपनी गोद से पोती का चेहरा निकालते हुए पूछा सुशीला ने।

"ना।"

"तो फिर टीचर बनेगी?" इस बार छोटी बुआ वंदना ने हँसते हुए पूछा।

"ना।" पिंकी ने फिर वही रटा-रटाया जवाब दोहरा दिया।

"क्या ना-ना लगा रक्खी है। ना डाक्टर बनेगी ना टीचर बनेगी तो क्या परधान मन्त्री बनेगी।"

"मरी, क्यों डाँट रही है। बन जाएगी जो कुछ बनना है।" मुँह में घुले 'हुस्न बाग' के किणकों को ज़मीन पर थूकते कमला बुआ ने टोका रुक्मिणी को।

"चल तू ही बता, क्या बनेगी।" एक दादी की तरह बिना अपना धैर्य खोए पोती के सिर पर हाथ फेरते हुए बड़े ही प्यार से पूछा सुशीला ने।

"मैं तो दादीऽऽऽ..."

"हाँ-हाँ बता!" पोती को उत्साहित करते हुए सुशीला की आँखें चमक उठीं यह सोचते हुए कि अनन्त आकाश में उड़ने की चाह रखनेवाले परिन्दों के लिए कोई छोर थोड़े ही बँधे हुए हैं। कल्पनाओं के न जाने कितने चटक रंगों के चित्र मूर्त हो उठे।

कमला बुआ ने इस बीच दाँतों से 'हुस्न बाग' के पाऊच का किनारा कुतरा और गप्प से उसे मुँह में डाल गई। उसे भी यदि इस कमला सदन की लड़कियों में किसी से कुछ उम्मीद है, तो इसी पिंकी से है।

"दादी, मैं तो..."

इतना कहकर पिंकी एक बार फिर रुक गई कहते-कहते। उसने वहाँ बैठे पूरे कमला सदन पर नज़र डाली--सबसे पहले कमला बुआ पर फिर दादी सुशीला पर, इसके बाद छोटी दादी माया और फिर एक-एक कर अपनी सारी बुआओं अर्थात् रुक्मिणी, वंदना और पूनम पर। सबसे अन्त में उसने माँ से नज़र मिलाई। माँ से नज़र मिलते ही पिंकी का चेहरा माँ के चेहरे की तरह ज़र्द होता चला गया। एकदम ऐसे मानो वह भी पीलिया से ग्रस्त है। घूँघट से अधढके चेहरे में धँसी

आँखों में अचानक पैदा हुए हौंस के बावजूद पिंकी के चेहरे और आँखों के भोलेपन में कोई बदलाव नहीं आया। बल्कि होंठ धीरे-धीरे वक्र होते चले गए। माँ-बेटी में आँखों-ही-आँखों में जैसे कोई मौन संवाद हुआ। पलभर में सारे दृश्य मासूम पिंकी की स्मृति में कौंध गए।

माँ से नज़र हटी तो एक बार फिर से रुक्मिणी बुआ पर आकर ठहर गई।

"ऐसे क्या देखे जा रही है...बोल न, क्या बनेगी?" रुक्मिणी ने बेहद स्नेह से दुलारते हुए पूछा।

रुक्मिणी बुआ के इस दुलार से पिंकी के चेहरे पर एक निश्छल-शुभ्र मासूम मुस्कान तैरने लगी। उसने अन्तिम बार देखा रुक्मिणी बुआ की ओर तथा पूरे आत्मविश्वास के साथ पहलेवाले अन्दाज़ में लौटते हुए बोली, "मैं तो बुआ बनूँगी।"

"क्याऽऽऽ!"

पूरे कमला सदन में जैसे बादल फट पड़ा। लगा दीवार पर टँगा कोई विशाल दर्पण फ़र्श पर आकर गिरा हो। चारों ओर पड़े टुकड़ों में पहले दिखाई देनेवाला अकेला अक्स, अनगिनत टुकड़ों में बिखर गया। सुशीला यानी एक दादी की कल्पनाओं के सारे चटक रंग एकाएक बदरंग हो उठे। कमला सदन की भावी उम्मीदों पर जैसे धूल पड़ गई। कमला बुआ को पता ही नहीं चला कि मुँह में घुले 'हुस्न बाग' के किणके मौक़ा मिलते ही कब हलक़ से नीचे उतर गए। उसे रह-रहकर हिचकी आने लगी। लपककर उसने पानी का गिलास उठाया और एक ही साँस में पी गई वरना मारे हिचकी के आँतें रह-रहकर बाहर खिंचने को हो रही थीं।

इस बीच पता नहीं कब दरवाज़े से लगी संतो तेज़ी से पिंकी के पास आई, और जब तक कोई कुछ समझ पाता, सन्नाटे को चीरता हुआ एक झन्नाटेदार तमाचा पिंकी के गाल पर पड़ा। तमाचा इतना ज़ोर का था कि लगा किसी ने कोई पटाखा छोड़ा हो। पिंकी की आँखों के आगे अँधेरा छा गया। क्षणभर के लिए उसकी समझ में कुछ नहीं आया। काफ़ी देर बाद तो उसके मुँह से रोने की आवाज़ निकली। संतो हाथ पकड़कर पिंकी को घसीटते हुए ले जाने लगी कि उसी समय सुशीला माँ-बेटी की ओर लपकी, तथा पिंकी को संतो से खींचकर अलग करते हुए चीखी, "तेरा मगज फिर गया है क्या राँड!"

नहीं रुका गया संतो से। भरभराकर रेत की दीवार की तरह ढहती चली गई, "बैदूजी, बुआ ही ठीक है...बुआ बनके कम-से-कम मेरी तरह नरक तो ना भोगेगी।"

पूरा कमला सदन अवाक्। क्या कह गई इस घर की बहू? किसी ने कुछ नहीं कहा।

''वंदना, इसे भीतर ले जा!'' कमला बुआ का इशारा संतो की तरफ़ था।

वैद्यजी का जी उचट गया। हालाँकि संतो इस समय सामने नहीं है किन्तु विषाद में लिपटा उसका चेहरा अभी भी उसके अवचेतन में गड़ी किसी कील पर टँगा हुआ है। रुक्मिणी, वंदना, पूनम सहित बुआ, सुशीला, माया का वैद्यजी से बात करना दूर रहा, उससे नज़रें मिलाना भी मुश्किल हो गया। अपराध-बोध से भीतर-ही-भीतर ग़र्क़ होने लगीं। रह-रहकर लगता रहा जैसे इस घर की बहू द्वारा भोगे जा रहे उसके इस नरक के लिए वे ही सब ज़िम्मेदार हैं।

पिंकी भी भूल गई कि माँ ने उसे कोई तमाचा जड़ा था। भला यह भी कोई याद रखने की बात है। यही सोचकर पिछले दिनों की तरह इस तमाचे को भी वह भूल गई। हाँ, उसकी यह अभी भी समझ में नहीं आ रहा है कि आख़िर माँ ने उसकी किस ग़लती के लिए उसे यह सज़ा दी थी। इसी का जवाब खोजते-खोजते वह अपनी कॉपी पर, अपने ही द्वारा उकेरी गई आड़ी-तिरछी रेखाओं से बनीं अमूर्त आकृतियों से खेलने लगी।

इससे अच्छा अवसर नहीं दिखाई दिया वैद्यजी को। उसने पिंकी को अपने पास बुलाया और जेब से एक रुपए का सिक्का निकालकर, जबरन पिंकी की हथेली पर रख दिया। पहले तो पिंकी ने संकोच किया और फिर अपनी दादी की ओर से स्वीकृति मिलने पर पट्ट से उसे मुट्ठी में भींच लिया।

''तो तू बड़ी होकर बुआ बनेगी?''

वैद्यजी की ओर से उछले इस अप्रत्याशित प्रश्न पर पिंकी की भिंची हुई मुट्ठी ढीली पड़ती चली गई। जवाब में उसने सिर हिलाते हुए हामी भरी। उसे डर था अगर उसने कुछ कहा तो कहीं उसे फिर से माँ का चाँटा न खाना पड़े। हालाँकि माँ इस समय वहाँ उपस्थित नहीं थी।

''पर क्यों बनेगी बुआ?'' वैद्यजी ने अबोध पिंकी की आँखों में इस निरपेक्षता के साथ देखा कि वह इसमें उलझ गई।

''बताऊँ, बुआ रोज अच्छे-अच्छे कपड़े पहनती है। लेटकर टीवी देखती है औऽऽर...''

''और क्या?'' वैद्यजी ने उठाकर पिंकी को इस बार गोद में बिठा लिया।

''और बुआ के पास जो अंकल आते हैं न वो कितना रुपया देकर जाते हैं।''

पिंकी की बात सुन रुक्मिणी, वंदना, पूनम पर मानो घड़ों पानी पड़ गया। वैद्यजी ने कनखियों से देखा उनकी तरफ़। एक बार फिर अवसाद-भरा सन्नाटा

छा गया कमला सदन में।

वैद्यजी के लिए अब सचमुच बैठना मुश्किल हो गया। कभी वह पिंकी को देखता, तो कभी कमला बुआ को। कभी वह सुशीला-माया को देखने लगता तो कभी रुक्मिणी, वंदना, पूनम को। धीरे-धीरे सबको देखते हुए उसे लगने लगा जैसे सामने बैठी कमला बुआ सहित उसकी सारी बुआओं के चेहरों पर पिंकी का चेहरा चस्पा हो गया। संतो के शब्द उसे अपने कानों में आवें में पकी मिट्टी की सुर्ख़ गोलियाँ-सी रड़कते हुए महसूस होने लगे, जबकि उसकी गोद में बैठी पिंकी अब उसे सन्तो भाभी में तब्दील होती दिखाई देने लगी—यानी पाँवों में पड़ी बिवाइयों के खाँचे, अधढके चेहरे से झाँकती निर्निमेष ज़र्द आँखें और तन को हमेशा एक ही साड़ी के नाम पर कुचैली-सी धोती में ढकी रहनेवाली भाभी।

"ठीक है बुआ, अब मैं चलता हूँ। अगर मंगल संतो को धरमपुरा ले जाए तो ठीक है वरना मैं आता हूँ एकाध दिन में।" गोद से पिंकी को नीचे उतारते हुए वैद्यजी ने कहा।

अभी वैद्यजी जाने के लिए उठा ही था कि रुक्मिणी ने टोकते हुए कहा, "और बैद्जी, मेरी दवाई?"

"तेरी दवाई यही है कि तू यह धंधा छोड़ दे।"

"छोड़ दूँगी तो गुजारा कैसे होगा?"

"कर ले किसी से ब्याह।" मुस्कराते हुए कहा वैद्यजी ने।

"अब कौन करेगा बैद्जी।" गहरी साँस लेते हुए आगे कहा रुक्मिणी ने, "बैद्जी, इज़्ज़तदार कोई मिलेगा नहीं और कंजर कोई करेगा नहीं। वैसे भी ब्याह करके कौन-सा सुख मिलना है। सुना नहीं भाभी ने क्या कहा था। इसलिए बुआ बने रहने में ही भलाई है बैद्जी। भाभी बनने में क्या रखा है। चल छोड़, पहले यह बता क्या हुआ मेरी दवाई का?"

"अगली बार आऊँगा तो लेता आऊँगा।"

"पर अभी तो कह रहे थे कि लाया हूँ।"

"वह तो ऐसे ही मज़ाक कर रहा था।"

"सच कहूँ बैद्जी, अब तो बुरा हाल हो जाता है।"

"कह दिया न, अगली बार आऊँगा तो लेता आऊँगा।"

साइकिल उठा वैद्यजी जैसे ही पैडल मार उस पर चढ़ा कि पीछे से पिंकी दौड़ी हुई आई और हाँफते हुए बोली, "बैज्जी-बैज्जी, मम्मी बुला रही है।"

"जाकर कह दे, अगली बार आऊँगा तो मिलकर जाऊँगा।"

इतना कह वैद्यजी पैडल मारता कि एक मुर्गी अगले पहिए कि नीचे

आते-आते बची। मुश्किल से बचा पाया वह मुर्गी को और मुश्किल से बचा पाया अपने-आपको नीचे गिरने से।

2

रेत की इस घाटी में जगह-जगह पड़नेवाली वाश-भट्टियाँ ही नहीं, खुद घनश्याम 'कृष्ण' अर्थात् वैद्यजी को भी याद नहीं है कि वह कब से इस गाजूकी में आ रहा है, और कब से इस कमला सदन का हिस्सा बना हुआ है? ऐसा कोई बड़ा अवसर या फ़ैसला नहीं होता, जो बिना वैद्यजी की राय लिए बिना पूरा होता हो, या कर लिया जाता हो। यहाँ तक कि शादी-विवाह से लेकर दूसरे बड़े मौक़ों पर धरमपुरा बाज़ार से मजाल है कोई सामान बिना उससे पूछे कमला सदन में आ जाए।

सुशीला के बड़े बेटे मंगल की इस संतो से शादी तो हुई ही वैद्यजी की देखरेख में है। आज पहली बार वैद्यजी की समझ में आ रहा है संतो का अपनी अबोध बेटी के बारे में यह कहना कि बुआ बनकर कम-से-कम मेरी तरह नरक तो नहीं भोगेगी। अपनी ही बेटी को बुआ बनाने के बारे में कोई माँ भला कैसे सोच सकती है। यह गाँठ अब सुलझती-सी दिखाई दे रही है वैद्यजी को। अब पता चल रहा है उस 'धर्म-विवाह' का अर्थ, जिसे देखकर उस समय वह भी अभिभूत हो उठा था। मंगल-संतो की शादी, जैसे कल की ही बात हो। पाँच-साढ़े पाँच वर्ष बाद भी एक-एक दृश्य उसकी स्मृतियों की पलकों पर वैसा का वैसा बैठा हुआ है।

पूरी जीप भरकर गई लावा का बास। अच्छा घर। सुन्दर लड़की। किसी को कोई ऐतराज़ नहीं। वैद्यजी से भी ली गई राय।

"बताओ न बैद्जी छोरी कैसी है?" टटोलते हुए पूछा कमला बुआ ने।

"लड़की तो ठीक है बुआ।"

"चलो जी, हमारे बैद्जी राजी तो हम राजी।" बुआ ने उद्घोषणा करते हुए कहा।

इससे पहले कि वैद्यजी कुछ समझ पाता, बुआ ने लड़की के पिता के बजाय उसके ताऊ से पूछा, "हाँ सिकंदर, अब बता लेन-देन की बात?"

वैद्यजी चुपचाप सुनता रहा उनका वार्तालाप।

"बुआ, माँग तो मेरी तीन की है।" जवाब लड़की के ताऊ की जगह उसके

पिता ने दिया।

"तीऽऽन, बावला हुआ है। कोई नीम के पत्ते हैं कि जो तूने कहा और मैंने दे दिए।"

"फिर तू बता बुआ?" लड़की के पिता ने गेंद कमला बुआ के पाले में सरकाते हुए कहा।

"देख, सगाई पक्की करनी है तो दूँगी पूरे दो...नहीं तू अपने घर और मैं अपने..."

"नाराज मत हो बुआ, आराम से बैठ!" लड़की के ताऊ ने कमला बुआ को मनाते हुए कहा।

"देख बुआ, छोरी जबर है...सुघड़ है। अगर तीन देने हैं तो अभी मँगाऊँ हल्दी-सिक्का..."

"लोहड़ा, तू चुप कर! मैं कर रहा हूँ न बात।" अपने छोटे भाई यानी लड़की के पिता को चुप कराते हुए उसके ताऊ ने डाँटते हुए आगे कहा, "देख बुआ, तेरी बात भी रह जाए और लड़की के हाथ-पाँव भी पीले हो जाएँ...चल, ढाई में बात पक्की।"

"सिकंदर, अगर तेरा जी माने तो दे दूँगी ढाई, नहीं तो...बैद्जी, खड़े होओ!"

"तू तो घोड़ा पे सवार होके आई है बुआ। बैठ तो सही।" सिकंदर ने कमला बुआ को जबरन बैठाते हुए कहा। बुआ के साथ-साथ वैद्यजी भी बैठ गया।

"ऐसा कर बुआ, न हमारी न तेरी, पौने तीन में..."

"एक आना भी ना दूँ फालतू।"

"तू तो एकदम ही भीत बन गई बुआ कि हिलाने से भी ना हिल रही है। यहाँ आके खाली हाथ लौटना अच्छी बात ना है।"

सिकंदर ने अन्ततः कमला बुआ को सोचने पर मजबूर कर दिया। सोचने लगी वह कि सिकंदर कह तो सही रहा है।

सिकंदर ने तपते लोहे पर चोट की, "बुआ, ला निकाल रोक की रकम!"

"मरे, तू कह रहा है तो मान जाती हूँ। बैद्जी, देओ छोरी-रुकाई के पचास हजार!" हाथ में पकड़े एक थैले को वैद्यजी की ओर बढ़ाते हुए बोली कमला बुआ।

वैद्यजी ने थैले से पाँच सौ की एक गड्डी निकाली और उसे बुआ की ओर बढ़ाया ही था कि बुआ ने लगभग डाँटते हुए कहा, "मरे, मुझे क्या...रख सिकंदर के हाथ पे!"

अपनी ग़लती का एहसास हुआ वैद्यजी को। तुरन्त अपनी ग़लती को सुधारते

हुए वैद्यजी ने गड्डी सिकंदर की ओर बढ़ाई ही थी कि बुआ ने पुनः बीच में टोका, ''और सिकंदर सुन, जो कुछ कहना-सुनना है अभी कह-सुन ले। पीछे ना होना चाहिए कोई टंटा। अगर सगाई तोड़ने की बात सोची तो पता है न रुकाई के इन पचास हजार के बदले कितने देने पड़ेंगे?''

''हाँ बुआ, पता है पचास के तीन लड़ा।''

''खाली तीन लड़ा नहीं, सारा खरचा-पानी भी देना पड़ेगा।''

''मत समझा बुआ, सब पता है।'' इस बार सिकंदर जैसे झुँझला उठा।

''तो फिर बैद्जी, देओ रकम!'' बुआ ने वैद्यजी को आदेश देते हुए कहा।

इस बीच लड़की को बुलवा लिया गया। बुआ ने जेब से एक-एक के दो चाँदी के सिक्के और हल्दी की गाँठ निकाली तथा वैद्यजी की तरफ़ बढ़ाती हुई बोली, ''ले बैद्जी, तू ही कर सगाई की रसम पूरी।''

वैद्यजी मुँह ताकने लगा कमला बुआ का।

''बैद्जी, इस गाँठ को इन सिक्कों के बीच में धर के कूट!''

बुआ के निर्देश का पालन करते हुए वैद्यजी ने पास में रखे बट्टे को उठाया और दोनों सिक्कों के बीच हल्दी की गाँठ रख, सावधानी से उसे कूटने लगा।

''बैद्जी, अब इसे इस कटोरी में घोल ले!'' तब तक बुआ के पास आ पहुँची कटोरी और पानी से भरा गिलास वैद्यजी की ओर बढ़ा दिया बुआ ने।

वैद्यजी ने हल्दी कटोरी में घोली और उसे बुआ को दे दिया।

''ला बेटी, पाँव आगे कर!''

इसके बाद बुआ ने अपनी होनेवाली वधू के हाथों और पाँवों में हल्दी का घोल लगाते हुए सगाई की रस्म पूरी कर दी।

''सिकंदर, छोरी के मामा को बुलवा!''

सिर पर तौलिया रख वधू का मामा रामलाल आ गया।

''बैद्जी, देओ मामा को इक्कीस सौ!''

कमला के इस निर्देश पर वैद्यजी के हाथ ने जैसे इनकार कर दिया। भाँप गई बुआ वैद्यजी की दुविधा।

''घबरा मत बैद्जी, यह इज़्ज़तदारों की नहीं कंजरों की सगाई है।'' 'हुस्न बाग' के एक पाऊच को दाँतों से खच्च से काटते हुए मुस्कराई बुआ।

वैद्यजी ने बिना किसी प्रतिक्रिया के इक्कीस सौ रुपए वधू के मामा की ओर बढ़ा दिए।

''तो सिकंदर, आज से यह छोरी हो गई हमारी।''

सगाई की रस्म पूरी होते ही जिस चीज़ का इन्तज़ार था अन्ततः वह भी आ

है...ये लो!'' बग़ल में दबी डायरी को अपने जनाब की मेज़ पर रखते हुए बताया हवलदार रामसिंह ने।

''हवलदार, इस इलाके में क्या सिर्फ कंजर ही रहते हैं?'' डायरी को अपनी ओर सरकाते हुए पूछा थानेदार ने।

''मैं कुछ समझा नहीं जनाब।''

''मेरा मतलब है यहाँ भाँतू, बेड़िया, हाबूड़ा, साँसी नहीं रहते हैं?''

''रहते होंगे जनाब, पर हम तो सबको कंजर ही कहते हैं। यह सब आप क्यों पूछ रहे हो जनाब?''

''इसलिए क्योंकि क्रिमिनल ट्राइब्स एक्ट, 1924 के तहत सरकार ने सैंतालीस जरायम-पेशा जातियाँ नोटिफाई की हैं। जैसे—भाट, डोम, सिंगीवाला, महावत, बावरिया, बधक, कुरमाँगता, कंकाली, बहेलिया, करवाल, कनमैलिया, खुरपालता, कनफट्टा, गोदनहार, वैद औघड़...''

''जनाब, आप यह कोई मंत्र पढ़ रहे हो या कंजरों के नाम गिना रहे हो?''

''क्यों?'' पलटकर पूछा थानेदार ने।

''इसलिए जनाब कि ये नाम मैं पहली बार सुन रहा हूँ...वैसे ये सब कंजर हैं जनाब?''

''बेशक, क्योंकि एक अंग्रेज़ अफ़सर क्रक्रुस का कहना है कि कंजर एक बहुत बड़े कबीले के हिस्से हैं। इनके नजदीक के सम्बन्धी साँसी, हाबूड़ा, बेड़िए और भाँतू हैं, तो नट, बंजारा, बहेलिए दूर के। अब तो कंजर, भाँतू, बेड़िया, हाबूड़ा, बावरियों में भेद करना मुश्किल है।''

''जनाब, आपको तो बड़ी जानकारी है।''

''अबे बूबक, यह मेरी जानकारी नहीं इस किताब में से पढ़कर बता रहा हूँ।''

''सो तो है जनाब।''

''अपनी पिछली पोस्टिंग के दौरान मुझे साँसियों और बेड़ियों के बारे में एक नई जानकारी मिली थी। तू सुनेगा तो हैरान रह जाएगा।''

''फिर बताओ न जनाब!'' सचमुच हवलदार की जिज्ञासा अब उसे बेचैन करने लगी।

''बहुत दिन पहले साँसमल और साँसी नाम के दो भाई हुए थे। बाद में साँसीमल के वंशज बेड़िया और साँसी के साँसिया या साँसियाभार कहलाए। साँसिया बेड़ियों को ढोली और अपने को भाँतू कहते। जबकि बेड़िया साँसियों को महेश कहते। साँसी कंजर इन्हीं में से निकली एक जाति है। वैसे एक बात है रामसिंह कि ये साँसी कंजर तेरे गोत्र के हैं।'' थानेदार केसर सिंह ने हँसते हुए छेड़ा।

“क...कैसी बात कर रहे हो जनाब। कहाँ ये कंजर और कहाँ हम जाट।” हवलदार रामसिंह ने अपने जनाब का हँसते हुए प्रतिवाद किया।

“मैंने जो सुना है, वही बता रहा हूँ। साँसियों में एक किस्सा बहुत मशहूर है। हुआ यह कि जब साँसमल और साँसी दोनों भाई जिन्दा थे, तब पुंज जाट के एक वंशज मुब्लानर जाट ने हुकुम दिया कि साँसियों को कुछ ख़िराज (राजस्व कर) उन्हें देना चाहिए। इसलिए पुराने जमाने में ये अपने-आपको जाटों का भाट कहते थे। आगे चलकर साँसियों में यह चलन-सा हो गया कि अपनी विरदावलियों में अपने पुरखों के नाम के साथ जाटों का नाम शामिल करने लगे। यही वजह है कि जाट साँसियों को अपना जाति-भाई मानते हैं। साँसियों में दो गोत्र मुख्य हैं—कल्हास और मल्हास। कभी-कभी ये भी कंजर कहलाते हैं लेकिन अब ये अपने-आपको कंजर नहीं मानते जबकि सच्चाई यह है कि बेड़िया और साँसी दोनों कंजरों की शाखाएँ हैं।”

“ऐसा क्यों जनाब?”

“इसलिए कि मुसलमानों में भी कंजर होते हैं, जबकि साँसी सारे हिन्दू होते हैं।”

“तभी तो जनाब एक बार मैंने गाजूकी में एक कंजर को नमाज पढ़ते हुए देखा था। जबकि जनाब मैं तो यह समझे हुए था कि सारे कंजर हिन्दू होते हैं।”

“चल छोड़ होते होंगे हमारी बला से हिन्दू या मुसलमान। असल मुद्दे पर आते हैं। सारी डिटेल है न इसमें?” डायरी के पन्नों को पलटते हुए पूछा थानेदार ने।

“हाँ जनाब।”

“गुड।”

“और जनाब, मुखिया को भी साथ लेकर आया हूँ।”

“ठीक है। बुला उसको।”

हवलदार रामसिंह तुरन्त बाहर गया और वापस लौटा तो वृद्ध व्यक्ति के नाम पर एक जर्जर काया भर थी उसके साथ, जिसे धकियाते हुए उसे आगे करते हुए बोला, “ये है जनाब।”

“तो तू है गाजूकी का मुखिया?” थानेदार केसर सिंह ने पैनी आवाज़ में पूछा।

“जी हुजूर।” हाथ जोड़कर कहा उस जर्जर काया ने।

“तुझे पता है, रजिस्ट्रीशुदा कंजरों की जिम्मेदारी मुखिया की होती है?”

"कैसी जिम्मेदारी सरकार?"

"यही कि बिना इजाजत या इत्तिला दिए कोई कंजर गाँव छोड़कर नहीं जा सकता...और जाता है तो मुखिया को इसकी जानकारी होनी चाहिए, जिसकी इत्तिला मुखिया को थाने में देनी होती है।"

मुखिया चुप। जर्जर काया ज़र्द पत्ते-सी काँपने लगी।

"पता है, थाने में इत्तिला ना देने पर तुझे सजा हो सकती है।" इतना कहकर थानेदार केसर सिंह हवलदार की ओर पलटा तथा आदेश देते हुए बोला, "हवलदार, अब यह जिम्मेदारी तेरी है कि कल से हरेक रजिस्ट्रीशुदा कंजर थाने में आकर हाजिरी देगा। अगर कोई बीमार है और वह थाने में नहीं आ सकता, तो उसे अपनी बीमारी की इत्तिला भिजवानी होगी।"

"बेहतर जनाब।"

"और सुन, सबके नाम रजिस्टर में अंग्रेजी में दर्ज कर, उसकी एक लिस्ट नोटिस बोर्ड पर लगी होनी चाहिए। मजिस्ट्रेट साब कभी भी दौरे पर आ सकते हैं। ये अंग्रेज अफ़सरान कायदे-कानून के बड़े पाबन्द और सख़्त होते हैं।" मजिस्ट्रेट से थानेदार केसर सिंह का आशय जिला मजिस्ट्रेट से था। जिला मजिस्ट्रेट को ही उस समय रजिस्टर में किसी का नाम जोड़ने या काटने का पूरा अधिकार होता था और इसके फ़ैसलों के ख़िलाफ़ कोई अपील नहीं हो सकती थी।

"एक बात इन्हें जरूर बता देना कि किसी भी रजिस्ट्रीशुदा कंजर को जब भी थाने में बुलाया जाए, उसे हर हालत में आना पड़ेगा, वह भी सही टाईम पर वरना..."

"समझ गया जनाब। इसका ध्यान रखा जाएगा। एक बाऽऽत कहनी थी जनाब...?" कहते-कहते रुक गया हवलदार रामसिंह।

"तो फिर कह न।"

"जनाब, मेरी राय है कि छापा तो कभी भी मारा जा सकता है। मजा तो तब है जब सारी रजिस्ट्रियों को थाने में ही बुलाकर एक बार परेड कराई जाए। स्सालियों को पता तो चले कि थानेदार केसर सिंह आखिर है किस यमराज का नाम।"

अपने मातहत हवलदार रामसिंह के मुँह से अपनी तुलना यमराज से सुन थानेदार केसर सिंह को बुरा नहीं लगा, क्योंकि यमराज तो वह है ही। बल्कि उसकी छाती सगर्व चौड़ी होती चली गई। हवलदार के तर्क में वज़न तो है। नथुनों से गरम साँसों के निकलनेवाले भभूकों ने अनायास गति पकड़ ली। कनपटियों

की नसें खिंचने लगीं और भुजाओं की मछलियाँ मचलने लगीं यमराज केसर सिंह की।

''जनाब, कल सारी रजिस्ट्रियों को आपके सामने लाकर ना खड़ा कर दिया, तो जनाब हवलदार रामसिंह नहीं इस बन्दे का नाम...।'' अपने जनाब की चुप्पी से उत्साहित हो इस बार सामने खड़े मुखिया की ओर देखकर गुर्राया हवलदार रामसिंह, ''मुखिया, जाकर कह देना गाजूकी में कि अगर उन्हें अपने मरदों को छुड़वाना है, तो आकर दे जाएँ इनकी जमानतें...और हाँ, बिना इत्तिला दिए कोई भी खिलावड़ी इधर से उधर नहीं होनी चाहिए वरना साहब की पावर का तो तुझे पता चल ही गया होगा।''

हवलदार रामसिंह ने जिस अंदाज़ में गर्दन हिलाते हुए मुखिया से कहा, उसे सुनकर उसकी कौड़ी-सी भयातुर आँखें क्षणभर के लिए शून्य में ठहर गईं। सूखे पत्ते-सी काया काँपकर रह गई।

थानेदार केसर सिंह को कुछ भी कहने की ज़रूरत नहीं पड़ी। हवलदार रामसिंह ने बिना कुछ करे परेड की व्यवस्था कर दी।

धरमपुरा थाने में केसर सिंह नाम के थानेदार का नहीं, साक्षात् यमराज के प्रतिरूप का तबादला होकर आया है। इतनी पाबन्दी तो ये अंग्रेज़ अफ़सर भी नहीं लगा रहे हैं, जिन्होंने यह कानून बनाया है। उनका मक़सद इस कानून के ज़रिए उन पर निगरानी और नियन्त्रण रखना भर है, जबकि अपने देसी अफ़सर उन्हें तो जैसे ऐसे ही मौक़ों की तलाश रहती है।

कस्तूरी बुआ तो सुनते ही लावा-सी फूट पड़ी, ''यह देसी फिरंगी हमें परेड के लिए नहीं, हमारी छातियाँ नापने के लिए बुला रहा है।''

''बुलाया है तो जाना पड़ेगा कस्तूरी। मैं तो देख चुकी हूँ इस दरोगा को। दरोगा नहीं पूरा जल्लाद है। जरा भी रहम नहीं है मरे के।''

''बचनो तेरे-मेरे जाने में कोई हर्ज ना है पर सबको बुलाने का मतलब क्या है।''

''मतलब हम सबको पता है कस्तूरी।'' गहरी साँस ली बचनो ने। फिर दीर्घ निःश्वास लेते हुए बोली, ''अपने ही मुलक में हमारे तो दो-दो बैरी हो गए। पता ना देवी मारी, प्रभा और भुइयाँ माँ इनसे कब पीछा छुड़ाएँगी।'' बचनो ने अपनी देवियों से अरज की।

''असली बैरी तो अपने ही हैं। देखती ना है आए दिन गाजूकी में राय साहब,

दीवान साहब, राय बहादुर और खान बहादुरों की कैसी लैन लगी रहती है। ये सब और कुछ ना हैं इन फिरंगियों के कोरे दलाल हैं। असली हुकूमत फिरंगी नहीं इनके ये बहादुर, साहब और ये दरोगा जैसे भड़ुए कर रहे हैं।''

''जो भी है बचनो, वह तो भुगतना ही पड़ेगा अब।'' बचनो ने समर्पण करते हुए कहा।

सूचना मिलते ही साक्षात् यमराज यानी थानेदार केसर सिंह के भीतर मानो छोटे-छोटे सोते फूटने लगे। मन बेक़ाबू होने लगा। एक बार मन में आया भी कि अभी जाकर देखे बाहर लेकिन अपनी यमराज की बनी छवि के मटियामेट होने के डर से इरादा बदल दिया। समय काटने की ग़रज़ से थानेदार केसर सिंह कुर्सी से उठा और दीवार पर टँगे दर्पण के सामने जाकर खड़ा हो गया। कई बार अपने-आपको अलग-अलग कोणों से निहारा। अचानक निहारते हुए कनपटी के ऊपर फैली सफ़ेदी पर उसकी नज़र पड़ी, तो पल भर के लिए सारे उत्साह पर पानी-सा फिर गया। चेहरा बुझता चला गया। यह तो ग़नीमत है कि मूँछों का एकाध सफ़ेद बाल खुलकर नज़र नहीं आ रहा है।

''जनाब, अन्दर ही बुला लाऊँ याऽऽऽ...'' हवलदार रामसिंह ने हिचकिचाते हुए पूछा।

''कितनी हैं?'' अपने संयम पर लगाम कसते हुए पूछा थानेदार ने।

''बहुत हैं जनाब।''

''ठीक है, यहीं बुला ला!'' इतना कह थानेदार ने दराज़ खोली और हवलदार द्वारा दी गई डायरी बाहर निकाल ली।

''जनाब, सब आ गई हैं।'' अपनी डायरी में गहरे तक डूबे अपने जनाब को बाहर निकालने का प्रयास करते हुए हवलदार ने धीरे-से सूचना दी।

शायद हवलदार के जनाब को सुनाई नहीं दिया, यही सोचकर थोड़ी ऊँची आवाज़ में कहा इस बार हवलदार रामसिंह ने।

थानेदार केसर सिंह ने सिर उठाकर देखा तो लगा जैसे पलभर के लिए कमरे में पहले तोड़ की मदाती तीखी गंध घुस आई है। सामने कुछ कच्चे-कच्चे अधपके फ़ालसों को देख, उनकी खटास से साक्षात् यमराज के मुँह में पानी भर आया। इसी बीच उसका हाथ सरसराता हुआ डायरी तक पहुँचा और खुले पन्ने पर नज़र जाकर ठहर गई।

थानेदार केसर सिंह ने डायरी से नज़र हटा सब पर उचटती-सी निगाह मारी।

कहा कुछ नहीं। बार-बार डायरी के पन्नों को पलटता रहा। इधर हवलदार रामसिंह को रह-रहकर अपने जनाब की इस असंगत क्रिया पर हैरानी हो रही है। उसकी समझ में नहीं आ रहा है कि जब उसने ख़ुद अपने हाथ से उस पन्ने का किनारा मोड़कर यह बता दिया था, जहाँ इन सबके नाम हैं, तब रह-रहकर उसकी डायरी के पन्नों की ऐसी-तैसी करने का मतलब क्या है? मन तो हवलदार रामसिंह का कर रहा है कि वह डायरी को अपने जनाब के हाथों से छीन ले किन्तु ऐसा करना उसके लिए सम्भव नहीं है। अगर मैकाले साहब के सरकारी मुलाज़िमों के लिए बने क़ायदे-कानून आड़े नहीं आते, तो यह काम वह अब तक कर चुका होता, और सारी रजिस्ट्रियों से कह देता कि जाओ जाकर खेलो अपने-अपने घर, जो होगा मैं देख लूँगा।

हवलदार रामसिंह की हैरानी अब तेज़ी से झुँझलाहट में बदलने लगी। उसका धैर्य अपनी बग़ावत पर उतारू हो गया। इस बीच थानेदार केसर सिंह ने होंठों को गोल करते हुए इन्हें थूथनी की शक्ल दी, और एक लम्बी साँस लेते हुए फिर से डायरी में डूबने या कहिए खोने का प्रपंच रचता, उससे पहले हवलदार तेज़ी से लपकता हुआ अपने जनाब के पास आया और हाथ से डायरी लेते हुए बोला, ‘‘लाओ जनाब, मैं बताता हूँ।’’

थानेदार ने कोई प्रतिरोध नहीं किया बल्कि उसे तो जैसे पता ही नहीं चला कि डायरी कब उसके हाथ से उसके मातहत के हाथ में चली गई।

‘‘लो जनाब सुनो!’’ ज़ोर से कहा हवलदार ने।

थानेदार ने अपने हवलदार को हाथ का इशारा कर उसे रोक दिया और पुनः किसी गहरी सोच में डूबता चला गया, सिर्फ़ इतना कहकर, ‘‘हवलदार, सारी रजिस्ट्रियाँ आ गई हैं?’’

‘‘जी जनाब।’’ हवलदार ने तत्परता के साथ जवाब दिया।

‘‘हवलदार, जमानत तो मुश्किल लग रही है।’’ अन्यमनस्कता के साथ सामने खड़े झुंड को सुनाते बोला थानेदार।

सुनते ही पूरे झुंड में बेचैनी व्याप गई। इस जल्लाद के बारे में जैसा सुना था वैसा ही प्रतीत हो रहा है।

‘‘मैं कुछ समझा नहीं जनाब?’’ हवलदार रामसिंह की सारी हैरानी व झुँझलाहट ग़ायब हो गई।

‘‘इसलिए कि जमानत मुझे नहीं जज साहब को देनी है, और वह इस समय छुट्टी पर है।’’ हवलदार की सुने बिना अपनी दुविधा व्यक्त करते हुए बताया थानेदार ने।

"फिर जनाब, अब क्या होगा?"

"दरोगा जी, एक बात कहूँ..."

पहली बार सामने झुंड से उछली इस आवाज़ पर सिर उठाकर धीरे-से देखा थानेदार ने।

"सीधे-सीधे मुद्दे पर आओ! रही बात जमानत की तो वह हो ही जानी है। वैसे भी थाना-कचैड़ी आना हमारा रोज का काम है...जमानत का डर मत दिखाओ हमें। कंजरों को जेल-हवालात से नहीं लगता है डर...कितने दिन रखोगे हवालात में—एक दिन, दो दिन!" कस्तूरी ने जैसे सीधे-सीधे चुनौती दे डाली।

सामने से उछले इस बेख़ौफ़ आवाहन पर साक्षात् यमराज की पेशानी पर बल पड़ते चले गए। लगा जैसे शिराओं में ठिठके रक्त में कुछ हलचल-सी हुई है।

"जनाब, देख लो कुछ हो जाए तो।" फिर थोड़ा रुककर बोला हवलदार, "मैं इनको भी समझाता हूँ जनाब।" हवलदार रामसिंह चतुराई और कुटिलता से काम लेने की नीति पर उतर आया क्योंकि वह जानता है नतीजा क्या निकलेगा।

हवलदार रामसिंह कमरे से बाहर जाने लगा, तो पीछे-पीछे बचनो और कस्तूरी भी हो लीं।

"बचनो, समझा इस कस्तूरी को!" बाहर आते ही फट पड़ा हवलदार।

"हवलदार, ऐसे डिरामे हम रोज देखती हैं। जो कहना है साफ-साफ क्यों नहीं कहता। कायदे से धंधे के इल्जाम में हमें हवालात में बंद करने का हक थानेदार को नहीं डी.एस.पी को होता है...ज्यादा से ज्यादा यह हमें एक सौ इक्यावन में रख सकता है एकाध दिन हवालात में। हमें मत समझाओ कायदे-कानून।" बचनो के कुछ कहने से पहले कस्तूरी हवलदार पर चढ़ बैठी।

"पर साहब तो हवालात में डालने की बात ही नहीं कर रहे हैं। उन्होंने तो आपको जमानत के लिए बुलाया है।"

"हम सब समझती हैं कि हमें कौन-सी जमानत के लिए बुलाया है।"

"हवलदार, जैसे भी हो इस राँडा-नपूती से पिंड छुड़वा!" बात को आगे बढ़ता देख बचनो टूटने लगी।

"ठीक है मैं साहब से बात करके देखता हूँ।"

लगभग दस मिनट बाद आया हवलदार रामसिंह।

"हवलदार, क्या हुआ?" बेचैनी और व्यग्रता बढ़ने लगी बचनो की।

"मुश्किल है बात बननी।" साँस छोड़ते हुए गहरी निराशा के साथ आकर सूचना दी हवलदार ने।

"मुश्किल है ना-मुमकिन तो ना है न?" भाँप गई कस्तूरी हवलदार की इस

मुश्किल को।

"..."

"हवलदार खुलके कह!"

"एक ही रास्ता है कस्तूरी! अब चाहे तुम इसे साहब की शरम समझ लो या उसकी पॉवर।"

"पर बता तो सही वह है क्या?" बचनो की धड़कनें तेज़ हो उठीं।

"रास्ता यह है कि..."

"क्याऽऽऽ...?" वाक्य पूरा होते-होते बचनो और कस्तूरी का मुँह खुला का खुला रह गया।

"प...पर कस्तूरी अभी तो उसकी मत्था ढकाई भी नहीं हुई है और यह दरोगा...।" बचनो का हलक़ सूखने लगा।

"मैंने साहब को समझाने की बहुत कोशिश की, पर साहब भी अपनी जिद पर अड़ा हुआ है। अब फैसला तुम्हारे ऊपर है।"

"ऐ हवलदार साब, कह दे अपने साहब से जाके कि खिलावड़ी खैरात में नहीं बँटती हैं। गाँठ ढीली करनी पड़ती है। ज्यादा ही गरमी भरी हुई है तो कर ले मत्था ढकाई...कर रकम खर्च।"

"कस्तूरी तू चुप कर!" कस्तूरी को डाँट हवलदार रामसिंह से अभ्यर्थना करते हुए, बीच का रास्ता सुझाते हुए बोली बचनो, "हवलदार साब, और भी तो खिलावड़ी हैं गाजूकी में। रजनी, नीलम, कांता...एक से बढ़के एक। इनमें से जो मन करे छाँट ले। कमला को मत्था ढकाई तक छोड़ दे बस्स। दीना की सौं पीछे मैं अपने आप छोड़ जाऊँगी। फिर तेरा साब इसे चाहे जितने दिन रख ले अपने पास। बस, थोड़ा-सा लालच मत्था ढकाई का है...मिल जाएँगे किसी इज़्ज़तदार से दो-ढाई सौ...यही तो बचत है।"

"ठीक है। मैं आखिरी बार कोशिश करके देखता हूँ। साहब मान गए तो ठीक वरना तुम जानो और साहब जाने।" हवलदार रामसिंह अपने-आपसे पल्ला झाड़ने की नीयत से अपने जनाब यानी अपने साहब के कमरे की ओर बढ़ गया।

जल्दी ही वापस आ गया हवलदार रामसिंह और आते ही उसने जो ख़ुशखबरी दी उसे सुनकर बचनो और कस्तूरी ही नहीं, किसी को भी विश्वास नहीं हुआ। कैसे हो विश्वास, यह विश्वास ही तो उन्हें आज तक छलता आ रहा है।

बचनो ने एक बार हवलदार रामसिंह की ओर देखा, तो एक बार कस्तूरी की आँखों में। इस बीच न जाने बचनो और कस्तूरी का आपस में आँखों ही आँखों में क्या संवाद हुआ कि दोनों थानेदार के कमरे की ओर बढ़ गईं।

हतप्रभ हवलदार की समझ में कुछ नहीं आया बल्कि वह भी उनके पीछे-पीछे दौड़ पड़ा, इस डर से कहीं कस्तूरी और कोई बखेड़ा न खड़ा कर दे उसके जनाब के कमरे में जाकर।

चुपचाप जाकर खड़ी हो गईं दोनों।

"इस बार तो छोड़ रहा हूँ मगर अगली बार सचमुच जमानत भी नहीं होने दूँगा। जाओ, ले जाओ सबको!" इतना कहकर थानेदार केसर सिंह यानी साक्षात् यमराज ने एक फाइल खोली और उसमें डूबने का प्रयास करने लगा।

कृतज्ञता भी प्रकट नहीं कर पाई सलीके से बचनो। कमरे से बाहर आकर लम्बा साँस लिया बचनो ने। मगर कस्तूरी, वह अभी भी एक अनजाने डर से भीतर-ही- भीतर बैठी जा रही है। कहीं दरोगा का यह बदला हुआ आकस्मिक फ़ैसला भविष्य में किसी बड़ी चोट का संकेत तो नहीं है? देर तक कस्तूरी के मन में यह संकेत रह-रहकर दस्तक देता रहा।

●●

थानेदार केसर सिंह के कमरे से निकलते हुए बचनो की नज़रें बरामदे में खड़े हवलदार रामसिंह से मिलीं तो हवलदार के होंठों पर तैरती रहस्यमयी, कुटिल मुस्कान उसे भीतर तक छीलती चली गई।

"कस्तूरी, मैं अभी आई।" इतना कह वापस थानेदार के कमरे की तरफ़ बढ़ गई बचनो।

बचनो को फिर से अपने सामने खड़ा देख अचकचा गया थानेदार।

"हाँ बोल, अब क्या परेशानी है?" झुँझला गया थानेदार केसर सिंह।

"दारोगा जी, एक अरज है!"

"बोल।"

"किसी दिन फुरसत से आओ गाजूकी!"

"क्यों आएँ साहब फुरसत से?" पीछे-पीछे आ चुके हवलदार रामसिंह ने पूछा।

"इसलिए कि दरोगा जी इन कंजरियों के दूसरे हुनर भी आके देखें।"

"हवलदार, कह दे इनसे कि मुझे नहीं है इनके किसी हुनर-वुनर में दिलचस्पी।"

"जनाब, हुनर से इसका मतलब वो नहीं है जो आप समझ रहे हैं। हुनर से इसका मतलब है इनके गाने-बजाने से।" हवलदार रामसिंह ने अपने जनाब को

समझाते हुए बताया।

''लेकिन हवलदार, तू तो बता रहा था कि...''

''वो तो है ही जनाब, पर कुछ गाना-वाना भी करती हैं।'' अपने जनाब का वाक्य लपक उसे दुरुस्त करते हुए कहा हवलदार ने।

''मुझे नहीं है गाना सुनने का शौक।'' थानेदार ने और भी रूखेपन से कहा।

''एक बार आके तो देखो दरोगा जी।''

''वैसे सुना है जनाब कि अपने डीएसपी साब कुछ रंगीन तबियत के हैं। वे इन चीजों के बड़े शौकीन हैं।''

''हवलदार, यह ठीक कहा। किसी दिन लेकर चलते हैं उनको साथ। वे भी खुश हो जाएँगे।'' थानेदार केसर सिंह का खिंचा हुआ चेहरा दीप्त हो उठा, ''जिस दिन आएँगे, खबर कर देंगे।''

''और हाँ, जरा पहले तोड़ का भी इन्तजाम करके रखना। बहुत दिन हो गए हैं स्साली को चखे हुए।'' होंठों पर जीभ फेरते हुए हवलदार रामसिंह बोला।

''हवलदार साब, अपने साहबों को एक बार ला तो सही गाजूकी, सऽऽब इन्तजाम हो जाएगा।'' थानेदार केसर सिंह सहित हवलदार रामसिंह को निमन्त्रण दे बाहर चली आई बचनो।

पता नहीं कमला की आवाज़ में ऐसा क्या जादू था कि डीएसपी राठौर हर सप्ताह पहुँच जाते गाजूकी। जबकि कमला, उससे सप्ताह का अन्तिम दिन लेना भारी हो जाता। इस भारीपन की वजह कोई और नहीं अपितु डीएसपी राठौर का गीत-संगीत के प्रति अनुराग, उसकी समझ और वह तन्मयता थी, जिसके चलते वह अपनी सुधबुध खो बैठता।

एक दिन डीएसपी राठौर ने यूँ ही पूछ लिया कमला से।

''कमला, इतनी अच्छी तालीम कहाँ से लेकर आई है?''

''कप्तान साब, इज़्ज़तदारों की तीमारदारी करते-करते और तहजीब पर जाके पता ना, इसे यह दादरा-ठुमरी का रोग कहाँ से लग गया।'' बचनो ताई ने कमला के बजाय जवाब दिया।

''तहज़ीब?''

''हाँ कप्तान साब, बिना तहजीब के क्या खिलावड़ी। इसीलिए लाइन में डलने से पहले तहजीब जरूरी है। इससे उसके नाज-नखरों में थोड़ा पैनापन आ जाता है। अगर थोड़ा-बहुत गाना-बजाना आ जाए तो क्या कहने। इसने जो कुछ सीखा

है तहजीब में सीखा है। वैसे इस धंधे में ऐसी ही खिलावड़ी के पास सबसे ज्यादा इज़्ज़तदार आते हैं। कप्तान साब, कस्तूरी तो कह-कहके हार गई कि बचनो मुझे दे दे कमला को आधे बाँटे पे...माहवार जितना माँगेगी दूँगी पर मैंने साफ मना कर दी।''

डीएसपी देखता रह गया बचनो को। अभी तक खेत-खलिहान तो उसने बँटाई पर उठते देखे हैं लेकिन किसी खिलावड़ी के रूप में किसी स्त्री को बँटाई पर लेने-देने की बात पहली बार सुन रहा है।

जितने दिन डीएसपी राठौर धरमपुरा सब डिवीज़न का इंचार्ज रहा, वह बराबर गाजूकी आता रहा। इसी बीच साक्षात् यमराज यानी थानेदार केसर सिंह का अन्यत्र तबादला हो गया। कमला को याद है जिस दिन डीएसपी राठौर अपनी प्रमोशन की सूचना देने के बहाने अन्तिम बार गाजूकी आया था, तब वह कुछ गिनी-चुनी ठुमरी-दादरा ही बार-बार सुनाने का आग्रह करता रहा। उसे तो यह भी पता नहीं चला कि सुबह का सिन्दूरी उनींदा उजास कब चुपचाप आकर फैल गया। कब बिदाई की वेला उन दोनों यानी गाजूकी और डीएसपी राठौर के मध्य आकर खड़ी हो गई।

स्मृतियों की थरथराती लहरों पर अतीत के बिसरे चित्र धीरे-धीरे डूबने लगे। रिटायर्ड एसएसपी राठौर हालाँकि इस समय कमला भवन में नहीं हैं किन्तु उसके पदचापों की अनुगूँज अभी भी कमला बुआ को ऐसे सुनाई दे रही है, मानो तबले पर हल्की-हल्की थाप पड़ रही है।

5

वैद्यजी को जब जल्दी होती है, वह तभी मज़ारवाला रास्ता लेता है वरना उसकी कोशिश रहती है कि मज़ार से जितना बचा जाए, बचे। इसीलिए वह गाजूकी पुल के बग़ल से होकर जाती सड़क के बजाय, गाजूकी नदी के धूल भरे छोटे-छोटे दुर्गम बीहड़ों से होकर गाजूकी जाता है। टखनों तक धूल भरा रास्ता और रास्ते में पड़ने वाली वाश-भट्टियों से उठती गुड़, जौ तथा अंगूर से बनी पहले तोड़ की तीखी

गंध के बीच से गुज़रना मंजूर है लेकिन मज़ार से होकर जाना गवारा नहीं।

आज वैद्यजी को जल्दी है और जल्दी पहुँचने के लिए मज़ार से होकर गुज़रने के अलावा दूसरा विकल्प है नहीं। इसलिए न चाहते हुए साइकिल अपने आप मज़ार की ओर हो ली। गाजूकी हर हालत में उसे तीन बजे तक पहुँचना है। मगर लगता है साइकिल इसके लिए तैयार नहीं है। इसी जल्दबाज़ी, झल्लाहट और झुँझलाहट के चलते कई बार चैन उतर गई। कुत्ते फेल होने व असन्तुलन बिगड़ जाने के कारण एकाध बार वह गिरते-गिरते बचा। कुत्ते को भी जैसे आज ही फेल होना था, और चैन को भी बार-बार आज ही उतरना था।

मज़ार के पास पहुँचकर उसने घड़ी देखी। एक आश्वस्ति भरा गहरा साँस ले, पहले पसीने से भीग गए माथे को आस्तीन से पोंछा तथा फिर कच्चा रास्ता होने के कारण पैदल ही चल पड़ा, यह सोचते हुए कि अभी ढाई बजे हैं। आराम से पहुँच जाएगा। मज़ार पार करने के बाद बेख़्याली में उसके कदमों की गति थोड़ी मंद पड़ी, तो अगले ही क्षण वह अपने-आप मुस्कराकर रह गया।

वैद्यजी ने सीधा कमला सदन जाकर दम लिया, किन्तु वहाँ जाकर पता चला कि कमला बुआ पहले ही वहाँ के लिए रवाना हो चुकी है। हैरानी हुई वैद्यजी को। उसने जल्दी से साइकिल को ताला लगाया और पैदल ही उस ओर चल पड़ा, जहाँ देर होने पर कमला बुआ द्वारा उससे खुद पहुँचने के लिए कह दिया गया था।

पहली नज़र में वैद्यजी की आँखों ने जो देखा, थोड़ी देर के लिए उसे अपनी आँखों पर यकीन नहीं हुआ। पाँव जहाँ थे, वहीं ठिठक गए। एक बार मन में आया भी कि वापस हो ले। कहीं वह दूसरे मोहल्ले में तो नहीं आ गया है? एक पल रुककर उसने चारों ओर ध्यान से देखा और पाया कि पहचान और चिह्न वही हैं, जैसा कमला बुआ ने बताए थे—यानी वह सही जगह झकिया मोहल्ले में ही है। अगर यह सही जगह पर है, तब यह चहल-पहल, गहमागहमी और उत्सवी वातावरण? जिस घर के सामने चिल्ल-पों अपने चरम पर है, उसे देखकर कोई भी उस भ्रम का शिकार हो सकता है कि हो न हो इस घर में कोई शादी है।

वैद्यजी उसी ऊहापोह की खाई में उतर किसी निष्कर्ष पर पहुँचता, उससे पहले एक परिचित स्वर उसके कानों से टकराया।

"बैदूजी, कैसे खड़े हो इतनी दूर...आओ न! मैं तो आपकी ही बाट देख रही थी। कह रही थी कमला कि वह आएगा।"

वैद्यजी चुपचाप उस स्वर के पीछे-पीछे चल दिया।

"आओ बैदूजी, बैठो!" एक बैठकनुमा कमरे में पल्लू से धूल झाड़ते हुए, उस पर बैठने का आग्रह कर वह वहाँ से चली गई।

थोड़ी देर वापस आई, तब वह अकेली नहीं साथ में कमला बुआ भी थी।

"ले, देख ले! मरी जा रही थी बिना बैदूजी के। अब तो हो गई तसल्ली? जब से आई है रट लगा रक्खी है बैदूजी की।"

"रट की बात ना है अंगूरी। बल्कि मैं तो यह सोच रही थी, कहीं मरा भूल ना गया हो।"

"ठीक है, अब तू अपने बैदूजी को सँभाल। मैं चली। दुनियाभर के काम पड़े हैं।" इतना कह अंगूरी चली गई।

वैद्यजी अभी भी ऊहापोह की खाई में फँसा हुआ है।

"बैदूजी, मरे कैसे चुप्पी साध रक्खी है ?" गुमसुम बैठे वैद्यजी को टोका कमला बुआ ने।

"बुआ, मैं यह सोच रहा हूँ कि यहाँ तो ऐसी तैयारी हो रही है जैसे कोई शादी-ब्याह हो।"

"अच्छाऽऽऽ! तो इस फिकर में मरा जा रहा है।" ज़ोर से हँसी कमला बुआ। फिर एकाएक गम्भीर होते हुए बोली, "बैदूजी, यह भी शादी-ब्याह ही है। अंगूरी का चाव देखा नहीं। सारे नाते-रिश्तेदार बुलाए हैं मरी ने।"

"तभी तो कह रहा हूँ। अच्छा बुआ, उसे तो दिखा जो इस घर का जमाई बनने वाला है ?"

"सबर कर मरे, सब दिखा दूँगी। ले, पहले कुछ खा-पी ले। इत्ती दूर से चलके आया है!" सामने से कमरे में प्रवेश करती एक किशोरी के हाथ में खाने की सामग्री देख बुआ बोली।

"बुआ, बड़ी अच्छी महक आ रही है...ऐसा क्या पक रहा है जो..."

"तेरे मतलब की चीज ना है। तू तो अपना चाय-पानी पीके गुजारा कर।"

ज़्यादा नहीं लिया वैद्यजी ने। प्लेट से तीन-चार बर्फ़ी के टुकड़े तथा पीने के लिए शीतल पेय की बोतल उठाते हुए और कुछ लेने से मना कर दिया।

"खा लिया हो तो चलें।" इतना कह कमला बुआ उठकर आगे-आगे चल दी।

घर का पूरा उत्सवी वातावरण देखकर वैद्यजी को अब विश्वास हो गया कि बुआ ने ग़लत नहीं कहा था। यहाँ आने के बाद यहाँ की गहमागहमी देखकर जो भ्रम हुआ था, वह भी ग़लत नहीं था।

एक टीन शेड के सामने जैसे ही वे दोनों पहुँचे कि एक तीखा भभूका टकराया वैद्यजी के नथुने से। भाँप गए नथुने इस परिचित-सी गंध को। क्यों नहीं भाँपते, गाजूकी आते-जाते अब तो इस गंध से उनकी आत्मीयता-सी हो गई है।

गर्दन डालकर अन्दर झाँका, तो अनुमान एकदम सही निकला। पाँच लीटर के ब्लैडर की नली, बोतल की गर्दन में घुस उसे भरने में लगी हुई है। थोड़ा आगे जाकर ईंटों से बनी अस्थायी भट्टी पर चढ़े विशाल भगोने से उठती भाप को देखकर वैद्यजी की समझ में आ गया कि वह महक जिसके बारे में थोड़ी देर पहले उसने बुआ से पूछा था, इसी में से आ रही थी। इस महक के बारे में आगे न तो ज़्यादा वैद्यजी ने पूछा, और न ही बुआ ने बताने की ज़रूरत समझी, क्योंकि समझदार के लिए महक ही काफ़ी है।

"बैद्जी, उधर देख...मरे उधर नहीं, उधर!" बुआ बिना गर्दन हिलाए महज इशारे से सही दिशा बताते हुए फुसफुसाई।

"हाँ, तो?" वैद्यजी ने भी बुआ का अनुसरण करते हुए धीरे-से कहा।

"वोऽऽऽ नीली आसमानी कमीजवाला दीख रहा है ?"

"कहाँ...कौन-सा?"

"मरे वही, जिससे अंगूरी बात कर रही है।"

"अच्छा वोऽऽऽ।"

"हाँ वही।"

"तो यह करेगा मत्था ढकाई?"

"हाँ। उस भट्टी पर जो मीट बन रहा है और टीन के नीचे तूने जो पहले तोड़ की दारू देखी है न, सब इसी के खरचे की है। एकाध जो अंग्रेजी की बोतल आएगी उनका खरचा भी यही देगा।" कमला बुआ ने यह जानकारी इतनी धीमी आवाज़ में वैद्यजी की ओर सरकाई की मजाल है, उन दोनों के सिवाय किसी ने सुना तो हो।

अचानक बुआ की नज़र वैद्यजी पर पड़ी, "मरे बस भी कर! इत्ती देर से उसे ही देखे जा रहा है।"

वैद्यजी को अपनी ग़लती का एहसास हुआ।

"देख लिया हो तो चलें!" वैद्यजी का इन्तज़ार किए बिना बुआ आगे बढ़ गई।

"पर बुआ, उसे भी दिखा न जिसकी मत्था ढकाई होनी है?"

"गिलहरी-सी फुदकती हुई अभी तो दिखाई पड़ी ही...ले, वो रही। रम्भा, बेटी जरा इधर अइयो!" अनायास एक कमरे से निकलकर तेज़ी से दूसरे कमरे की ओर जाती एक किशोरी को आवाज़ देते हुए बुलाया कमला बुआ ने।

जब तक वह किशोरी सचमुच गिलहरी-सी फुदकती हुई पास आती, बुआ ने फुसफुसाते हुए बताया, "यही है।"

दौड़कर पास आती किशोरी को देख वैद्यजी मानो तड़ाक से ज़मीन पर आकर गिरा। पलभर के लिए ज़िबह होते मेमने का आर्तनाद कानों में घुलता चला गया। आँखों के आगे अँधेरा छा गया। कहाँ पतली-पतली टहनियों पर कुलाँचें भरती मुश्किल से अभी-अभी कैशोर्य की दहलीज़ लाँघती यह अल्लहड़ गिलहरी, और कहाँ यह हट्टा-कट्टा पुष्ट कुलंग। वैद्यजी ने पलटकर एक बार उस नीली आसमानी क़मीज़ को देखा, और एक बार सामने सकुचाई किशोरी को, जो देखते-ही-देखते सचमुच एक गिलहरी में बदल गई।

"रम्भा, आज तो बड़ी अच्छी लग रही है!" एक गाढ़ी मुस्कान फेंकते हुए कोंचा बुआ ने उस किशोरी को।

"हाँ।" कमला बुआ के मुँह से अपनी प्रशंसा सुन, किशोरी एक प्रौढ़ स्त्रीयोचित लज्जा का आवरण ओढ़ने की बेमानी कोशिश कर फुदकते हुए तेज़ी से भाग गई।

"बैद्जी, एक बात बताऊँ। इसने जो लत्ते पहन रक्खे हैं न, ये भी इसी इज़्ज़तदार के खरचे के हैं।" बुआ का इशारा नीली कमीज़ की ओर था।

"ऐं!" सामने जाती किशोरी एकाएक फिर से गिलहरी में बदल गई।

"मत्था ढकाई का सारा खरचा जैसे खिलावड़ी के कपड़े-लत्ते, दारू-मीट सब इसी का है...और हाँ, यह खरचा उस रकम से अलग है, जो मत्था ढकाई के लिए तय हुई है।"

कमला बुआ के मुँह से पहली बार गिलहरी-सी फुदकती रम्भा के लिए 'खिलावड़ी' शब्द के इस्तेमाल पर वैद्यजी की पूरी देह में झुरझुरी दौड़ती चली गई। यानी आज के बाद यह न कूदती-फूदती गिलहरी रहेगी, न रम्भा। बस, एक खिलावड़ी भर रह जाएगी। यही इसकी पहचान होगी। एकाएक वैद्यजी की आँखों के आगे पिंकी का चेहरा सजीव हो उठा। एक गहरे लिजलिजेपन से भर उठा वह।

"वैसे मत्था ढकाई की ठहर कितने में हुई होगी बुआ?"

"अंगूरी बता तो दस हजार रही है पर मुझे जँच ना रहा है। मेरा अन्दाजा है सौदा पाँच-छह के आसपास पटा होगा।"

"पर वह झूठ क्यों बोलेगी?"

"बोलना पड़े है बैद्जी। इस धंधे में जितनी ज्यादा की मत्था ढकाई बताओगे, उतनी ज्यादा तादाद में इज़्ज़तदार आएँगे। यह कोई बम्बै-गोआ तो है नहीं, जहाँ थैली भर-भरके रकम मिलती है। गाजूकी है। यहाँ तो इत्ते भी मिल जाएँ, बहुत है।"

"यह नीली कमीजवाला आज इसे अपने साथ ले जाएगा?"

"ना, यहीं रहेगा गाजूकी में। अंगूरी ने कर दिया होगा इन्तजाम।"

"साथ भेजने में क्या बुराई है ?"

"मरे, तुझे इसमें कोई बुराई ना दीख रही है। ना-समझ है। हो जाए कोई ऊँच-नीच और फिर इस इज़्ज़तदार का क्या भरोसा, ले उड़े इसे सदा-सदा के लिए। वैसे भी नोट छापने की मशीन तो यह अब बनेगी। देखियो, एकाध साल में अंगूरी को यह मालामाल कर देगी। रोज हजार-नौ सौ से क्या कम कमाएगी।"

हुमकते हुए जब कमला बुआ वैद्यजी को यह सब बता रही थी, तभी उसे मंगल की सगाई का प्रसंग याद आ गया। वैद्यजी को उस समय कमला बुआ का कहा एक-एक शब्द आज भी याद है। अब गाँठें खुलने लगी हैं बुआ द्वारा कहे गए उन शब्दों के अर्थों की कि बैद्जी, लौंडिया सुन्दर है...ऐसे ही आदमी को हमारे कंजरों में निरभाग कहा गया है, जो अपने थोड़े-से लालच के लिए सोने की अंडे देनेवाली मुर्गी को इतने सस्ते में दे रहा है वरना इत्ती रकम तो यह खिलावड़ी बनके एक-डेढ़ साल में कूटके रख देती बाप के हाथ पर। आज समझ में आ रहा है उसके कि सन्तो का ताऊ सिकन्दर, बेटी की नहीं, रकम छापने की मशीन की कीमत माँग रहा था।

शाम होते-होते पूरे वातावरण में ऐसी मिश्रित गंध घुल गई कि जब-जब वह फेफड़ों में जाकर वापस आती, तब-तब लगता जैसे वैद्यजी ग़श खाकर गिर जाएगा। मत्था ढकाई की अन्तिम औपचारिकता पूरी होते-होते कमला बुआ का अनुमान एकदम सही निकला।

"बैद्जी, मैंने पहले ही कहा था कि अंगूरी झूठ बोल रही है।"

"क्यों, वह कह तो रहा है कि बाकी की रकम पीछे दे दूँगा।"

"कैसी बच्चों जैसी बात कर रहा है तू भी बैद्जी। ये सब कहने की बातें हैं। जब सौदा ही छह में हुआ है, तो वह छह ही देगा। अगर ऐसी बात नहीं है तो अंगूरी ने क्यों नहीं कहा कि मत्था ढकाई होगी तब, जब पूरी रकम मेरे हाथ में आ जाएगी। वैसे भी पीछे-वीछे कोई नहीं देता।"

वैद्यजी को बुआ के तर्क में दम नज़र आया।

शाम का झुटपुटा घिरने तक तो एक के बाद एक जो दृश्य पैदा होने लगे, उनके बीच वैद्यजी का बैठना दूभर हो गया। उबकाइयाँ आने लगीं। यदि वह थोड़ी देर यहाँ और रुक गया तो उल्टियाँ शुरू हो जाएँगी। अब तो सचमुच वह ग़श खाकर गिर ही जाएगा।

''बुआ, मैं अब चलता हूँ। मुझसे और नहीं बैठा जा रहा है।''

''क्यों, और देख ले मत्था ढकाई। बड़ा चाव लग रहा था!'' मुस्कराते हुए व्यंग्य किया बुआ ने। इसके बाद बुआ ने भी उसे ज़्यादा कौंचना उचित नहीं समझा।

''चल, मैं भी चलती हूँ। मुझे भी बहुत देर हो गई है आए हुए।''

इतना कह कमला बुआ वैद्यजी के साथ चलने का प्रयोजन बनाती कि अंगूरी की उन दोनों पर नज़र पड़ गई।

''कमला, रोटी तो खाती जा!'' तेज़-तेज़ कदमों से चलकर आई अंगूरी।

''घर ही भिजवा दीजो अंगूरी। बैदूजी को देर हो रही है।''

''पर बैदूजी ने तो कुछ खाया ही नहीं।'' वैद्यजी को सुनाते हुए अंगूरी ने कमला बुआ से शिकायत की। कुछ नहीं बोला वैद्यजी। अंगूरी समझ गई वैद्यजी की इस चुप्पी का अर्थ। इसीलिए उसने इससे आगे न वैद्यजी से आग्रह किया, न बुआ से किसी तरह की शिकायत की।

बाहर आकर वैद्यजी ने फेफड़ों में जमा सारी गंध बाहर निकाल एक लम्बा साँस लिया। बावजूद इसके उबकाइयाँ रुकने का नाम नहीं ले रही हैं। लग रहा है वह गंध अभी भी उसके नथुनों और फेफड़ों में समाई हुई है। उसने साइकिल उठाई और कमला बुआ से विदा ले, इतनी तेज़ी से झकिया मोहल्ले से बाहर आया कि उसने दोबारा मुड़कर नहीं देखा।

यह पहला मौक़ा है जब वैद्यजी के मन में गाजूकी के प्रति इतनी विरक्ति पैदा हुई है। गाजूकी से बाहर आने के बाद जैसे उसे पता ही नहीं चला कि अँधेरे में उसके पाँव पड़ कहाँ रहे हैं। यह तो अच्छा हुआ जो वातावरण में घुली धूप-अगरबत्तियों व लोबान की सुगन्ध तथा अँधेरे को बींधते दीयों की टिमटिमाहट ने उसे बता दिया कि वह भूरा की मज़ार पर पहुँच गया है, वरना न जाने किस दिशा की ओर बढ़ जाता वह। उसी मज़ार से उठती खुशबू को वैद्यजी ने पूरी शक्ति लगाकर फेफड़ों में भरा, जिस मज़ार के सामने से बचने की वह हरसम्भव कोशिश करता। वैद्यजी ने जैसे अन्तिम बार फिर से उस खुशबू को अपने फेफड़ों में भरा और धीरे-धीरे उसे बाहर छोड़ते हुए जिस्म को ढीला छोड़ दिया।

थोड़ी दूर जाकर वैद्यजी ने पलटकर देखा।

स्याह अँधेरे में टिमटिमाते दीयों को देखकर लगा जैसे एकसाथ असंख्य आँखें उसे टकटकी लगाए निहार रही हैं। वैद्यजी को ये आँखें किसी और की नहीं

ख़ुद भूरा की लगीं, जो निहारने के बाद अब उसे घूरने लगी हैं। अचानक वैद्यजी ने देखा कि एक साया तुरबत से बाहर निकल, धीमे-धीमे क़दमों से उसी की ओर बढ़ा आ रहा है। एक अपरिचित भय उसकी शिराओं में घुलता चला गया। माथे पर पसीना छलछला आया।

एकाएक वैद्यजी के पाँवों में न जाने कहाँ से ताकत आ गई। उसने साहस बटोरते हुए जैसे ही पैडल मारा कि अगले क्षण मानो उसकी जान ही निकल गई। कुत्ते फेल होने के कारण घुटना अगले पहिए के मडगॉर्ड से जाकर इतनी ज़ोर से टकराया कि वैद्यजी और वैद्यजी की साइकिल दोनों सड़क पर आकर गिरे। वैद्यजी ने बिलबिलाते हुए घुटने को छूकर देखा, तो पूरे भीग गए तर्जनी के पोर से अन्दाज़ा हो गया कि चोट तबियत की लगी है। बहते हुए ख़ून को रोकने के लिए वैद्यजी ने देसी पद्धति अपनाते हुए, वहीं सड़क के किनारे पेशाब किया, और गीली मिट्टी का लेप घाव पर लगा लिया। देर तक बैठा रहा वैद्यजी सड़क के किनारे। उसके भीतर डर इस कदर घर कर गया कि थोड़ी-सी आहट पर वह चौंक उठता। रोआँ-रोआँ खड़ा हो जाता उसका।

रास्तेभर, लौटते हुए वैद्यजी सोचता रहा कि वर्षों पहले मर चुके एक व्यक्ति से, जिसे उसने उसके अन्तिम दिनों में केवल देखा भर था, क्यों डर लगने लगा था वह भी ऐसे व्यक्ति से जो अब पीर के रूप में स्थापित हो चुका है। भला पीर-फ़क़ीरों, वली-औलियाओं से भी कहीं डरा जाता है ?

वैद्यजी की हँसी छूट गई। भूल गया वह घुटने की चोट को इस हँसी में। यह हँसी इतनी तेज़ थी कि अँधेरे में दौड़ती साइकिल का सन्तुलन तक बिगड़ गया। बमुश्किल बन पाया सन्तुलन और अपने-आपको बमुश्किल गिरने से बचा पाया। यह भूरा की मज़ार और उसके बीच बढ़ती दूरी के कारण था, या वह भय की परिधि से बाहर आ चुका था कि कमला बुआ से सुनी भूरा-किंवदन्ति के छोटे-छोटे दृश्य उसकी स्मृति में कौंधने लगे।

●●

कहाँ-कहाँ धक्के नहीं खाए अंगूरी ने बेटी रतना के लिए। कहाँ लेकर नहीं गई वह उसे। ऐसा कौन-सा पीर-फ़क़ीर बचा होगा जिसके दर पर जाकर माँ-बेटी ने सीस न नवाया हो। माना गुरु, माँ नलिन्या, मारी, प्रभा, भुइयाँ ही नहीं, इज़्ज़तदारों का ऐसा कौन-सा देवी-देवता था जिसका उन्होंने व्रत-उपवास न किया हो। राह पड़े रोड़े-पत्थरों को भगवान न माना हो, परन्तु उनकी गुहार, अरज, प्रार्थना किसी

निष्ठुर ने नहीं सुनी। हारकर रतना घर बैठ गई। कहीं न जाने की जैसे सौगंध खा ली। वैसे भी तेज़ी से पकते बालों और चेहरे की गहराती झुर्रियों ने सारी उम्मीदों के रास्ते रोक दिए।

बहुत समझाया सबने रतना को कि औलाद का करना क्या है? औलाद की दरकार उसे होती है जिसे वंश चलाना होता है। एक खिलावड़ी का वंश तो उसके साथ ही ख़त्म हो जाता है। वैसे भी हैं तो सही बड़ी बहन और भाई के बच्चे, ले ले उनमें से किसी को गोद। लेकिन रतना ने जो तर्क दिया, उसकी किसी से काट नहीं बनी।

"औलाद की असल दरकार तो अभी पड़ेगी। जो उमर थी वह तो कज्जाओं और इज़्ज़तदारों के संग खेलने-कूदने में बीत गई, अब किसके सहारे कटेगी। कोई तो हो सहारा देनेवाला।"

"तभी किसी ज्ञानी ने कहा है कि खिलावड़ी का बुढ़ापा और वकील की जवानी बड़ी बुरी होती है।" रतना के तर्क को वज़नी बनाते हुए माँ अंगूरी ने कहा।

"हुँ, खिलावड़ी होते हुए तो नाक पे मक्खी ना बैठने दी, अब सहारे की याद आ रही है।"

बुरा नहीं माना रतना ने बड़ी बहन की बात का। कोई जवाब नहीं दिया पलट कर। समय का फेर है। यही सोचकर रतना चुप रही।

"रतना, बेटी ये रूप और जोबन तो उस खड़ी दुपहरी की तरह है, जो ज्यादा देर तक नहीं टिकी रहती है। ढलना तो उसे है ही। थोड़ी-सी तभी चेत जाती तो ये दिन ना देखने पड़ते...और फिर यह तो अपना-अपना भाग है बेटी।"

"कोई भाग-वाग नहीं है माँ...अपनी जिम्मेदार यह खुद है। ना यह शुरू में पेट गिराती और ना..."

"चुप कर! बिना मतलब तू भी इसके कटे पे नमक डाल रही है।" बड़ी बेटी को डाँटते हुए कहा अंगूरी ने।

मगर नियति के आगे किसकी चलती है।

उस फ़रारी ने जैसे रतना की जीवन-धारा ही उलटी दिशा में मोड़ दी। न वह इस गाजूकी में आता, न उसे ये दिन देखने पड़ते। जबकि बड़ी बहन रतना के इस फ़ैसले से क़तई सहमत नहीं थी। उसका तर्क था, "रतना, इसे करने में कोई बुराई नहीं है... पर एक तो वह दारूबाज और ऊपर से मुसलमान, कैसे होगा तेरा उससे निबाह?"

"वह भी एक फरारी...पता ना किस जुरम में जेल से भागके आया है। तेरी

बहन सही कह रही है कि एक तो दारूबाज और ऊपर से...'' अंगूरी कह ही जाती यदि रतना माँ की आँखों में आँखें डाल उसे घूरकर नहीं देखती। फिर भी अंगूरी भाँप गई कि यह कहे बिना मानेगी नहीं।

सचमुच रतना कहे बिना मानी भी नहीं।

''माँ, मैं इसी के साथ गुजर कर लूँगी। रही बात मुसलमान की तो तू भी बरसों-बरस रही थी मलखान चाचा के साथ। तूने ही कौन-सी भाँवरें ली ही उससे। वह भी तो मुसलमान था...और फिर एक बात साफ-साफ कह दूँ कि मैं उसे अपने साथ रख रही हूँ, उसके साथ निकाह नहीं कर रही हूँ। जब तक निभेगी ठीक है, ना निभेगी लात मार चलता करूँगी।''

''देख ले बेटी।'' अंगूरी बेटी की अविचला और दृढ़ता के सामने नत-मस्तक हो गई।

''वैसे एक बात कहूँ माँ, हम खिलावड़ियों का क्या तो हिन्दू और क्या मुसलमान।'' रतना ने माँ को अवसाद और उद्विग्नता से उबारने की कोशिश करते हुए कहा।

अंगूरी को स्वीकारनी पड़ी रतना की यह सच्चाई। ग़लत नहीं कहा रतना ने।

यह मात्र संयोग था या विधि का विधान कि 'लाईन' में रहते हुए, अपने शुरुआती दिनों को छोड़ इतने पुरुषों के संसर्ग में आने के बावजूद उसे कुछ नहीं हुआ, और भूरा के आते ही रतना की दुनिया बदल गई। साल पूरा होते-होते उसकी मनोकामना पूरी हो गई। बेशक बेटी ही सही। धरती से अंकुर तो फूटा। आज बेटी हुई है, कल माना गुरु उसे बेटा भी देगा।

कुआँ ही नहीं पुजवाया रतना ने लेकिन छठी के दिन पूरी गाजूकी को जिमाया। अपने माँ बनने की ख़ुशी में रतना ने अपने जी भरकर चाव-चोंचले पूरे किए...और भूरा, उसे तो इसके बाद रतना सिर माथे पर रखती। वह जिस चीज़ की माँग करता, रतना उसे पूरा करने में पूरी जान लगा देती। यह बात दीगर है कि सिवाय पहले तोड़ के भूरा की दूसरी कोई माँग नहीं होती—वह भी दिनभर में एक बोतल पहला तोड़, जिसका इन्तज़ाम करना रतना के लिए चुटकियाँ बजाने जैसा था। शायद यही वजह थी कि भूरा पूरे दिन पीकर पड़ा रहता।

एक दिन अंगूरी को कमला बुआ ने टोक भी दिया, ''अंगूरी, छोटी से कह कि हाथ थोड़ा तंग रक्खे। देख ना रही है मरा पीके पूरे दिन कैसे पड़ा रहता है।

मरे को ना आगे की सुध, ना पीछे की।"

कमला की सलाह पर अंगूरी ने रतना को समझाने का प्रयास किया, तो माँ की बात वह यह कहते हुए हँसकर टाल गई, "माँ, पहले तोड़ की ही तो पी रहा है। वह अगर अंग्रेजी भी माँगे तो नदी बहा दूँ।"

"पर देह में जान भी तो होनी चाहिए। बिना खाए-पिए सूखी दारू आँत सड़ा देगी एक दिन।"

कुछ नहीं कहा रतना ने। माँ की नसीहत को उसने एक कान से सुनकर दूसरे कान से निकाल दिया। जल्दी ही रतना को पता चला कि वह फिर से पेट से है। पता चलते ही रतना ज़मीन से अधर चलने लगी। वैद्यजी को याद है उस दिन कैसे हुलसते हुए रतना ने खुलेआम उद्‌घोषणा करते हुए कहा था, "माँ, अगर अबकी बार छोरा-सा हो गया न तो माना गुरु की सौं उसके बगल में भूरा की मढ़ी चिनवा दूँगी।"

"मढ़ी ना, मेरी तो तू पक्की तुरबत बनवा दीजो बस।" भूरा ने हँसते हुए कहा।

अब इसे संयोग कहा जाए या फिर से विधि का विधान कि इधर रतना ने सचमुच बेटे को जन्म दिया और उधर छह माह होते-होते अंगूरी का कहा सच साबित हो गया। वही हुआ जिसका शुबहा था। अपने कौल की पक्की निकली रतना। पूरे धूमधाम से निकाला भूरा का जनाज़ा और अपने माना गुरु के बग़ल में तो नहीं, उससे आगे दफ़नाकर पक्की तुरबत चिनवा दी। सचमुच भूरा जैसे रतना की ज़िन्दगी में फ़रिश्ता बनकर आया था, जो अपनी भूमिका निभा पानी के बुलबुले की तरह पलक झपकते ही ग़ायब हो गया। यहाँ तक कि रतना ने भूरा का कारज कहिए या दिन, चालीसवाँ कहिए या चेहलुम ऐसा किया कि पूरी गाजूकी देखती रह गई। महीनों हर बृहस्पति बिना नागा वह भूरा की क़ब्र पर चादर चढ़ा अगरबत्तियाँ जलाती रही।

कुत्ते एक बार फिर फेल हो गए। वैद्यजी खाली पैडल मारता रहा कि शायद अटक ही जाएँ। मगर ऐसा नहीं हुआ। गिरने के डर से वह साइकिल से उतर पैदल ही चल दियां। जलते हुए बल्बों और अपने बीच सिमटती दूरी से उसे आभास हो गया कि कटोरीवालों का तिबारा ज़्यादा दूर नहीं है।

वैद्यजी को शायद ही पता चलता। उस दिन भी नहीं चलता यदि वह गाजूकी नदीवाले रास्ते को छोड़ मज़ारवाले रास्ते से नहीं आता। यह तो समझ में आता

है कि क़ब्र के सिरहाने किसी ने शरारतन, मज़ाक में, या किसी प्रयोजनवश कोयले से 'भूरा पीर की मज़ार' लिख या लिखवा दिया हो। मगर एक दम्पत्ति द्वारा उस पर चढ़ाई जा रही चादर को क्या माना जाए? वैद्यजी पूरे अनुष्ठान को दूर से पूरे मनोयोग से देखता रहा। पुरुष द्वारा सिर को रुमाल से ढक, पत्नी के साथ संयुक्त रूप से चादर चढ़ाने से लेकर घुटनों के बल बैठकर दुआ के लिए उठे हाथ, अर्थात् एक-एक क्रिया को ध्यान से देखा उसने।

दम्पत्ति के वहाँ से जाते ही वैद्यजी मज़ार पर आया। आसपास चारों ओर ध्यान से देखा। वातावरण में घुले वैराग्य के एहसास ने वैद्यजी को यह सोचने पर विवश कर दिया कि जिसने भी 'भूरा पीर की मज़ार' क़ब्र के सिरहाने शरारतन, मज़ाक में या किसी प्रयोजन के चलते लिखा है, तथा एक मामूली क़ब्र को मज़ार का नाम दिया है, वह किसी दूरगामी योजना के तहत बहुत-सोच समझकर दिया है। वैद्यजी ने देर तक तुरबत में हुए इस परिवर्तन और उसके इर्द-गिर्द बिखरी एक-एक चीज़ का बड़ी बारीकी से मुआयना किया, तथा सिर खपाता रहा कि इस प्रयोजन के पीछे किसका हाथ हो सकता है ?

कमला सदन जाकर वैद्यजी ने बुआ को इसकी सूचना इस अन्दाज़ में दी मानो उसने कोई बहुत बड़ा रहस्योद्घाटन किया है। सुनते ही बुआ ठठाकर हँस पड़ी। 'हुस्न बाग' का पॉऊच काटते हुए बोली, "वैसे बैद्जी, तुझे क्या लग रहा है...क्या माँगने आए होंगे वे दोनों तेरे इस भूरा पीर से?" उन दोनों से बुआ का आशय दम्पत्ति से था।

"आए होंगे अपनी किसी हारी-बीमारी से छुटकारा पाने की कामना लेकर।"

"मरे ना, आस-औलाद की उम्मीद से आए होंगे।"

"क्या!" अपनी अज्ञानता पर झुँझला उठा वैद्यजी।

"पता ना बैद्जी तू भी मरे कौन-सी दुनिया में रहे है। रोज गाजूकी में चक्कर लगे हैं फिर भी पता ना है कि भूरा की कबर पे दुनिया क्यों आती है।"

पहली बार अपनी ना-समझी और अज्ञानता पर वैद्यजी को शर्मसार-सा होना पड़ा।

थोड़ी देर पहले चोट खाया घुटना साइकिल के मडगॉर्ड से अनजाने में फिर से क्या टकराया कि मारे दर्द के वैद्यजी की जान निकल गई। घाव पर लगा लेप हटा वह अलग। कटोरीवालों के तिबारे पर पहुँचकर पुराने नेशनल हाईवे से

अपने-आपको जोड़नेवाली सड़क पर दौड़ते वाहनों की हैड लाइट्स की रौशनी में चोट को देखा। ख़ून फिर से बहने लगा है। वैद्यजी ने वहीं पड़े एक कपड़े के टुकड़े को घुटने पर लपेटा और दर्द बढ़ने के बावजूद वह पैदल ही अपने गन्तव्य की ओर चल पड़ा।

6

संतो भाभी का यह कोरा वहम नहीं बल्कि उसे पूरा विश्वास है कि वह अलस्सुबह की लालिमा और ढलती शाम का रंग ही भूल गई है। उसे तो अब यह भी याद नहीं कि शाम की सिन्दूरी को उसने अन्तिम बार देखा कब था? उगते सूरज से उसका सामना आख़िरी बार हुआ कब था? सच तो यह है कि उसे पता ही नहीं चलता--दिन कब निकलता, कब दोपहर होती और कब सूर्य क्षितिज में समा जाता। आठों पहर की गिनती ही भुला बैठी है वह। बल्कि अब तो मौसम के मिज़ाज का एहसास भी बेअसर हो गया। उस पर न सर्दी का असर होता, न गर्मी का। न बरसात का होता, न बसन्त का। कभी-कभी लगता है वह उस मछली की तरह हो चुकी है, जिसे चाहे जहाँ से काटो, उसे दर्द ही महसूस नहीं होता। संतो अब सोचती है कि अच्छा हुआ जो पिंकी के बाद दोनों लड़के ही पैदा हुए, वरना पता नहीं उनमें से किसको मछली बन उसकी तरह अभिशप्त हो जीना पड़ता।

संतो का एक और भ्रम कच्चे घड़े-सा टूटकर बिखर गया। पहले उसे लगता था कि पिंकी को बुआओं के लाड़ ने उसे सिर पर चढ़ाया हुआ है, जो वह माँ के छोटे-छोटे कामों के लिए दो टूक मना कर देती है जबकि बुआओं के लिए वह हमेशा तत्पर रहती है। बेटी की इस ना-फ़रमानी पर उसे ग़ुस्सा तो बहुत आता है, किन्तु चाहकर भी वह कुछ नहीं कह पाती। मगर अब सारी गिरह एक-एक कर खुलने लगी हैं कि क्यों पिंकी पूरे-पूरे दिन बुआओं में घुसी रहती है? क्यों स्कूल न जाने के लिए नए-नए बहाने ढूँढ़ती है। शुरू में संतो को लगा था कि बच्चे का मन है, नहीं चाहता होगा घर छोड़ना। उसे अब अपने माँ होने पर ग्लानि-सी होने लगी है लेकिन अगले ही पल सोचती है संतो कि 'भाभी' बनकर उसे हासिल क्या हुआ? वह भी यदि 'बुआ' बनती तो...।

"भाभीऽऽऽ!"

बड़ी ननद रुक्मिणी की आवाज़ पर तन्द्रा भंग हुई संतो की।

"जी बाईजी।"

"भाभी, कुछ बनाया नहीं? इतना दिन चढ़ आया है।"

"ना बाईजी।" अनमनेपन के साथ जवाब दिया संतो ने।

"क्यों?" तुर्शी के साथ पूछा रुक्मिणी ने।

"तबियत ठीक ना है।"

"क्या हुआ, भली-चंगी तो दिखाई दे रही है?" हैरानी-सी हुई रुक्मिणी को।

"महीना हो रहा है।"

"अभी तो हुआ था बीस-पच्चीस दिन पहले?"

"पता ना बाईजी, पिछले दो महीने से कुछ ज्यादा ही खून कटने लगा है। ऐसे समझ जैसे कोई नलका कूद रहा हो।"

भाभी के जवाब पर रुक्मिणी कुछ नहीं बोली। बस, मुँह बिचकाकर रह गई।

"किसका नलका कूद रहा है?" ननद-भाभी को आपस में बतियाता देख सुशीला ने पीछे से पूछा।

"कुछ ना माँ, भाभी अपनी बात कर रही है। पता ना इसे भी रोज ही महीना रहता है...वह भी तब जब मेरी किसी मोटी पार्टी को आना होता है। पता ना खिलावड़ी होती तो कैसे गुजारा करती।"

"बाईजी, यह कोई मेरे हाथ में थोड़े ही है।"

"क्या पता।"

संतो तिलमिलाती चली गई। लगा जैसे कच्चे घाव पर किसी का पाँव पड़ गया हो।

"रुक्मिणी, बेटी बहू सही तो कह रही है।" बीच में सुशीला ने हस्तक्षेप करते हुए कहा।

"सवेरे से तो खट रही हूँ। झाड़-पोंछा सब कर दिया है। बस, कपड़े ही बचे हैं। महीने से नहीं होती तो अब तक रोटी-पानी सब कर देती। मुझे नहीं है आदत किसी की बात सुनने की।"

"बहू, तू जा! थोड़ा आराम कर ले। चौका-बरतन मैं कर लूँगी। रुक्मिणी को भी पता ना कभी-कभी क्या हो जाता है वरना उसे पता ना है कि महीना होने पर चौके में ना घुसे हैं।"

सास के निर्देश पर संतो अन्दर चली गई।

पूरी देह ऐसी हो गई मानो किसी ने मोगरी से कूट दी हो। सारा ख़ून निचुड़ गया हो जैसे। अनायास संतो को वैद्यजी का कहा याद आ गया, जो उसने सन्देह

व्यक्त करते हुए वर्षों पहले कहा था कि कहीं इसे पीलिया तो नहीं है? संतो तेज़ी से चारपाई से उठी और दीवार में टँगे दर्पण में अपने-आपको ध्यान से देखने लगी। झाँइयों से पटे चेहरे, पिचके हुए गालों तथा धँसी हुई आँखों को देखकर उसे यक़ीन हो गया कि वैद्यजी ने उस दिन ग़लत नहीं कहा था। वापस आ बैठी चारपाई पर वह। संतो का अब साँस उखड़ने लगा।

कोई नहीं बताता है पिंकी को। उसे अपने आप आभास हो जाता है। जिस दिन रुक्मिणी, वंदना या पूनम बुआ में से कोई ज़रूरत से ज़्यादा ख़ुश दिखाई देती है, उसे अनुमान हो जाता है कि ज़रूर उस दिन किसी ख़ास मेहमान का आगमन होनेवाला है। बुआ की अंग मुद्राएँ, चेहरे की भंगिमा, कोयल की तरह रह-रहकर कूकना, आते-जाते ड्रेसिंग टेबल के आईने में अलग-अलग कोणों से अपने-आपको निरखना और देह से फूटती गंध पहले ही इसकी मुनादी पीट देती है। कई बार सोचती है पिंकी कि उसकी माँ क्यों नहीं किसी 'बुआ' जैसी दीखती? क्यों नहीं होंठों पर सुर्ख़ लिपस्टिक लगाती है? क्यों नहीं बेतरतीब उलझे बालों का जूड़ा बनाती है? चेहरे पर क्यों नहीं ख़ुशबूदार क्रीम-पॉऊडर लगाती? कई बार पिंकी साड़ी में लिपटी रुक्मिणी बुआ के बराबर खड़ी हो, सामने शीशे में स्वयं को देखती है, तब उसे अपने सामने चेहरे के बजाय बुआ का चेहरा दिखाई देने लगता है। रुक्मिणी बुआ की जगह वह अपने को ही पाने लगती है।

संतो से नहीं सहा जाता अब यह नरक।

वह मन-ही-मन अपने कुल देवताओं से जैसे कामना करती है कि काश उसका 'महीना' रोज़ाना होने लगे। कम-से-कम इस भठियारेपन से मुक्ति तो मिलेगी। अपनी व्यथा को वह मंगल से भी कह नहीं सकती। इस नक़्क़ार-ख़ाने में जैसे तूती की कोई सुननेवाला है ही नहीं। वह आज तक यह नहीं समझ पाई है कि इस घर का मालिक है कौन--कमला बुआ, सास सुशीला, माया या उसकी ननदें रुक्मिणी और वंदना? इस घर का मालिक कोई मर्द तो हरगिज़ हो नहीं सकता। कभी-कभी उसे लगता है कि इस घर का मालिक न तो कमला बुआ है, न उसकी दोनों बेटियाँ सुशीला-माया। असली मालिक हैं सुशीला की दोनों बेटियाँ यानी उसकी ननद रुक्मिणी और वंदना। पूनम अभी छोटी है। कहने का तात्पर्य यह, या बक़ौल संतो कि जिनकी कमाई से चले घर, वही उसका मालिक।

आज सोचती है संतो कि ताऊ ने तो धरवा लिए नकद। उसे तो मिल गया मोटा नकद नारायण। सास और ननदों को मिल गया एक चाकर परन्तु ख़ुद संतो को क्या मिला? यही कि जब ननदें भोर की कुनमुनाती सुबह में अपने इज़्ज़तदारों के साथ सपनों में कल्लोल कर रही होती हैं, उससे पहले उसकी खटर-पटर शुरू हो चुकी होती है। दस बजे के आस-पास जब एक-एक कर सारी खिलावड़ियाँ बिस्तर छोड़ती हैं, वह घर का ज़्यादातर काम निपटा चुकी होती है।

आज अपने फ़ैसले को याद कर संतो अकेले में रोती है। अबोध पिंकी के फ़ैसले पर अब उसे किसी तरह का क्षोभ नहीं होता। हथेली को पाटी से रगड़ते हुए संतो मानो पिंकी को मारे गए तमाचे का प्रायश्चित करती है। उठकर चुपके से खोजती हैं उसकी नज़रें पिंकी को। जी कर रहा है इसी समय बेटी को अंक में भर ले। शायद यह माँ की पुकार, तड़प और उसके हिए की पुकार थी कि पिंकी कुछ देर बाद स्वयं चली आई उसके पास। लपककर छाती से चिपटा लिया संतो ने उसे। नहीं रोक पाई आँखों के बाँध में अरसे से जमे पानी को। हरहराकर वह कब बह निकला, नहीं पता चला। पिंकी हैरान-परेशान।

''पिंकी, बुआ बनेगी न तू?''

छोटी-छोटी निश्छल आँखों ने माँ की आँखों में पलटकर देखा।

''बता बेटी, सचमुच बुआ बनेगी?'' गोल-मटोल चेहरे को हथेलियों में समेट अपने होंठों के पास ला, हिलकते हुए दोहराया संतो ने।

माँ की यह हालत देख किसी अनिष्टता के भय से पिंकी सहम गई तथा कुछ क्षण रुककर धीरे-से बोली, ''ना।''

''ना बेटा, सच-सच बता! झूठ मत बोल...मैं कुछ ना कहूँगी...बुआ ही बनेगी न?'' सहमी हुई आँखों में संतो को जैसे अपने आगत की परछाइयाँ नज़र आने लगीं। पिंकी की इस अस्वीकृति में भी उसकी स्वीकृति छिपी हुई दीखी उसे।

अपने बालों में धीरे-धीरे ममता के सरसराते पोरों ने पिंकी का भय दूर कर दिया। उसने हल्के से सिर उठाकर माँ की आँखों में झाँका, तो पिंकी के चारों ओर बना बाज़ुओं का घेरा कसता चला गया। संतो के भीतर बरसों से जमी गाद एक बार फिर आँसुओं के रूप में बाहर आ गई।

पिंकी ने मुस्कराते हुए माँ की ओर देखा। शायद वह कुछ कहना चाहती है जैसे।

सरसराती अँगुलियों को रोक संतो ने पूछा, ''बोल, कुछ बात है?''

''हाँ।''

''तो फिर बोल!'' अँगुलियों की सरसराहट में तेज़ी आ गई।

"तू भी बन जा न बुआ!"

पिंकी की इस मासूम अबोधता पर पता नहीं जगह-जगह से चोट खाई मछली को दर्द महसूस होता या नहीं किन्तु आहत संतो अपनी चीत्कार नहीं रोक पाई। बाजुओं का घेरा अपने आप ढीला पड़ता चला गया। पूरी देह बर्फ़-सी हो गई, एकदम ठण्डी। चेहरे की झाँइयाँ ऊबड़-खाबड़ गड्ढों में तब्दील हो गईं। रुक्मिणी, वंदना और पूनम जैसे उसके सामने अट्टहास कर रही हैं। जिस जवाब को सुनने के लिए संतो इतनी व्यग्र हो, पिंकी से बार-बार आग्रह कर रही थी, वह उसे मिल ही गया।

7

वैद्यजी ने इस पर कभी ध्यान देना ज़रूरी नहीं समझा। हाँ, उसे कभी-कभी आश्चर्य ज़रूर होता था कि गाजूकी की जितनी आबादी है, उसके हिसाब से इन खोखों की संख्या काफ़ी ज़्यादा है। कितने घर होंगे गाजूकी में—यही कोई पचासेक, जबकि खोखों की तादाद है एक दर्जन। उसे याद आता है कि शुरू में यहाँ एक ही खोखा होता था, जो तब भी 'अंगूरी पान भण्डार' के नाम से जाना जाता था और आज भी जाना जाता है। इससे भी बड़ी हैरानी की बात यह है कि इनमें से अधिकतर पर पी सी ओ, एस टी डी यहाँ तक कि हाल के महीनों में खुले 'रेखा दूर संचार केन्द्र' तथा 'हेमा कम्युनिकेशन सेंटर' पर आई एस डी की सुविधा तक उपलब्ध है। दूसरे शब्दों में कहें तो आप यहाँ से देश-विदेश में कहीं भी सीधी बात कर सकते हैं। गाजूकी से देश में बात करने की बात तो समझ में आती है परन्तु विदेश में बात करने का तर्क हज़्म नहीं होता।

वैद्यजी के गाजूकी का यह 'खोखा दर्शन' शायद ही कभी पल्ले पड़ता, यदि उस दिन उसका 'अंगूरी पान भण्डार' के ठीक बग़लवाले खोखे अर्थात् 'रेखा दूर संचार केन्द्र' के फोन पर चल रहे वार्तालाप पर ध्यान नहीं जाता। वैसे उसका ध्यान उस तरफ़ जाता भी नहीं। ध्यान तो उसका इस पर तब गया, जब बेख़्याली में वैद्यजी ने उधर देखा तो बग़लवाला खोखा संकोच और सकुचाहट के चलते अपने आप में सिमटता चला गया। इसी सकुचाहट ने वैद्यजी के कानों को सचेत और सतर्क कर दिया। वार्तालाप के दौरान उस खोखे से छन-छनकर जो शब्द और

वाक्य वैद्यजी के कानों तक पहुँच रहे थे, उन्हें सुनने के बाद पहली बार उसका इस 'खोखा दर्शन' से परिचय हुआ। आज समझ में आया अंगूरी, रेखा, हेमा, आशा के नामकरण के पीछे छिपा तर्क। शायद इसी तर्क की और तह में जाने की जिज्ञासा थी कि वैद्यजी बाद में केवल 'अंगूरी पान भण्डार' का नहीं लगभग सारे खोखों का नियमित ग्राहक बन गया।

वैद्यजी के कान अभी भी 'रेखा दूर संचार केन्द्र' पर चल रहे वार्तालाप पर टिके हुए हैं।

"माल की गारंटी है।"

"..."

"ज्यादा क्या, जैसा माल वैसा दाम।"

"..."

"हजार-पाँच सौ में आता क्या है आजकल।"

"..."

"ठीक है फिर ऐसी ही देख लो, जो मुफ्त में मिल जाए। आपको अपनी रकम दिखाई दे रही है, यह नहीं दीख रहा है कि अगर पकड़ी गई तो रकम जाएगी सो जाएगी...उल्टा एकाध रात हवालात में भी सेवा करनी पड़ेगी। इतने का धंधा नहीं होगा, जितने की फजीहत हो जाएगी।"

"..."

"हाँ, उसकी चिन्ता मत करो। खिलावड़ी नहीं, एकदम मलाई मिलेगी।"

"..."

"कैसी बात कर रहे हो। उसे पता है कि वह इज़्ज़तदार के संग जा रही है। वैसे आप भी ज्यादा तंग मत करना।"

"..."

"ठीक है, बताओ...एक मिनट...हाँ बोलो, नौ...चार...तीन...।"

"..."

"ना, किसी से पूछने की जरूरत नहीं है। दूर से ही बोर्ड दिखाई दे जाएगा...और फिर कोई दिक्कत हो तो आप इसी नम्बर पर फोन कर लेना...या मोबाइल पर...दोनों नम्बर हैं आपके पास।"

फोन पर वार्तालाप समाप्त होता देख, वैद्यजी जेब टटोलने लगा, किन्तु कुछ हाथ नहीं आया। आना भी नहीं था। जेब से हाथ खाली लौट आया। वैद्यजी ने घूमकर पंक्तिबद्ध खोखों को ध्यान से देखा। पहली बार उसे यह ज्ञान प्राप्त हुआ कि दरअसल इन खोखों का गाजूकी की आबादी से सीधा कोई सम्बन्ध नहीं है।

जो है उसका इतिहास खोखों की दीवारों पर पेन-पेन्सिल से लिखे हुए तथा कुछ खरोंचे हुए टेलीफोन व मोबाइल नम्बरों के रूप में लिखी हुई इन इबारतों में छिपा हुआ है।

गाजूकी की तरफ़ बढ़ते हुए जिन क़दमों की गति शुरुआत में सामान्य से अधिक थी, धीरे-धीरे धीमी पड़ती चली गई। उसने दूर से ही सारे खोखों को निगाह में उतार लिया। एक पल रुककर उसने मोबाइल पर कोई नम्बर डायल किया। दूसरी तरफ़ से दिए गए संकेत और निर्देशों को ले वह 'हेमा कम्युनिकेशन सेंटर' की ओर बढ़ गया। उसकी चाल में फिर से तेज़ी आ गई।

चेहरे-मोहरे से साफ़ है कि यह भाँतू नहीं कज्जा है।

'हेमा कम्युनिकेशन सेंटर' पर पहुँचकर, उसने चारों तरफ़ बारीक निगाह मारी और जेब से पैसे निकालने के लिए जैसे ही काग़ज़ों के छोटे-से पुलिन्दे को बाहर खींचा कि सौ और पचास के कई नोट ऊपर सरक, खोखे की ओर देखने लगे।

"एक पैकट चाहिए!" सौ का नोट खोखे की ओर बढ़ाते हुए उसने कहा।

"कित्तेवाला?" एक रहस्यमयी मुस्कान उछली खोखे से।

"ज्यादा मँहगा न हो।" सौ के नोट ने हवा में लहराते हुए कहा।

"पर यहाँ तो दो पत्ती से कम का नहीं है।"

इस बार हवा में ठहरा हुआ हाथ थोड़ा ढीला पड़ गया।

"वैसे आया कहाँ से है, धरमपुरा का तो लगता नहीं है?"

खोखे से निकले इस अटपटे से सवाल पर वह खीज गया, "क्या करेगी मेरी जनमपत्री पूछकर?"

"इसलिए पूछ रही हूँ कि घर में नहीं दाने और अम्माँ चली भुनाने। जब गाँठ में टके नहीं हैं, तो जरूरी था गाजूकी आना।" हिक़ारत से डाँटा उसे खोखे ने।

"हैं क्यों नहीं, तू बोल तो सही।" हवा में लहराते नोट को ताव आ गया।

"तो फिर निकाल दो पत्ती!"

"पर तू इतने की है तो नहीं।" सौ का नोट जेब में लौट आया वापस।

"नहीं हूँ तो क्यों खड़ा है छाती पे...नाप अपना रास्ता!"

"ठीक है दो ही दूँगा, पर यह बता टाईम कितना देगी?"

"जित्ते पैसे, उत्ता टाईम।"

''फिर भी घंटा, दो घंटा।''

''क्यों, दो सौ रुपल्ली में मुझे ब्याह के ले जाने की सलाह है!'' हत्थे से उखड़ गया इस बार खोखा, ''और सुन, ये घंटे-दो घंटेवाले चोंचले पूरे करना अपनी जोरू के साथ।''

खोखे की इस डाँट पर वह झेंपता चला गया।

''अच्छा जल्दी बता, सौदा मंजूर है तो ला दे पैसे...नहीं कोई और देख।''

चुपचाप उसी सौ के नोट के साथ एक और नोट निकला तथा लगभग शरमाते हुए दोनों खोखे में प्रवेश कर गए।

''चल, आ जा मेरे पीछे-पीछे!'' पैसे हाथ में आते ही बोली वह।

खोखे के पिछले निकास से बाहर निकल, वह उसे लेकर आगे बढ़ गई।

इसी बीच पाँचवर्षीय बच्ची के पास वह रुकी और पीछे पलटते हुए लगभग आदेश देते हुए बोली, ''चल, बीस रुपए दे बबली को!''

अचकचा गया वह।

''जल्दी दे न!'' झल्लाते हुए डाँटा उसने।

यह इसी अचकचाहट के कारण था कि जहाँ जेब से बीस रुपए को बाहर आना था, उसकी जगह अँगुलियों के बीच फँस गया पचास का। पचास के इस नोट को बाहर आया देख, जब तक वह कुछ निर्णय लेता, उसे झपटते हुए बबली को दे, यह कहते हुए आगे बढ़ गई, ''बबली, जरा खोखे पर बैठ! मैं अभी आई निपटा कर।''

वे दोनों अभी कुछ ही क़दम आगे बढ़े थे कि उनके कानों में एक काँपता हुआ स्वर टकराया, ''कौऽऽन, हेमा!''

''हाँ अम्माँ, मैं हूँ।''

अब तक वे दोनों अम्माँ के पास पहुँच चुके थे।

''चल, पचास अम्माँ को दे!''

इस बार हाथ ने जेब में जाने से साफ़ मना कर दिया। वहीं ठिठक वह मन ही मन अब तक जेब से निकले नोटों का हिसाब लगाने लगा।

''क्या हुआ, जल्दी कर न।'' हेमा बेहद तल्ख़ी के साथ बोली।

''पर बात तो दो सौ में तय हुई थी?'' हिम्मत कर उसने कह ही दिया।

''मैंने कब कहा पाँच सौ में हुई थी।''

''लेकिन ये बीस और पचास का चक्कर ?''

''देख, देने हों तो दे नहीं...''

''बेटा, यह तो सुगन है। देना ही पड़े है।'' अम्माँ ने स्थिति को सँभालते

हुए कहा।

एक बार उसके जी में आया कि वह अभी लौट जाए किन्तु अगले ही क्षण सोचने लगा कि ढाई सौ से ऊपर खर्च हो चुके उन रुपयों का क्या होगा, जिन पर बिना कुछ करे-धरे पानी फिरने की नौबत आ चुकी है। बेमन से उसने इस बार पूरी सावधानी बरतते हुए जेब से सिर्फ़ पचास का नोट निकाला और उसे हेमा की ओर बढ़ा दिया।

"मुझे क्यों दे रहा है, धर अम्माँ के हाथ पर!"

इधर उसने पचास का नोट अम्माँ के हाथ पर रखा और उधर आशीषों की बौछार होने लगी, "जीता रह बेटा...तेरा जोबन बना रहे...तू रोज इस गाजूकी में आए...!"

अम्माँ से आशीष ले वह जैसे ही पलटा कि लगा जैसे उसके पैरों तले ज़मीन खिसक गई हो। वही हुआ जिसका डर था। तेज़ी से उसका हाथ जेब पर गया। फिर कलाई पर बँधी घड़ी की ओर देखा। सही सुना था उसने ऐसी जगहों के बारे में। आगे की कल्पना कर वह सिहरता चला गया। पसीने से नहा गया। अब? वापस चला जाए या...?

"अब क्या कर रहा है वहाँ खड़ा-खड़ा?"

एकाएक इस परिचित स्वर के कानों से टकराते ही उसकी जान में जान आई। लगा जैसे वह लुटते-लुटते बच गया। एक पल की भी देरी नहीं की उसने और लपक कर उसी कमरे में घुस गया, जहाँ से वह परिचित स्वर सुनाई दिया था।

थोड़ी देर के लिए जैसे सब कुछ ठहर गया।

बाहर निकलने के बाद उसे पता ही नहीं चला कि कब वह अन्दर घुसा था और कब बाहर निकल आया। एक बार उसके मन में आया भी कि वह इस खोखेवाली से बात करे। आख़िर धंधे में कुछ तो ईमानदारी होनी चाहिए। मगर कैसे बात करे? उससे बात करना तो दूर, वह उसकी ओर देख भी नहीं रही है। जैसे वह उसे जानती ही नहीं है। उसकी इस उपेक्षा पर वह कसमसाकर रह गया।

'तो क्या वह यहाँ महज दैहिक भूख शान्त करने की ग़रज़ से आया है? शायद नहीं। यह भूख तो पिछले डेढ़ दशक से अपने घर में शान्त होती आ रही है। फिर क्यों आया है इस गाजूकी में? शायद उस दैहिक उत्ताप और एकरसता से मुक्ति पाने के लिए, जो उसे अपने दाम्पत्य-जीवन के बीच से अब सूखते नज़र

आने लगे थे। जिस ऊष्मा और उद्वेग की चाह में वह कोसों दूर चलकर आया है, क्या वह यहाँ उसे प्राप्त हुआ—नहीं। बल्कि यहाँ यदि था, तो वह था उन दोनों के बीच का वह मौखिक क़रार जो पूरी तरह माँग और आपूर्ति के सिद्धान्त पर आधारित था, यानी जिसकी अपनी ज़रूरत के अनुसार माँग थी, उसकी अपनी ज़रूरत के अनुसार आपूर्ति। उसे आश्चर्य हुआ कि जिन इमोशन्स को एक आम विवाहिता ज़िन्दगी भर जीती है, उन्हें कैसे एक खिलावड़ी कुछ ही मिनटों में अभिनीत कर लेती है?'

उसने अन्तिम बार 'हेमा कम्युनिकेशन सेंटर' की ओर बड़ी हसरत भरी निगाहों से देखा परन्तु उसे निराशा ही हाथ लगी। हेमा ने झूठे से एक बार भी उसकी ओर आँख उठाकर नहीं देखा। एक अजनबी की तरह जैसे वह आया था, वैसे ही लौट पड़ा।

8

ऐसे टंटों की ओर वैद्यजी का अब ध्यान नहीं जाता। शुरू में वह इन्हें पूरी गम्भीरता से लेता था किन्तु जब से कमला बुआ ने उसे डाँटा था, तब से तो उसने इन पर कान ही धरने बन्द कर दिए।

''मरे, यह कंजरखाना तो गाजूकी में रोज ही मचा रहता है। किस-किसको समझाएगा।''

''मैं तो बुआ इसलिए बीच-बचाव कर देता हूँ कि कहीं बात थाने-अदालत न पहुँच जाए।''

वैद्यजी की ना-समझी पर धीरे-से मुस्कराई बुआ, ''दूर रहा कर इनके झमेलों से। कोई कहीं नहीं जाता। अच्छा बता, जब से तू गाजूकी में आ रहा है, देखा है किसी को जाते हुए?''

मुँह ताकने लगा वैद्यजी बुआ का।

''ऐसे क्या देख रहा है बूबक की तरह। बता, देखा है किसी कंजर को?''

''ना।''

''फिर क्यों इनके फटे में पाँव देता है।''

आ गई समझ में वैद्यजी के।

"एक बात बताऊँ बैद्जी, हमारे कंजरों में कतल भी हो जाए फिर भी पुलिस नहीं आती है। हाँ, हमारी बिरादरी की पंचायत जो फैसला करती है, वह सिर माथे पे। इसलिए मरे मेरी सलाह मान, अपने रस्ते आ और अपने रस्ते जा।"

मगर वैद्यजी को आज जो दिखाई दे रहा है, वह पिछले दृश्यों से कुछ अलग है। उसे हैरानी हो रही है कि न गाली, न गलौज। न मार, न पीट। न शोर, न शराबा। इसका अर्थ हुआ सब उसके आने से पहले सम्पन्न हो चुका है।

उसने नज़दीक आकर देखा। पहली नज़र में जो सबूत और सुराग़ उसके हाथ लगे, उससे उसे अनुमान हो गया कि मामला इन्हीं खोखों से जुड़ा हुआ है क्योंकि अदालती भाषा में कहें तो सारे सबूत चीख़-चीख़कर यही कह रहे हैं। वह 'अंगूरी पान भंडार' की ओर बढ़ गया। अंगूरी नहीं मिली उसे। कुछ और ज़्यादा सुराग़ पाने की चाह में वैद्यजी ने पूछा, "अंगूरी नहीं है?"

"भीतर गई है पंचायत में।" भीतर से रम्भा का मतलब मोहल्ले से था।

"आज फिर किसी में झगड़ा हुआ है?"

"हाँ, रेखा और हेमा में कुछ टंटा हुआ है...।"

रम्भा वैद्यजी के हर सवाल का जितनी तत्परता से उत्तर दे रही थी, उससे उसे कुछ शक हुआ। लगा जैसे रम्भा का ध्यान उसके सवाल पर कम, कहीं और ज़्यादा है। कनखियों से देखा उसने रम्भा की ओर तो पाया उससे नज़रें चुराते हुए वह किसी को कुछ इशारे कर रही है। वैद्यजी ने इसके बाद वहाँ रुकना उचित नहीं समझा, और बिना आगे कुछ पूछे आगे बढ़ गया। इतने दिनों से आते-आते वह खोखों के मूक संकेतों की भाषा भली-भाँति समझने लगा है।

कमला सदन जाने का विचार छोड़, वैद्यजी 'भीतर' की ओर मुड़ गया।

ग़लत सूचना नहीं दी थी रम्भा ने। वैद्यजी को दूर से ही अन्दाज़ा हो गया कि मामला कुछ ज़रूरत से ज़्यादा पेचीदा है। हेमा अपराधिन-सी बीच पंचायत में खड़ी है। दूर से आते वैद्यजी पर नज़र पड़ गई बुआ की। उसने उसे इशारे से वहीं रुकने को कहा। वैद्यजी समझ गया बुआ के इशारे का अर्थ—यानी बिना किसी व्यवधान के चुपचाप दूसरे लोगों के पास बैठ गया वह।

"हाँ तो बुआ बता, क्या सजा मुकर्रर करे पंचायत?" पंचायत के बीच से एक स्वर उभरा।

"दुर्गा, अब वो समय तो रहा नहीं कि किसी कज्जे को तोड़नेवाली खिलावड़ी के माथे के बाल काट दो।"

"पर सजा तो सुनानी पड़ेगी। वैसे भी हेमा का गुनाह छोटा नहीं है।"

"वही तो मैं सोच रही हूँ...।" इतना कह बुआ रेखा की ओर पलटी, "रेखा,

वैसे तेरा उस कज्जे से कित्ते में सौदा तय हुआ था?''

''दो हजार में।''

''ना, झूठ बोल रही है यह।''

''सच्ची-सच्ची बता रेखा?''

''दीना की सौं बुआ, दो में ही हुआ था।''

''पर मुझे तो उसने पाँच सौ ही दिए हैं।'' हेमा ने प्रतिवाद करते हुए कहा।

एकाएक वैद्यजी को कुछ दिन पहलेवाला वही दृश्य याद आ गया, जब उसने 'रेखा दूर संचार केन्द्र' अर्थात् 'अंगूरी पान भंडार' के बग़लवाले खोखे से फोन पर चल रहे वार्तालाप को सुना था। बिना किसी के बताए बकौल रम्भा 'हेमा-रेखा टंटे' की परतें स्वतः ही खुलने लगीं।

''दुर्गा, ऐसा करते हैं यह हम रेखा पर ही छोड़ देते हैं। जैसे इसका पेट भरता हो यह पंचों को बता देगी।''

''ठीक है बुआ। रेखा, बता बेटी?''

''ताऊ, मेरी तो इच्छा है कि इस हेमा की बच्ची का सिर मुँडा के गाजूकी में घुमाऊँ। फिर भी जो पंच-फैसला होगा मुझे मंजूर है।''

इसके बाद हेमा से भी पूछा गया। हेमा ने भी फ़ैसला पंचों पर छोड़ दिया।

देर तक मन्त्रणा होती रही पंचों के बीच और अन्त में पंचायत ने जो फ़ैसला सुनाया, उसे सुनकर हेमा की जैसे साँस ही अटक गई।

''इतनी कड़ी सजा ताऊ! कहाँ से करूँगी इतनी मोटी रकम का इन्तजाम?'' रिरियाते हुए बोली हेमा।

''शुकर मना अपने माना गुरु का जो दस हजार में फैसला हो रहा है वरना कुछ पंच तो माथे के बाल काटने पर अड़े हुए हैं।''

''दस हजार रुपल्ली तेरे लिए रकम हो गई।'' अंगूरी ने मुँह बिचकाते हुए कहा।

''और फिर पंचायत दे तो रही है दस दिन का टैम।'' कमला बुआ ने तसल्ली देते हुए समझाया।

''पता है तुझे, बुआ की दोनों छोरियों सुशीला-माया का फैसला भी इसी थड़े पर हुआ था।''

''दुर्गा, चुप कर! ना टैम देखे है, ना मौका। जो मन में आए बकना शुरू कर देवे है।''

''बुआ, मैं तो बस इन्हें बता रहा था।'' कमला बुआ की डाँट पर दुर्गा चुप हो गया।

हेमा ने पंचों के फ़ैसले को शिरोधार्य करने में ही अपनी भलाई समझी। अंगूरी ताई ने ठीक ही कहा है कि एक खिलावड़ी के लिए यह कोई रकम होती है। उसने मन ही मन अपने माना गुरु का धन्यवाद और पंचायत के प्रति आभार जताया, जो आर्थिक दंड देकर उसे मुक्त कर दिया, वरना वह उसके माथे के बाल काटने का आदेश भी दे सकती थी।

बरसों पुराने घाव पर जमे खुरंड को किसी ने मानो नुकीली सूई से कुरेद दिया।

रास्तेभर एक उद्विग्नता से पिनपिनाती रही कमला बुआ। मन तो वैद्यजी का कर रहा था कि वह बुआ से अभी पूछ ले कि इस थड़े पर गाजूकी की पंचायत ने क्या फ़ैसला किया था किन्तु उसकी हिम्मत नहीं पड़ी।

कमला सदन में प्रवेश करते ही रुक्मिणी ने छेड़ा बुआ को, ''नानी, क्या फैसला कर आई?''

''पहले दम तो लेने दे मरी।''

''बहूऽऽऽ! बैदूजी आए हैं।'' सुशीला ने संतो को आवाज़ दी।

''सुशीला, कोई गुटका-वुटका पड़ा हो तो दे न! मरा, सिर फटा जा रहा है।'' चारपाई पर लेटते हुए बोली बुआ।

समझ गया वैद्यजी कि बुआ का सिर क्यों फटा जा रहा है।

''लो बैदूजी, ठंडा पिओ!'' संतो को आया देख सुशीला ने वैद्यजी से आग्रह किया।

संतो से शीतल पेय की बोतल लेते हुए वैद्यजी ने उसे ध्यान से देखा। सही कहा था उसने बुआ से कि संतो को पीलिया तो नहीं है। अगर ऐसा नहीं है तो संतो दिन पर दिन कैसे पिंजर बनी जा रही है? पलक झपकते ही आँखों-आँखों में वह संतो की देहयष्टि की तुलना बुआ से लेकर रुक्मिणी तक कर गया। मन ही मन सोचने लगा वह कि कहाँ संतो का पीला पड़ता जिस्म और कहाँ रुक्मिणी, वंदना, पूनम के गालों से फूटती सुर्ख़ी। एकाएक वैद्यजी की निगाह रुक्मिणी पर आकर जैसे ठहर गई। डीपकट ब्लाउज़ से झाँकती उसकी मज़बूत बाजुओं को देखकर लगा जैसे वह आजू-बाजू खड़े, ताज़ा-ताज़ा रंदा किए गए कच्चे सागवान के चिकने शहतीरों को देख रहा है। लगा, जैसे रुक्मिणी की देह से महुए-सी मादकता फूट रही है।

''बैदूजी, सीधा धरमपुरा ही जाना है या...''

वैद्यजी को कुछ सुनाई नहीं दिया।

"तुझी से पूछ रही हूँ!" थोड़ा ज़ोर से कहा बुआ ने।

"हाँ...हाँ...ना...।" अकबका गया वैद्यजी।

"मरे क्या हुआ, जब आया था तो अच्छा-भला था?"

"हुआ क्या नानी, पहला तोड़ पी रक्खा है आज। दीख नहीं रहा कैसे नशे-से में बैठे हैं।" रुक्मिणी ने शरारत भरे अन्दाज़ में अपने बाएँ शहतीर पर दायाँ हाथ फेरते हुए कोंचा।

"सही कह रही है बुआ, रुक्मिणी।" इसके बाद वैद्यजी ने दीर्घ निःश्वास ले उसे बाहर छोड़ा और फिर छत की ओर नज़रें उठाते हुए बोला :

"गिरा के बिजली मेरा आशियाँ जलाना था
तुझे भी आज सरे-बज़्म मुस्कुराना था

मैं इन्तज़ार में बैठा हुआ हूँ बरसों से
पलट के उनको इन्हीं रास्तों पै आना था।"

"आज तो बड़े रंग में दीख रहा है मरे?" कमला बुआ ने भी छेड़ते हुए कहा।

"रंग में क्या बुआ।" फिर एक लम्बी आह भरी वैद्यजी ने :

"कोई मिलता ही नहीं ज़ख़्म दिखाऊँ किसको
इस बड़े शहर में हमराज़ बनाऊँ किसको।"

"रुक्मिणी, सुन रही है न मरी बैद्जी क्या कह रहा है?" बुआ ने रुक्मिणी की आँखों में उतरते हुए कहा।

"सब सुन रही है नानी तेरी रुक्मिणी। पर इस बन्दी पर कोई फरक पड़नेवाला नहीं है।" बेपरवाही के साथ जवाब दिया रुक्मिणी ने।

"बुआ, पिंकी नहीं दिखाई दे रही है?" अपने चारों ओर नज़र मारते हुए वैद्यजी ने बड़ी सफ़ाई से विषय बदल दिया।

"बम्बई गई है अपनी मौसी के पास।"

"मौसीऽऽऽ यानी संतो की बहन, वह रहती है बम्बई में?"

"सगी ना, इसकी कोई दूर की मौसी है उसकी लड़की है। वही आई हुई थी। बोली, मैं ले जाती हूँ कुछ दिन के लिए अपने साथ।"

"हमने भी सोचा बैद्जी कि रह आएगी कुछ दिन। क्या बुराई है। कुछ दिन रहेगी तो तहजीब के कुछ तौर-तरीके ही सीखकर आएगी।" बुआ ने पिंकी को बम्बई भेजने के पीछे छिपे तर्क और मन्तव्य को स्पष्ट करते हुए कहा।

"वैसे भी तहजीब के लिए एकाध साल बाद उसे जाना ही है। इसलिए सोचा

कि कुछ सीख आएगी और बम्बई का हवा-पानी भी देख आएगी।'' सुशीला ने अपनी माँ के तर्क की पुष्टि की।

''बैदूजी, आजकल कज्जे बहुत सयाने हो गए हैं। हमारा जमाना नहीं रहा जब रंग-रूप से काम चल जाता था। अब तो कज्जा गाँठ ढीली करने से पहले कई बार सोचता है। वैसे उनका सोचना है भी सही। बन्दा घर से मुँह मारने बाहर जाएगा तो ऐसे ही जाएगा, वैसा तो वह अपने घर में ही है। आधे बाँटे पर भी ऐसी ही खिलावड़ियों की ज्यादा माँग रहती है जिनकी ठीकठाक तहजीब हुई हो, और अगर पाँच-सात जमात पढ़ी हो तो कहना ही क्या...नोटों की बरसात कर दे वह।'' माया ने विस्तार से बताया।

''सुर-ताल की तो बात ही छोड़ दो। थोड़ा-सा कूदना-मटकना आ जाए, वही बहुत है। देखा नहीं था सलमा, तारा और ज्योति को, क्या था उनके पास? यह कूदना-मटकना ही तो था। इसी के चलते तीनों नोटों की सेज पर सोती थीं। महफिल में जान फूँक दी थी उन तीनों ने।'' माया की बात को और विस्तार देते हुए बुआ पलभर के लिए वर्षों पीछे लौट गई।

''मेरी तो माना गुरु से यही अरज है बैदूजी कि हे माना गुरु पिंकी अब गाजूकी आए ही ना।''

संतो ने घायल फ़ाख्ता-सी आहत होते हुए कहा। उसकी इस आहत प्रतिक्रिया पर सबके चेहरे पर तनाव और बेचैनी तैर गई।

इससे पहले कि कोई कुछ कह पाता, संतो ने अपनी सास सुशीला की ओर देखते हुए कहा, ''ठीक ही तो कह रही हूँ माँ। क्या धरा है इस गाजूकी में। देखती नहीं हूँ सौ-सौ रुपए के लिए कैसे कुत्ते-बिल्ली-सा कलह होता है। कम से कम वहाँ मोटे-मोटे इज़्ज़तदार तो हैं। देखा नहीं, पिंकी की मौसी कैसी मेम साब लग रही थी। क्या पता मेरी पिंकी का भाग ही चेत जाए वहाँ जाके। कोई इज़्ज़तदार उसे दुबई ही ले जाए।'' संतो की आँखें बेटी के सुखद भविष्य की कामना में मुँदती चली गईं।

''बहू, तुझे तो बहुत बोलना आ गया!'' आँखें तरेरते हुए सुशीला ने संतो को डाँटा।

''ठीक ही तो है माँ। देखा नहीं रेखा और हेमा में कैसी जंग छिड़ी। हेमा ने रेखा का कज्जा ही तो तोड़ा था, कौन-सी उसकी जायदाद पर कब्जा कर लिया, जो रेखा लपककर पंचों के पास जा पहुँची।''

बुआ ने रुक्मिणी की ओर देखा, ''तू ना समझेगी। ये कज्जा ही तो हमारी जायदाद हैं। अगर सब एक-दूसरे के कज्जाओं को ऐसे तोड़ने लगीं, तो जंग मचेगी ही।''

"अरे हाँ नानी, तूने बताया नहीं पंचायत ने हेमा के सिर कितने का दंड धरा है।" अनायास जैसे रुक्मिणी को याद आ गया।

"कित्ते का धरा है। मरी को सस्ते में छुड़वा दिया।"

"फिर भी?"

"दस हजार में छूट गई।"

सुनते ही रुक्मिणी ठठाकर हँसी।

"नानी, रेखा के पास एक तो ढंग का कज्जा आया, उसे भी हेमा ले उड़ी... पर हेमा के भाग देखो उतने की कमाई नहीं हुई, उससे कई गुना ज्यादा दंड भरना पड़ गया।"

संतो के चेहरे पर मुद्दत बाद मुस्कान देखी वैद्यजी ने।

बेटी के सुखद भविष्य की कल्पना में मन ही मन अपने देवी-देवताओं का सुमरन करती हुई लौट गई। वैद्यजी ने ध्यान से देखा कि जो संतो उसे पीलियाग्रस्त लग रही थी, उसके पाँवों की चपलता देख, उसे एक सुखद एहसास की अनुभूति हुई। कुछ ही देर बाद वैद्यजी ने देखा संतो पूरे सदन के मैले कपड़ों का गट्ठर लिए हैंडपम्प की ओर बढ़ी जा रही है। संतो पूरी ताकत से धरती के पेट में जमा पानी को हैंडपम्प से खींच-खींचकर कपड़े धोने में जुट गई।

एक-एक कर सब उठ गईं। बुआ के पास कोई नहीं बचा सिवाय वैद्यजी के। हालाँकि वैद्यजी को काफ़ी देर से इसी एकान्त का इन्तज़ार था लेकिन फिर भी उसने जान-बूझकर उठकर जाने का उपक्रम बनाते हुए कहा, "अच्छा बुआ, मैं भी चलता हूँ।"

"मरे, कहाँ जाएगा इत्ती धूप में। यहीं कर ले आराम। चला जइयो दिन ढले पीछे।"

वैद्यजी को जैसे पता था बुआ यही कहेगी। इसलिए उसने एक बार भी झूठे से मना नहीं किया।

वैद्यजी ने अपने आसपास देखा। कोई नहीं दीखा उसे, सिवाय थोड़ी दूर आपस में खेलते बच्चों के। समझ गया वह कि इस चढ़ती धूप में आराम करने के लिए, सब अपने-अपने दड़बों में घुस गई हैं। सामने दूर हैंडपम्प पर कपड़े धोती संतो के मशीन की तरह तेज़ी से चलते हाथों और रह-रहकर उनसे पैदा होते संगीत ने नज़दीक आती दोपहरी के आलस्य और अनमनेपन की नीरवता को ज़रूर कुछ कम किया है।

बराबर में बिछी चारपाई की ओर देखा उसने। बन्द आँखों के बावजूद बीच-बीच में रह-रहकर थरथराती पलकों से वैद्यजी ने भाँप लिया कि बुआ की आँखें बेशक बन्द हैं, किन्तु उनमें ज़रूर स्मृतियों के दृश्य आ-जा रहे होंगे।

"बुआ, सो गई क्या?" बुआ को टोहते हुए वैद्यजी ने धीमे स्वर में पूछा।

"ना।" वैद्यजी की ओर करवट लेते हुए जवाब दिया बुआ ने।

"बुआ, सवेरे पंचायत में दुर्गा कौन-से फ़ैसले की बात कर रहा था, जिसे सुन कर तूने उसे डाँटकर चुप करा दिया था?"

"मैं तो समझे बैठी थी कि तू उस बात को भूल गया होगा...पर मरे, तू भी जब एक बात के पीछे पड़ जाए है, तो उसे खोद के ही दम लेता है।" बचा-खुचा उनींदापन भी ग़ायब हो गया बुआ का।

"पीछे इसलिए पड़ रहा हूँ कि वह कौन-सी बात थी, जिसके डर से तेरा चेहरा सफेद पड़ता चला गया था?"

"बैद्जी, मुश्किल से मैं उसे भूली थी पर मरे इस दुर्गा के बच्चे ने जैसे आज पुराना घाव फिर से हरा कर दिया। अब तू जान ही गया है तो तुझे बताना ही पड़ेगा, नहीं आते-जाते मेरी जान खाता रहेगा।"

"ऐसी बात है तो फिर रहने दे बुआ। मैंने तो बस ऐसे ही पूछ लिया। अगर दिल दुखानेवाली बात है..."

"वो बात ना है बैद्जी। दरअसल मैं उस कुसब घड़ी को याद ही नहीं करना चाहती।"

"वो क्यों बुआ?"

"इसलिए बैद्जी कि पहली दफा उस दिन पता चला कि कैसे थोड़े से लालच में कभी-कभी माँजाई ही एक-दूसरे की खून की प्यासी बन जाए हैं।"

इसके बाद कमला बुआ दबे पाँव इस कुसब यानी मनहूस अतीत की धूसर घाटी में उतरती चली गई। वैद्यजी को लगता रहा जैसे बुआ की आँखों में उस घटना के पुराने चित्र धीरे-धीरे बन-बिगड़ रहे हैं।

●●

"माँ, मैं इस माया को कहीं का नहीं छोड़ूँगी। एक-एक कज्जा के लिए इसे मोहताज ना कर दिया, तो सुशीला ना मेरा नाम!" घायल नागिन-सी फुँफकारते हुए सीधे-सीधे चेतावनी दी सुशीला ने।

कमला भीतर तक काँप गई बेटी की इस रौद्रता को देखकर।

"सुशीला, माफ कर दे। बहन है तेरी। पहली दफे गलती की है। जित्ते का नुकसान हुआ है तेरा, उसकी मैं भरपाई कर दूँगी।" एक बेटी की सलामती के लिए दूसरी से मनुहार की एक माँ ने।

"यह तो उसे तभी सोचना चाहिए था, जब उसने मेरा कज्जा तोड़ा था। रही बात बहन की, तो धंधे में नहीं चलते हैं ये रिश्ते-नाते...धंधे में खिलावड़ी, खिलावड़ी होती है। कोई बहन-वहन नहीं होती है।"

जँच गया कमला को कि सुशीला माननेवाली नहीं है। इसीलिए हारकर उसने निर्णय सुशीला पर ही छोड़ दिया, "तो फिर तू ही बता मैं क्या करूँ?"

"करना क्या, मैं इसे पंचायत में ले जाकर ही मानूँगी।"

"इत्ता आगे की मत सोच सुशीला। अच्छा है घर का झगड़ा, घर में निपट जाए...ऐसा जुलम मत कर!" गुहार करते हुए गिड़गिड़ाई कमला।

मगर सुशीला ने जैसे प्रण ले लिया कि फ़ैसला अब गाजूकी की पंचायत ही करेगी।

इधर बड़ी बहन के फ़ैसले के बारे में माया को पता चला, तो वह सीधी माँ के पास पहुँची। कमला की मति जैसे जवाब दे गई। कुछ समझ में नहीं आ रहा है उसके कि वह क्या करे, और क्या नहीं। उसने भी हारकर छोटी बेटी के सामने जैसे हथियार डाल दिए। धर्म संकट के भँवर में फँसी कमला को बाहर निकलने का कोई रास्ता नहीं दिखाई दे रहा है।

"माया, बेटी बता, मैं क्या करूँ? अच्छी फँसी मैं तो तुम दोनों के बीच।" भरभराते हुए बोली कमला।

"माँ, तुझे करने की जरूरत नहीं है कुछ। जो कुछ करना है अब मैं ही करूँगी।" शेरनी-सी दहाड़ती माया ने कहा।

"वैसे तुझे अपनी बहन का कज्जा तोड़ने की क्या जरूरत आ पड़ी। गाजूकी में रोज न जाने कित्ते एक से एक कज्जा आते रहते हैं। पता ना, मरी तुझे भी क्या सूझी!"

"कज्जा तोड़ा है, कोई खसम नहीं छीना है मैंने उसका...वैसे भी कौन-सा मैं गई थी उसके पास। वही आया था चलके।"

"कोई किसी के पास नहीं जाती है। सब खुद ही चलकर आते हैं खिलावड़ी के पास।"

"फिर बता इसमें मेरा क्या कसूर है?"

"वो बात ना है माया। जिसका इत्ता पुराना लगा-बँधा कज्जा टूटेगा, उसे उसका दुःख तो होगा ही।"

"मैं माँग तो रही हूँ माँ माफी।"

"पता ना, उसके सिर पे आज कैसे भुइयाँ[1] सवार हुई पड़ी है।"

"एक बात कहूँ माँ, कोई किसी का लगा-बँधा नहीं होता। यह तो ग्राहक की मरजी है। क्या पता, सुशीला से जी भर गया हो। जो आदमी पैसे लुटा रहा है यह तो उसकी मरजी का सौदा है कि वह किसके पास जाए...और जब एक आदमी मेरे पास चलकर आया है, तो मैं कैसे मना कर देती।"

"ठीक है ना कर। अब भुगत। लड़ो दोनों एक-दूसरे का झोंटा पकड़के। दिखाओ पूरी गाजूकी में नाच।"

"नाच तो सुशीला दिखा रही है माँ। पंचायत में मैं ना वही जा रही है।"

"करो, जो तुम्हें अच्छा लगे।" कहते-कहते फफककर रो पड़ी कमला।

"माँ, अब जो होगा देखा जाएगा।" माया ने भी अंततः आगामी स्थितियों और परिस्थितियों से सामना करने के लिए अपने-आपको मानसिक रूप से तैयार कर लिया।

पंचायत ने चीरणी से पहले दोनों बहनों से नियमानुसार धरोड़ के रूप में छह-छह तोला सोना, पंचायत और पंचों के खर्चे-पानी के रूप में दो-दो हजार रुपए नक़द के अलावा फ़ैसला होने तक, यदि वह अगले दिन भी जारी रहती है, धरोड़ का ब्यौरा रखनेवाले को सौ रुपए प्रतिदिन के हिसाब से, तथा पूरी पंचायत को पानी पिलानेवाले को दिए जानेवाले जैसे छोटे-मोटे खर्चों की रकम पहले ही धरवा ली। दोनों मुदी को पहले ही साफ़-साफ़ बता दिया गया कि जो मुदी पंचों का फ़ैसला नहीं मानेगा, समझो उसकी धरोड़ हो गई ज़ब्त। दोनों बहनों को उनके कुल देवता की सौगन्ध दिलवाते हुए चेतावनी दे दी गई कि उस धरोड़ के बारे में कोई भी पुलिस को नहीं बताएगी।

एक नहीं, पूरे दो दिन बैठी पंचायत। दो दिन तक चीरणी चलती रही और दोनों मुदी के तर्क-वितर्क और पंचों के बीच उस पर बहस होती रही। मगर फ़ैसला होने का नाम न ले। इन दो दिनों में कमला बुआ जैसे खंगर हो गई। न ढंग से खाना, न पीना। पूरी रात आँखों में बीती। पता नहीं पंचायत क्या फ़ैसला देगी।

दूसरा दिन भी बीत गया। सूर्यास्त के बाद आख़िर वह घड़ी आ ही गई, जिसका कमला ही नहीं, पूरी गाजूकी को इन्तज़ार था। सुशीला-माया से पहले पंचों ने माँ होने के नाते सबसे पहले कमला से पूछा।

1. भुइयाँ : कंजरों की तीन देवियों में से एक देवी का नाम।

"कमला, कोई ऐतराज तो ना है पंचों का फैसला मानने में?" मुखिया ने पूरी पंचायत के सामने पूछा।

"ना।" कमला ने ज़्यादा कुछ नहीं कहा।

"ठीक है, तो फिर दोनों मुदी की चीरणी सुन पंचों ने यह माना है कि माया से गलती हुई है। चाहे यह भूल से हुई है या उसने जानके की है...गलती तो गलती है।"

कमला ने माया की ओर देखा तो उसके चेहरे की रंगत देख एक पल के लिए लगा जैसे उसके भीतर शीशे के छोटे-छोटे टुकड़े चटक रहे हैं। माया के सफ़ेद पड़ते चेहरे और भयातुर आँखों को देख नहीं रुका गया कमला से। फफककर रो पड़ी।

"तो पंचो, माया को गुनहगार मानते हुए पंचायत ने यह फैसला किया है कि एक महीने तक उसके पास किसी कज्जे को फटकने नहीं दिया जाएगा..."

मुखिया अभी अपना वाक्य पूरा करता कि सुशीला तमतमाती हुई खड़ी हुई और बिजली-सी कड़कते हुए बोली, "पंचो, मुझे ना है मंजूर यह..."

"सुशीला, फैसला पहले पूरा सुन ले फिर कहियो कुछ।" मुखिया ने सुशीला को बीच में टोका, और फिर आगे बोला, "साथ ही पंचों ने यह फैसला लिया है कि अपनी सगी बहन का लगा-बँधा कज्जा तोड़ने के गुनाह में माया के माथे के ऊपर के बाल काटने का हुकम दिया जाए।"

ज़मीन फट गई माया के लिए। सूखे पत्ते-सी काँपने लगी। इस सज़ा का तो उसे बिलकुल भी गुमान नहीं था जबकि कमला को अनुमान हो गया था। किसी दरख़्त पर बैठे परिन्दों-सी चिल्ल-पों एकाएक तेज़ हो गई।

"माया, आगे आ!"

पंचों के बीच से उछले इस आदेश पर ख़ामोशी छा गई। सबकी साँसें आगे के दृश्य की प्रतीक्षा में रुक-सी गईं।

माया धीरे-से अपराधिन बनी, अपनी जगह से खड़ी हुई और पंचों के समक्ष आकर खड़ी हो गई। लालटेनों की मद्धिम रोशनी से बनी परछाइयाँ एक-दूसरे में ऐसे गड्डमड्ड हो गईं कि यह पता लगाना मुश्किल हो गया कौन-सी परछाईं किसकी है? इन्हीं मिश्रित परछाइयों में एक परछाईं रह-रह कँपकँपाने लगी, तो लगा मानो लालटेनों की जलती बाती से कोई चुहलबाज़ी कर रहा है। इन्हीं परछाइयों में एक परछाईं के हाथ में थमी कैंची को देख माया को लगा जैसे तेज़ धारदार खंज़र किसी ज़िबह होने वाले जानवर का इन्तज़ार कर रहा है।

''माया, सिर से पल्लू हटा!'' हाथ में कैंची थामे इसी परछाईं ने आदेश दिया।

सिर से पल्लू हटा दिया माया ने।

सिर से पल्लू हटने के बाद उस परछाईं ने माया के माथे के ऊपर छाए घने मेघों के गुच्छे में अँगुलियाँ फँसाईं और उनमें जितने बाल फँसे, उन्हें भच्च से कैंची से उड़ा दिया। माया की आँखें बन्द होती चली गईं। मुँह से निकलनेवाली चीख़ को बाहर आने से पहले ही पी गई वह।

''कमला, ले जा माया को घर!'' इतना कह मुखिया ने पंचायत विसर्जन की घोषणा कर दी। दोनों पक्षों की धरोड़ उन्हें वापस लौटा दी।

माया अपनी जगह खड़ी रही। उसे पता ही नहीं चला कि उसकी देह से रगड़ खाते हुए कौन-कौन गुज़रा है उसकी बग़ल से। उसकी आँखें तो ज़मीन पर कलम हुए आर्तनाद करते अपने उन बिखरे हुए बालों पर टिकी हुई हैं, जिनके नरम स्पर्श के लिए कभी बड़े-बड़े इज़्ज़तदारों की अँगुलियों के पोरों में आपस में होड़ लगी रहती थी, निर्ममता के साथ इस समय पाँवों तले रौंदे जा रहे हैं।

कमला ने बमुश्किल सँभाला माया को। कुछ नहीं कहा माया ने। चुपचाप माँ के साथ चल दी।

दोनों सुशीला के सामने से गुज़र रही थीं कि सुशीला के शब्द माया के कानों से टकराए, ''बड़ा घमंड था अपने इस रूप पे...अब इसे चाट हथेली पे धरके महीने तक।''

माया को अपने कानों में सुशीला के शब्द नहीं, पिघले हुए लोहे की बूँदें लगीं, जो भीतर तक घाव करती चली गईं। आह तक नहीं निकली माया के मुँह से।

रास्तेभर माया को लगता रहा जैसे अँधेरे के बावजूद पूरी गाजूकी की आँखें उसे ही घूर रही हैं। कमला और माया दोनों माँ-बेटी घर कैसे पहुँचीं, इसका न तो कमला को पता चला, न माया को। बार-बार माया का हाथ आँसुओं को पोंछने को उठता, तो समझ जाती कमला कि आँसुओं को पोंछना महज एक बहाना है। असल में हाथ माथे के उस हिस्से को छूने के लिए उठता है, जहाँ उसे लग रहा है मानो बालों पर कैंची अभी भी चल रही है।

कमला बुआ अतीत की घाटी से बाहर निकली तो वैद्यजी ने देखा कि बुआ की छोटी-छोटी आँखों में उद्विग्नता और अवसाद की कीच भरी हुई है। उसके लिए

उस समय अनुमान लगाना कठिन नहीं था कि बुआ के लिए उन क्षणों को याद कर, उन्हें भुलाना किसी ग़र्द भरे स्याह अँधेरे से होकर गुज़रने से कम नहीं रहा होगा। शायद इसीलिए वह इस अँधेरे से टुकड़ों-टुकड़ों में बाहर निकल रही है।

"बैद्जी, मैं ही जानती हूँ कि इन दोनों बहनों को मैंने पीछे कैसे एक किया। क्या करती, करना पड़ा। माँ हूँ नहीं ये दोनों तो एक-दूसरे की खून की प्यासी हो गई थीं। पूरा गाजूकी ताली पीट-पीटकर मजे लेता था। मैं तो ढोक दूँ हूँ अपने उस माना गुरु को जिसने इनकी मति ठीक कर दी।"

"माँ, सो गई क्या?"

माया का स्वर था यह। कमला बुआ और वैद्यजी, दोनों ने देखा उसकी तरफ़। वैद्यजी की आँखें रह-रहकर माया के माथे के उस हिस्से को खोजने का प्रयास करती हैं, जहाँ से बाल अलग हुए थे। वैद्यजी को अपनी ओर निहारता देख हैरानी हुई माया को। उससे जब नहीं रहा गया, तब उसने कह ही दिया, "बैद्जी, कहीं मत्था ढकाई का बिचार तो नहीं है, जो ऐसे देख रहे हो!"

झेंप गया वैद्यजी।

"अच्छा, अभी भी मत्था ढकाई के सपने देख रही है। उमर तो देख अपनी। बावले कुत्ते ने काटा है इसे जो माँ की उमर की औरत की करेगा मत्था ढकाई!" कमला बुआ ने 'हुस्न बाग' का पॉऊच लिया और उसे दाँतों से काटने लगी।

"माँ, इसके लिए भी कोई उमर होती है। जब मन करे, कर लो मत्था ढकाई।"

"हाँ, जब मन करे कर लो मत्था ढकाई। मत्था ढकाई नहीं हुआ जैसे कोई खेल हो गया।"

"मरद के लिए औरत, औरत होती है माँ। देखती नहीं है कैसी-कैसी उमर के इज़्ज़तदार आते हैं गाजूकी में...और तू कहती है कि मैं अपनी उमर देखूँ। क्या हुआ है मेरी उमर को। आज भी अगर सज-सँवरके किसी खोखे पर जा बैठूँ, तो बैद्जी जैसों की लाइन लग जाए।"

"ज्यादा मत बोल, पता है कित्ता हुसन बचा हुआ है। हुँ, खोखे पर बैठेगी. ..जी नहीं भरा है अभी तेरा। यह तो वो बात हो गई कि बूढ़ी घोड़ी, लाल लगाम।" बेटी की तबियत से ख़बर ले ली माँ ने।

"अच्छा बैद्जी, यह बता क्या हुआ है मेरे हुसन को? उमर से ही तो थोड़ी झटक गई हूँ, दिल तो अभीऽऽऽ...।" कहते-कहते चेहरे पर क़ब्ज़ा जमाती झुर्रियों में कसाव आ गया। होंठ लरज़ने लगे और आँखों में माया की शोख़ी तैरने लगी।

"अच्छा छोड़, बैद्जी का जी खराब मत कर!"

बुआ ने जिस तरह माया को टोका, माया कोमल पत्ती-सी कुम्हला गई। माँ ने उड़ने से पहले ही उसकी कल्पनाओं के पंखों को मुट्ठियों में दबोच लिया। वैद्यजी चुपचाप देखता रहा उन्हें। किसी तरह का हस्तक्षेप करना उसे उचित नहीं लगा माँ-बेटी के बीच।

अचानक उसने बाहर देखा तो मालूम हुआ धूप अब नरम पड़ गई है। बुआ से इजाज़त ले वह जाने के लिए खड़ा हो गया। इससे पहले कि बुआ कुछ कहती वह उससे काफ़ी दूर जा चुका था।

9

रुक्मिणी ने जैसे तय कर लिया कि अगर वैद्यजी इस बार गाजूकी ख़ाली हाथ आया, तो वह उसे कमला सदन में घुसने नहीं देगी। बाहर से ही लौटा देगी। मगर अगले ही पल सोचती है रुक्मिणी कि वह उसे लौटाएगी तो तब, जब वैद्यजी आए। रुक्मिणी याद करते हुए यह जानने की कोशिश करती है कि अन्तिम बार वह इस गाजूकी में आया कब था? आश्चर्य हुआ रुक्मिणी को यह याद कर कि वैद्यजी को तो गाजूकी आए दो महीने से ऊपर हो गए हैं। बेचैन हो उठी रुक्मिणी कि क्यों नहीं उसका ध्यान इस तरफ़ गया। बावजूद इसके रुक्मिणी ने मन ही मन यह भी तय कर लिया कि वह वैद्यजी से इस बार साफ़-साफ़ कह देगी कि अब नहीं सहा जाता उससे। वही जानती है कि कई बार पूरी-पूरी रात आँखों में निकल जाती है। बल्कि कभी-कभी तो जी चाहता है कि वह अपने ऊपर से किसी को उतरने ही न दे, किन्तु चाहकर भी वह ऐसा नहीं कर पाती। वैद्यजी मान गया तो ठीक वरना वह ज़बरन उसके साथ हो लेगी। होगा जो देखा जाएगा। लोक-लाज की चिन्ता होगी वैद्यजी को, उसे क्यों होने लगी। दो टूक कह देगी वैद्यजी से कि या तो उसे वह ले चले अपने साथ धरमपुरा वरना ठीक नहीं होगा।

वैद्यजी की प्रतीक्षा में अब एक-एक पल काटना रुक्मिणी के लिए मुश्किल हो गया। जब नहीं रहा गया, तब पहुँच गई सीधी बुआ के पास।

''नानी, बैदूजी से किसी ने कुछ कह दिया है क्या?''

''क्यों, क्या हुआ?'' प्रतिप्रश्न करते हुए उलटा बुआ ने पूछा।

''इसलिए कि बहुत दिनों से वे गाजूकी आए नहीं।''

"फँस गया होगा किसी काम में।" रुक्मिणी की नानी यानी कमला बुआ की उदासीनता में किसी तरह का बदलाव नहीं आया।

"वैसे कब आने की उम्मीद है?"

"मुझसे क्या वह मरा कहके गया है कि कब आएगा!" झल्ला उठी कमला बुआ।

"नानी, तू तो काटने को दौड़ पड़ी।"

"काटू ना तो क्या करूँ...मुझसे पूछ रही है। जब तुझे पता नहीं है, तब मुझे क्या पता।" अगले ही पल एकदम बर्फ़-सी ठंडी होती हुई बोली, "क्यों, आज बड़ी छाती फटी जा रही है बैद्‌जी के लिए?"

"कुछ काम है नानी।"

"तो बुलवा ले, इत्ती ही जल्दी है अगर।"

"इतनी भी जल्दी नहीं है कि मैं उसके बिना मर ही जाऊँगी।"

"ओ हो, आज तो बड़ी मरने-जीने की बात हो रही है! वैसे कहती है इस बन्दी पर कोई फरक पड़नेवाला नहीं है और वैसे..." बुआ ने मुस्कराते हुए कहा।

"नानी, वो बात नहीं है जैसा तू समझ रही है।"

"तो फिर कैसी बात है?" रुक्मिणी की आँखों में झाँकते हुए पूछा बुआ ने।

"आने दे बैद्‌जी को, सब पता चल जाएगा।" इतना कह रुक्मिणी उठकर चली गई।

एक बार रुक्मिणी के मन में आया भी कि अपनी नानी को सब कुछ बता दे परन्तु रोक गई अपने आपको। लौटते हुए उसने यूँ ही देखा पलटकर, तो पाया नानी की मन्द-मन्द मुस्कान अभी भी उसका पीछा कर रही है। वह भी मुस्करा दी अपनी नानी की इस निश्छलता पर यह सोचते हुए कि सोच ले, जो कुछ तुझे सोचना है नानी।

इसी आवाज़ को सुनने के लिए ही तो रुक्मिणी के कान पिछले कई दिनों से बेचैन और परेशान हैं। तुरन्त पहचान गई रुक्मिणी इस आवाज़ को। फिर भी जो थोड़ा-बहुत संशय था, उसकी पुष्टि वंदना से करते हुए पूछा रुक्मिणी ने।

"वंदना, यह तो बैद्‌जी की साइकिल की-सी आवाज़ है?" जान-बूझकर रुक्मिणी ने ऐसा कहा।

"हाँ, लग तो वही रही है।" पूरी तरह पुष्टि वंदना ने भी नहीं की।

रुक्मिणी ने वंदना से आगे नहीं पूछा कुछ। सीधी अपनी नानी के पास चली आई, क्योंकि वही नहीं पूरा कमला सदन जानता है कि वैद्यजी सबसे पहले कमला बुआ के पास ही आता है।

अनुमान सही था रुक्मिणी का।

"ले, आ गया तेरा बैद्जी! कर ले इससे गुटरगूँ। मरी जा रही ही बैद्जी के बिना।" फिर बुआ वैद्यजी की ओर पलटी, "मरे, अपने आने-जाने की खबर देके जाए कर इसे!" एक स्नेहिल डाँट मारते हुए कहा बुआ ने।

सोच में पड़ गया वैद्यजी कि रुक्मिणी और उसके लिए मरी जा रही है? नहीं ज़रूर उसके कानों ने धोखा खाया है। ग़लत सुना है उसके कानों ने। जो भी है पर है यह एक हैरत में डालनेवाली सुखद सूचना। बावजूद इसके वैद्यजी ने रुक्मिणी की उपेक्षा करने की मुद्रा अपनाते हुए, बुआ के कहे पर ध्यान नहीं दिया।

"बुआ, जरा संतो को बुलवाना!" वही मुद्रा अपनाते हुए कमला बुआ से बोला वह।

"मरे, संतो भी आ जाएगी पर पहले उससे तो बात कर जिसने पिछले कई दिनों से बैद्जी की रट लगा रक्खी है।" बुआ ने एक बार फिर हल्के-से डाँटा।

"नानी, ये क्या करेंगे। इनसे तो मैं ही बात करूँगी।" इतना कह रुक्मिणी ने संतो को आवाज़ दी, "भाभीऽऽऽ! बैद्जी आए हैं!"

रुक्मिणी की इस कर्कशता पर कमला बुआ से मुस्कराए बिना नहीं रहा गया। ऐसी रूसा-मनाई का खूब मतलब समझती है वह। स्वरों के आरोह-अवरोह से जान लेती है वह आदमी की मंशा।

संतो ने आने में बिलकुल भी देर नहीं की।

"एक सप्ताह की दवाई है यह...रोजाना, सुबह-सुबह खाली पेट लेनी है।" छोटी-छोटी पुड़ियों का छोटा-सा पुलिन्दा संतो की ओर बढ़ाते हुए हिदायत दी वैद्यजी ने।

पुड़ियों को लेते समय संतो की आँखों में वैद्यजी को अरसे बाद वह उजास दिखाई दिया, जिसे वह मुद्दत से देखने को आतुर था।

"बैद्जी, इसे कुछ बीमारी ना है। दिनभर घर के काम में खटती रहेगी तो बीमार-सी दीखेगी।"

"और नानी जिसे सच्चीमुच्ची बीमारी है, उसकी कोई खैर-खबर नहीं लेता है।" रुक्मिणी से नहीं रहा गया कहे बिना।

"मरी, तुझे क्या बीमारी है, भली-चंगी तो है?"

"नानी, है एक बीमारी।" गहरा साँस लिया रुक्मिणी ने।

"मरे, पहले तू इसका इलाज कर। लगाके आ इसके सूई!"

"मेरे पास नहीं है बुआ इसका कोई इलाज। इसके लिए तो इसे खुद जाना पड़ेगा किसी डॉक्टर-हकीम के पास।"

"तेरे पास नहीं है तो मरे तू काहे का बैद्जी बना फिरता है?"

"नानी, कोई जबरदस्ती किसी का नाम बिगाड़ दे तो उसमें उसका क्या कसूर। पता नहीं, घनश्याम जैसा अच्छा-खासा नाम बिगाड़के, किसने बैद्जी धर दिया। अच्छा नानी छोड़...बैद्जी, मेरी दवाई का क्या हुआ?"

"अरे हाँ, मैं तो बताना ही भूल गया। मैंने की थी एक डॉक्टर से बात। वह ऐसी ही बीमारियों का इलाज करता है। उसने बताया कि..." कहते-कहते रुक गया वैद्यजी।

"रुक क्यों गया मरे! मुझे पता है इसके क्या बीमारी है। इसीलिए कह रही हूँ कि लगा दे इसके सूई।"

"बैद्जी, यहाँ से खड़े हो वरना यह नानी ऐसे ही बोलती रहेगी।" रुक्मिणी ने वैद्यजी का हाथ पकड़ा और उसे ले जाने लगी अपने साथ।

"हाँ-हाँ, ले जा अपने घनश्याम ऐ!" कमला बुआ ने हँसते हुए कोंचा।

"बैद्जी, क्या बताया डाक्टर ने, जल्दी बता?" रुक्मिणी ने जाते ही पूछा वैद्यजी से।

"कह रहा था कि ऐसी बीमारियाँ आम हैं। इन्हें एस. टी. डी. [1] कहते हैं। इसका सबसे अच्छा इलाज यह है कि तुझे आराम होने तक इस धंधे से दूर रहना होगा।"

"मतलब?" रुक्मिणी घबरा-सी गई।

"मतलब यह कि ये बीमारियाँ ऐसी औरतों में ज्यादा होती हैं, जो ये धंधा करती हैं।"

"बैद्जी, कहीं यह वो एड्स-वेड्स तो नहीं है?"

"ऐसा तो नहीं है। हो सकता है इन्फैक्शन हो गया है!"

"कोई बड़ी बीमारी है क्या यह?" साँसें तेज़ हो गईं रुक्मिणी की।

"बीमारी क्या, पेशाब के रास्ते खुजली होने लगती है। भीतर छोटी-छोटी फुंसियाँ हो जाती हैं, उनमें होती है यह खुजली। डॉक्टरी भाषा में इसे गन्नौरिया और सिफ़लिस कहते हैं।"

"शुकर है तेरा माना गुरु जो तूने बचा ली!" आँखें बन्द कर अपने कुल देवता को धन्यवाद दे, रुक्मिणी ने पुनः आँखें खोलीं, तो आँखों में शरारत भरी

1. एस. टी. डी. : सैक्सुएली ट्रांसमिटिड डिज़ीज़।

हुई थी उसके, "वैसे एक बात कहूँ बैद्जी, कभी-कभी तो यह खुजली इतनी ज्यादा होती है और इतना मजा आता है कि जी करता है..."

"जब इसमें इतना ही मजा आता है तो क्यों कहती है मुझे बार-बार कि मेरी दवाई का क्या हुआ?" वैद्यजी का चेहरा तन गया इस बार।

"वो तो अभी भी कह रही हूँ।"

"कह रही है तो छोड़ क्यों नहीं देती यह धंधा। मेरी मान, बसा ले किसी के साथ घर, यही इसकी दवाई है।"

"घर बसाना इतना आसान नहीं है बैद्जी। और जब घर ही बसाना था तो क्यों बनी खिलावड़ी, ब्याह रचाके अपनी संतो भाभी की तरह पूरे घर की चाकरी ना कर रही होती।" एकाएक रुक्मिणी को न जाने क्या सूझा कि पहले उसने वैद्यजी की आँखों की गहराई में देखा, और फिर एक रहस्यमयी, कुटिल मुस्कान फेंकते हुए बोली, "एक बात पूछूँ बैद्जी, आप बसाओगे...आप हो तैयार?"

वैद्यजी से जवाब देते नहीं बना।

"इधर-उधर मत देखो बैद्जी। कहना आसान है..." कहते-कहते उदासी तैर गई रुक्मिणी के चेहरे पर, "सच कहूँ बैद्जी, अब तो इसी में मजा आने लगा है...इतना मजा कि जी करता है उस जगह को रेती से रेतती रहूँ...पूरी देह फटने को हो जाती है उस समय।"

"कहीं ऐसा तो नहीं है कि यही मज़ा इस धंधे को नहीं छोड़ने दे रहा है?"

वैद्यजी ने रुक्मिणी की आँखों में आँखें डाल जिस अन्दाज़ में पूछा, रुक्मिणी के मुँह से दिल की बात आ गई बाहर, "सही कह रहे हो बैद्जी।"

कहते-कहते रुक्मिणी को लगने लगा जैसे उसकी जंघाओं के मध्य धीरे-धीरे रेंगती लाल चींटियों के पंजे धँसने लगे हैं। पूरे जिस्म से छोटी-छोटी चिंगारियाँ फूटने लगीं। देखते ही देखते रुक्मिणी गर्म सलाख-सी दहकने लगी। वह सोफ़े से उठकर पलंग पर कब आ बैठी, वैद्यजी को इसका भान ही नहीं होता यदि उसके हाथ पर टिके रुक्मिणी के हाथ में जुम्बिश नहीं हुई होती।

हाथ झटककर खड़ा हो गया वैद्यजी।

वैद्यजी को अचानक कमरे से जाता देख भौंचक्क रह गई रुक्मिणी।

'सही कहा था बैद्जी आपने कि मेरा इलाज आपके पास नहीं है।' वैद्यजी को तेज़ी से अपने आपसे दूर जाता देख रुक्मिणी ने ख़ुद को सुनाते हुए कहा।

वैद्यजी कमरे से क्या गया अपने साथ रुक्मिणी का सारा चैन छीनकर ले गया।

वैद्यजी इस समय हालाँकि रुक्मिणी के कमरे में नहीं है किन्तु रह-रहकर उसकी मौजूदगी उसके भीतर बनी हुई है। जब से वैद्यजी कमरे से गया है, तभी से वह एक ही मुद्रा में लेटी हुई है। न जाने क्यों रुक्मिणी को ऐसा लग रहा है कि उसका पूरा शरीर सुन्न हो गया है और शिराओं में दौड़ता रक्त थम-सा गया है।

अगर वैद्यजी की सलाह पर उसने अपने-आपको कुछ दिनों के लिए धंधे से अलग कर लिया, तब कैसे चलेगा जीवन? धंधे से अलग करने का साफ़-साफ़ अर्थ यह हुआ कि जिसे नहीं मालूम उसे भी पता चल जाएगा। आज कमला सदन को पता चलेगा, तो कल पूरी गाजूकी को। कल गाजूकी को पता चलेगा, तो अगले दिन उसके सारे कज्जाओं को और यदि उसके कज्जाओं को पता चल गया तब?

वैद्यजी रुक्मिणी के सामने ऐसी सूखी रेत बिछा गया कि जब-जब उसे मुट्ठी में भरती, तब-तब वह अँगुलियों के बीच बने रंध्रों से छनकर वापस ज़मीन पर आ गिरती।

बहुत सोचा रुक्मिणी ने। बहुत मनन किया तो एक ही रास्ता दिखाई दिया उसे। यही एक रास्ता है जिस पर चलकर वह अपने इज़्ज़तदारों को अपने आपसे दूर होने से रोक सकती है। इसके बाद रुक्मिणी को लगा कि जो शरीर थोड़ी देर पहले उसे सुन्न होता दिखाई दे रहा था, उसमें फिर से ताकत लौट आई है। शिराओं में थमे हुए रक्त ने भी दौड़ना शुरू कर दिया है।

●●

''कैसे रस्ता भूल गई रुक्मिणी?'' अचानक रुक्मिणी को अपने घर आया देख पूछा अंगूरी ने।

''रास्ता क्या चाची, ऐसे ही चली आई।'' साफ़ झूठ बोल गई रुक्मिणी।

''ना, ऐसा हो ही ना सके। इस समय किसी खिलावड़ी को अपना ठीया छोड़ता देख हैरानी-सी होती है। वह भी रुक्मिणी जैसी खिलावड़ी को देख, जिसके लिए कज्जाओं में होड़ मची रहती है।''

''हाँ, यह तो तू ठीक कह रही है चाची...पर जब तबियत ही खराब हो तो...''

''सब ठीक तो है? कोई महीना-वहीना तो ना चढ़ गया?''

''ऐसी कोई बात ना है चाची।''

''फिर ऐसा क्या हो गया जो तबैत ही बिगड़ गई?''

रुक्मिणी क्या जवाब दे अंगूरी को।

"चाची, एक जरूरी काम से आई हूँ तेरे पास।" हिचकते हुए कहा रुक्मिणी ने।

"अब आई न असली बात पर वरना ये रुक्मिणी और इस अंगूरी के पास।" ठठाकर हँसी अंगूरी।

रुक्मिणी ने प्रत्युत्तर में कुछ नहीं कहा। चुप रहने में ही अपनी बेहतरी समझी।

अंगूरी भी भाँप गई कि रुक्मिणी यहाँ कोई ठट्ठा-मज़ाक या समय व्यतीत करने नहीं आई हैं। तुरन्त सँभाला उसने अपने-आपको, "अच्छा छोड़, पहले यह बता कैसे आई है?"

"चाची..." कहते-कहते रुक गई रुक्मिणी।

अपने चारों ओर रुक्मिणी को नज़र मारते देख, अंगूरी ने तसल्ली बँधाते हुए कहा, "कोई ना है। सऽऽब अपने-अपने धंधे में लगी हुई हैं। रम्भा खोखे पर है और..."

"पता ना चाची, तू राजी होगी या ना।"

"पहले तू राजी कर ले। काम मत बता।"

"रम्भा को माँगने आई हूँ।"

"र...रम्भा को?"

"हाँ चाची।"

"रुक्मिणी, तू तो रम्भा को ऐसे माँग रही है जैसे पिछवाड़े पड़ी कोई फालतू चीज माँग रही है, और मैं पट्ट से उठाके दे दूँगी।"

"सच कह रही हूँ चाची, मैं रम्भा को ही माँगने आई हूँ।"

"क्यों, कोई मोटा सामान फँसा है क्या?"

"वो बात नहीं है चाची। आधे बाँटे पर माँगने आई हूँ।" रुक्मिणी ने अन्ततः अपने आने का प्रयोजन स्पष्ट कर ही दिया।

"तो फिर कोई लीडर-वीडर है क्या?"

"एकाध तो होता ही है।"

"ना बाबा, इन खद्दरधारियों से तो राम बचाए। कहके ले जाते हैं एक के लिए और टूटके पड़ती है सारी पार्टी। रुक्मिणी, मैं तो अपने इन थोड़े से लगे-बँधे कज्जाओं से गुजर कर लूँगी। कच्ची उमर है, कुछ उल्टा-सीधा हो गया तो लेने के देने पड़ जाएँगे।" अंगूरी ने साफ़ इन्कार कर दिया।

"मैं तो बड़ी आस लगाकर आई हूँ चाची!" याचना करते हुए बोली रुक्मिणी।

"मेरी एक बात समझ में ना आ रही है कि वंदना, पूनम हैं तो सही...और फिर तेरी वो भतीजी क्या नाम है उसकाऽऽऽ..."

"पिंकी।"

"हाँ, वही।"

"उनसे पूरा नहीं पड़ रहा है, जभी तो आई हूँ मैं तेरे पास। रही बात पिंकी की, तो अभी उसकी मत्था ढकाई में टैम है। पिंकी की मत्था ढकाई के बाद तो मैं बेफिकर हो जाऊँगी।" रुक्मिणी ने आधा झूठ और आधा सच बोलकर अंगूरी को उलझाने की कोशिश की।

"मैंने सुना है कि तेरी भतीजी तहजीब के लिए गई है?"

"कहाँ चाची। वह तो अपनी मौसी के साथ गई है बम्बई।"

"चलो, कुछ-न-कुछ सीखके ही आएगी।"

"तो फिर क्या सोचा चाची?" रुक्मिणी सीधी काम की बात पर आ गई।

"देख रुक्मिणी, धंधे-पानी में कोई लिहाज-शरम नहीं। मैं तो दो टूक कहती हूँ कि दे दूँगी आधे बाँटे पे, पर एक कौल देना होगा।"

"मुझे मंजूर है पर तू बोल तो सही।"

"कौल यह है कि किसी लीडर-वीडर के संग ना भेजेगी इसे। हाँ, कोई इज़्ज़तदार सेठ मिल जाए तो कोई हरज ना है।"

"मंजूर है चाची।"

"मंजूर है तो बता, क्या हिसाब-किताब रहेगा?"

"हिसाब-किताब क्या, वही रहेगा जो आधे बाँटे का दस्तूर है।"

"मतलब?"

"मतलब यह कि सौ में से चालीस बँटाईवाली का और साठ खिलावड़ी का।"

"पर यह तो पुराना दस्तूर है।"

"नया क्या है, वह तू बता दे।"

"बीस-अस्सी तो होना चाहिए।"

"तूने भली कही चाची। यह तो सौदेवाली बात ना हुई। मना ही करना है तो वैसे ही कर दे। कम से कम बाँटे का उसूल तो मत तोड़।"

"अच्छा तू बता, क्या देगी?"

"देख चाची, बाँटे के उसूल से तो बनता है चालीस-साठ का हिस्सा, पर चूँकि खिलावड़ी नई उमर की है इसलिए पैंतीस-पैंसठ तक दे दूँगी। बाकी

तेरी मरजी।''

''पैंतीस-पैंसठ तो रुक्मिणी कम है।''

''कम है तो भेज दे इसे एक्टरनी बनने, लक्खों कमाएगी। दो अक्षर लिखने नहीं आते...गाने-बजाने से कोई मतलब नहीं और भाव इतने ऊँचे...खिलावड़ी नहीं जैसे हूर की परी हो गई। थोड़े-से नैन-नक्श के सिवाय क्या है इसके पास। एक बात बता दूँ चाची कि खिलावड़ियों को अब इज़्ज़तदार रात बिताने नहीं, बल्कि संग-साथ घुमाने-फिराने और बड़ी-बड़ी पार्टियों में ले जाने के लिए ले जाते हैं...और ऐसा एक दिन, कुछ घंटों या एकाध रात नहीं कई दिनों तक चलता है।''

''यह तो तूने नई बात बताई है रुक्मिणी।'' हैरानी हुई अंगूरी को।

''इसलिए अब तू ही बता चाची कि रम्भा जैसी खिलावड़ी का हिसाब-किताब क्या होना चाहिए? सोच यह किसी पढ़े-लिखे इज़्ज़तदार के साथ चली गई, तो क्या करेगी सिवाय दूसरों का मुँह देखने के?'' पूरा मनोवैज्ञानिक दबाव बनाने का प्रयास करते हुए रुक्मिणी ने अपनी बात जारी रखी, ''देख चाची, अगर रम्भा थोड़ी-सी भी पढ़ी-लिखी होती या कुछ गा-बजा लेती, तो मैं देती उतनी ही जितना तू माँग रही है। दो-चार साल बाद इसके इतने भी मिलने से रहे। एक अँगूठा टेक खिलावड़ी के लिए इससे ज्यादा और कितना दिया जाए।''

भँवर में फँस गई अंगूरी।

''चल छोड़ रुक्मिणी, तू बता क्या देगी?''

''चाची, आधे बाँटे के दस्तूर और उसूल से तो हिस्सा बनता है चालीस-साठ यह सही है, पर चूँकि मैं जुबान दे चुकी हूँ इसलिए पैंतीस-पैंसठ से ज्यादा की मेरी न तो औकात है, न गुंजाइश। बाकी तेरी मरजी। तेरा माल, तेरे पास...मैं चली।'' इतना कहकर रुक्मिणी सचमुच उठकर जाने लगी।

''ठीक है रुक्मिणी। सौदा मंजूर है। बस, जो मैंने कौल लिया है उसका ध्यान रखियो!''

जाते-जाते रुक गई रुक्मिणी, ''चाची, यह रुक्मिणी की जुबान है।''

''कुछ बयाना भी लाई है याऽऽऽ''

''कैसी बात कर रही है चाची...'' इतना कह रुक्मिणी ने ब्लाउज़ के अन्दर छिपी पाँच सौ की एक छोटी-सी गड्डी निकाली, और उसे अंगूरी को देते हुए बोली, ''ले सँभाल ले! पूरे दस हैं, गिन ले!''

''गिनना क्या रुक्मिणी। बस समझ ले कि रम्भा आज से हो गई तेरी।''

''ठीक है चाची, अब मैं चलती हूँ।''

"जीती रह बेटी!" रुक्मिणी को आसीस दे अंगूरी उस गड्डी को ठिकाने लगाने के लिए अन्दर चली गई।

10

कमला सदन अपने अतीत को एक बार फिर दोहराने के मुहाने पर खड़ा है।

शक तो वंदना को पहले से था किन्तु अब उसे पूरा विश्वास हो गया। वह रुक्मिणी यानी बड़ी बहन से खोद-खोदकर जब भी पूछने की कोशिश करती, उसे रुक्मिणी की ओर से संतोषजनक उत्तर नहीं मिलता। इसी के चलते उसका सन्देह विश्वास में बदलने लगा और अन्ततः महीना होते-होते भेद खुल ही गया।

अपनों के होते हुए रुक्मिणी को भला रम्भा को आधे बाँटे पर रखने की क्या ज़रूरत आ पड़ी। यदि थी भी तो उसे सबसे पहले वंदना और पूनम से बात करनी चाहिए थी, क्योंकि जब अपने ही घर में एक से बढ़कर एक खिलावड़ी मौजूद है, तब वह बाहर क्यों गई? यही गिरह किसी की समझ में नहीं आ रही है। जहाँ तक वंदना को पता है, पिछले सालभर से रुक्मिणी के कज्जाओं की तादाद में कोई इज़ाफ़ा नहीं हुआ है। अधिकतर वही लगे-बँधे कज्जे हैं जो पहले थे। फिर ऐसे में रम्भा को आधे बाँटे पर रखने की क्या मज़बूरी हो सकती है? वंदना की छठी इन्द्रिय सक्रिय हो उठी, इस रहस्य की तह में जाने के लिए। इस तह में उतरने के लिए उसे जो दो सीढ़ियाँ दिखाई दीं, उनमें से पहली थी रुक्मिणी के इन लगे-बँधे कज्जाओं का एकाएक गाजूकी में न आना, और दूसरी थी उससे तथा पूनम से आधे बाँटे की बात छिपाना।

दूसरी ओर रुक्मिणी को भी इसका पूरा अंदेशा था कि रम्भा को आधे बाँटे पर रखने के न जाने कितने निहितार्थ खोजे जाएँगे। इसीलिए उसने एक-एक कर अपने कज्जाओं को गाजूकी से दूर रखना शुरू कर दिया। किसी ने अन्दाज़ा लगाया वह कुछ दिनों के लिए तीरथ पर जा रही है, तो किसी ने सुना वह माँ बननेवाली है। रुक्मिणी को सबसे ज़्यादा हैरानी इस बात पर हुई कि जब उसकी इस व्याधि की जानकारी सिवाय वैद्यजी के किसी दूसरे को नहीं है, फिर यह बात कैसे फूटी? कहीं वैद्यजी ने तो नहीं बता दिया वंदना को? मगर अगले ही पल सोचा उसने कि नहीं वैद्यजी कम से कम इतना कमज़ोर नहीं हो सकता, जो इतनी

आसानी से टूट जाएगा। वह अच्छी तरह जानती है उसे। तब क्या नानी ने बताया होगा? नहीं, नानी को तो इसकी जानकारी भी नहीं है। फिर वंदना को कैसे और कहाँ से पता चला?

बेचैन हो उठी रुक्मिणी। उसकी यह बेचैनी तब और बढ़ गई जब वंदना ने पूरे कमला सदन के सामने रुक्मिणी की उपस्थिति में कमला बुआ से उलाहना देते हुए मुँह फोड़कर कह दिया, ''नानी, घर में दो-दो खिलावड़ी के होते हुए रुक्मिणी को आधे बाँटे पर बाहर की खिलावड़ी रखने की क्या जरूरत आ पड़ी?''

जँच गया रुक्मिणी को कि उससे बहुत बड़ी चूक हो गई है। वंदना ग़लत नहीं कह रही है।

भाँप कमला बुआ भी गई कि कहीं-न-कहीं है तो सही कुछ झोल लेकिन बात बढ़ने के डर से स्थिति को सँभालने की कोशिश करते हुए बोली, ''अच्छा, आधे बाँटे पर रक्खी है?''

''हाँ नानी।''

''धंधे का जोर होगा!'' बुआ ने ज़्यादा तूल न देकर बात वहीं रफ़ा-दफ़ा करनी चाही।

''नानी, धंधे का जोर हो और हमें पता ना हो। बात कुछ जमी नहीं।'' वंदना ने तर्क दिया।

''धंधे का जोर ना सही, पर रम्भा को आधे बाँटे पर रखने से पहले इसका हमसे पूछने का फरज तो बनता था।'' पूनम ने वंदना का समर्थन करते हुए कहा।

''क्या कमी है मुझमें और पूनम में जो यह अंगूरी चाची के पास गई?''

''हमने तो यहाँ तक सुना है नानी कि आधे बाँटे का सौदा चालीस-साठ के बजाय पैंतीस-पैंसठ में तय हुआ है। यह तो वो बात हो गई कि घर का जोगी जोगड़ा, आन गाँव का सिद्ध।''

''रुक्मिणी, क्या पूनम ठीक कह रही है?'' कमला बुआ ने सीधे पूछा।

''हाँ नानी।'' रुक्मिणी ने स्वीकारते हुए कहा।

वंदना और पूनम ने रुक्मिणी के चारों ओर मज़बूत फन्दा डाल, उसके उड़ने के सारे रास्ते बन्द कर दिए। रुक्मिणी के पासे उलटे पड़ गए।

''यह तो मरी तूने ठीक ना किया। यह कौन-सी बात हुई कि बहनों को छोड़ तू औरों को आधे बाँटे पर उठाती फिरे है।''

रुक्मिणी चुप।

''सुशीला, तू ऐसा कर अभी अंगूरी के पास जा और उससे मना करके आ कि हमें ना चाहिए तेरी...''

''प...पर नानी...'' नहीं कहा गया रुक्मिणी से।

''क्या हुआ?''

''एक महीने का करार और बचा हुआ है। मैं तो उसे दूसरे महीने का एडवांस दे चुकी हूँ।''

''कब दिया?''

''परसों देकर आई हूँ।''

''कित्ते दिए हैं?''

''दस हजार।''

''दस हज्जाऽऽर!'' एकसाथ वंदना और पूनम के मुँह से निकला।

''जा मरी, तूने तो धरती ही फाड़ दी।'' सिर पकड़ लिया कमला बुआ ने।

''देख लिया नानी, खिलावड़ियों की कैसी लीडर बनी फिरती है! कैसे आधे बाँटे पर खिलावड़ी उठाती घूमे है।'' तिलमिलाती हुई फुँफकारी वंदना।

''वंदना, धीरज से काम ले बेटी। निकलेगा कोई-न-कोई रस्ता।''

''नानी, धीरज रखने के लिए अब बचा क्या है!'' पूनम दूसरी तरफ़ से बोली।

सुशीला, माया चुपचाप देखती रहीं बहनों के बीच छिड़े इस वाक्-युद्ध को। दोनों में से कोई नहीं बोली। बस, बीच-बीच में दोनों की नज़रें आपस में टकरातीं और धीरे-से झुक जातीं। दोनों की नज़रों के टकराने से पैदा होनेवाली टंकार को सिवाय उनकी माँ कमला के, और कोई नहीं महसूस कर पाया।

''वैसे करार हुआ कित्ते दिन का है?'' कमला बुआ ने पूछा।

''तीन महीने का।'' बेहद धीमे स्वर में बताया रुक्मिणी ने।

''यानी चैत का तू बयाना दे आई है, और बैसाख अभी बचा हुआ है।'' कमला बुआ ने अँगुलियों पर हिसाब लगाते हुए, इतने ऊँचे स्वर में खुद से कहा कि औरों को सुनाई दे जाए। शायद ऐसा उसने जानबूझकर किया।

''रुक्मिणी, बेटी अगर तुझे कोई खिलावड़ी आधे बाँटे पर ही उठानी थी, तो कम से कम हमें तो बताती। हम ही कोई रास्ता निकालतीं।'' माया ने प्यार से कहा।

''और फिर खिलावड़ियों की हमारे पास कोई कमी थोड़े ही है। कुक्को के बास से मँगवा देती एकाध।'' सुशीला ने विवाद को बढ़ने से रोकने का प्रयास करते हुए कहा।

''पर एक बात समझ में ना आ रही है कि आधे बाँटे पर खिलावड़ी उठाने की ऐसी क्या जरूरत आ पड़ी?''

"नानी, अपने कज्जाओं के टूटने के डर से। मुझे क्या पता था कि बात इतनी जल्दी फूट जाएगी।" पहली बार रुक्मिणी ने बात को थोड़ा-सा खोला।

"फूटने के डर से?"

"हाँ नानी।"

"कहीं फिर से तो नहीं है पेट से?" माया ने अनुमान लगाते हुए पूछा।

"अभी और भी जनने की सलाह है, एक गुड्डू क्या कम है।"

"वो बात नहीं है नानी।" रुक्मिणी ने माया मौसी और कमला बुआ के अनुमान की हवा निकालते हुए कहा।

"तो मरी फिर बताए न, क्यों हमारी साँस रोक रक्खी है।" कमला बुआ की साँसें जैसे उखड़ने लगीं।

"यह तो बैद्जी से पूछना।"

"लो, अब उस मरे बैद्जी को ढूँढ़ते फिरो।" कमला बुआ का धैर्य जवाब दे गया।

"बैद्जी से तो पूछेंगे जब पूछेंगे, पर तू भी तो बोल इस फूटे मुँह से कुछ!" माँ सुशीला रुक्मिणी पर झल्लाई।

इसके बाद रुक्मिणी ने पूरे धुँधलके को साफ़ कर दिया।

"अच्छाऽऽऽ तो यह बैद्जी भी शामिल है इस धंधे में। आने दे इस़ बैद् के बच्चे को।"

"वंदना, तू चुप कर! इसमें बैद्जी का क्या कसूर है। वह तो उल्टा मदद कर रहा है।"

माया मौसी शायद ठीक कह रही है। यही सोचकर वंदना सचमुच चुप हो गई। किसी तरह की प्रतिक्रिया व्यक्त नहीं की उसने।

एक झटके में सारा दृश्य कमला बुआ की आँखों के सामने ताज़ा हो उठा। उलझी हुई सारी गिरह सुलझ गई—रुक्मिणी का उसे सुनाकर उस दिन यह कहना 'नानी, जिसे बीमारी है उसकी कोई खबर नहीं लेता...रुक्मिणी द्वारा वैद्यजी का हाथ पकड़कर ले जाना...' सब उसकी समझ में आ गया।

"नानी, फिर तो रुक्मिणी के कज्जाओं को यह बताना पड़ेगा कि घबराने की जरूरत नहीं है...रुक्मिणी ना सही, वंदना और पूनम तो हैं।"

"यही काम मत करना वंदना। मेरे कज्जाओं को तोड़ना तो दूर की बात रही, उनकी तरफ आँख उठाने की भी मत सोचियो!" रुक्मिणी ने फुँफकारते हुए चेताया वंदना को।

"तू क्या करेगी?" पलटकर वंदना ने जैसे रुक्मिणी के आवाहन को

स्वीकारते हुए कहा।

''क्या करूँगी, यह तो टैम ही बताएगा।'' फिर रुक्मिणी ने कमला बुआ की ओर देखा, ''नानी, समझा दीजो इन दोनों को। ऐसी भूल ना करें वरना अंजाम अच्छा नहीं होगा!''

बुआ को अपना दिल जैसे बैठता-सा दीखा। पुराने, खुरदरे दृश्य एक बार फिर ताज़ा हो उठे बरसों बाद। कमला बुआ ही नहीं सुशीला और माया भी समझ गईं रुक्मिणी की इस चेतावनी का अर्थ। बमुश्किल उन दोनों को चुप कराया। वे जानती हैं कि यदि ये तीनों बहनें अगर अपने आपसे बाहर हो गईं, तो जंगली बिल्लियों से भी खूँ-ख़्वार हो जाएँगी। जो हो गया उस पर मिट्‌टी डालने में पूरे कमला सदन को समझदारी दीखी। सुशीला-माया दोनों बहनों के सामने वही पुराने लिपटे हुए चित्र खुलकर बिखर गए। दोनों बहनों ने मिलकर मुश्किल से उन्हें वापस लपेटा।

सबको जैसे वैद्यजी का ही इन्तज़ार है। बेसब्री अब अपनी हदें कभी भी लाँघ सकता है। कमला सदन भीतर ही भीतर अपने आप में करवटें लेने लगा।

कमला बुआ तक भी नहीं पहुँचने दिया उसे। सुशीला-माया ने बीच में ही लपक लिया। यह शायद पहला अवसर होगा, जब इन दोनों बहनों ने वैद्यजी का इतना गर्मजोशी से स्वागत किया। बुआ ने उन दोनों के साथ उसे आते हुए दूर से ही देख लिया था। बुआ ने पास आने की भी प्रतीक्षा नहीं की और वहीं से उलाहना देते हुए बोली, ''कहाँ रहा मरे इत्ते दिन? जब जरूरत होती है तब तू भी गधे के सिर से सींग-सा गायब हो जाए है।''

वैद्यजी बारी-बारी से उन तीनों को देखने लगा।

''बहूऽऽऽ! बैद्‌जी आए हैं!'' सुशीला ने आवाज़ दी।

''आ जा, मरे मेरे पास आ!'' पाँयतों की ओर सरकते हुए आग्रह भरा आदेश दिया बुआ ने।

वैद्यजी चारपाई पर तो नहीं, वहीं पड़ी मूढ़ी को खींचकर बैठ गया।

''बहू, बर्तन पीछे ले जइयो!'' इस बीच आ चुकी संतो को वहाँ से टरकाते हुए सुशीला बोली।

समझ गई संतो कि उसकी सास उसे क्यों बाद में आने के लिए कह रही है। चुपचाप चली गई वह।

बुआ ने 'हुस्न बाग' का पॉऊच बड़े इत्मिनान से उठाया। धीरे-से उसे दाँतों

से कुतरा, और फिर उसी तरह बड़े इत्मिनान से उसे हथेली पर उँड़ेला। हथेली पर पड़े मोटे-मोटे किणकों को तर्जनी के पोर से अलग किया और फिर उन्हें मुँह में डाल गई। वैद्यजी बुआ की इस क्रिया को बड़े मनोयोग से देखता रहा। पहली बार उसने किणकों को छाँटने की इस कला को ध्यान से देखा।

मुँह में घुले किणकों को ढेर सारे थूक के साथ ज़मीन पर थूका। ज़मीन पर थूकते हुए कुछ छींटे वैद्यजी के कपड़ों पर भी पड़े, परन्तु उसने इस पर ध्यान नहीं दिया। मुँह में बचे किणकों को बड़े स्नेह से चुबलाती हुई बोली बुआ, ''बैदूजी, मरे तुझसे एक शिकायत है!''

''मु...मुझसे! मुझसे ऐसी कौन-सी गलती हो गई?'' अकबका गया वैद्यजी।

''गल्ती ना, छिपाके जो रक्खी है।''

''बुआ, क्या छिपाके रक्खी है?'' वैद्यजी ने बुआ के शब्दों को हू-ब-हू दोहराया।

''रुक्मिणीवाली बात।''

''यह रुक्मिणी कहाँ से आ गई बीच में...मैंने कौन-सी उसकी बात छिपा रखी है?''

''माँ, साफ-साफ कह न। क्यों जलेबी-सी बनी रक्खी है!'' सुशीला ने झल्लाते हुए डाँटा माँ को।

''बैदूजी, मरे तूने रुक्मिणी की बीमारी की बात हमें क्यों ना बताई?''

ज़ोर से ठहाका लगाया वैद्यजी ने।

''इसमें छिपानेवाली कौन-सी बात है बुआ। उस दिन सारी बात यहीं तो हो रही थी तेरे सामने।''

''इसका मतलब है माँ, तुझे भी सब पता था?'' इस बार माया ने शिकायत-सी की।

''मैं तो मजाक समझ रही थी। सोच रही थी ये मरा बैदूजी ऐसे ही कोंच रहा है रुक्मिणी को।'' कमला बुआ सफ़ाई देती हुई बोली।

''बैदूजी, कोई ऐसी-वैसी बीमारी तो ना है?'' माया ने बड़े रहस्यमय ढंग से पूछा।

''क्यों क्या हुआ?'' घबराते हुए उलटा वैद्यजी ने पूछा।

''हुआ तो कुछ नहीं, बस ऐसे ही पूछ लिया।'' सुशीला ने टालना चाहा।

''बैदूजी, मरे तू उस दिन रुक्मिणी से कौन-सी बीमारी की बात कर रहा था?'' बुआ ने गम्भीर होते हुए पूछा।

''बुआ, ऐसी बीमारी आम होती हैं। वह तो रुक्मिणी ने मुझसे कहा इसलिए

मैंने डॉक्टर से पूछ लिया।''

''जब तूने डाक्टर से पूछ लिया, तब डाक्टर के पास ले जाने में क्या बुराई है?''

वैद्यजी ख़ामोश। कुछ नहीं कहा।

''तू भी माँ कैसी बात कर रही है। एक इज़्ज़तदार, भला एक खिलावड़ी को कैसे संग ले जाएगा...क्या कहेगी दुनिया।'' माया ने व्यंग्य किया।

''क्या कहेगी दुनिया! आखिर क्या बुराई है रुक्मिणी को संग ले जाने में?'' प्रतिवाद किया बुआ ने।

''माँ, तू भी बहुत भोली है।''

माया ने जिस तरह भोली शब्द पर ज़ोर दिया, बुआ को समझने में ज़रा भी देर नहीं लगी, ''अच्छा ऽऽऽ ये बात है...पर माया जब रोज गाजूकी में धरा रहे है, तो ना कहती होगी दुनिया!'' एक विद्रूप मुस्कान उछालते हुए, मुँह में जमा हो चुके ढेर सारे थूक को ज़मीन पर थूक दिया बुआ ने।

''ऐ...ऐसी कोई बात नहीं है बुआ।''

''ऐसी बात नहीं है तो फिर ले जा अपने साथ!'' माया ने वैद्यजी को पकड़ लिया।

वैद्यजी एक बार फिर चुप।

''अच्छा ऐसा कर, तू उस डाक्टर का पता बता दे। रुक्मिणी अपने आप उसके पास पहुँच जाएगी।'' बुआ ने वैद्यजी को दुविधा की खंदक से बाहर खींचना चाहा।

''मैंने मना कब किया है।'' हिम्मत बटोरते हुए बोला वैद्यजी।

''तो फिर ठीक है। ले जा साथ, अभी पूरा दिन पड़ा है।'' बिना एक पल गँवाए बुआ बोली।

''अभी मुझे डॉक्टर से बात करनी पड़ेगी बुआ।''

''मैंने कहा था न माँ कि तू बहुत भोली है।'' होंठ वक्र हो उठे माया के।

''मरे, अगर लोक-लाज का इत्ता ही डर है तो नदी से निकल जाओ।'' थोड़ा रुककर बुआ ने माया को आदेश देते हुए कहा, ''माया, बुला रुक्मिणी को। मैं देखती हूँ कैसे नहीं ले जाएगा।''

''ठीक है, कह दे उससे तैयार हो जाएगी।'' वैद्यजी ने माया से कहा।

''देख, पैसे-धैले की चिन्ता मत करियो। जित्ता अच्छा हो इलाज करवाना।'' बुआ के चेहरे से क्षोभ का आवरण देखते ही देखते हट गया।

रुक्मिणी सचमुच तैयार होकर आ गई।

"बैद्जी, मारूति ले जाते!" आग्रह-सा किया बुआ ने।

"फिर वही बात माँ। अगर किसी ने देख लिया..."

"माया, तू चुप कर!" माया को डाँट फिर अपने आपसे कहा जैसे बुआ ने, "जैसी तुम्हारी मरजी। वैसे भी मारूति के लिए दुनियाभर के मौके पड़े हैं। जाओ बैद्जी, उल्टा भी आना है।"

मज़ारवाला रास्ता न लेकर कच्चे रास्ते पर हो लिए दोनों। गाजूकी से निकल उन दोनों ने जैसे ही तीखे ढलान से होते हुए गाजूकी नदी में प्रवेश किया, वाश-भट्टियों से उठती गुड़ और जौ की मिश्रित गंध ने उनका स्वागत किया।

अब वे दोनों सँकरी धूसर घाटी में उतर गए। कमला सदन से चलते समय वैद्यजी के जिन क़दमों की गति उसके नियन्त्रण से बाहर थी, वह अप्रत्याशित रूप से बेहद धीमी पड़ गई। दोनों के बीच जो थोड़ा-बहुत फ़ासला था, वह भी अब ख़त्म हो गया। बल्कि अब वे दोनों साथ-साथ चलने लगे। दूर-दूर तक कोई नहीं है—सिवाय भाएँ-भाएँ करते सन्नाटे, और रह-रहकर उनसे टकराते हवा के धूलभरे झोंके के। बीच-बीच में, कभी-कभार नथुनों से आकर टकराती पहले और दूसरे तोड़ की मिश्रित तीखी गंध, तथा कभी-कभी उठते धूल के बगूले। इन रेतीली घाटियों में पसरी ऐसी निस्तब्धता कि ज़ोर से कोई चीख़े तो किसी को सुनाई न दे। चलते हुए सोचता है वैद्यजी कि वे दोनों किसी बीहड़ से नहीं, प्राचीनकाल की किसी ऊँची दीवारों से होकर गुज़र रहे हैं। एक पल के लिए सिर उठाया, तो लगा जैसे किसी किले की बुर्ज पर पहरेदारी कर रहे सरकंडे उन्हें ही ताक रहे हैं।

बीच नदी में पहुँचकर वैद्यजी ने मुस्कराते हुए पलटकर रुक्मिणी की ओर देखा। नहीं मिलीं उन दोनों की निगाहें। शायद रुक्मिणी की सोच किसी अन्य घाटी में उतरी हुई है। सन्नाटा तथा नीरवता और गहरा हो गया। अचानक वैद्यजी को ठिठका हुआ देख, रुक्मिणी का कलेजा धक् करके रह गया। उसने ध्यान से चारों ओर देखा। दूर-दूर तक कोई नहीं दीखा इस निर्जन घाटी में। रुक्मिणी भी ठिठक गई। वैद्यजी एक बार फिर मुस्कराया रुक्मिणी को देखकर।

इस बार रुक्मिणी ने वैद्यजी की आँखों की गहराइयों को नापने का प्रयास किया, तो पाया सिवाय उन आँखों में निष्कलुषता के कुछ नहीं है। अन्य पुरुषों की तरह ऐसे एकान्तिक क्षणों में, उनकी आँखों में तैरते सुर्ख़ डोरे भी दिखाई नहीं दिए रुक्मिणी को। निश्चिन्त हो गई वह। शायद यह वही निश्चिन्तता थी जिसके चलते रुक्मिणी ने बेख़ौफ़ होकर पूछ लिया, "क्या हुआ बैद्जी?"

"कुछ नहीं।" इतना कह वैद्यजी फिर से चल दिया।

इस बार मुस्कराने की बारी रुक्मिणी थी। बोली कुछ नहीं, बल्कि उन दोनों के बीच फिर से जो फ़ासला बढ़ गया था, उसे तेज़ी से चलकर समाप्त कर, वह वैद्यजी के साथ-साथ चलने लगी।

अभी वे दोनों कुछ की क़दम आगे बढ़े कि थे कि वैद्यजी फिर से ठिठक गया।

हैरानी हुई रुक्मिणी को—"बैद्जी, सब ठीक तो है?"

"हाँ, सब ठीक है।"

"कहाँ है सब ठीक?"

"क्यों ऐसा क्या हुआ?" पलटकर वैद्यजी ने प्रश्न भरी निगाहों से उलटा रुक्मिणी से पूछा।

"क्यों नहीं हुआ। बार-बार रुककर मेरी ओर क्या देख रहे हो?"

"रुक्मिणी, एक बात पूछनी है।"

"तो फिर पूछो न। आप तो मुझे ऐसे देख रहे हो जैसे मैं पहले कभी देखी ना होऊँ।"

"फिर भी रज़ामन्दी जरूरी है।"

"ठीक है, दे दी रजामन्दी। अब बोलो।"

वैद्यजी ने एक बार फिर रुक्मिणी की आँखों में झाँका, और आहिस्ता से बोला, "रुक्मिणी, तुझे डर नहीं लग रहा है?"

झल्ला गई अबकी बार रुक्मिणी, "बैद्जी, आप भी कभी-कभी पता ना कैसी बातें करते हो। इसमें डरने की क्या बात है, वह भी गाजूकी में।"

"मेरा मतलब है अकेली चलते हुए।"

"अकेली!" रुक्मिणी ने घूमकर अपने चारों ओर देखते हुए पूछा, "अकेली कहाँ हूँ बैद्जी? आप हैं तो सही मेरे संग।"

"वो बात नहीं है।"

"फिर क्या बात है?"

"मतलब, एक मर्द के साथ चलते हुए।"

रुक्मिणी ठहाका लगाकर हँसी। इतनी ज़ोर से कि एकबारगी मिट्टी की कटी हुई दीवारें भी थरथराकर रह गईं।

"आप भी बच्चों जैसी बात कर रहे हो बैद्जी। भला, मर्द भी कहीं डरने की चीज होती है।" इसके बाद रुक्मिणी वैद्यजी के एकदम पास आते हुए लगभग फुसफुसाती हुई बोली, "वैसे मैं आपसे एक बात पूछूँ बैद्जी?"

"हाँ पूछ।" तपाक् से कहा वैद्यजी ने।

"आऽऽप अपने-आपको मर्द मानते हो, जो आपसे डरूँ?" रुक्मिणी ने सीधी चोट की जैसे।

"वो...वो बात नहीं है रुक्मिणी। मे...मेरा मतलब है कहींऽऽऽ...."

"आपकी नीयत ना खराब हो जाए और मुझे अकेला पाकर इस सूने बीहड़ में लूट ना लो। ठीक कह रही हूँ न बैद्‌जी?" वैद्यजी के संशय का रुक्मिणी ने निवारण करते हुए कहा।

"हाँ-हाँ, यही मतलब है मेरा।"

"तो ठीक है लूटकर दिखाओ मुझे! मैं भी इसी दिन की बाट देख रही हूँ।" रुक्मिणी ने वैद्यजी की आँखों में उतरते हुए जैसे उसका आह्वान किया।

सुनते ही वैद्यजी को लगा जैसे सूखी हुई गाजूकी नदी हरहराती हुई, अपने किनारों को तोड़ उसकी ओर लपकी आ रही है।

"बैद्‌जी, इस कंजरी का क्या लुटेगा? क्या है इसके पास लुटाने को? दौलत इस समय इसके पास है नहीं और अगर होती भी, तो आप मुझे उसके भूखे लगते हो नहीं। वो भूख, अलबत्ता जो आपमें है नहीं, उसके लिए जब कहो यह रुक्मिणी तैयार है। हाँ, जिस चीज के लुटने की बात आप कर रहे हो बैद्‌जी, तो उसका क्या लुटना।"

"रुक्मिणी, मेरा मतलब नहीं समझी तू। मे...मेरा मतलब है..." शब्द टूटने लगे वैद्यजी के।

"मतलब तो बैद्‌जी आपका यही है।" गहरा साँस ले रुक्मिणी कुछ क्षण रुक कर फिर बोली, "बैद्‌जी, यह रुक्मिणी तो ऐसी रेत है जिसे जैसी चाहे हवा अपने साथ उड़ा ले जाए...जैसा चाहे पानी बहा ले जाए और तो और जिसके जी में आए अपनी मुट्‌ठी में कैद कर ले जाए। क्या है इसका अपना, कुछ भी तो नहीं। भला, रेत का भी अपना कोई वजूद होता है?"

"ऐसी बात नहीं है रुक्मिणी। यह तो अपना-अपना सोचने का ढंग है। मैं कुछ कहूँगा तो तुझे लगेगा मैं कोई उपदेश दे रहा हूँ, पर असलियत यह है कि बिना रेत क्या तो हवा, क्या पानी। इनका भी क्या है अपना। रेत बिना कैसा बवंडर, कैसी आँधी और तू कहती है कि रेत का भी भला अपना कोई वजूद होता है।"

"ये सब आप जैसे गुणी-ज्ञानियों की बातें हैं बैद्‌जी।" रुक्मिणी ने बिना पंख पखेरू की तरह छटपटाते हुए कहा।

वैद्यजी ने धीरे-से पलकें उठाईं और रुक्मिणी की आँखों में गहरे तक उतर

कर मुस्कराते हुए कहा, ''इस रेत को भला कोई अपनी कैद में कर पाया है आज तक?''

खिलखिलाकर हँस पड़ी रुक्मिणी। लगा, जैसे गाजूकी नदी में एकसाथ अनगिनत झरने गिर रहे हैं।

''कैद में! मरजी से तो बैद्जी इस रुक्मिणी को मर्द तो क्या जिनावर भी रौंद जाए...पर बिना मरजी के, आँख तो उठा जाए कोई...माना गुरु की सौं बैद्जी, खंते से आँखें निकालके हाथ पर रख दूँगी। आखिर इस कंजरी की भी अपनी कोई आबरू है।''

रुक्मिणी के पूरे शरीर में हल्की-हल्की कम्पन होने लगी। कनपटी की सुर्ख़ नसें खिंच आईं। मुट्ठियाँ इस तरह खुलने और बन्द होने लगीं कि उस समय यदि उनमें काँच के टुकड़े होते, तो वे भी पिसे बिना नहीं रहते।

वैद्यजी को पहली बार रुक्मिणी से डर लगने लगा। उसके इस रूप को देखकर वैद्यजी सहम गया। लगा जैसे सूखी रेत से भरे, ऊँचे-ऊँचे बीहड़ों से गिरती विशाल जल-प्रपात की धवल चादर पर रुक्मिणी की असंख्य छवियाँ विभिन्न मुद्राओं में थिरक रही हैं।

11

सुनते ही अंगूरी के हाथ से मानो तोते उड़ गए।

दीवार पर सिर पटक-पटककर उसे लहूलुहान कर लिया। उसकी यह हालत देखकर कुछ ने कहा यह बौरा गई है, तो कुछ ने अनुमान लगाया यह सब रुक्मिणी से कुछ माल-पत्ता हड़पने का प्रपंच है। कुछ वे भी हैं जिनकी सहानुभूति अंगूरी के साथ है कि ऐसी तिहरी चोट से अंगूरी तो क्या किसी भी भले-चंगे आदमी का बौराना स्वाभाविक है। नोट छापने की मशीन गई सो गई वह अलग, पूरी नक़दी भी साफ़ कर गई। इस तिहरी चोट की याद आते ही उसका पूरा जिस्म ऐंठने लगता है, तब हालत और भी बिगड़ने लगती है। इसी के चलते शायद पूरी गाजूकी के पास सिवाय यह विश्वास करने के, दूसरा रास्ता नहीं है कि ज़रूर अंगूरी में उनका कोई कुल देवी-देवता प्रवेश कर गया है।

अंगूरी को दुःख इस बात का ज़्यादा है कि निरभाग ने दिल भी लगाया तो

किससे—एक मामूली ड्राइवर से। इस ड्राइवर के साथ मुँह मारने से तो अच्छा था, यहीं गाजूकी में पड़ी रहती। ड्राइवर-जात का क्या उसे तो चलते घाट का पानी पीने की आदत है। आज यहाँ मुँह मारा, कल दूसरी जगह। मरी एक बार उसके कान में डाल देती यह बात। इसीलिए अंगूरी की तरह सबका लगभग एक ही मत है कि जल्दी ही उसे दिन के तारे नज़र आ जाएँगे। नई उम्र की लपट है, एक ही छिमके में बुझ जाएगी।

वैसे अच्छा हुआ जो यह दुर्घटना क़रार पूरा होने के बाद हुई, अगर पहले हो जाती तो इल्ज़ाम सीधा-सीधा रुक्मिणी के सिर लगना था। ऐसा एक बार अंगूरी ने कहने का प्रयास किया भी, परन्तु रुक्मिणी ने उसे शुरुआत में ही धर दबोचा। उसके तर्कों के आगे अंगूरी चारों खाने चित्त हो गई।

"चाची, इतनी मूरख नहीं है रुक्मिणी कि आधे बाँटे पर उठाई गई खिलावड़ी के लिए कज्जा ड्राइवर लाती। मुझे पता है ड्राइवर की औकात। अपना धन्धा थोड़े ही पिटवाना था मुझे। यह या तो आधे बाँटे से पहले का कज्जा है, या फिर यह चुपचाप आता होगा पीछे से। मुझे पता चल जाता तो मैं इसे गाजूकी में फटकने भी नहीं देती।" इससे पहले कि अंगूरी रुक्मिणी से दो-चार हजार पीट पाती, रुक्मिणी बड़ी सफ़ाई से बच निकली।

वंदना, पूनम या और कोई कुछ भी कहे पर अधिकतर रुक्मिणी की इस दूरदर्शिता और परख की कायल है कि एक अनुभवी-सुलझी लीडर की तरह कैसे समय से रम्भा को आधे बाँटे पर उठा तीन महीने में वह नोटों से अट गई। अगर अपनों का भय नहीं होता, तो चार-छह महीने इस क़रार को आगे भी जारी रखती। मगर जो होता है, अच्छे के लिए होता है। धन्यवाद देती है वह अपने कुल देवी-देवताओं का, जिन्होंने उसे सही समय पर बचा लिया। सच कहा है कि ज़्यादा लोभ आदमी को कहीं का नहीं छोड़ता है। *'जो मिल गया उसी को मुक़द्दर समझ लिया'* रुक्मिणी मन ही मन गुनगुनाते हुए मुस्करा दी।

अनुमान सही निकला।

ठीक पन्द्रहवें दिन रम्भा गाजूकी में मौजूद थी। मगर इस मौजूदगी की सबसे बड़ी हैरानी में डालनेवाली बात यह है कि वह अकेली नहीं, ड्राइवर भी साथ था। अंगूरी ने धैर्य और तसल्ली से काम लेने की नीति अपनाते हुए रम्भा से कुछ नहीं कहा। न डाँटा, न डपटा। न छेड़ा, न कोंचा। इसी में उसे अपनी भलाई दीखी। उसे इतना तो यक़ीन हो गया कि रम्भा जिन पच्चीस हज़ार रुपयों पर हाथ साफ़

करके गई थी, वे पूरे ख़र्च नहीं हुए होंगे। कुछ-न-कुछ तो उनमें से ज़रूर बचे होंगे। अतः अंगूरी का पहला काम उस बची हुई रक़म को हासिल करना है। इसलिए उसने साम, दाम, दंड, भेद, नीति में से सबसे पहले साभ नीति का प्रयोग किया। ड्राइवर को उसने एक आम कज्जे की तरह नहीं, सचमुच जँवाई की तरह मान दिया। रम्भा को तो पहले से ही अपनी दादी पर भरोसा है कि उसकी दादी देखने में भले ही कठोर लगे, परन्तु भीतर से वह है आक के डोडे के रेशों से भी अधिक मुलायम।

रात को एकान्त में पोती का सिर अपनी गोद में डाल, उनमें स्नेह से अँगुली फेरते हुए अंगूरी ने साम अस्त्र का प्रयोग किया।

"रम्भा, बेटी अगर तेरा मन इस डलेवर से मिल गया था, तो तू बता देती। क्या जरूरत थी घर से पैसे ले जाने की?" अंगूरी ने शब्दों का बेहद सावधानी से चयन करते हुए न 'मोटी' का इस्तेमाल किया, न 'रक़म' का। सिर्फ़ पैसे शब्द का इस्तेमाल किया। वह नहीं चाहती थी कि उसकी पोती को आभास हो कि उसकी दादी के आत्मविश्वास में कितने सूराख़ हुए पड़े हैं।

रोते हुए अपनी दादी से लिपट गई रम्भा, "अम्माँ, गल्ती हो गई।"

"कोई बात नहीं। खरच हो गए तो हो गए। पच्चीस हजार ही तो हुए हैं।" बड़ी चालाकी से पोती को लपेटे में लेते हुए उकसाया अंगूरी ने।

"ना अम्माँ, उनमें से तो खरच पाँच ही हुए हैं। उनूने खरच ही नहीं करने दिए।" एक विशुद्ध पतिव्रता की भूमिका निभाते हुए बताया रम्भा ने।

सुनते ही अंगूरी की साँस लौट आई। सिर के बालों में फँसी अँगुलियों के पोर स्नेह से भीगते चले गए। वाणी ऐसी हो गई, जैसे ताज़ा-ताज़ा शीरे में डूबी हुई हो।

"अच्छा किया जो घर में छिपा आई। जमाना बुरा है। क्या पता किसकी कब नीयत बिगड़ जाए!" अंगूरी ने अपने अनुभव के तरकश से धीरे-से भेद अस्त्र को बाहर निकाला।

"अम्माँ, घर तो हम गए ही ना।"

"ले, तूने हद कर दी। इतनी मोटी रकम फिर किसके पास धर आई?" अंगूरी ने विस्मय और चिन्ता के साथ कहा।

"किसी के पास नहीं, गाड़ी में रखी है सीट के नीचे।"

"सीट के नीचे! इतनी मोटी रकम तूने सीट के नीचे छिपा रक्खी है?"

"हाँ अम्माँ।"

"हे माना गुरु!" सिर पकड़ लिया अंगूरी ने।

"क्या हुआ अम्माँ? अपनी दादी से अलग हो घबराते हुए पूछा रम्भा ने।

"हुआ नहीं, तो हो चुका होगा।"

"क्या अम्माँ?" रम्भा के हाथ-पाँव फूल गए।।

"यही कि अब तक तो कोई कर गया होगा पार।"

समझ में आ गया रम्भा के। उसी समय अपनी दादी को छोड़ तेज़ी से बाहर की ओर लपकी।

लौटकर वापस आई तो लोहार की धौंकनी-सी चलती साँसों पर काबू पाते हुए बोली, "ले अम्माँ, तूने तो डरा ही दिया था। देख, ये रहे पूरे बीस हजार। यकीन ना तो खुद ही गिन ले।" अपनी दादी की ओर रुमाल की छोटी-सी पोटली को बढ़ा दिया रम्भा ने।

"इतनी रात क्या गिनना। तू कोई झूठ थोड़े ही कह रही होगी। जा, सो जा! बहुत रात हो गई है।" पोटली हाथ में आते ही अंगूरी ने पोती को चलता कर दिया।

पता ही नहीं चला पाँच दिन कैसे बीत गए।

अपनी दादी से अब उसे बात कर ही लेनी चाहिए। आख़िर वह कब तक इस गाजूकी में रहेगी—यही सोचकर रम्भा पहुँच गई अपनी दादी के पास, "अम्माँ।"

"हाँ, बोल?" रम्भा की ओर बिना देखे कहा अंगूरी ने।

"यह डलेवर, घर बसाने की कह रहा है।"

"तो फिर बसा ले। ना किसने की है।" उदासीनता ओढ़ते हुए जवाब दिया अंगूरी ने।

"प...पर बिना रजामन्दी केऽऽऽ...."

"रजामन्दी! किसकी रजामन्दी?" पलटकर पूछा अंगूरी ने पोती से।

"अम्माँ, तेरी रजामन्दी।"

"तो क्या तू इसके साथ मेरी रजामन्दी से भागकर गई थी जो अब मुझसे रजामन्दी की कह रही है और फिर जिसे घर बसाना है वह मुझसे आकर बात करे। तू क्यों बन रही है उसकी वकील?"

मग़ज घूम गया रम्भा का अपनी दादी के बदले हुए तेवरों को देखकर। खड़ी-खड़ी सोचती रही वह कुछ क्षण। फिर अगले ही क्षण सोचा दादी कौन-सा

ग़लत कह रही है। वह तुरन्त उठी और जितनी तेज़ी से गई थी, उसी तेज़ी से वापस लौट आई, वह भी अकेली नहीं ड्राइवर को साथ लेकर।

दोनों आकर खड़े हो गए अंगूरी के सामने। अंगूरी ने ड्राइवर की देहभाषा को पढ़ते हुए उसे बड़ी बारीकी से ऊपर से नीचे तक देखा। आश्चर्य हुआ ड्राइवर को कि रम्भा की दादी यानी उसकी सम्भावित ददिया सास उसे ऐसे देख रही है, जैसे उससे वह पहली बार मिल रहा है।

"अम्माँ से कह न!" कुहनी का टोहका मारते हुए रम्भा ड्राइवर का साहस बढ़ाते हुए फुसफुसाई।

"अम्माँ, मैं रम्भा के साथ घर बसाना चाहता हूँ।" ड्राइवर ने साहस बटोरते हुए अंगूरी से निवेदन किया।

एक बार फिर देखा अंगूरी ने ड्राइवर को, "तो क्या अभी तक झक मार रहा था इसके साथ?"

ड्राइवर सकपका गया। शब्द गले में ही फँसकर रह गए।

"यह ट्रक तेरा अपना है?"

"ना, मैं तो इसका ड्राइवर हूँ।"

"ट्रक भी तेरा ना...रकम भी तेरी ना और बात कर रहा है घर बसाने की?"

"अम्माँ, ड्राइवरी करके कर लेंगे गुजर-बसर...और फिर गाँव में भी तो है पाँच-छह एकड़ जमीन।" ड्राइवर ने हुलसते हुए कहा।

"पाँच-छह एकड़ तो ऐसे कह रहा है जैसे कोई रजवाड़ा घेर रखा है। तुझे इन कंजरों के शादी-ब्याह के नेग-दस्तूर क्या हैं, पता है?"

ड्राइवर ने सिर हिलाते हुए अनभिज्ञता प्रकट कर दी।

"देख बेटा, मेरी माने तो छोड़ यह घर-गिरहस्थी बसाने का झंझट। तू तो मजे से डलेवरी कर।"

"यह क्या कह रही है तू अम्माँ।" रम्भा को धरती घूमती दिखाई देने लगी।

"ठीक कह रही हूँ। गाँठ में टका नहीं और चल दिया घर बसाने।" अंगूरी ने अपना आधा फ़ैसला सुना दिया।

रम्भा को अब अपनी ग़लती का एहसास हो रहा है कि गाजूकी आकर उससे कितनी बड़ी चूक हुई है। उससे बड़ी अपनी दादी को भी समझने में उससे चूक हुई है। बावजूद इसके रम्भा अपनी दृढ़ता पर अडिग रही।

बहुत कोशिश की अंगूरी ने पोती को समझाने की। भले-बुरे का खूब वास्ता दिया लेकिन रम्भा टस से मस नहीं हुई। जँच गया अंगूरी को पोती इतनी आसानी से माननेवाली नहीं है। अब क्या करे वह? अब तो दूसरा रास्ता बचा है। उसने

अपनी कूटनीति के तरकश को टटोलते हुए उसमें से उसने तीसरा अस्त्र अर्थात् दंडास्त्र बाहर निकाला। कुछ नहीं कहा उसने रम्भा से। ड्राइवर को अपने पास बुलाया।

''बेटा, मैंने अभी पूछा था कि तुझे कंजरों के दस्तूरों का पता है, तो तूने ना कह दिया था। गलत तो ना कह रही हूँ मैं?'' बड़े स्नेहिल भाव से पूछा अंगूरी ने।

''ना।''

''तो बेटा सुन, दस्तूर हमारा यह है कि अगर मैं अपनी पोती को 'भाभी' बनाती...भाभी का मतलब समझ रहा है न तू?''

ड्राइवर कुछ कहने के बजाय, मुँह ताकता रहा अंगूरी का।

''मैं बताती हूँ, भाभी का मतलब मैं अगर इसका ब्याह करती तो पता है बेटावाला मुझे कितनी रकम देता, कम से कम दो लाख।''

अभी भी ड्राइवर के कुछ पल्ले नहीं पड़ा कि यह औरत कहना क्या चाहती है। मुँह ताकता रहा बस उसका।

''ठीक है, बसा ले तू इसके साथ घर पर एक बात सुनले कि रकम धर जा पूरे डेढ़ लाख।''

''डेढ़ लाऽऽऽख!'' ड्राइवर का मुँह खुला का खुला रह गया।

''तो फ्री का माल है, ले जा ट्रक में बिठाके।''

''प...पर अम्माँ, मेरे पास कहाँ है इतनी मोटी रकम।'' घिघिया गया इस बार ड्राइवर।

''ना है तो हवा खा। छोड़ यह घर-वर बसाने का चक्कर।'' अंगूरी ने सहज ही अपना पीछा छुड़ा लिया। मन ही मन मुस्कराने लगी वह यह सोचकर कि ना नौ मन तेल होगा, ना राधा नाचेगी।

रम्भा का खून खौल उठा, अपनी दादी का यह फ़ैसला सुनकर। दादी उसका घर बसवा रही है, या उससे सौदा कर रही है?

''अम्माँ, ये डेढ़ लाख कहाँ से लाएँगे?'' आहत होते हुए रम्भा ने कहा।

''ना लाएगा तो जरूरी है घर बसाना।'' अंगूरी ने पूरी कठोरता से जवाब दिया।

''और मैंने जो इतना कमाकर दिया उसका क्या?''

''और जो तू अपना घर बसाके मेरा अब नुकसान करेगी उसका क्या?'' पलटकर पोती के अंदाज़ में सवाल दागा अंगूरी ने।

''पर अम्माँ, उससे ज्यादा तो मैंने कमाकर दे दिया है।''

''फालतू की बात छोड़। कह दे अपने डलेवर से कि डेढ़ लाख हैं तो ले जाए, नहीं नापे अपना रास्ता।'' पोती को तर्क-वितर्क करता देख, अंगूरी ने अपना अन्तिम निर्णय सुना दिया।

अपना निर्णय दे अंगूरी उठकर जाने लगी कि पीछे से रम्भा के शब्द उसके कानों में पड़े—ठीक है, अम्माँ को डेढ़ लाख चाहिए न, मैं दूँगी।

जाते-जाते रुक गई अंगूरी। लगा पाँवों में भारी-भारी पत्थर बाँध दिए किसी ने। धीरे-से पलटी और पूरे कल्ले में जीभ घुमाते हुए बोली, ''बड़ा सतीसावित्रीपने का चाव चढ़ रहा है।''

''हाँ अम्माँ, मैं दूँगी पूरे डेढ़ लाख। बस, दो महीने रुक जा।''

रम्भा ने दादी की चुनौती को जिस तरह स्वीकारते हुए, पूरे आत्मविश्वास के साथ उत्तर दिया, उससे अंगूरी का मतिभ्रम हो गया जैसे, ''दो महीनेऽऽऽ?''

''हाँ, बस दो महीने। मेरा क्या, मैं दो महीने पीछे बसा लूँगी घर।''

''हुँ, दो महीने तो ऐसे कह रही है जैसे किसी बैंक में कोई हुंडी जमा कर रक्खी है।'' एक विद्रूप हँसी उछाली अंगूरी ने।

''हाँ अम्माँ, अगर दो महीने में मैंने डेढ़ लाख कमाकर तेरे मुँह पर ना मार दिए तो नाम बदल देना मेरा।''

अंगूरी मुँह देखती रह गई पोती का। लगा जैसे उसके सामने खड़ी रम्भा पलक झपकते ही एक अनुभवी, परिपक्व खिलावड़ी में बदल गई है। जिस रम्भा को वह अभी तक खिलावड़ी नहीं, भोली-भाली, अल्हड़, ना-समझ महज एक पोती समझने का भ्रम पाले हुई थी, उससे भी अधिक गहरी खिलावड़ी निकली।

इसके बाद रम्भा ड्राइवर को लेकर कहाँ गई, अंगूरी को पता नहीं। पूरी गाजूकी में शोर मच गया। कुछ ने अंगूरी को लानत-मलामत से सराबोर किया, तो कुछ रम्भा की दृढ़ता को सलाम करते दीखे। गाजूकी के लिए एक किंवदन्ती बन गई रम्भा की यह दृढ़ता।

ड्राइवर फिर नहीं दिखाई दिया गाजूकी में।

आग की तरह फैल गई यह ख़बर।

कमला सदन में सबसे पहले पूनम ने पहुँचाई। हालाँकि शुरू में पूनम पर किसी को विश्वास नहीं हुआ, किन्तु जब उसने बताया कि वह माना गुरु की मढ़ी से लौट रही थी, तब उसने स्वयं अपनी आँखों से गाजूकी की ओर आते हुए देखा था, तब सबको विश्वास करना ही पड़ा।

"अंगूरी, अब क्या करेगी?" मुँह में पड़े किणकों को चुबलाते हुए सबसे पहले पूछा कमला बुआ ने।

"करेगी क्या, बिठानी पड़ेगी डलेवर के साथ।" माया ने पूर्वानुमान लगाते हुए कहा।

"और अगर उसने अबके भी मना कर दी तो?"

"नानी, तू भी कभी-कभी बच्चों जैसी बातें करती है। भला सोच, अगर अंगूरी चाची ने मना कर दी, तब क्या मान जाएगी वह? एक बात कहूँ नानी, मुझे तो अंगूरी चाची से यह रम्भा ही भली लगी।"

"वो कैसे?" कमला बुआ ने रुक्मिणी की ओर देखते हुए पूछा।

"वो ऐसे कि अगर रम्भा पहले ही ना आती, तो यह अंगूरी चाची क्या बिगाड़ लेती उसका। ऐसे काम में भागा आदमी घर आने के लिए नहीं भागता है।"

"यह देखके तो मुझे भी हैरानी हुई थी रुक्मिणी कि मरी फंदे से छूटके, फिर फंदे में आ फँसी।"

"मैंने इसके बारे में पूछा था एक दिन रम्भा से और उसने जो जवाब दिया, मैं तो दंग रह गई सुनके। बोली, दीदी, मैं गाजूकी से ब्याहता बनके ही जाऊँगी। कम से कम सिर उठाकर के आ-जा तो सकूँगी इस गाजूकी में।"

"रुक्मिणी, यह बात तो मरी ने सोलह आने टके की कही है।" इसके बाद बुआ की हल्के-से आँखें बन्द हुईं, और मन ही मन पहले उन दोनों को आशीर्वाद दिया और फिर यह कहते हुए आँखें खोल दीं, "चलो, माना गुरु उसकी मुराद पूरी करे!"

रम्भा ने अपनी ही दादी के चारों ओर बनी अभेद्य सम्बन्धों की अधिकतर मोखियाँ बन्द कर दीं। एकाध जो बचीं उन्हें उसने जान-बूझकर साँस लेने के लिए छोड़ दिया। पोती की दृढ़ता के आगे अंगूरी को न चाहते हुए समर्पण करना पड़ा। मगर गाजूकी को सबसे अधिक आश्चर्य उसकी इस हिम्मत को देखकर हुआ कि रम्भा ने अपनी नई दुनिया बसाने के लिए जिस जगह का चुनाव किया, वह और कोई नहीं कटोरीवालों का तिबारा था। वही कटोरीवालों का तिबारा, जहाँ से पुराने नेशनल हाईवे से अपने-आपको जोड़नेवाली सड़क के किनारे से, सामने हरी चादर से आच्छादित मील भर का छोटा-सा फ़ासला अपनी बाँहें फैलाए साफ़ दिखाई देता है।

इस छोटी-सी किंवदन्ती का पटाक्षेप रम्भा अपने संकल्प और हठ की ऐसी मज़बूत कील ठोंककर करेगी, ऐसी कल्पना गाजूकी में शायद ही किसी ने की होगी।

12

पिंकी अपनी बम्बईवाली मौसी के पास एक महीना क्या रहकर आई कि उसका तो कायाकल्प ही हो गया। उसकी बातों और उसके आचरण को देखकर अनुमान लगाना कठिन है कि कैशोर्य की दहलीज़ पर अभी-अभी पाँव धरनेवाली पिंकी एक महीने में कैसे इतनी परिपक्व हो गई? महीनेभर में उसके रूप और लावण्य में ऐसा निखार आ गया कि एक बार तो ख़ुद कमला सदन को अपनी आँखों पर भरोसा-सा नहीं हुआ। अपनी हमउम्र किशोरियों से वह जिस ऊँचाई से बातें करने लगी, उससे ये किशोरियाँ ईर्ष्या, हीनता और कुंठा से तप उठतीं। पूरी गाजूकी की किशोरियों के लिए पिंकी एक 'रोल मॉडल' बन गई। सबकी आँखों में पिंकी की तरह बम्बई या किसी ऐसे ही दूसरे शहर में जाने के सपने पल्लवित हो उठे।

अपनी मौसी द्वारा दिलाई गई जीन्स व टॉप उसकी प्रिय पोशाक हो गई। टॉप में कसे छाती के ताज़ा-ताज़ा उभार को जानबूझकर और ज़्यादा इस तरह उभारकर घर से निकलती कि न चाहते हुए भी उस पर नज़र पड़ ही जाती। उसकी बाल सुलभ मुद्राओं से अब मासूमियत और सादगी नहीं शोख़ियों की कोंपलें फूटने लगीं। इसीलिए गाजूकी की किशोरियों के लिए पिंकी धीरे-धीरे ईर्ष्या का पात्र बन गई।

वैद्यजी की भी नज़र बरबस उस दिन उस पर यूँ ही पड़ गई। पिंकी ने मुस्कराते हुए जिस तरह अपने-आपको समेटा, उसे देखकर वैद्यजी को काटो तो ख़ून नहीं। अपनी नज़रें उसने बेशक झुका लीं, किन्तु पलभर के लिए एक बार तो मानो वह पानी-पानी हो ही गया। जिस पिंकी से कुछ दिन पहले तक वैद्यजी कुछ भी कह लेता, उसी पिंकी से नज़रें मिलाकर बातें करना मुश्किल हो गया। पिंकी में आया यह अप्रत्याशित परिवर्तन वैद्यजी को रह-रहकर परेशान करने लगा।

इस बारे में वैद्यजी ने बुआ से ज़िक्र किया, तो सुनकर बुआ की आँखें चमक

उठीं। मुँह में इधर से उधर कुलाँचें भरते किणकों को विराम देते हुए जवाब दिया बुआ ने, "बैद्जी, मरे यह सब शहर की आबोहवा का असर है। इत्ता तो यह गाजूकी में दो साल और रहती, तो भी ना सीखती। बैद्जी, मरे तूने तो जैसे मुझे सोते से जगा दिया। लगता है अब इसके तहजीब पर भेजने के दिन आ गए हैं।"

"पर बुआ अभी इसकी उम्र ही क्या है?"

"मरे, लौंडिया की उमर दिनों से नहीं, उसकी देह से नापी जाती है।" बुआ ने ज़मीन पर थूकते हुए कहा।

वैद्यजी से कुछ भी कहते नहीं बना। चुप रहा।

"वैसे एक बात बताऊँ बैद्जी!" बचे-खुचे किणकों को हलक़ से नीचे उतार, लगभग फुसफुसाते हुए सूचना दी बुआ ने, "अब तो इसके महीने भी चालू हो गए हैं। मरे, हमारे जमाने में तो महीने का भी इंतजार नहीं होता था। जहाँ थोड़ी-सी छाती निकली नहीं, वहाँ मत्था ढकाई हुई नहीं। अब जमाना बदल गया है। तब तो ये राय साब, दीवान साब, खान बहादुर, राय बहादुर जैसे बड़े-बड़े इज़्ज़तदार भूखे भेड़िए-से ऐसी ही खिलावड़ियों को ढूँढ़ते फिरते थे।"

सिर से पाँव तक सिहरता चला गया वैद्यजी। कल्पना मात्र से उसका जी मितला उठा।

भरी दोपहरी में बच्चों की चिल्ल-पों से फुरसत पाते ही बुआ ने सुशीला, माया, रुक्मिणी, वंदना, पूनम, संतो भाभी सबको अपने पास बुलवा लिया। संतो का तो रह-रहकर कलेजा बाहर होने को होने लगा कि पता नहीं उससे अब ऐसा कौन-सा जुर्म हो गया, जो सबके सामने उसे बुलवाया जा रहा है, वरना घर के अहम फ़ैसलों से उसे दूर ही रखा जाता है। वैसे भी कमला सदन में 'भाभी' की भूमिका क्या है, किसे नहीं पता। इसलिए उसे अब लगता है कि वह खेत में उग आई ऐसी अनचाही खरपतवार है, जिसे पानी उसकी उपादेयता के कारण नहीं, अपितु दूर तक फैली फ़सल के कारण मिल रहा है। शायद इसीलिए जिसका मन करता है, उसे जड़ समेत उखाड़कर खेत की मेड़ पर फेंक देता है। और वह फिर से हरी हो जाती है। संतो को लगता है कि उसका हरापन ऐसा ही है।

बुआ ने बारी-बारी से सब पर निगाह मारी। सबके चेहरों पर उभरे भावों से वह भाँप गई कि अपने एकत्रित होने के प्रयोजन से सब पूरी तरह अनभिज्ञ हैं।

"सुशीला, जरा एक गुटका तो काट!" बुआ ने भूमिका बनाते हुए कहा।

सुशीला ही क्या पूरा कमला सदन बुआ की इस अदा से परिचित है कि कुछ ख़ास मौक़ों पर बुआ इस तरह 'हुस्न बाग' माँगती है। इसलिए सुशीला ने

माँ के आदेश का पालन करते हुए एक नहीं दो पॉऊच काटकर उसकी हथेली पर उँड़ेल दिए। बुआ हथेली पर पड़े किणकों से देर तक खेलती रही। किणकों और तर्जनी के पोर के बीच चल रहा यह खेल जब पूरा हो गया, तब बुआ ने पहले कमर सीधी की और फिर सुशीला की ओर मुख़ातिब होते हुए बोली, "सुशीला, तुम सबसे एक बात करनी थी?" इतना कह बुआ ने सब पर एक उचटती निगाह मारी।

"कौन-सी माँ?" प्रतिप्रश्न किया सुशीला ने।

"मरी, अपनी पिंकी के बारे में।"

धक्क्-से रह गया सबका कलेजा। बुरे-बुरे ख़्याल आने लगे सबके मन में कि कहीं अंगूरी की पोती रम्भा की तरह उनकी पिंकी भी तो...।"

"क्या किया उसने?" सबसे पहले माँ ने पूछा। संतो से नहीं रुका गया।

"करा-वरा कुछ नहीं। मैं तो यह कह रही हूँ कि तुमने उसके बारे में कुछ सोचा भी है?"

"हमें क्या सोचना है?" माया ने पहली बार हस्तक्षेप किया।

"अच्छी बात है नहीं सोचना है तो...पता नहीं सबके दीदे कैसे बंद हुए पड़े हैं।" बुआ ने झल्लाते हुए सबको सुनाते हुए पिच्च-से थूकते हुए स्वयं से कहा।

"नानी, कहीं तू पिंकी के मत्था ढकाई के बारे में तो बात नहीं कर रही है?"

"ना, मैंने तो तुम सबको तुम्हारा थोबड़ा देखने के लिए बुलाया है?" बुआ ने रुक्मिणी के अनुमान पर झुँझलाते हुए जवाब दिया।

"पर माँ, अभी तो उसकी तहजीब भी ना हुई है।" माया ने ऐसे याद दिलाया जैसे बुआ यह बात भूल गई हो।

"इसीलिए मैंने तुम सबको बुलाया है। रही बात उसकी तहजीब की सो आधी से ज्यादा उसकी तहजीब तो हो ही चुकी है। देख नहीं रही हो, एक महीने में यह क्या से क्या होकर आई है।"

"एक बात और ना देखी नानी, सारे दिन गुमसुम-सी रहती है।" बुआ के तर्क को पुष्ट करते हुए वंदना ने एक नई सूचना और जोड़ी।

"वह तो महीने की वजह से रहती होगी।"

"ना नानी, महीनेवाली लौंडिया हर समय शीशे के सामने जमी नहीं रहती हैं...और फिर हम तो जैसे महीने से हुए ही ना।" वंदना ने तुरन्त दूसरा तर्क दिया।

"मरी, यही बात तो करने के लिए बुलाई हो तुम सब।"

"फिर बता न माँ, क्या करें?"

"करना क्या, कोई मोटा-सा इज़्ज़तदार मिल जाए तो करवा दो मत्था ढकाई।"

"मत्था ढकाई कोई बातों से होती है। कोई ढंग का इज़्ज़तदार मिले तब न।" सुशीला अपनी छोटी बहन माया से असहमत होते हुए बोली।

"तुम दोनों बहन तो बेमतलब सींग लड़ा रही हो। इज़्ज़तदार तो रुक्मिणी ढूँढ़ देगी, जो असल बात है पहले उसपे ध्यान दो। मत्था ढकाई तो तब होगी, जब पहले इसकी तहजीब पूरी हो।" बुआ ने दोनो बहनों के तर्कों को काटा।

"नानी, इसमें इतना सोचने की क्या बात है। भेज दो उल्टा उसी मौसी के पास। रह आएगी चार-छह महीने और, कर आएगी रही-सही तहजीब पूरी।" रुक्मिणी ने एकदम सुगम और सही रास्ता बताते हुए सुझाव दिया।

"पता नहीं, तुम सबकी कैसे मति मरी हुई है। कहाँ तो किसी का उस पर ध्यान नहीं था और कहाँ अब इत्ती जल्दी हो रही है कि..."

"नानी, तू भी बे-पेंदे का लोटा हुई पड़ी है। कभी कुछ कहती है और कभी कुछ।"

"बात वो नहीं है जो तू समझ रही है रुक्मिणी। तहजीब पर भेजने से पहले उसकी माँ की और उसकी मंशा भी पूछना जरूरी है।"

"नानी, माँ से पूछने की जरूरत है नहीं। हाँ, पिंकी से जरूर पूछ लो। हालाँकि वह भी पहले ही कह चुकी है कि वह 'बुआ' बनेगी।" रुक्मिणी ने कहा।

"पर रुक्मिणी, पिंकी ने कब कहा था, जब वह सात-आठ बरस की थी। कायदे और दस्तूर के मुताबिक पिंकी से अब पूछना जरूरी है। 'बुआ' या 'भाभी' बनना हमारी नहीं, उसकी मरजी है। बल्कि लगे हाथ बहू की राय भी ले लो। क्या पता वह बेटी को लाईन में डालना चाहेगी भी, या नहीं।" सामने खड़ी संतो की ओर देखकर कहा बुआ ने।

"पर नानी, भाभी भी पहले कह चुकी है। याद नहीं है भाभी ने इसी जगह कहा था कि 'भाभी' बनके कम से कम मेरी तरह नरक तो ना भोगेगी।" रुक्मिणी ने वर्षों पुरानी बात दोहराते हुए बताया।

"पता ना उस समय बहू का मन कैसा था। पर मेरी सलाह तो यही है कि बहू सामने खड़ी है, क्या बुराई है पूछने में। आदमी का मन पलटने में टैम थोड़े ही लगे है।"

बुआ को बड़ी बेटी सुशीला का सुझाव उचित लगा। उसने पहले माया की ओर देखा तथा फिर संतो की ओर देखते हुए बोली, "बहू, क्या राय है तेरी इस बारे में? तेरी इच्छा क्या है?" बुआ ने पूरे कमला सदन की उपस्थिति में संतो

का मन टटोलना चाहा।

दीवार से लगी संतो कुछ नहीं बोली। नज़रें नीची कर रेत को कुरेदते पाँव के अँगूठे को निरखती रही।

देर तक जवाब नहीं आया संतो की ओर से।

नहीं रुका गया माया से। धैर्य जवाब दे गया उसका, "माँ, इसकी क्या इच्छा होगी। यह तो..."

"तू चुप कर!" माया को डाँट बुआ पुनः संतो की ओर पलटी, "बहू, बेटी बताए न?"

"नानी, मैं क्या बताऊँ।" पाँव का अँगूठा तेज़ी से रेत को कुरेदता हुआ उसमें धँसने लगा।

"आखिर माँ है तू उसकी। उसके अच्छे-भले की कुछ जिम्मेदारी तेरी भी है।"

"अच्छा है उसके मन की बात उसी से पूछ लो।" निगाहें नहीं उठाई संतो ने।

"उससे भी पूछ लूँगी पर तू भी तो कह कुछ।"

अचानक संतो की आँखों के आगे पिछले एक दशक के धूसर-धुँधलके चित्र ताज़ा हो उठे। उसने धीरे-से चुपचाप हाथों को टेढ़ा कर अपनी हथेलियों को देखा। खुरदरी हथेलियों को देख संतो उनकी घिसी हुई हस्तरेखाओं की तंग घाटियों में उतर गई। इनमें से बाहर आई तो अगले पल उसकी नज़र तेज़ी-से गहरी होती पाँवों की बिवाइयों पर जा पड़ी। देर तक वह इन ऊबड़-खाबड़ बीहड़ों में भटकती रही। भटकती रही वह अनिश्चय की उन स्याह कंदराओं में, जिनकी रौशनी की सारी मोखियाँ, सारे रौशनदान उसके लिए तभी बन्द हो चुके थे, जब उसने 'भाभी' बनने का निर्णय लिया था। संतो के होंठ लरज़ने लगे।

"बहू, मैं कुछ पूछ रही हूँ?"

एकाएक ठिठकी संतो को लगा जैसे इन बीहड़ों के ऊपर से किसी ने उसे पीछे से पकड़कर रोक लिया। एक पल रुककर नज़र उठाकर देखा संतो ने। अनुमान एकदम सही निकला। ऊपर बैठे साए किसी और के नहीं कमला बुआ, सुशीला, माया, रुक्मिणी, वंदना, पूनम के हैं, जो राख़ से भरी हथेलियों को देखकर अट्टहास कर रही हैं।

एक बार फिर पड़ी उसके कानों में आवाज़।

"बता न भाभी, नानी क्या पूछ रही है? पिंकी को तू क्या बनाना चाहेगी?"

रुक्मिणी के इस सवाल पर संतो ने आँखें उठाकर देखा तो पाया, काफ़ी

ऊँचाई पर बैठी रुक्मिणी उसे तेज़ी-से पिंकी में तब्दील होती दीखी। पिंकी को अपने आपसे इतनी ऊँचाई पर बैठा देख, पता नहीं संतो के मुँह से अनायास कब निकल गया।

"बुआ।"

सबने संतोष की साँस ली। लगा जैसे सिर से कोई वज़नी पत्थर हट गया।

"ऐसा करते हैं माँ, पिंकी से भी अभी पूछ लेते हैं। इसका भी फैसला आज ही कर लेते हैं। बहू, पिंकी कहाँ है?"

अकबका गई संतो अपनी सास सुशीला की आवाज़ पर।

"नानी, पता नहीं इस भाभी को आज क्या हो गया है? कहाँ खोई हुई है।" रुक्मिणी ने कहा कमला बुआ से किन्तु सुनाया संतो को।

"ऐसा कर रुक्मिणी, तू ही ला उसे।" बुआ ने रुक्मिणी से कहा।

"पर वह है कहाँ? मैंने तो आज उसे देखा ही नहीं।"

"है कहाँ, देख रही है सवेरे से टी.वी.।" सुशीला ने बताया।

रुक्मिणी तेज़ी-से उठी और पिंकी को लेने सम्भावित कमरे की ओर बढ़ गई। थोड़ी देर बाद लौटी तो साथ में पिंकी भी थी।

सबको इकट्ठा देख पिंकी सहम गई।

'कहीं वैद्यजी ने तो उसकी शिकायत नहीं कर दी है।' यही सोचते हुए पिंकी ने ऊपर सरक आए टॉप को नीचे खींचकर ठीक किया। एक-एक कर सब पर नज़र डाली, तो उसने पाया सबके होंठों पर एक जैसी रहस्यमयी मुस्कान तैर रही है। अपनी ओर बींधती आँखों को देख, वह और ज़्यादा सहम गई कि सारी आँखें उसे इस तरह क्यों देख रही हैं? उसके अंग-प्रत्यंग का सब जैसे बड़ी बारीकी से अवलोकन कर रही हैं। किसी की नज़र उसकी छाती पर है, तो कोई उसके कच्चे सीताफल-से उभरे भरे हुए नितम्बों को निहार रही है। कोई उसकी आँखों में उतर उनकी गहराइयों को नापने की कोशिश कर रही है, तो किसी की नज़र बड़े जतन से सँवारी गई लटों में उलझी हुई है।

"पिंकी, आ...मेरे पास आ बेटी!" कमला बुआ ने बेहद स्नेह से दुलारते हुए बुलाया अपने पास।

सहमी हुई पिंकी बुआ की बग़ल में सिमटकर बैठ गई।

"बेटी, बम्बे में तेरा जी तो लग गया था न?" प्यार से सिर पर हाथ फेरते हुए पूछा बुआ ने।

हैरानी हुई पिंकी को कि बम्बई से आए हुए उसे महीना होने को आ रहा है, और उससे पूछा अब जा रहा है। बुआ के इस अप्रत्याशित प्रश्न पर पिंकी ने उसकी ओर प्रश्नाकुल मुद्रा में देखा। पिंकी ने कोई जवाब नहीं दिया।

''वैसे माँ, बम्बई में जाके हमारी पिंकी निखर कितनी आई है?''

दूसरा बेतुका सवाल उसकी दादी सुशीला की ओर से उछला।

''नानी, तुम भी बेमतलब की बातों में टैम खराब कर रही हो। सीधे-सीधे क्यों नहीं पूछ लेती।'' रुक्मिणी को अच्छा नहीं लगा पिंकी को इस तरह के सवालों के भँवर में फँसाना।

''माँ, रुक्मिणी ठीक कह रही है। बम्बई में इसका मन लगा या नहीं। वहाँ रहके इसका रंग-रूप निखरा या नहीं, इससे इसे क्या लेना-देना।'' माया मौसी ने रुक्मिणी का समर्थन किया।

''पिंकी, बेटी मेरे पास आ!'' सुशीला भाँप गई अपनी माँ की दुविधा।

पिंकी अब कमला बुआ के पास से उठकर अपनी दादी के पास आ गई।

''पिंकी, तुझे तहजीब के लिए भेज दें बम्बई....''

सुशीला अपना वाक्य भी पूरा नहीं कर पाई कि रुक्मिणी तड़ककर पड़ी, ''माँ, तू भी वही रामाण ले बैठी। ऐसे तो साँझ हो जाएगी पूछते-पूछते।''

''समझाकर रुक्मिणी, हर बात पूछने का अपना कायदा होता है।''

''क्या कायदा होता है। तुम तो बम्बई-पुराण ले बैठीं। साफ-साफ क्यों नहीं पूछ लेती हो।''

''ले, तू पूछ ले साफ-साफ!'' झुँझलाते हुए सुशीला ने इस बार पिंकी को उसकी बुआ रुक्मिणी की ओर धकिया दिया।

''पिंकी, तेरी दादी तुझसे पूछ रही है कि तू बुआ बनेगी या भाभी?'' रुक्मिणी ने सधे हुए शब्दों में पूछा पिंकी से।

अपनी बुआ रुक्मिणी के इस प्रश्न पर उलझन में पड़ गई पिंकी। इसी प्रश्न पर वर्षों पहले गाल पर पड़े माँ के तमाचे को अभी तक नहीं भुला पाई है वह। उसने कनखियों से वहाँ उपस्थित अपनी माँ की ओर देखा।

''अपनी माँ को क्या देख रही है।'' रुक्मिणी ने रूखेपन से डाँटते हुए कहा पिंकी से।

''हाँ बेटी, तेरी माँ से हमने पूछ लिया है। अब तू अपनी मरजी बता?''

पिंकी की दुविधा अब और बढ़ गई। इसीलिए कोई जवाब नहीं दिया।

समझ गई रुक्मिणी पिंकी का डर और दुविधा। इसीलिए उसने संतो को वहाँ से जाने का इशारा कर दिया। संतो के जाते ही पूछा रुक्मिणी ने, ''बता न

पिंकी! अब तो तेरी माँ भी नहीं है।''

अपनी बुआ के कहे की पुष्टि करते हुए पिंकी ने अपने चारों ओर देखा। जब उसे पूरा यक़ीन हो गया कि माँ सचमुच वहाँ नहीं है, तब उसने वहाँ उपस्थित अपनी दादी सहित सारी बुआओं की ओर देखा तथा मुस्कराकर सकुचा गई। पिंकी को मुस्कराया देख, सब मुस्करा उठीं। रुक्मिणी का तीर एकदम निशाने पर लगा।

''अच्छा बता, तहजीब के लिए किसके पास जाएगी, अपनी बम्बईवाली मौसी के पास याऽऽऽ....''

''लो, हमसे तो कह रही थी कि हम बम्बई-पुराण ले बैठीं, सीधे-सीधे क्यों नहीं पूछती और खुद वही बात ले बैठी।'' सुशीला ने बेटी को पकड़ लिया।

''और कैसे पूछूँ सीधे-सीधे। अब कोई समझे ही नहीं तो मैं क्या करूँ।'' रुक्मिणी ने सबकी समझदारी पर सवाल खड़ा करते हुए कहा।

''क्या नहीं समझे?'' माया ने सीधे ही पूछ लिया।

''पिंकी का इशारा...और क्या मौसी।'' रुक्मिणी की जगह वंदना ने उत्तर दिया।

''तुम दोनों बहन समझ गई होंगी, हमारी तो समझ में नहीं आया, क्यों माँ?' माया ने बुआ को भी शामिल कर लिया।

''रुक्मिणी, ऐसे मामलों में इशारों से बात नहीं बनती है। तू भी बेमतलब बात खींच रही है।''

''ठीक है, मैं अब पिंकी के मुँह से ही कहलवाऊँगी।'' इसके बाद रुक्मिणी पिंकी के और निकट आई तथा स्पष्ट शब्दों का इस्तेमाल करते हुए बोली, ''पिंकी, बता दे इन सबको तू क्या बनेगी।''

पिंकी ने सबकी ओर देखकर, अन्तिम बार अपनी रुक्मिणी बुआ की आँखों में देखा तथा सकुचाते हुए कहा, ''बुआ।''

''और जोर से बोल!'' पिंकी का हौसला बढ़ाया रुक्मिणी ने।

''बुआ।'' पिंकी की थोड़ी-सी आवाज़ और खुली।

''एक बार और पिंकी!''

''बुआ।'' सचमुच इस बार बुआ शब्द जैसे पिंकी के मन से निकला।

''क्यों मौसी, अब तो हो गई तसल्ली?'' माया से पूछते हुए रुक्मिणी की आँखें चमक उठीं।

''सोच ले, अभी टैम है!'' माया ने रुक्मिणी के कहे पर ध्यान न देकर पिंकी से पूछा।

"अपनी माँ से भी पूछ लिया है?" कमला बुआ ने अपने अनुभव के तरकश से एक और तीर निकाला।

"तहजीब पर भेजे पीछे फैसला बदलना मुश्किल है।" सुशीला ने भी पोती की दृढ़ता को टटोलते हुए कहा।

चहुँ ओर से हुई शंका-आशंकाओं में लिपटे प्रश्नों की बौछार से विचलित हो उठी पिंकी। अपने निर्णय और अपनी दृढ़ता से, उसे अपने पाँव फिसलते दीखे।

"क्या हुआ पिंकी?"

रुक्मिणी ने जिस तरह अचानक पिंकी से पूछा, उसका अचकचाना स्वाभाविक था। पिंकी ने रुक्मिणी की आँखों में देखा।

"बुआ तो तूने पट्ट से ऐसे कह दिया जैसे मैं तुझसे पहाड़ा सुनाने की कह रही थी।" पिंकी के रवैये पर आँखें तरेरते हुए झल्लाई रुक्मिणी।

"रुक्मिणी, तू क्यों जबरदस्ती इसके मुँह में बात डाल रही है। सोच लेने दे उसे। बच्ची है। एकाध दिन में बता देगी सोचके।" बुआ ने असली गाँठ पकड़ ली।

"ठीक है नानी। पिंकी जा, आराम से सोचकर बता दीजो।" रुक्मिणी के जबड़े सख़्त हो उठे।

"जब यह पक्के तौर पर बताएगी, तभी तो तहजीब पर भिजवाने की सोचेंगे।"

"इससे ज्यादा पक्के तौर पर और क्या होगा माँ? गला फाड़-फाड़कर तीन बार तो कहा है इसने सबके आगे।" रुक्मिणी हत्थे से उखड़ गई इस बार।

"सुशीला, मरी एक गुटका तो दे। पता ना मरे इस भेजे में आज क्या घुसा पड़ा है, जो फटा जा रहा है!"

सुशीला ने माँ की ओर 'हुस्न बाग' का पॉऊच बढ़ाते हुए झल्लाते हुए कहा पिंकी से, "अब तू क्यों बैठी है, जा भीतर!"

"दादी!" भीतर जाने के बजाय पिंकी धीरे-से बोली।

"हाँ बोल?" अन्यमनस्कता से कहा सुशीला ने।

"मैं तो बुआ ही बनूँगी।" अपनी दृढ़ता पर लौटते हुए कहा पिंकी ने।

"मायाऽऽऽ!" अपनी छोटी बहन को आवाज़ देते हुए रोका सुशीला ने, "सुन लिया, पिंकी क्या कह रही है।"

"इत्ती देर से मरी हम यही तो जानना चाह रही थीं कि तुझमें कित्ता हौसला है। अब तूने पक्के मन से हामी भर दी है तो तहजीब पर भेजने की करते हैं कुछ जुगत।" कमला बुआ ने आश्वस्त होते हुए कहा।

“पर दादी, मैं तो बम्बईवाली मौसी के पास ही जाऊँगी।” अपनी दादी सुशीला को सुनाते हुए जैसे उसने कमला सदन के मुँह की बात छीन ली।

“ठीक है। मैं तुझे बम्बई ही भेजूँगी। अब तो खुश्श।”

चेहरा खिल उठा पिंकी का। उदास आँखें दीए की लौ-सी भभक उठीं। हिरनी की तरह कुलाँचें भरती हुई सीधे उसी कमरे में जाकर दम लिया, जिस कमरे में सुबह से टी.वी. चैनलों को बदलते-बदलते वह तंग आ चुकी थी। सारी उद्विग्नता दूर हो गई उसकी। आते ही टी.वी. ऑन कर दिया उसने। देर तक अँगूठे का पोर रिमोट से खेलता रहा लेकिन पिंकी का मन किसी भी कार्यक्रम में नहीं रमा।

13

सूचना मिलते ही वैद्यजी गाजूकी चल दिया।

उसे याद है रहीस से उसकी कुल जमा एक बार ही भेंट हुई है। उसे भी उसी के शब्दों में कहें तो एक ज़माना बीत गया—यानी मंगल की शादी में कमला बुआ ने ही उससे परिचय कराया था। उस भेंट का एक धुँधला-सा चित्र वैद्यजी की स्मृति में टँगा हुआ है। इतना धुँधला और मुसा हुआ कि अपनी स्मृति पर बहुत ज़ोर देने के बावजूद बस एक लम्बी क़दकाठीवाले छरहरे-से व्यक्ति का चित्र उसकी आँखों के सामने उभरता है। शक्ल तो वैद्यजी को बिलकुल भी याद नहीं है।

अच्छा हुआ जो धरमपुरा बाज़ार में अंगूरी से उसकी मुलाक़ात हो गई वरना उसे पता ही नहीं चलता।

“हरिद्वार जा रहे हैं?” अंगूरी के वाक्य को दोहराते हुए पुष्टि करते हुए पूछा वैद्यजी ने।

“हाँ बैदूजी, सनीचर को तेरहवीं है। कल मिली थी कमला। बता रही थी।”

“अच्छा हुआ जो मिल गई, नहीं पता ही नहीं चलता मुझे।”

“कह रही थी, बैदूजी को पता चला होता तो दौड़ा आता।”

अंगूरी के अन्तिम वाक्य की याद आते ही साइकिल की गति और तेज़ हो गई। पूरी ताकत लगा दी वैद्यजी ने पैडल मारने में। विपरीत दिशा से आती हवा

के बावजूद साइकिल की गति कम होने का नाम नहीं ले रही है।

कटोरीवालों के तिबारे को पार कर गाजूकी पुल की बग़ल से जाती सड़क के ढलान पर उतरते हुए वैद्यजी ने जानबूझकर गति बढ़ा दी। दरअसल सड़क के दाहिने ओर बने नए-नए मकान की नज़र से बचने के लिए उसने ऐसा किया।

मज़ार पार कर वैद्यजी ने आज खोखों की तरफ़ नज़र भी नहीं उठाई। उसका बस चले तो वह कमला सदन उड़कर पहुँच जाए। इसीलिए उसने सीधा वहीं जाकर दम लिया। वैद्यजी को देखते ही कमला सदन ठिठक-सा गया। संतो को आज किसी को आवाज़ देने की ज़रूरत नहीं पड़ी। अपने आप चली आई। जो चेहरे उसके आने से पहले किसी और उधेड़बुन में मुब्तिला थे, अचानक एक नीरवता से ढँक गए। आँखों में खालीपन उतर आया।

''माँ ले!'' सुशीला ने 'हुस्न बाग' का पॉऊच कुतरकर बुआ की हथेली पर उँड़ेल दिया।

इससे पहले कि हथेली पर पड़े किणके बुआ के मुँह के हवाले होते, वैद्यजी ने उदासी ओढ़ते हुए भारीपन के साथ पूछा, ''कोई हारी-बीमारी थी बुआ?''

''बीमारी क्या बैदूजी उमर हो गई थी। माँ से बड़े तो थे ही।'' बुआ के बजाय उत्तर सुशीला ने दिया। वह नहीं चाहती थी कि यह भारीपन और बढ़े।

''क्या किया जा सकता है, यह सब आदमी के हाथ में तो है नहीं।'' वैद्यजी ने फिर गहरा साँस लेते हुए कहा, ''जाना तो है ही सबको एक दिन।''

और उदास होते हुए वैद्यजी अभी जीवन-दर्शन पर थोड़ा और प्रकाश डालता कि कमला बुआ बुक्का मारकर रो पड़ी। हथेली पर पड़े 'हुस्न बाग' के किणके थोड़ी-सी मोहलत पा मन ही मन खुश हो उठे।

''माँ, अब होनी तो किसी से टलती नहीं है। वैसे मामा की उमर भी कितनी हो गई थी।'' ढाँढ़स बँधाते हुए सुशीला बोली।

''कितनी हो गई थी?'' वैद्यजी ने विषयांतर का प्रयास किया।

''अस्सी के आसपास थी।''

''फिर तो अच्छा हुआ। कम से कम बुढ़ापे का नरक तो भोगने से बच गया।''

वैद्यजी के इस वाक्य ने रामबाण का काम किया। इसका पहला असर यह हुआ कि जो किणके मुक्तभाव से हथेली पर पड़े मुक्ति-पर्व मनाने में व्यस्त थे, बुआ उन्हें गप्प से मुँह में डाल गई। दूसरा यह हुआ कि जो उदासी वैद्यजी के साथ धरमपुरा से चलकर आई थी, वह छँट गई। इसीलिए बुआ ने पहले अपनी

आँखें पोंछी और फिर किणकों को सहलाने के अंदाज़ में चुबलाती हुई बोली, "फिर भी भाई तो था ही बैदूजी।"

"फूल कब ले जा रहे हो?" वैद्यजी ने भी धीरे-से अपनी उदासी हटाते हुए पूछा।

"कल की सलाह बन रही है।" माया ने बताया।

"वैसे इतनी गरमी में दिन में मत जाना।" वैद्यजी ने सलाह देते हुए कहा।

"गरमी का कोई डर नहीं है बैदूजी। एसी गाड़ी की हुई है। वैसे भी दिन छिपे निकलेंगे। रात-रात में पहुँच जाएँगे।"

"फिर तो ठीक है।" थोड़ा रुककर वैद्यजी ने पूछा, "कौन-कौन जा रहा है?"

"सोच रहे हैं सभी को ले जाएँ। गाड़ी तो है ही।" सुशीला ने हुमकते हुए कहा।

"इस बहाने बैदूजी तीरथ भी हो जाएगी। हर की पौड़ी, भीम गोडा, नीलकंठ सब देख आएँगे। वैसे बैदूजी हरदुआर से नीलकंठ का कितनी देर का रास्ता होगा?"

"पता नहीं। मैंने भी नाम सुना है इसका। गया मैं भी नहीं हूँ आज तक। होकर आओ तो मुझे भी बताना।" वैद्यजी ने उलटा माया के सवाल का जवाब देने के बजाय उसे ही एक काम दे दिया।

कमला बुआ, सुशीला, माया, वंदना, रुक्मिणी, पूनम सबको अपने जिस्म से धीरे-धीरे जैसे हिमालय की चोटियों और बर्फ़ीली घाटियों से होकर आती सर्द हवाएँ टकराती-सी लगीं। वातानुकूलित गाड़ी में बैठने और गंगा के निर्मल जल में डुबकी लगाने की कल्पना और उसके रोमांच भर से कमला सदन में उदासी का बचा-खुचा कुहासा भी छँट गया। भाई के जाने का विच्छोह और विषाद धीरे-धीरे बुआ की आँखों से धुलता चला गया।

चढ़ती दोपहरी को देख सब अपने-अपने कमरों में चली गईं। अकेला रह गया वैद्यजी बुआ के पास। अगर कोई और अवसर होता तो वैद्यजी गाजूकी आता ही नहीं। इस गरमी में इतनी दूर आने से अपना घर भला। यही सोचते हुए वैद्यजी जाने के उठता, संतो खाली पड़े बर्तनों को उठाने आ गई।

फिलहाल जाने का प्रयोजन त्याग दिया वैद्यजी ने।

"बुआ, यह ठीक किया जो सबको हरिद्वार ले जा रही है। इस बहाने सब

गंगाजी भी नहा आएँगी।'' वैद्यजी ने बंद हो चुके अध्याय को पुनः खोलते हुए कहा।

''यही सोचकर तो बैद्जी इत्ती बड़ी गाड़ी की है...और फिर हरदुआर कोई रोज-रोज थोड़े ही जाना होता है।'' आ गई बुआ वैद्यजी के लपेटे में।

''चलो, संतो को भी एकाध दिन छुटकारा मिल जाएगा। वह भी गंगाजी में डुबकी लगा आएगी।''

जाते-जाते रुक गई संतो। रुकी क्या ठिठक गई। एक क्षण रुककर पहले वैद्यजी की ओर देखा तथा फिर कातरता के साथ बोली, ''बैद्जी, हमारी किस्मत में कहाँ है गंगाजी नहाना। हमें कौन ले जाता है हरदुआर।''

संतो जिस तरह ठिठककर पलटी थी, उसी तरह वापस मुड़ते हुए तेज़ी-से आगे बढ़ गई। जब तक वैद्यजी कुछ समझ पाता, संतो उसकी आँखों के सामने से ओझल हो गई। वैद्यजी के लिए यह सूचना सचमुच बेचैन करनेवाली थी, अच्छा हुआ जो बातों-बातों में वह संतो का ज़िक्र कर बैठा वरना वह इसी भ्रम में रहता कि इस 'सब' में संतो भी शामिल है।

''बुआ, संतो नहीं जा रही है हरिद्वार?'' वैद्यजी से नहीं रहा गया बिना पूछे।

''ले तो बहुत जाएँ पर घर भी चहिए कोई।''

कमला बुआ के इस तर्क के बाद वैद्यजी से न तो आगे कुछ कहते बना, न पूछते बना।

नहीं बैठा गया इसके बाद वैद्यजी से। एक विषाद से मन विचलित हो उठा और जाने के लिए खड़ा हो गया। बुआ ने रोकने की बहुत कोशिश की। तेज़ धूप और लू का बहुत डर दिखाया परन्तु वैद्यजी नहीं रुका।

''अच्छा बुआ, चलता हूँ।'' इतना कह वैद्यजी चल पड़ा लेकिन जाते-जाते वह वापस मुड़ा और रुकते हुए बोला, ''बुआ, ले जाती तो अच्छा रहता। वह भी नहा आती गंगाजी।''

दीवार से लगी संतो को वैद्यजी ने देख लिया था शायद। इसीलिए जाते-जाते उसने कमला बुआ से अनुनय किया।

●●

संतो भाभी के लिए कमला सदन के ये दो दिन पहाड़ जैसे हो गए। इन दो दिनों में उसे रह-रहकर लगता रहा मानो वह किसी भुतहा खँडहर में क़ैद है। दिन तो फिर भी कट जाता लेकिन रात में उसे लगता जैसे असंख्य पदचापें कमला सदन

में भटक रही हैं। इन दो दिनों ने उसके धैर्य की कैसी-कैसी परीक्षाएँ लीं, वही जानती है। उसकी परायणता को खंडित करने के कितने अवसर आए लेकिन उस पर आँच न आने देने की उसने पूरी कोशिश की। मगर दूसरे दिन, साँझ का झुटपुटा घिरते-घिरते हार गई संतो। अन्तिम दिन चुक गया उसका धैर्य। नहीं टिक पाई अपनी परायणता पर।

नया-नया इज़्ज़तदार था। इससे पहले संतो ने इसे कभी नहीं देखा कमला सदन में। यदि देखा होता तो शायद पहचान जाती।

"आओ सेठ!" संतो ने पूरा सम्मान देते हुए कहा।

"यह कमला बुआ का ही घर है?" पूरे कमला सदन का बारीकी से मुआयना करते हुए अन्दर प्रवेश किया इज़्ज़तदार ने।

"जी...पर आज कोई है नहीं। सब हरदुआर गई हैं। रुक्मिणी बाईजी, पूनम, वंदना, सब।" संतो ने ज़रूरत के मुताबिक़ छोटी-सी सूची प्रस्तुत कर दी।

इज़्ज़तदार ने कुछ नहीं कहा। शायद यहाँ से खाली हाथ लौटने की निराशा ने उसकी सारी कल्पनाओं और रोमांच को फीका कर दिया। सारा जोश, सारा उत्साह ठंडा पड़ गया।

"आओ सेठ, पहले भीतर आओ!" इतना कह संतो उसके आगे-आगे चल दी।

इज़्ज़तदार भी उसके पीछे-पीछे हो लिया। एक कमरे में ले गई उसे संतो।

"बैठो सेठ! मैं पानी लाई।" इतना कह संतो वहीं कमरे में रखे फ्रिज़ से पानी निकालने लगी।

पूरे कमरे को देखा इज़्ज़तदार ने। उसकी एक-एक चीज़ को उसने बड़े ध्यान से देखा। अलग-अलग मोहक मुद्राओं में दीवार पर, जगह-जगह एक ही चेहरे की अलग-अलग तस्वीरों को देख उसकी नसें तड़कने लगीं। इन तस्वीरों को देखते हुए वह इनसे झाँकती मोटी-मोटी आँखों में डूब गया जैसे।

"लो सेठ!"

अपने कानों में पड़ी इस आवाज़ को सुनकर लगा जैसे एक पल के लिए दीवार पर टँगी तस्वीरों में से कोई बोल उठी है। मगर अगले ही पल पलटकर देखा, तो देखते ही सारे उछाह पर ठंडा पानी पड़ गया मानो। ब-मुश्किल गरम हुआ ख़ून फिर से बर्फ़-सा ठंडा पड़ता चला गया।

"यह कौन है?" दीवार पर टँगी एक तस्वीर की ओर इशारा करते हुए पूछा उसने।

"मेरी ननद।"

"मैं इससे तेरा रिश्ता नहीं इसका नाम पूछ रहा हूँ।" झुँझला गया इस बार वह।

"तो इसका नाम पूछो न सेठ।" संतो भी तमककर बोली।

"हाँ-हाँ वही।"

"रुक्मिणी।" मुँह बिचकाते हुए नाम बताया संतो ने।

"अच्छाऽऽऽ तो यह है रुक्मिणी!"

"हाँ।"

"तो क्या यह भी गई है हरिद्वार?"

"बताया तो था सब गई हैं।"

संतो से टका-सा जवाब सुन सेठ हताशा में डूब गया। उससे थोड़ा-सा उबरा तो सामने टँगी उसी तस्वीर की ओर देखते हुए बोला, "तो क्या इस गाजूकी में और रुक्मिणी नहीं हैं?"

"मैं क्या जानूँ, पूछ लो बस्ती में जाकर।" संतो अब उस सेठ से जल्दी से जल्दी पीछा छुड़ाने की कोशिश करते हुए बेहद रूखेपन से बोली।

"और तू क्या है?"

"क्या बताऊँ, नाम या रिश्ता?" संतो ने और भी तल्खी से पूछा।

"चल, दोनों बता दे!"

"नाम तो मेरा है संतो और..."

"ठीक है—ठीक है समझ गया।"

"क्या समझ गया?"

"जब रुक्मिणी तेरी ननद है, तब तू इस घर की क्या हुई बहू ही ना?"

स्वीकृति में केवल सिर हिलाया संतो ने।

"इसका मतलब है आज इस गाजूकी से खाली हाथ लौटना पड़ेगा।" इतना कह सेठ ने जेब से सिगरेट का पैकेट जान-बूझकर इस तरह निकाला कि पूरी जेब बाहर आ गई।

संतो ने फ़र्श पर आ गिरे काग़ज़ों और इधर-उधर पड़े सौ-सौ और पाँच सौ के नोटों को उठाकर दे दिया।

"जाते-जाते एक बार और पिला दे पानी!"

सेठ ने मुस्कराकर जिस तरह कहा, उससे संतो सकपका गई। किसी अनहोनी के डर से उसका दिल ज़ोर-ज़ोर से धड़कने लगा। फ्रिज़ से पानी देने के बजाय वह कमरे से निकल आई। बाहर आकर उसने पूरे घर को देखा। कोई नहीं है सिवाय कुछ बच्चों के। मंगल भी नहीं।

एक अप्रत्याशित भय के चलते संतो देर तक असमंजस और अनिर्णय के पतले धागे पर झूलती रही कि वह पानी लेकर कमरे में जाए या नहीं? एक बार सोचा भी कि किसी बच्चे को भेजकर, इससे चले जाने के लिए कह दे, किन्तु अगले ही पल ख़ुद से कहा कि इसे वह अन्दर लाई तो स्वयं थी। चाहती तो वह उसे कमला सदन में प्रवेश करने से पहले ही चलता कर सकती थी। अंततः संतो ने पहले भीतर से अपने-आपको थोड़ा सख़्त किया और पानी ले बढ़ गई कमरे की ओर।

"लो सेठ!" पानी का गिलास बढ़ाते हुए बोली संतो।

उसने एक गाढ़ी मुस्कान बिखेरी और पानी का गिलास संतो के हाथ से इस तरह लिया कि उसकी अँगुलियाँ संतो की अँगुलियों को छुए बिना नहीं मानीं। संतो ने हाथ झटके से ऐसे खींचा, जैसे वह किसी नंगे तार से छू गया हो।

ख़ाली गिलास वापस ले संतो अब इस इंतज़ार में खड़ी रही कि यह इज़्ज़तदार कमरे से बाहर जाए, तो वह भी निकले पीछे-पीछे।

"संतो ही नाम है न तेरा?" उसने संतो के चेहरे पर अपनी आँखें गड़ाते हुए फिर से पूछा।

"क्यों, दुबारा बताऊँ।" संतो ने मज़बूती दिखाते हुए कहा।

"वैसे, तेरा रेट क्या है?"

ख़ाली गिलास हाथ से छूटकर एकाएक फ़र्श पर गिरा और ज़ोर से चीखकर अचानक ख़ामोश हो गया।

"क...क्या कह रहा है सेठ...मैं...मैं खिलावड़ी नहीं भाभी हूँ।" ज़र्द पत्ते-सी काँपने लगी संतो। भागने का रास्ता भी नहीं है क्योंकि दरवाज़े पर वह जो खड़ा है।

"तो क्या भाभी का रेट ज्यादा होता है?"

"ना।"

"तो फिर?"

"भाभी खिलावड़ीपना नहीं करती है।"

"कमाल है, नहीं करती है तो तुझे क्या वे घर की चौकीदारी के लिए छोड़ गई हैं।" एक कुटिल मुस्कराहट के साथ कहा उसने।

संतो ने कोई जवाब नहीं दिया। चुप रही। फ़र्श पर पड़ा गिलास अभी भी अपने उठने की प्रतीक्षा कर रहा है।

"ठीक है। नहीं करती है तो ना कर, मैं और ढूँढ़ लूँगा। इतनी बड़ी गाजूकी है, बहुत मिल जाएँगी। अब किसी को घर आई लक्ष्मी अच्छी नहीं लगती है, तो

उससे बड़ा निरभाग भला और कौन हो सकता है।''

इतना कह वह कमरे से बाहर जाने लगा और अभी उसने दरवाज़ा लाँघा ही होगा कि पीछे से आवाज़ आई, ''स...सेठ!''

पलटकर देखा उसने।

''मेरी निगाह में एक खिलावड़ी है।'' धीरे-से कहा संतो ने।

''तो फिर लाए न खड़ी क्यों है?''

''पैसे कितने देगा?''

''यह तो माल के ऊपर है।'' इतना कह सेठ एक बार फिर दीवार पर टँगी तस्वीरों की आँखों में डूबने का प्रयास करने लगा। समय काटने का इससे अच्छा खेल और क्या हो सकता है। अचानक किसी व्यवधान पर उसने पलटकर देखा, तो उसे थोड़ी-सी हैरानी हुई, ''क्या हुआ, ला न बुलाकर।'' खीझ गया वह इस बार।

संतो के होंठों में हल्की-सी कम्पन हुई।

''अब क्या हुआ?''

''मैं ही हूँ...मे...मेरे कितने देगा?'' पलटकर कहा संतो ने।

''क्याऽऽऽ!'' इज़्ज़तदार यानी सेठ को अपने कानों में पड़े संतो के ये शब्द नगाड़े पर पड़े थाप की तरह लगे। कमरे में जल रहे इकलौते बल्ब की उनींदी रोशनी और जगह-जगह छिपे अँधेरे चकत्तों ने ज़ोर का ठहाका लगाया जैसे। उत्तेजना में पलभर पहले तक खिंची सारी मांस-पेशियाँ ढीली पड़ती चली गईं। दुविधा और द्वन्द्व की ऐसी सँकरी खंदक में फँस गया, जिसमें से बाहर आना मुश्किल हो गया उसके लिए।

''क्या हुआ सेठ?'' देखते ही देखते संतो का लहजा ही बदल गया।

''क...कुछ नहीं।'' वापस आने में उसे जैसे सदियाँ लग गईं।

''फिर बता न कितने देगा?'' संतो ने अपने सेठ के द्वन्द्व को भाँप लिया शायद।

''लेकिन अभी तो तू कह रही थी मैं खिलावड़ी नहीं भाभी हूँ।'' सेठ अब उस खंदक से बाहर आ चुका था।

''हाँ कहा था पर तूने भी तो कहा था कि तेरा रेट क्या है। चल छोड़, तुझे इससे क्या। तुझे तो खिलावड़ी से मतलब है, चाहे वह भाभी हो या बुआ।''

''तो फिर जल्दी बता!'' अब संतो का सेठ जल्दबाज़ी पर उतर आया।

''क्या बताऊँ, जितना देगा मंजूर है।'' उपेक्षा, तिरस्कार और प्रलोभन में तपा रक्त संतो की शिराओं में ठहाठा मारने लगा।

"ठीक है जब तुझे ही कोई एतराज नहीं है तोऽऽऽ तेरे दूँगा मैं पाँच सौ।"

"पाँच सौऽऽऽ!" पाँच सौ सुनते ही संतो को अपनी देह पर चींटियाँ-सी सरसराती लगीं लेकिन तुरन्त अपने-आपको संयत कर बोली, "सेठ, टैम कितना हुआ है?"

"सात बजनेवाले हैं।" कलाई पर बँधी घड़ी की ओर देखते हुए बताया।

"एक मिनट सेठ!"

इतना कह संतो जिस तेज़ी-से कमरे से बाहर गई, उसी तेज़ी-से वापस आते हुए बोली, "आ सेठ, जल्दी कर!" दरवाज़े की कुंडी चढ़ा रुक्मिणी के ही पलंग पर लेट गई संतो।

इज़्ज़तदार मंद-मंद मुस्कराता हुआ पसीने-पसीने हो चुकी संतो को देखता रहा। साँसें अभी भी ऐसे चल रही हैं मानो मीलों दौड़कर आई है। संतो की घबराहट उसके चाहने पर भी कम होने का नाम नहीं ले रही है। इज़्ज़तदार को लगा जैसे पलंग पर कोई मुर्दा पड़ा हुआ है, एकदम ज़िंदा।

हैरानी हुई संतो को। उसके बार-बार आग्रह के बावजूद उसका सेठ संतो के पास नहीं आया। हारकर स्वयं ही आई पलंग से उठकर और ज़बरन उसे पलंग पर ले जाने लगी। मगर उसका सेठ तो जैसे बर्फ़ की शिला में तब्दील हो गया।

"से...सेठ, पाँच सौ ज्यादा हैं तो कम कर ले।"

कुछ भी प्रतिक्रिया व्यक्त करने से पहले संतो की आँखों में झाँका सेठ ने। उसे लगा अगर वह कुछ देर और रुक गया इस कमरे में तो सूखी मिट्टी के ढेले-सा बिखर जाएगा। संतो की अन्दर धँसी पीली आँखों में उसे सिवाय निरीहता, कातरता, भय, बेकसी के कुछ नज़र नहीं आया।

"संतो, दूँगा तो मैं पाँच सौ ही।" इतना कहकर उसने संतो की आँखों में जैसे अन्तिम बार झाँका और मुस्कराते हुए आगे बोला, "सच कहूँ, वैसे तेरे लिए पाँच सौ भी कम हैं।" सेठ ने पहली बार संतो को नाम से संबोधित किया।

सुनते ही संतो की आँखों में बिजली-सी कौंध गई। पिचके गालों पर लाली तैर आई और पपड़ाए होंठ पके हुए शहतूत की तरह हो गए। होंठों की वक्रता देख सेठ समझ गया कि ढंग से मुस्कराए हुए इसे एक अरसा हो गया होगा।

"मैं तो डर रही थी सेठ कि..."

पास आते हुए इससे पहले कि संतो अपना वाक्य पूरा कर पाती, बाहर कुछ खटका-सा हुआ।

"लगता है कोई बाहर है।"

झटके से छिटककर अपने सेठ से अलग होते हुए संतो ने लपककर दरवाज़ा खोला, तो पाया दूर-दूर तक पूरे कमला सदन में पसरे हुए अँधेरे के कोई नहीं था। गहरा साँस ले उसे बाहर छोड़ते हुए और चेहरे से पसीना पोंछते हुए संतो पुनः दरवाज़ा बंद करने लगी कि सेठ दबे क़दमों से दरवाज़े तक आया, तथा तेज़ी से अधखुले दरवाज़े से बाहर निकल गया।

"से...सेठ क्या हुआ?" संतो के चेहरे का रंग उड़ गया। घबरा गई वह। नहीं आया उसकी समझ में कुछ कि इस सेठ को अचानक यह क्या हो गया।

"संतो, जल्दी आऊँगा अगली बार।"

"प...पर सेठजीऽऽऽ!" संतो की आवाज़ काँपकर रह गई।

उसका सेठ काफ़ी दूर जा चुका था। ठगी-सी रह गई संतो। कुछ देर पहले अपने बारे में बना भ्रम कच्चे सकोरे की तरह बिखर गया। लगा जैसे दीवार पर टँगी रुक्मिणी की मोहक तस्वीरें उस पर मंद-मंद मुस्करा रही हैं।

हताश संतो फ़र्श पर पड़े खाली गिलास को उठा कमरे से बाहर जाने लगी कि तभी पलंग के सिरहाने तकिए की ओर उसकी नज़र पड़ी। मारे ख़ुशी के उसका दिल इतनी ज़ोर से उछाल मारने लगा, मानो वह उछलकर बाहर आ जाएगा। तीव्रता से लपकी वह सिरहाने की ओर तथा उसे देखकर मुस्करा रहे सौ-सौ के पाँच नोटों को पलक झपकते ही ब्लाउज़ में ठूँस, तेज़ी से निकली रुक्मिणी के कमरे से।

साँसें अभी भी ज़ोर-ज़ोर से चल रही हैं। चारों ओर ग़ौर से देखा उसने। पूरी तरह आश्वस्त होने के बाद ही उसने दीर्घ निःश्वास लिया।

सोने से पहले सबके कमरों को बन्द करने गई संतो। रुक्मिणी के कमरे को उसने पहले जैसा किया और वापस लौटने लगी कि यकायक उसकी दृष्टि रुक्मिणी के ड्रेसिंग टेबुल के आदमक़द शीशे से झाँकते अपने प्रतिबिम्ब पर पड़ी। देर तक अलग-अलग मुद्राओं में, अलग-अलग कोणों से संतो ने जी भरकर देखा अपने आपको। सही कहा था सेठ ने कि उसके लिए पाँच सौ भी कम हैं। पता नहीं वैद्यजी को क्यों ऐसा लगता है कि वह बीमार रहती है। उसे तो नहीं लग रहा है ऐसा। यही सोचकर पुनः शीशे में अपने-आपको निहारने लगी। निहारते हुए अपने आप हँस पड़ी संतो। इसके बाद तो ख़ूब हँसी वह। पहली बार आज बरसों बाद खुलकर हँसी है वह। उसकी इस हँसी में भाभी की नहीं बल्कि एक खिलावड़ी की खनक थी। उसने बड़े ही स्नेहिल भाव से ब्लाउज़ में ठुँसे नोटों की ओर देखा

तथा कमरे का दरवाज़ा बन्द कर निर्लिप्त भाव से, सधे हुए क़दमों के साथ बाहर आ गई।

संतो की चाल में आज अपनी ही तरह की ठसक है, और यह इसी ठसक का नतीज़ा है कि चाहते हुए भी उसकी पुरानी चाल वापस नहीं आ पा रही है। बहुत कोशिश की संतो ने किन्तु वह विफल रही। हर बार उसे लगता जैसे यह चाल 'भाभी' की नहीं, खिलावड़ी बनी 'बुआ' की है।

संतो ने एक बार फिर कमला सदन के विशाल चौक पर नज़र मारी, तो लगा एक घुटा-घुटा-सा मटमैला अकेलापन और नीरवता पसरी हुई है चारों ओर। न बच्चों की चिल्ल-पों, न चिकल्लस। सब कुछ ठहरा हुआ है जैसे। धीरे-धीरे संतो को लगने लगा मानो कमला सदन फिर से किसी भुतहा खँडहर में बदलने लगा है। एक ऐसे खँडहर में जिसमें उसे फिर से क़ैद होना पड़ेगा।

रातभर संतो इस क़ैद से मुक्त होने के लिए छटपटाती रही।

14

वैद्यजी ने गाजूकी जाने का अपना पुराना रास्ता ही छोड़ दिया।

माना गुरु की मढ़ी के आसपास खोखों की तादाद में जितनी तेज़ी से वृद्धि हुई थी वह एकाएक थम-सी गई। बल्कि इनमें से जो 'रेखा दूर संचार केन्द्र' और 'हेमा कम्युनिकेशन सेंटर' पलायन कर, कटोरीवालों के तिबारे के पास, पुराने नेशनल हाईवे से जोड़नेवाली सड़क के किनारे जा बसे, उनका स्थान भी किसी ने नहीं लिया। बकौल अंगूरी यहाँ अब कोई खोखा डालकर क्या करेगा। सच तो यह है कि दोनों के गाजूकी से जाते ही यहाँ का खोखा बाज़ार जोकि बाज़ार कभी नहीं रहा, इस देश के असंख्य क़स्बों-देहातों के बाज़ारों की तरह एकदम बे-रौनक हो गया। अब यह रौनक उस पुराने नेशनल हाईवे से जोड़नेवाली सड़क के किनारे ताज़ा-ताज़ा बसी इसी छोटी-सी बस्ती में नज़र आती है, जिसके कारण वैद्यजी को अपना गाजूकी जाने का रास्ता बदलना पड़ा। अब वह पुल के बग़ल से उतरने के बजाय, तिबारे से पहले उतरती डाँड़ से होकर जाने लगा है।

डाँड़ से उतरते हुए वैद्यजी की नज़र अपने बाएँ ओर पड़ी, तो जानने की उत्सुकता में साइकिल अपने आप उस तरफ़ मुड़ गई। इतनी बड़ी भीड़ को देखकर

वैद्यजी को जँच गया कि मामला बेहद पेचीदा और गम्भीर है। वैद्यजी ने थोड़ा आगे जाकर देखा, तो उसका अनुमान विश्वास में बदल गया। गाजूकी से पलायन करके आए एक खोखे को उलटा हुआ, तथा उसके सामान को इधर-उधर बिखरा देख, भीड़ इकट्ठा होने का कुछ-कुछ कारण उसकी समझ में आ गया।

तभी सामने से मंगल को आता देख वैद्यजी को आश्चर्य हुआ।

"मंगल, तू यहाँ कैसे?" वैद्यजी ने बिना किसी भूमिका के पूछा।

"मैं ही क्या सारी गाजूकी आई हुई है बैद्जी।"

"तेरा मतलब है बुआ..."

"हाँ सब।" मंगल ने वैद्यजी का वाक्य पूरा होने से पहले ही जवाब दे डाला।

"पर क्यों?"

"ये कज्जा कह रहे हैं कि यहाँ पे हम कंजरों को नहीं बसने देंगे।" मंगल का इशारा उपस्थित भीड़ की ओर था।

"जब जमीन खरीदकर मकान बना रखे हैं, तब इन्हें क्या परेशानी है?" हैरान होते हुए कहा वैद्यजी ने।

"कह रहे हैं तुम्हारे आने से यहाँ का माहौल खराब हो रहा है। हमारी बहन-बेटियों पर बुरा असर पड़ रहा है।"

वैद्यजी चुप हो गया। सोचने लगा कि मंगल जो कह रहा है क्या सही कह रहा है?

इसी बीच धूल उड़ाती एक जीप को आता देख, भीड़ उसे रास्ता देती हुई एक तरफ़ हो गई। अनुमान सही निकला, जीप पुलिस की ही है। एकसाथ जीप से धड़धड़ाती हुई कई खाक़ी वर्दियाँ अवतरित हुईं।

"आओ जनाब, इधर आओ...ये देखो!" जीप से ख़ाकी वर्दियों के उतरते ही एक कज्जा या कहिए इज़्ज़तदार एक वर्दी को उलटे हुए खोखे की तरफ़ ले गया। जमा भीड़ आगे-आगे मुआयना करती ख़ाकी वर्दियों के पीछे-पीछे हो ली। सबके मन में कौतूहल, जिज्ञासा और उत्सुकता के साथ-साथ यह गुदगुदी भरा सवाल पैदा होने लगा कि देखते हैं, आगे क्या होगा। इतनी बड़ी भीड़ में अपनी बहन-बेटियों पर बुरा असर पड़नेवाले कम, ऐसे मनोरंजनधारी दर्शक ज़्यादा हैं जो इन असर डालनेवालियों को नज़दीक से देखने की जिज्ञासा लेकर आए हैं। इसीलिए इनमें शोहदेनुमा दर्शकों की संख्या ज़्यादा है।

ख़ाकी वर्दियों के साथ-साथ चलने और उन्हें बीच-बीच में बतानेवाले व्यक्ति को वैद्यजी ने ग़ौर से देखा, तथा याद करते हुए पहचानने की कोशिश करने लगा। मगर यह व्यक्ति वैद्यजी को कहीं से भी न बातचीत के ढब से, न पहनावे की

दृष्टि से, गाजूकी के आसपास का नहीं लगा।

''कौन है इस खोखे का मालिक?'' चारों तरफ़ नज़र घुमाते हुए एक वर्दी गुर्राई।

''साब मेरा है।'' खोखे के बग़ल में खड़ी युवती ने कहा।

एक पल रुककर वर्दी ने युवती का नख-शिख अवलोकन किया और थोड़े सख़्त लहजे में पूछा, ''क्या नाम है तेरा?''

''रेखा है साब।''

''चल, हटा इसे यहाँ से!'' वर्दी ने हल्की-सी ठोकर मारते हुए आदेश दिया।

''रेखा, बेटा ऐसा कर अपना खोखा हटाके भीतर रख ले!'' रेखा जब तक कुछ निर्णय ले पाती कमला बुआ ने आगे आते हुए कहा।

''पर नानी।'' रुँआसी-सी हो गई रेखा।

''समझा कर बेटी। माना कर साहबों की बात। हमारे माई-बाप हैं ये।'' रेखा को समझाते हुए चारों तरफ़ किसी को खोजती हुई फिर बोली, ''ये मरा मंगल कहाँ गया...मंगऽऽऽल!'' फिर खीजते हुए आवाज़ दी।

''आया नानी!'' वैद्यजी को वहीं छोड़ मंगल तेज़ी-से आवाज़ की तरफ़ लपका।

''ऐसा कर दिलबर को साथ ले ले और इस खोखे को उठवाकर रेखा के घर के बाहर रखवा दे!''

कमला बुआ के आदेश पर देखते-ही-देखते 'रेखा दूर संचार केन्द्र' को एक बार फिर विस्थापन का दंड भुगतना पड़ा।

''लो दरोगा जी, हट गया। अब तो खुस्स?'' मुस्कराते हुए पूछा बुआ ने।

''और ये किसका है?'' बुआ की ओर ध्यान दिए बिना, ख़ाकी वर्दी यानी दरोगा जी ने इस बार दूसरे खोखे के पास जाते हुए पूछा।

''ये मेरा है दरोगा जी।'' दरोगा जी को दरोगा जैसा सम्मान देते हुए दूसरी युवती ने लगभग दोहरा होते हुए कहा।

''तेरा नाम क्या है?'' दरोगा जी पहले से ज़्यादा सख़्त हो गया।

''हेमा साब।''

''तो क्या सारा बम्बई इसी तिबारे पर जमा हुआ पड़ा है? रेखा, हेमा...फिर तो राखी, हेलन, मुमताज उन्हें भी बुला लातीं।''

इस बार भीड़ में ज़ोर की हँसी छूटी। कहना मुश्किल था कि यह हँसी दरोगा के व्यंग्य पर थी, या उसके फ़िल्मी ज्ञान पर?

''जनाब, अभी तो ये आई हैं देखना एक दिन वे भी आ जाएँगी, अगर इन्हें

यहाँ से हटाया नहीं गया तो....हे-हे....नाम रेखा-हेमा और धंधा... ।'' हँसते-हँसते रह गया वह व्यक्ति जिसे याद करते हुए वैद्यजी शुरू से पहचानने की कोशिश कर रहा है।

''चल, तू भी हटा अपना खोखा!'' इस बार हेमा को आदेश दिया दरोगा जी ने।

हेमा ने कमला बुआ की आँखों में देखा। इससे पहले कि हेमा कुछ कहती, बुआ ने मंगल को हुक्म देते हुए कहा, ''मंगल, बेटा हेमा के खोखे को भी हटवा दे!''

हेमा का खोखा यानी 'हेमा कम्युनिकेशन सेंटर' भी अपनी जगह से हट गया।

दोनों खोखों को हटवाने के बाद कमला बुआ ने जेब में पड़े 'हुस्न बाग' का पॉऊच निकाला और दाँतों से कुतर मुँह में डाल गई। इर्द-गिर्द जमा भीड़ में फुसफुसाहट होने लगी। ध्यान नहीं दिया बुआ ने इस पर।

''तो तुम यहाँ धंधा करती हो?'' दरोगा जी ने भीड़ को सुनाते हुए पूछा।

''यह तो हमारा काम है दरोगा जी।'' बुआ ने ढेर सारा मुँह में जमा थूक ज़मीन पर थूकते हुए कहा।

''लेकिन यहाँ यह सब नहीं चलेगा, समझी!''

''पर दरोगा जी क्यों?''

''इसलिए कि आसपास सब इज़्ज़तदार रहते हैं। यह काम करना है तो वहीं करो जहाँ करती आई हो।'' दरोगा जी की गुर्राहट में भारीपन थोड़ा और बढ़ गया।

''पर दरोगा जी, हम तो जाती नहीं हैं किसी के पास। रही बात यहाँ से जाने की, सो दरोगा जी यह जगह हमें दान में नहीं मिली है, मोल ली है...टके खरच किए हैं।''

''ज्यादा बहस मत कर। चुपचाप यहाँ से जाने की तैयारी करो!'' ख़ाकी वर्दी धीरे-धीरे ऐंठने लगी।

''एक बात पूछूँ दरोगा जी, कहीं नए-नए तो नहीं आए हो इस कोतवाली में?''

कमला बुआ ने जिस अंदाज़ में मुस्कराते हुए ख़ाकी वर्दी से पूछा, तिलमिलाती चली गई वह। भीड़ में हल्की-सी हँसी बिखर गई।

इस तौहीन से वर्दी बिफर गई, ''जो मैं कहता हूँ चुपचाप कर, नहीं हवालात में डाल दूँगा।''

''फिर ऐसा करो दरोगा जी, हवालात में ही डाल दो पहले। आना-जाना तो

पीछे भी होता रहेगा।'' मुँह में बचा-खुचा थूक भी उँडेल दिया ज़मीन पर बुआ ने।

दरोगा की आँखों में ख़ून उतर आया।

''हवलदार, ले चलो इन्हें थाने। दो दिन हवालात में रहेंगी तो...''

''दरोगा जी, बार-बार हवालात कहके मुझे डराओ मत। कायदे-कानून हम भी जानती हैं। निरे कंजर मत समझो हमें।''

''ज...जनाब, आपका मोबाइल!'' एक वर्दी तेज़ी-से अपने जनाब को मोबाइल देते हुए बोला।

''हाँ बोल! सुन रहा हूँ...ठीक है, बाद में बात करियो!''

''...''

''कह तो रहा हूँ बाद में बात...'' शायद दूसरी तरफ़ से फोन कट गया।

दरोगा जी का तारतम्य टूट गया। भूल गया वह कि क्या कह रहा था। कई क्षण लगे विषय पर आने में।

''देखो, इन लोगों का कहना है कि तुम्हारे आने से यहाँ का माहौल खराब हो रहा है। यहाँ की बहू-बेटियों पर बुरा असर पड़ रहा है।''

''असल बात वो नहीं है दरोगा जी, कुछ और है...सुनोगे?'' इतना कह बुआ ने पहले चारों तरफ़ देखा और फिर एक महीन मुस्कान बिखेरकर चुप्पी साध गई।

बुआ की इस मुस्कान से एक बेचैनी व्याप गई भीड़ में। दरोगा जी चुपचाप देखता रहा बुआ को।

''असल बात यह है दरोगा जी कि तिबारे पर आते हुए इन्हें लगता है डर कि कहीं इनकी बहू-बेटियाँ जिन पर ये बुरा असर पड़ने की दुहाई दे रहे हैं, देख ना लें। किसी दिन वो इन्ने रँगे हाथ पकड़ न लें। तब नहीं पड़ता है इनकी बहू-बेटियों पर असर, जब ये उनसे झूठ बोलकर जाते हैं कहीं और की कहकर, और पड़े रहते हैं कई-कई दिन गाजूकी में। कहो तो मैं इनमें से एकाध को ला खड़ा करूँ आपके आगे!''

कमला बुआ ने मानो शान्त पड़े पानी में कोई पत्थर उछाल दिया। एक-दूसरे को देखने लगे सब। ऐसे देखने लगे जैसे बुआ सबसे पहले उसी की तरफ़ आएगी। एकाध तो चुपचाप धीरे-से भीड़ में खोने का प्रयास करने लगे। स्थिर पानी में अन्दर ही अन्दर हलचल-सी पैदा होने लगी।

''जनाब, यह बात टालना चाह रही है। ना जाने का बहाना ढूँढ़ रही है।''

''कौन, यह तो रामपत वकील-सा लगे है?'' बुआ ने बिना किसी के पास गए भीड़ में से जैसे एक को ख़ाकी वर्दी के सामने ला खड़ा किया।

"रामपत वकीऽऽल!" पूरी भीड़ के मुँह से समवेत स्वर में निकला।

"नानी, रहने दे हम उल्टा गाजूकी चले जाएँगे। कौन इन इज़्ज़तदारों से झगड़ा मोल ले।" हेमा आत्मसमर्पण पर उतर आई।

"क्यों चले जाएँ गाजूकी। रकम दी है, कोई फ्री में ना रह रही हो। ऐसे तो ये जीने ही ना देंगे। यह तो इनूने जमीन बेचने से पहले सोचना चाहिए था कि कंजर यहाँ जगह कोई धरमशाला खोलने के लिए नहीं ले रहे हैं।"

"देख अम्माँ, बात बढ़ाने से कोई फायदा नहीं है। तिबारे की ग्राम पंचायत ने इस बाबत थाने में रिपोर्ट लिखा रखी है। अच्छा है आपस में मामला निपटा लो वरना कोर्ट-कचहरी में धक्के खाने पड़ेंगे। इसलिए..."

"ठीक है दरोगा जी, आप निपटवा दो मामला। चले जाएँगे यहाँ से। दिलवा दो जमीन की दुगनी कीमत।"

"सरपंच साब, सुन रहे हो?" दरोगा ने सरपंच से कहा।

"जनाब, यह क्या बात हुई। कैसे दे दें दुगनी कीमत?"

"सरपंच, सयाना बनने की जरूरत ना है। इतना बड़ा हरीशचन्दर ना है, सब पता है मुझे। कह तो अभी फाड़ दूँ पत्तल!"

सरपंच का चेहरा सफ़ेद पड़ता चला गया। कमला बुआ को ज़रूरत ही नहीं पड़ी उसकी पत्तल फाड़ने की। भीड़ के बीच से रह-रहकर फूटती दबी खिलखिलाहट और सरपंच की चुप्पी ने सबकुछ बयान कर दिया।

"दरोगा जी, एक बात कहूँ। इस मुलक में हम तो आज भी वैसे ही हैं, जैसे फिरंगियों के जमाने में थे। पहले फिरंगियों और उनके दलाल-पिट्ठुओं ने हमारा जीना मुहाल कर रक्खा था, अब इन देसी फिरंगियों ने।"

"ऐ कमला, ठीक नहीं होगा जो हमें फिरंगी-विरंगी कहा!" सरपंच के जबड़े की मांस-पेशियाँ ऐंठने लगीं।

"क्यों, लग गई तन-बदन में आग। मैंने तो फिरंगी ही कहा है। पूछो हम कंजरों से कि हमने अपने ही मुलक में कैसे-कैसे जुलम सहे हैं।" इसके बाद कमला बुआ ख़ाकी वर्दी की ओर पलटी, "दरोगा जी, जैसे ये इज़्ज़तदार अपनी मेहनत बेचते हैं न, वैसे ही हम अपनी देह बेचते हैं। हमारे लिए तो हमारी यह देह ही हमारी मेहनत है। हमारे लिए तो यह दूसरे कामों की तरह आम काम है।"

"देखा जनाब, धंधे को तो यह औरत मेहनत बता रही है।"

"क्यों, बिना मेहनत हो जाता है यह काम! जाके पूछ अपनी जोरू से कित्ती मेहनत लगती है इस काम में। वाह, तुम्हारी मेहनत, मेहनत और हमारी मेहनत धंधा। तुम कहलाओ कमेरे और हम कहलाएँ रामजनी। यह कहाँ का न्याय हुआ

दरोगा जी।''

वैद्यजी ने पहली बार देखा कमला बुआ का यह रूप। अकेली बुआ ख़ाकी वर्दियों सहित सब पर भारी पड़ गई।

''और दरोगा जी सुनो, हमें चाहे कोर्ट में जाना पड़ जाए या कचहरी में... हम इस जगह से हिलनेवाले नहीं। रही बात कायदे-कानून की, सो इत्ता आपको भी पता होगा कि ऐसी जगह जाने पर सरकार ने एक कानून बनाया है। अगर पता है तो बता दो इनूने, जिन्हें हमारी वजह से अपनी बहू-बेटियों पर खराब असर पड़ता दिखाई दे रहा है।''

''सरपंच, बात तो यह ठीक कह रही है।'' ख़ाकी वर्दी ने बुआ की बात की ताईद की।

''क्या ठीक कह रही है जनाब!'' झल्ला गया इस बार सरपंच।

''इसमें उखड़ने की बात नहीं है सरपंच। सरकार ने ऐसा कानून बनाया है हाल में जिसके तहत ऐसी जगह जाने पर सजावार ये नहीं, जानेवाले मर्द होंगे।''

''पर जनाब, जब ये यहाँ रहेंगी ही नहीं तो...''

''यह खूब कही सरपंच कि चित्त भी मेरी पट्ट भी मेरी, अंटा मेरे बाप का।''

भीड़ में एक बार फिर फूटा हँसी का फव्वारा।

''दरोगा जी, अपने ऊपर कंट्रोल रखने के बजाय इनका सारा जोर हम कंजरों को भगाने पर है। आज ये हमें इस तिबारे से भगाने की बात कर रहे हैं, कल गाजूकी से भगाने की करेंगे...परसों लावा का बास से करेंगे, तो नरसों कलसाड़ा से।''

''वैसे ऐसा कोई कानून नहीं है सरपंच जो इस मुल्क में किसी को कहीं रहने से रोके। हाँ, अगर कोई ऐसा धंधा करती है, तो उसे रोकने के लिए कानून है।''

ख़ाकी वर्दी यानी दरोगा के इतना कहते ही भीड़ में खुसर-पुसर हो गई—

'यह पुलिस भी इनसे मिली हुई है।'

'इनका महीना जो बँधा हुआ है।'

'छापे में पकड़ी गई कंजरियों को मिली है आज तक सजा?'

'दिखावे के लिए पड़ते हैं छापे।'

'थाने में नम्बर बँधा हुआ है इनका!'

भीड़ की ओर से एक के बाद एक कसी जानेवाली इन फब्तियों को अनसुना कर दरोगा उठते हुए बोला, ''सरपंच, मिल-बैठकर निकाल लो कोई समाधान... और हाँ, इनमें से कोई धंधा करती है और पकड़ी जाती है, तो कानून अपना काम करेगा।''

''हम भी तो यही चाहती हैं दरोगा जी कि हमें खिलावड़ी नहीं, एक मजूर की तरह मान-सम्मान दिया जाए। सच कहूँ दरोगा जी, मेरी तो सरकार से अरज है कि वह इस धंधे को कानूनी दर्जा दे दे। कम-से-कम इन मरे इज़्ज़तदारों की बहू-बेटियाँ तो बची रहेंगी बुरे असर से।''

''ठीक है सरपंच साब, अगर कोई ऐसी शिकायत मिलती है तो तुरन्त खबर कर देना। धंधेवाली और धंधेवाले का इस तिबारे से ही जुलूस नहीं निकालकर ले गया, तो धरमराज नहीं मेरा नाम।'' ख़ाकी वर्दी अर्थात् दरोगा जी यानी धरमराज ने काँटे से काँटा निकालने की नीति पर चलते हुए, सहज ही अपना इस लफड़े से पिंड छुड़ा लिया।

जब तक सरपंच या भीड़ में से कोई कुछ कहने की हिम्मत जुटा पाता, ख़ाकी वर्दियों से लदी जीप हिचकोले खाती हुई जैसे आई थी, वैसे ही आदरसहित धूल उड़ाती हुई लौट गई।

इधर ख़ाकी वर्दियों से लदी जीप रवाना हुई और उधर कमला बुआ ने तेज़ी-से छँटती भीड़ को सुनाते हुए मंगल से कहा, ''मंगल, बेटा रेखा का खोखा जहाँ था, वहीं लगवा दे!''

जाते-जाते ठिठका सरपंच। पलटकर उसने कमला बुआ को ऐसे देखा जैसे बुआ ने मंगल से नहीं, उसी से कहा है।

''और हाँ, लगे हाथ हेमा का खोखा भी लगवा देना!'' कमला बुआ ने सरपंच के पलटने का जवाब मंगल को यह हिदायत देते हुए दिया।

कोई नहीं बोला। सब अपने-अपने गन्तव्य की ओर बढ़ गए।

भीड़ छँटते ही बुआ की नज़र अनायास वैद्यजी पर पड़ी, तो हुमकते हुए बोली, ''बैद्जी, मरे तू यहाँ?''

''हाँ बुआ, गाजूकी जा रहा था। भीड़ देखी तो इधर आ गया।''

''मरे, रुककर कुछ देखा भी या....?''

''हाँ बुआ, सबकुछ देख लिया।''

वैद्यजी ने जिस तरह 'सबकुछ देख लिया' कहा, उसमें छिपी गमक ने बुआ की आँखों की चमक और बढ़ा दी।

''हुँ, लाए थे इन कुत्तों को बुलाके। बिगाड़ लिया कुछ। ऐसे जाने कित्ते दरोगा आए और कित्ते चले गए। कह रहे थे तिबारे पर कंजरों को नहीं बसने देंगे। घर की हुकूमत समझ रक्खी है। बहू-बेटियों पर बुरा असर पड़ रहा है, जैसे इन्हीं के हैं बहू-बेटियाँ...इन्हीं की है इज्जत...हमारी तो कोई है ही नहीं। बैद्जी, मरे चल!'' एक ही साँस में कह गई बुआ।

"तुम चलो बुआ, मैं साइकिल से आ रहा हूँ।" 'तुम' से वैद्यजी का आशय गाजूकी से आए दूसरे लोगों से था।

"मरे, आ जइयो!" वैद्यजी को अपनत्व भरा आदेश दे वह मंगल की ओर मुड़ी, "मंगल, अच्छी तरह लगवाके अइयो दोनों खोखे!"

"अच्छा नानी!"

ज़ोर का ठहाका लगाया कमला बुआ ने।

वैद्यजी हतप्रभ।

"तो फिर खोखे में ठोकर मारना...रेखा-हेमा को डाँटना...खोखों को हटवाना, क्या था यह सब?"

"यह सब ड्रामा था।"

"और वह हवालात में बंद करने की धमकी?"

"वह भी।"

"इसका मतलब है भीड़ में हो रही खुसर-पुसर सही थी?"

"नानी, तेरा ये बैद्जी भी है निरा भोंदू। सब बता दिया फिर भी बात को चुबला रहा है।" रुक्मिणी ने वैद्यजी पर व्यंग्य करते हुए डाँटा।

"मरे, इन कुत्तों को हमसे बनाके रखना जरूरी है। ना रखेंगे तो इनकी कमाई कहाँ से होगी। महीना ऐसे ही बाँध रक्खा है।"

"यह तो ठीक है बुआ पर शुरू में तेरा दरोगा बड़ा लाल-पीला हो रहा था। अचानक कैसे ठंडा पड़ गया?"

"इससे।" रुक्मिणी ने वैद्यजी को अपना मोबाइल दिखाते हुए कहा।

"इससे मतलब?"

"मतलब यह बैद्जी कि मैंने मोबाइल करके दरोगा जी को समझा दिया था।"

"अच्छाऽऽऽ!" वैद्यजी को तुरन्त याद आ गया कि बीच में दरोगा ने मोबाइल से किसी से बात की थी। सारी वटें सुलझती चली गईं।

"बैद्जी, हमारा और इस पुलिस का तो जूँ और घाघरी जैसा नाता है। न जूँ से घाघरी छोड़ते बनती है, न घाघरी से जूँ। वैसे भी हम पुलिस से बनाकर ना रखें, तो हमें कौन जीने दे। पता है धरमपुरा कोतवाली में आने के लिए पुलिस महकमे में मोटी रकम चढ़ाई जाती है।" रुक्मिणी ने एक नया रहस्य खोला।

"धरमपुरा के लिए?"

"हाँ, धरमपुरा के लिए।"

हैरत में पड़ गया वैद्यजी।

"ऐसे अचम्भे में मत पड़ो बैद्जी। असली कमाई तो इस कोतवाली की गाजूकी, पठैपुर, चावला का बास, कलगाँव, लावा का बास, अल्लाहपुर के चढ़ावे से ही होती है।"

"और बीच-बीच में पड़नेवाले ये छापे?"

"यह सब दिखावा है। एक बात और बताऊँ, जब भी ये छापे पड़ते हैं, सनीचर की रात को पड़ते हैं। वैसे इन छापों में हमारी जेब से कुछ नहीं जाता है, जो भी जाता है उन कज्जाओं की जेब से जाता है, जो पकड़े जाते हैं।"

"सनीऽऽचर की राऽऽत..."

"बैद्जी, इतना चक्कर में मत पड़ो। इसका राज भी बताऊँगी कभी। सारी बात आज ही बता दी तो हफ्ते दस दिन में जो सूरत दिखाई दे जाती है, वह भी ना दिखाई देगी, क्यों नानी?" रुक्मिणी ने वैद्यजी की ओर कनखियों से देखा।

"मरी, मैं क्या कहूँ। यह तुम दोनों का मामला है। चल छोड़, सुशीला एक गुटका तो दे!"

सुशीला ने 'हुस्न बाग' का एक पॉऊच माँ की ओर बढ़ा दिया।

"एक बात तो बता बुआ, इस दरोगा से आज कितने में सौदा हुआ है?"

"एक धेले में भी नहीं।" हथेली पर पड़े किणकों को छाँटते हुए जवाब दिया बुआ ने।

"फिर कैसे मान गया यह?"

"मरे, जल्दी ही पता चल जाएगा किसी दिन।" इतना कह कमला बुआ ने पिच्च से ज़मीन पर थूक दिया।

15

लॉक हो चुके बटन पैड को खोल, स्क्रीन पर मिस्ड कॉल के रूप में उभरे नम्बरों को होंठों ही होंठों में बुदबुदाते हुए, थानेदार धरमराज अपनी स्मृति पर ज़ोर दे याद करने की कोशिश करता है कि भला यह नम्बर किसका हो सकता है। स्क्रीन पर नम्बरों को बार-बार दोहराते हुए न जाने क्यों उसे ऐसा लग रहा है जैसे यह नम्बर

कुछ जाना-पहचाना-सा है। मगर किसका है, यही उसके पल्ले नहीं पड़ रहा है। यदि यह किसी केस से सम्बन्धित होता, तो अब तक फिर से आ चुका होता।

'होगा किसी का। जिसे ज़रूरत होगी, फिर कर लेगा।' यही सोचते हुए थानेदार धरमराज वापस मेनू में जा, मोबाइल मेज़ पर रखता, उससे पहले वह पुनः थिरकने लगा। ड्यूटी रूम में तैनात सिपाही के साथ-साथ, जिन सिपाहियों की वर्दियाँ थकान मिटाने की ग़रज से अपने-अपने हैंगर पर जा लटकी थीं, एक-दूसरे को देखकर धीरे-से मुस्कराईं। दिनभर की जो अलसायी चहल-पहल सन्नाटे में बदलती जा रही थी, वह भी ठहर गई। रिंग टोन के रूप में एक फ़िल्मी गाने के मुखड़े ने कुछ पल के लिए थाने की नीरवता को भंग कर दिया।

"हैलो!" थानेदार धरमराज की कर्कश आवाज़ दूर तक सुनाई देने लगी।

"..."

"हाँ, धरमपुरा थाने से बोल रहा हूँ...किससे बात करनी है?"

"..."

"हाँ-हाँ, बोल रहा हूँ।"

"..."

"अच्छा-अच्छा। हाँ, बोल?"

"..."

"ऐसा है?"

"..."

"ठीक है। मैं अभी पहुँच रहा हूँ। अच्छा सुन, अगर थोड़ी-बहुत देर हो जाए न तो..."

"..."

"भई, इसीलिए तो आपकी कदर करते हैं...ठीक है, मैं आ रहा हूँ।" सारी थकान दूर हो गई थानेदार धरमराज की। एकाएक फुर्ती आ गई, "जयपाऽऽल!"

"जी जनाब!" तुरन्त हाज़िर होते हुए पूछा हवलदार जयपाल ने।

"फटाफट गाड़ी निकाल...और हाँ, मोहर सिंह और वीरपाल को कह दे, वे भी तैयार हो लें!"

"ठीक है जनाब।" इतना कह हवलदार जयपाल तेज़ी-से अपने 'जनाब' के हुक्म की तामील करते हुए, अपने दोनों सहयोगियों को सूचित करने के लिए आगे बढ़ता, उससे पहले उसके क़दम एकाएक ठिठके और वापस मुड़ते हुए पूछा, "किसी दबिश पर जाना है जनाब?"

"हाँ।"

''कहाँ जनाब?''

''सब पता चल जाएगा, पहले तू तैयारी कर!'' हैंगर में लगी शर्ट को उतारते हुए थानेदार धरमराज ने अपने मातहत को उसकी इस जुरअत पर डाँटते हुए कहा।

वर्दी पहनने और कमर में बेल्ट बाँधने के बीच थानेदार धरमराज अपनी कलाई पर बँधी घड़ी को कई बार देख चुका है। एक बार तो उसे लगा कहीं घड़ी ही ना बन्द हो गई हो। बाएँ पैर के जूते का फ़ीता बाँधते हुए हवलदार जयपाल से जैसे अन्तिम बार पूछा, ''गाड़ी तैयार है?''

''जी जनाब।''

इधर-उधर छितरे सिपाहियों में अपने 'जनाब' की इस तत्परता पर एक मौन प्रतिक्रिया हुई। किसी को भी समझते हुए देर नहीं लगी कि सिवाय 'उसके' इस समय यह कॉल किसी और की हो ही नहीं सकती। वरना 'जनाब' और इस समय दबिश पर, असम्भव है।

थाने से जीप के जाते ही यह प्रतिक्रिया खुले संवादों में बदल गई।

''हुकम चंद, साहब कहाँ गए होंगे दबिश पर?'' एक अर्थभरी मुस्कान के साथ एक सिपाही ने दूसरे से पूछा।

''क्यों, तुझे पता नहीं है?'' उलटा दूसरे सिपाही ने अपने साथी से पूछा।

''पता क्या, मेरा अन्दाजा है।''

''जो तेरा अन्दाजा है, वही मेरा है।''

''तुझे कैसे पता?''

''यार, यह कोई पहली कॉल थोड़े ही है। महीने-दो महीने में आती रहती है। वैसे कोई दूसरी कॉल आती तो थाने के फोन नम्बर पर आती, साहब के मोबाइल पर नहीं आती।''

''इसका मतलब है आज कोई मोटा सामान फँसा है!'' पहलेवाले सिपाही ने अनुमान लगाते हुए कहा।

''हो सकता है कहीं और से भी हो।''

''ऐसा हो ही नहीं सकता।'' पहलेवाले सिपाही ने पूरे भरोसे के साथ कहा।

''कहीं से भी हो यार, अपनी तो पार्टी पक्की।''

''यह तो कल ही पता चलेगा कि पार्टी पक्की होगी, या कच्ची। कई बार स्साली ये फुद्दू भी बनाती हैं!''

''देख, वहाँ से फोन आता ही तब है जब उन्हें पूरी तसल्ली हो जाती है कि सामान मोटा है।''

"बात तो तेरी सही है वरना किसी को शौक थोड़े ही है गलत खबर देकर अपनी गाँठ से पैसा लुटाने का।"

"वैसे, तुझे क्या लगता है? कितने का सामान फँसा होगा?"

"मेरे हिसाब से कम से कम पाँच हजार का होना चाहिए।"

"मेरा खयाल कहता है कि कम से कम दस का होगा।"

"क्यों, पूरी दौलत उठाकर आया होगा।"

"वह इसलिए कि इससे कम पर जाने का मतलब है, गाड़ी का तेल फूँकना और दबिश के नाम पर पुलिस महकमे का नाम बदनाम करना।"

"यार, यह तो हमारा अन्दाजा है। वैसे भी हमें कौन आकर बताता है। यह तो साथ गए सिपाहियों को बाद में साहब जो देते हैं, उससे अन्दाजा होता है। आज तक किसी साहब ने हमें बताया है कि कितने हाथ लगे हैं।"

"जितने लगें, हमें तो पार्टी से मतलब है। कल का संडे कम से कम अंडों के साथ तो बीतेगा।"

"सिर्फ अंडों के साथ?"

"समझा कर यार, यह तो संडे के साथ अंडे की तुक भिड़ाई है।"

आगामी कल की सुखद कल्पना में दोनों सिपाही कुछ और जोड़ते, ड्यूटी रूम का फोन घनघना उठा।

धरमपुरा से बाहर निकल जीप पुराने हाईवे से अपने-आपको जोड़नेवाली सड़क पर कभी डिप्पर मारती हुई, तो कभी हॉर्न बजाती पूरी गति से दौड़ रही है। कई बार तो सामने से आते वाहन की हैड लाइट्स के चौंधे से यह अनुमान लगाना मुश्किल हो जाता कि सामनेवाला वाहन कितना बड़ा है? अँधेरे में काली सड़क पर पड़नेवाली जीप तथा सामने से आते वाहनों की हैड लाइट्स और बीच-बीच में इनसे भीगते चिर-परिचित संकेतों से हवलदार जयपाल को इतना आभास हो जाता कि उनकी जीप किस दिशा में जा रही है। जहाँ जा रही है उससे उसने मन ही मन अनुमान लगा लिया कि वे वहीं जा रहे हैं, जिसके बारे में उसने रवाना होने से पहले अनुमान लगाया था। फिर भी हवलदार जयपाल अपने अनुमान की पुष्टि और अपनी उत्सुकता का लोभ संवरण नहीं कर पाया तथा बेचैन हो उठा कि क्यों न वह अपने साहब से ही पूछ ले। इसी द्वंद्व के चलते जीप एक बार अपनी बाईं ओर झूलते-झूलते रह गई।

"ज...जयपाल, क्या हुआ...झपकी आ रही है क्या?" चीख़ते हुए डाँटा

थानेदार धरमराज ने।

"ज...जनाब, ऐसी बात नहीं है।" जीप की गति कम कर उसके सन्तुलन को बनाते हुए जवाब दिया जयपाल ने।

एक बार फिर गियर बदलते हुए हवलदार जयपाल ने बग़ल में बैठे अपने साहब से पूछ ही लिया, "जनाब, कहीं हम गाजूकी तो नहीं जा रहे हैं?"

"हाँ।"

"तो क्या फोन वहीं से आया था जनाब?"

थानेदार धरमराज ने घूमकर देखा हवलदार की ओर। जीप में घुसे अँधेरे में अपने जनाब के चेहरे पर आए भावों और भंगिमाओं को नहीं पढ़ पाया वह। अपने जनाब की तरफ़ से किसी तरह की प्रतिक्रिया न पा, भाँप गया हवलदार जयपाल कि उसके जनाब को, उसका इस तरह सवाल करना अच्छा नहीं लगा। हो सकता है भेदिए ने फोन करते समय, जगह न बताने के लिए कह दिया हो।

जीप तिबारे से आगे गाजूकी पुल के बग़ल से बाईं ओर जाती सड़क पर उतर गई।

हवलदार जयपाल के पास अब अपने जनाब से किसी तरह का सवाल पूछने की गुंजाइश नहीं बची। एक मुस्तैद और वफ़ादार सिपाही का धर्म व फ़र्ज़ दोनों को निभाने की ग़रज से पहले जीप की गति थोड़ी कम की, और फिर अपने जनाब को सलाह देते हुए बोला, "जनाब, आजकल इधर भी खूब मोटा सामान हाथ लग जाता है।" तिबारे के सामने यानी अपने दाएँ ओर बने कुछ नए-नए मकानों के सायों की ओर इशारा किया हवलदार ने।

हवलदार की ओर उसके जनाब ने एक बार फिर पलटकर देखा।

"हाँ जनाब, पहले यहीं ना मार लें!" उत्साहित होते हुए कहा हवलदार जयपाल ने।

"यार जयपाल, तू बेमतलब की बात बहुत करता है। तुझसे चुपचाप गाड़ी नहीं चलाई जाती है। क्या करना है, कहाँ मारना है यह तय करना मेरा काम है. ..समझे!"

"जी...जी जनाब।" अपने जनाब से डाँट खा हवलदार जयपाल ने जीप की गति बढ़ा दी।

वातावरण में घुली लोबान और धूप-अगरबत्तियों की मिश्रित गंध ने थानेदार धरमराज और उसकी छोटी-सी टुकड़ी का स्वागत किया। मन्द बयार के साथ

बहकर आती भीनी-भीनी सुगंध, जलते हुए कुछ दीयों और अगरबत्तियों के रूप में टिमटिमाते जुगनुओं ने बिना पूछे, उन्हें बता दिया कि सावधान! आप भूरा पीर की मज़ार पर पहुँच गए हैं। आगे बढ़ती जीप के शोर के बावजूद छन-छनकर, टुकड़ों-टुकड़ों में आते संवादों से अनुमान हो गया कि एकाध अक़ीदतमन्द मज़ार पर अभी भी मौजूद है, वरना इतनी देर तक कहाँ बैठता है ख़ादिम मज़ार पर। पता नहीं अक़ीदतमन्द ही है, या गाज़ूकी लौटनेवाला कोई भाँतू। मज़ार के ठीक सामने पहुँचते ही हवलदार जयपाल ने स्टेयरिंग थामे, श्रद्धा से मज़ार की तरफ गर्दन टेढ़ी कर सीस नवाया, जबकि पीछे बैठे सिपाही मोहर सिंह और सिपाही वीरपाल ने हाथ जोड़ दिए।

"जयपाल, कमला बुआ का घर तूने तो देखा होगा?" हिचकोले खाती जीप में बैठे-बैठे पूछा थानेदार धरमराज ने।

"जी जनाब।" हल्का-सा ब्रेक लेते हुए जवाब दिया जयपाल ने।

"फिर तो तुझे सारे रास्तों का पता होगा?"

"जी जनाब।"

"ठीक है, तब ऐसा कर गाड़ी ऐसे रास्ते से ले चल, जहाँ से यह ना पता चले कि पुलिस आई है।"

"जी जनाब।" इतना कह हवलदार जयपाल ने जीप मज़ार के बग़ल से लेते हुए, दाईं ओर मोड़ दी।

"वैसे तुम सब यहाँ आते रहते होगे?"

"जी जनाब।" इस बार तीनों सिपाहियों ने एकसाथ हामी भरते हुए कहा।

"फिर तो तुम्हें समझाने की जरूरत नहीं है।"

"जी जनाब।" तीनों सिपाहियों का समवेत स्वर एक बार फिर उभरा और जीप के शोर में घुल गया।

जीप अब कच्चे रास्ते से होती हुई आबादी में प्रवेश कर गई। हवलदार जयपाल ने जीप की गति बढ़ा दी। तेज़ी-से हिचकोले खाती जीप ने अपनी दिशा और अपने गन्तव्य की ओर बढ़ते हुए थानेदार धरमराज के सवालों की पुष्टि कर दी। पीछे-पीछे भौंकते कुत्तों के आगे, स्याह अँधेरे में डूबी गाज़ूकी की एक चौड़ी गली को चीरते हुए जीप, जैसे ही कमला सदन के सामने खुले चौक में पहुँची और उसकी हैड लाइट्स की तीख़ी रौशनी एक किशोर पर पड़ी कि समझने में इस किशोर को इस पल भी नहीं लगा।

इससे पहले कि जीप से उतरती ख़ाकियों के इस छोटे-से जत्थे की समझ में कुछ आता, वह किशोर चिल्लाता हुआ कमला सदन की ओर भागा, "नानी,

ओ नानीऽऽऽ कुत्ता आई ग्यो रीऽऽऽ!"

कमला सदन ही नहीं, उनींदी गाजूकी में भगदड़-सी मच गई।

सिपाही वीरपाल को बाहर मुख्य द्वार पर तैनात कर थानेदार धरमराज, हवलदार जयपाल और सिपाही मोहर सिंह के साथ भीतर प्रवेश कर गया।

"हवलदार, तलाशी लो पूरे मकान की!" हवलदार जयपाल और सिपाही मोहर सिंह को आदेश दिया थानेदार धरमराज ने।

हवलदार जयपाल और सिपाही मोहर सिंह आदेश का पालन कर अपनी-अपनी दिशाओं में बढ़ गए, जबकि ख़ुद थानेदार धरमराज की समझ में नहीं आ रहा है कि वह किस तरफ़ जाए। जब से उसका तबादला धरमपुरा थाने में होकर आया है, तब से लेकर आज तक वह कुल जमा दूसरी बार आया है इस गाजूकी में। पिछली बार जब दबिश पर आया था, तब भी रात थी और आज आया है तो आज भी रात है। दिग्भ्रमित हो गया थानेदार। उसे केवल इतना याद है कि पिछली बार हवलदार के साथ सिपाही मोहर सिंह नहीं, हुकम चंद आया था, और वे दोनों तब भी इसी तरफ़ गए थे, जिस तरफ़ वह उन्हें आज जाता देख रहा है।

"दरोगा जी, सब ठीक तो है? कैसे आ धमके बिन बताए?"

तंद्रा भंग हुई थानेदार की। जिस तरफ़ से यह आवाज़ आई उस तरफ़ पलट कर देखा उसने। अधखुले दरवाज़े के बीच खड़ी महिला को पहचानने में उसे एक पल की देरी लगी। रुक्मिणी ही है सामने। तेज़ी-से लपका उस ओर थानेदार।

"रुको तो सही दरोगा जी!"

नहीं इन्तज़ार किया थानेदार धरमराज ने और भिड़े हुए दरवाज़े के एक पल्ले को धकिया, धड़धड़ाते हुए कमरे में घुस गया। जाते ही सामने पलंग पर लेटकर टी.वी. देख रहे एक अधेड़ को भच्च से दबोच लिया। हड़बड़ा गया वह अधेड़ और जब तक मामला उसकी समझ में आता, उसकी गर्दन थानेदार धरमराज के हाथ में थी।

"भैन चो' बदमाशी कर रहा था!" पलंग से नीचे खींचते हुए गुर्राया थानेदार।

"दरोगा जी, सुनो तो! कोई गलतफेमी हो गई है आपको। यह सेठ तो ऐसे ही चला आया।"

"ऐसे ही, यह कोई धरमशाला है जो ऐसे ही चला आया। सब पता है मुझे यह यहाँ क्या करने आया है। अभी क्या, असली पता तो तब चलेगा जब आई टी पी ए के सेक्शन-5 (सी) के तहत इसे गिरफ्तार करके ले जाऊँगा।"

रुक्मिणी के सेठ यानी अधेड़ की घिग्घी बँध गई। आँखों के आगे अँधेरा और गहरा हो गया। लड़खड़ाकर ज़मीन पर गिरते-गिरते बचा वह।

''हवलदार! डाल स्साले को गाड़ी में।'' अपने हवलदार को बेमानी आवाज़ देते हुए बोला थानेदार। वह जानता है कि उसका हवलदार अपने साथी सिपाही के साथ, उसके आदेश का पालन कर अपना फ़र्ज़ निभा रहा है।

''पर दरोगा जी, एक मिनट मेरी बात तो सुनो!'' अनुनय करते हुए बोली रुक्मिणी।

''जो कुछ कहना है थाने में आकर कहना...और अगर ज्यादा चबड़-चबड़ करेगी तो सेक्शन-8 में तुझे भी ले जाऊँगा थाने।'' थानेदार धरमराज देह व्यापार निरोधक अधिनियम की धाराओं में गोता लगाते हुए बोला।

''आप तो दरोगा जी कानून की बही खोलकर बैठ गए। अपनी कहे जा रहे हो, मेरी भी तो सुनो...और फिर सारे रोग के इलाज हैं...आप तो बेमतलब...'' कहते-कहते रुक गई रुक्मिणी।

थानेदार धरमराज के मज़बूत पंजे की पकड़ ढीली पड़ती चली गई। बमुश्किल अधेड़ की जान में जान आई। लगा जैसे किसी अज़गर के शिकंजे से मुक्त हुआ है।

''आप मुझ पर भरोसा करो। आप बाहर चलो, मैं सेठ को साथ लेकर आती हूँ एक मिनट में।''

''ठीक है, मैं बाहर इन्तजार करता हूँ।'' इतना कह थानेदार बाहर जाने के लिए मुड़ा किन्तु तुरन्त पलटते हुए गुर्राया, ''ध्यान रखना, फरार मत कर देना इसे!''

''कैसी बात कर रहे हो दरोगा जी। भरोसा भी कोई चीज होती है...और फिर रुक्मिणी से बात कर रहे हो।''

''ठीक है, जल्दी आना। मैं देखता हूँ कितना बड़ा रसिया है यह। पता चलेगा जब सड़ेगा हवालात में।''

अभी थानेदार धरमराज रुक्मिणी के कमरे से बाहर आया ही था कि दूर से हवलदार जयपाल ऐसे दौड़ते हुए आया, मानो अपने वह थानेदार का ही इन्तज़ार कर रहा था।

''जनाब, दो लड़के और आए हैं पकड़ में।'' पास आकर हाँफते हुए सूचना दी हवलदार ने।

''कहाँ हैं?''

''वो रहे जनाब, उधर!'' हवलदार जयपाल जिधर से आया था, उस तरफ़

इशारा करते हुए बोला।

मगर अँधेरा होने की वजह से हवलदार के जनाब को कुछ नज़र नहीं आया। इसलिए वह हवलदार के साथ उसी तरफ़ बढ़ गया।

''जनाब ये रहे।'' लड़कों के नाम पर कैशोर्य की दहलीज़ को अभी-अभी पार करते, दो किशोरों को थानेदार की ओर धकियाते हुए बताया सिपाही मोहर सिंह ने।

थानेदार धरमराज ने उन दोनों किशोरों को बेहद बारीकी से ऊपर से नीचे तक देखा। फिर क्षणभर रुककर आदेश देते हुए कहा, ''मोहर सिंह, इन्हें भी गाड़ी में डालो!''

थानेदार के इतना कहते ही दोनों किशोर रोते हुए उसके पाँवों से लिपट गए, ''सर, माफ कर दो...फिर नहीं होगी ऐसी गलती सर!''

''माफ कर दूँ? पता तो तब चलेगा जब सारी रात हवालात में पड़े रहोगे। सवेरे बुलवाऊँगा तुम्हारे माँ-बाप को। दिखाऊँगा तुम्हारी करतूत कि अभी ना मस भीगी हैं, ना रेख निकली है और चल दिए रंडीबाजी करने। मोहर सिंह, तलाशी लो इन दोनों की!''

''जी जनाब।''

इसके बाद हवलदार जयपाल और सिपाही मोहर सिंह दोनों जुट गए अलग-अलग तलाशी लेने में।

''जनाब, इसकी जेब से यह निकला है।'' तलाशी के दौरान एक किशोर से बरामद नक़दी और दूसरे सामान को हवलदार जयपाल दिखाते हुए बोला।

''और जनाब, इसके पास से यह मिला है।'' सिपाही मोहर सिंह ने दूसरे किशोर से बरामद सामान को दिखाते हुए कहा।

''क्या-क्या मिला है इनके पास?'' थानेदार ने पूछा।

''जनाब, बारह सौ रुपए, एक मोबाइल और यह सामान मिला है।'' हवलदार जयपाल ने सारा सामान अपने जनाब के हाथ पर रख दिया।

''और इससे क्या बरामद हुआ है?''

''इससे जनाब नौ सौ रुपए औरऽऽऽ....'' कहते-कहते रुक गया सिपाही मोहर सिंह।

''क्या हुआ, कैसे रुक गया?'' थानेदार ने मोहर सिंह से पूछा।

''जनाब, बेशक अभी इनकी मस नहीं भीगी हैं पर हैं पूरे खिलाड़ी।''

''क्यों, क्या हुआ?''

''जनाब, पैसों के साथ यह भी बरामद हुआ है।'' मुस्कराते हुए मोहर सिंह

ने भी सारा सामान थानेदार के हाथ पर रख दिया।

"हूँऽऽऽ!" थानेदार ने एक ज़ोरदार हुंकारा भरते हुए कहा, "सूरत से तो बड़े भोले-भाले लग रहे हैं, पर हैं बड़े समझदार।"

"बिलकुल जनाब, समझदार नहीं होते तो क्या इसे लाते साथ में।" हवलदार जयपाल ने एक वक्र हँसी उछाली।

"अच्छा एक बात बताओ...झूठ मत बोलना...इससे पहले कितनी बार आ चुके हो गाजूकी?"

"सर, पहली बार आए हैं।" रिरियाते हुए एक किशोर ने जवाब दिया।

"मोहर सिंह, गाड़ी से जरा मेरी बेंत तो लाना। अभी उगलवाता हूँ सच।"

"बाई गॉड सर, पहली बार आए हैं।" दूसरा किशोर गिड़गिड़ाते हुए बोला।

"पहली बार?"

"जी सर।" दोनों एकसाथ बोले।

"किसने बताई तुम्हें यह जगह?"

"किसी ने नहीं सर।"

"किसी ने नहीं तो फिर कैसे आ गए?"

"इसे तो सब जानते हैं सर।"

"तो यह बात है।"

"हाँ सर, हम तो ऐसे ही आ गए मौज-मस्ती करने।" किशोरों का डर दूर होने लगा धीरे-धीरे।

"मौज-मस्ती करने और वह भी 'इस' पूरे इन्तजाम के साथ।" थानेदार धरमराज ने अपने हाथ पर रखे एक बहुराष्ट्रीय कम्पनी के छोटे-से पैकेट को उन दोनों को दिखाते हुए कहा।

"हाँ सर, हमें पता था कि ऐसी जगह जाने के लिए कंडोम साथ रखना चाहिए!" एक किशोर ने मुस्कराकर शरमाते हुए जवाब दिया।

"वाह! वाकई समझदार हो बेटे।"

थानेदार धरमराज के इतना कहते ही तीनों सिपाही खिलखिलाकर हँस पड़े।

"हवलदार, इन्हें छोड़ना नहीं साथ ले चलना है थाने।"

"जी जनाब।" अपने जनाब का आदेश पाते ही एक किशोर की गर्दन के पीछे की कालर को हवलदार जयपाल ने कब्ज़े में कर लिया, तो दूसरी को सिपाही मोहर सिंह ने।

"स...सर...प्लीऽऽज!"

"चुपचाप चलो वरना खाल खींच लूँगा।" अचानक थानेदार धरमराज को

जैसे कुछ याद आ गया, "अच्छा यह बताओ, किस स्कूल में पढ़ते हो?" गरजते हुए पूछा थानेदार ने।

"जी आई एस में सर।" एक किशोर ने धीरे-से बताया।

"जी आई एस...मतलब?"

"गांधी इंटरनेशनल स्कूल, जनाब।" हवलदार जयपाल ने तत्परता से कहा।

"वा बेटेऽऽऽ तो तुम यहाँ गांधीगिरी करने आए हो!" कहते-कहते थानेदार धरमराज के होंठ सिकुड़ते चले गए। मुस्कराकर पीछे की ओर देखा, तो पाया उसके हुक्म की पूरी ईमानदारी से तामील की जा रही है—यानी दोनों किशोरों, जिनकी रुलाई रुकने का नाम नहीं ले रही है, को हवलदार जयपाल तथा सिपाही मोहर सिंह धकियाते हुए जीप में चढ़ा रहे हैं।

"चलो दरोगा जी!" सामने से थानेदार धरमराज को आता देख बोली रुक्मिणी।

"हवलदार, इसे भी पटको गाड़ी में!"

"इज़्ज़तदार सेठ है, दरोगा जी। जरा नरमी बरतो।" रुक्मिणी ने अपने सेठ की हिम्मत बँधाते हुए कहा।

"जनाब, धारा-8 के तहत इनको भी पटक लूँ गाड़ी में?" हवलदार जयपाल ने अपने जनाब की भाषा बोलते हुए पूछा।

थानेदार धरमराज ने घूरकर देखा अपने हवलदार की ओर। समझ गया वह कि उसका हवलदार किसको गाड़ी में पटकने की बात कर रहा है।

"हवलदार, धारा-8 हट चुकी है। इसकी जगह धारा-5 (सी) ने ले ली है। इसलिए पुलिस न तो अब इन्हें थाने ले जा सकती है, और न ही इनका चालान हो सकता है।"

"पर जनाब, असली गुनहगार तो वहीं है जो धंधा करती हैं।" हवलदार जयपाल के नथुने फड़फड़ाने लगे।

"ज्यादा टाइम बरबाद मत करो...चलो, उन लड़कों को भी ले लिया है न साथ?"

"जी जनाब।" इतना कह हवलदार जयपाल व सिपाही मोहर सिंह उन तीनों को साथ ले जीप की ओर बढ़ गए।

थानेदार धरमराज की छोटी-सी टुकड़ी, बहुत बड़ी सफलता प्राप्त कर, कमला सदन के बाहर खुले चौक में आ गई।

"चलो, बिठाओ तीनों को और सुन, क्या नाम है तेरा?" अपने ठीक सामने खड़ी रुक्मिणी से पूछा।

"रुक्मिणी, दरोगा जी।"

"अच्छा, रुक्मिणी! जरूरत पड़ी तो तुझे कल थाने आना पड़ेगा, समझी!"

"ठीक है, जैसा हुकुम करोगे मैं चली आऊँगी।"

"हवलदार, गाड़ी स्टार्ट कर!"

"जी जनाब।" इतना कह हवलदार जयपाल ने जीप स्टार्ट की और इस बार पहलेवाले रास्ते के बजाय सीधे रास्ते पर ले ली।

हैड लाइट्स द्वारा बताए गए रास्ते पर हिचकोले खाती जीप माना गुरु की मढ़ी को पार कर भूरा की मज़ार पर पहुँची तो चारों ओर एक लम्बी ख़ामोशी छाई हुई मिली। ऐसी ख़ामोशी जिसमें लोबान और धूप-अगरबत्तियों की गंध अभी भी घुली हुई है। अलौकिकता और वैराग्य की ऐसी गंध, जो तब तक उनके नथुनों में समाई रही, जब तक वे गाजूकी पुल को पार कर पुराने नेशनल हाईवे को जोड़नेवाली सड़क पर नहीं आ गए।

पीछे छूट गया कटोरीवालों का तिबारा।

इधर पूरी गति से दौड़ती जीप और गाजूकी के बीच फ़ासला बढ़ने लगा, तो उधर धरमपुरा और जीप के बीच की दूरी सिमटने लगी। जैसे-जैसे जीप धरमपुरा के निकट पहुँचने लगी, दोनों किशोरों की रुलाई वैसे-वैसे तेज़ होने लगी। इसी बीच थानेदार का मोबाइल भर्रा उठा। स्क्रीन पर अंकित नम्बरों को होंठों ही होंठों में पढ़, नम्बर काट दिया थानेदार ने। मगर मोबाइल से नहीं रहा गया और तुरन्त फिर बज उठा।

'कौन है इस समय' कहते हुए थानेदार ने मोबाइल कान से सटा लिया, "हैलो, हाँ कौन?"

"..."

"अभी मैं बाहर हूँ।"

"..."

"दस-पन्द्रह मिनट में।"

"..."

"ठीक है।"

बात ख़त्म कर थानेदार धरमराज ने मोबाइल जेब के हवाले किया और जीप ड्राइव कर रहे हवलदार जयपाल से, दोनों लड़कों और उस अधेड़ को सुनाते हुए पूछा, "हवलदार, कल दिन कौन-सा है?"

"जनाब, कल तो संडे है।"

"संडेऽऽऽ!"

"जनाब, क्या हुआ?" थानेदार जिस तरह संडे का नाम सुन चौंक-सा गया, उस पर हवलदार को भी आश्चर्य हुआ।

"इसका मतलब है इन्हें सोमवार को यानी परसों ही पेश करना पड़ेगा कोर्ट में।"

"जनाब, यह बात तो सही कह रहे हो।"

"चलो कोई नहीं। कल ना सही, जमानत परसों हो जाएगी।" थानेदार ने बे-परवाह होते हुए कहा।

थाने में जीप के प्रवेश करने के बाद जैसे ही वह रुकी, दोनों किशोर थानेदार के पाँवों में गिर पड़े। रोते-रोते बुरा हाल हो गया उनका। मगर थानेदार धरमराज नहीं पसीजा।

"हवलदार, इन्हें साथ ले जा और पहले इनके खिलाफ एक सौ इक्यावन के तहत एफ आई आर दर्ज करवाकर आ!" इतना आदेश दे थानेदार अभी कुछ ही क़दम बढ़ा था कि वापस लौटकर अपने आदेश में संशोधन करते हुए बोला, "ऐसा कर, एक सौ इक्यावन इन लौंडों के खिलाफ लिखवा औऽऽऽर इसके खिलाफ...मैं, सोचता हूँ। पहले यह काम करके आ!"

"जी जनाब!" एक बार फिर हैरानी हुई हवलदार जयपाल को कि इन लड़कों पर जनाब ने एक सौ इक्यावन यानी रंगरेलियाँ मनाने के आरोप में एफ आई आर दर्ज कराने का आदेश दिया है जबकि इस अधेड़ पर...सोच में पड़ गया हवलदार।

"और सुन, एफ आई आर के बाद पहले साहब को पिछले मेहमानख़ाने में छोड़ने के बाद इन लड़कों से इनके घरों का पता लेकर, इनके माँ-बाप को खबर कर देना!"

"अच्छा जनाब।" समझ गया हवलदार जयपाल कि उसके जनाब का मेहमानख़ाने से तात्पर्य पिछली बैरक से है।

हवलदार जयपाल उन तीनों को साथ ले, थाने के एक कोने में बने कमरे की ओर बढ़ गया।

थानेदार धरमराज को ऐसा क्यों लग रहा है कि दबिश में पकड़े गए इस अधेड़ से वह पहले भी कहीं मिल चुका है लेकिन कहाँ और कब, यही उसे याद नहीं

आ रहा है। वह रह-रहकर याद करने की कोशिश करता रहा परन्तु अन्त तक वह इसमें विफल ही रहा। हो सकता है रात होने के कारण उसे कोई भ्रम हुआ हो। यही सोचकर थानेदार उसे भुजाने का प्रयास करता रहा और सुबह का इन्तज़ार करने लगा।

सुबह हवलदार जयपाल उस अधेड़ को लेकर थानेदार धरमराज के सामने पेश हुआ, तो अपनी स्मृति पर ज़ोर देने के बावजूद कुछ याद नहीं आया उसे।

"हवलदार!" थानेदार ने बिना किसी प्रयोजन के कहा।

"जी जनाब।"

"इसे वापस ले जा। आज कोई फायदा नहीं है।"

"किसका जनाब?"

पलटकर घूरा थानेदार धरमराज ने, "यही कि कोर्ट तो आज बन्द है।"

"फिर जनाब?"

"फिर क्या, इससे कह दे कि आज अपने जमानती का इन्तजाम कर ले।"

"ठीक है जनाब।"

इतना कह हवलदार जयपाल वापस उसे लेकर लौट पड़ा लेकिन दरवाज़े पर पहुँचते ही उसके कानों में पीछे से आवाज़ पड़ी, "हवलदार!"

"आया जनाब।" अधेड़ को वहीं दरवाज़े पर छोड़ हवलदार जयपाल वापस लौटा।

"यार जयपाल, मुझे ऐसा क्यों लग रहा है कि इस आदमी से मैं पहले भी कहीं मिल चुका हूँ।"

"कमाल करते हैं आप भी जनाब...यह वही तो है जो पिछली दबिश में हत्थे चढ़ा था।"

"अच्छाऽऽऽ मैं भी तो सोचूँ, इस शख़्स से मैं मिला कहाँ हूँ।"

"जनाब, यह आपको इसलिए याद नहीं आ रहा था कि इस थाने में आने के बाद आपकी यह दूसरी दबिश ही तो है...और दोनों में यही आदमी पकड़ा गया। पिछली बार तो मामला गाजूकी में ही रफा-दफा हो गया था।"

"इसीलिए ऐसा हुआ है...अच्छा इधर आ!" हवलदार जयपाल को अपने और निकट आने को कह थानेदार धरमराज ने फुसफुसाते हुए पूछा, "जयपाल, जरा पता कर आखिर यह आदमी है कौन?"

"यह तो रुक्मिणी भी बता देगी जनाब। वैसे मेरा अन्दाजा है, यह है कोई मोटी आसामी!"

"मुझे भी ऐसा ही लग रहा है क्योंकि पिछली दफे यह मोटा चढ़ावा देकर

गया था।'' थानेदार धरमराज ने यह नहीं बताया कि वह मोटा चढ़ावा था कितना।

''जनाब, चढ़ाएगा यह इस बार भी।''

''अच्छा, रात को उन लौंडों को तंग तो नहीं किया?'' असल मुद्दे पर आते हुए पूछा थानेदार ने।

''नहीं जनाब, दो-दो तीन-तीन थप्पड़ मारकर भगा दिया। सोचा बच्चे हैं, क्या परेशान करना...वैसे जिन्दगीभर अब नहीं झाँकेंगे वे गाजूकी की तरफ।''

''और मैंने जो उनसे बरामद हुए माल में से कुछ माल दिया था वह?''

''मेरे पास है न जनाब।'' इतना कह हवलदार ने अपनी पैंट की जेब में तुरंत हाथ दिया।

''नहीं-नहीं, रहने दे। उसे तुम तीनों आपस में बाँट लेना।''

''बेहतर जनाब।'' हवलदार जयपाल ने खुश होते हुए पंजों पर उचकते हुए सैल्यूट मारा अपने जनाब को।

''लेकिन, अब इसका क्या करें?'' थानेदार का इशारा सामने दरवाज़े से लगे अधेड़ की ओर था।

''करना क्या जनाब, अपनाते हैं पहलेवाला फार्मूला।''

''ठीक है, पहले इसे कुछ नाश्ता-पानी करा...फिर लाना इसे मेरे पास दोबारा, तब तक मैं भी कुछ खा-पी लेता हूँ।''

''जी जनाब।'' कहते हुए हवलदार जयपाल तेज़ी-से बढ़ गया दरवाज़े की ओर।

थानेदार धरमराज को याद दिलाने की ज़रूरत नहीं पड़ी। लगभग घंटे भर बाद वह अपने आप आ गया।

''जनाब, कहो तो ले आऊँ उसे?'' हवलदार जयपाल ने आते ही पूछा।

''हाँ, ले आ।''

हवलदार जयपाल को जैसे अपने जनाब के आदेश का ही इन्तज़ार था, यानी इधर जनाब ने लाने के लिए अपनी स्वीकृति दी, और उधर हवलदार उसे लेकर हाज़िर था।

''आइए, बैठिए!'' अपने सामने कुर्सी पर बैठने को कहते हुए थानेदार ने पहले उस अधेड़ की आँखों में झाँक, उसे तौला और फिर गुर्राते हुए पूछा, ''हुआ किसी जमानती का इन्तजाम?''

''नहीं, मुझे इसकी कोई जरूरत नहीं है।'' अधेड़ ने बिना किसी भूमिका के जवाब दिया।

''क्यों नहीं है जरूरत?'' हैरानी हुई हवलदार को।

"क्योंकि मैं वहाँ किसी गलत इरादे से नहीं गया था।" पूरे आत्मविश्वास के साथ कहा अधेड़ ने।

"गलत इरादे से! मैं बताता हूँ कि गलत इरादा था या सही...हवलदार, अलमारी से जरा वो आई टी पी ए तो निकाल।

"आई टी पी जनाब?" हवलदार जयपाल अचकचा गया।

"यार, कभी-कभी थोड़ी-बहुत अंग्रेजी भी समझ लिया कर। कल को तुझे भी थाना इंचार्ज बनना होगा!" झुंझलाते हुए डाँटा अपने हवलदार को थानेदार ने।

हवलदार जयपाल दोनों हाथ बाँधे सुनता रहा अपने जनाब से डाँट।

"खड़ा क्या है, देह व्यापार निरोधक अधिनियम वाली वो किताब ला, जो पिछले महीने ही मँगाई है।"

"अभी लाया जनाब।"

हवलदार इतनी फुर्ती से यह किताब निकालकर लाया कि जब तक थानेदार कुछ सोचता किताब उसकी मेज़ पर थी।

थानेदार धरमराज ने सामने रखी किताब को उठाया और एक जगह फ्लैग लगे पृष्ठ को खोलते हुए, पहले उस पर एक गहरी नज़र डाली तथा फिर उस अधेड़ की आँखों में अपनी आँखें डालते हुए बोला, "पता है सरकार ने आई टी पी ए कानून में क्या बदलाव किया है ?" थानेदार ने जानबूझकर कानून शब्द अपनी ओर से जोड़ दिया।

"मुझे इससे कोई मतलब नहीं है।"

"क्या कहा, मतलब नहीं है...सब हो जाएगा, जब सुनेगा।" बौखला गया थानेदार धरमराज।

"जनाब, मेरी मानो तो सुना ही दो!" हवलदार ने अपने जनाब को उत्साहित करते हुए कहा।

"हवलदार, तू ठीक कह रहा है, इसे सुना ही देता हूँ...तो सुन, सरकार ने इस कानून में जो हालिया बदलाव किया है उसके तहत धारा-8 व 20 को हटाकर उसकी जगह धारा-5 (सी) लागू की है..."

"मेरी समझ में नहीं आ रहा है कि आप यह सब मुझे क्यों बता रहे हैं?" अधेड़ अपनी दृढ़ता पर बना रहा।

"इसलिए कि इस धारा में साफ कहा गया है कि यौन सम्बन्ध के इरादे से आनेवाले व्यक्ति को गिरफ्तार कर उसे तीन महीने की जेल और उस पर बीस हजार का जुर्माना किया जाए...समझे कुछ!"

"पर मैं वहाँ इस इरादे से गया ही नहीं।"

"चुप्प! तू बताएगा मुझे कि मैं वहाँ इस इरादे से गया था कि नहीं ...अगर तू इस इरादे से नहीं गया तो क्या तू वहाँ हनुमान चालीसा पढ़ने गया था।"

अधेड़ पहली बार विचलित होता दिखाई दिया। आँखों में डर और बदनामी का सहमापन साफ़ नज़र आने लगा। हवलदार ने चुपके-से अपने जनाब की ओर देखा। इतना ही काफ़ी था हवलदार जयपाल के लिए।

"जनाब, साहब को मैं समझाता हूँ।" हवलदार ने हस्तक्षेप करते हुए जैसे अपने जनाब से अनुमति माँगी कुछ देर की।

"इसके नहीं आना है समझ में कुछ। इसकी समझ में तब आएगा जब इसे हथकड़ी लगा कोर्ट में ले जाऊँगा।"

"जनाब, ऐसा मत करना...इज़्ज़तदार आदमी है।"

"इज़्ज़तदार है, तो इज़्ज़तदार जैसी बात करे। हमें समझा रहा है कि इसका इरादा क्या था।" इतना कहते हुए थानेदार धरमराज बड़बड़ाते हुए कमरे से बाहर निकल गया।

इसके बाद उस अधेड़ की सब समझ में आ गया। थोड़ा-बहुत जो रह गया था उसे हवलदार जयपाल ने अपने जनाब की अनुपस्थिति में समझा दिया। इसीलिए अगले दिन यानी सोमवार को उसे न हथकड़ी लगा कोर्ट में पेश करने की नौबत आई, न किसी जमानती के इन्तज़ाम की ज़रूरत पड़ी। न रुक्मिणी को थाने में बुलाना पड़ा, न आई टी पी ए (देह व्यापार निरोधक अधिनियम) की किसी धारा के इस्तेमाल की ज़रूरत पड़ी। बल्कि कौन उसे बा-इज़्ज़त थाने के मुख्य द्वार तक विदा करने जाएगा, यह भी तय हो गया। जाते-जाते हवलदार जयपाल ने तो अपने ऊपर नैतिक ज़िम्मेदारी लेते हुए तथा बड़ी ही विनम्रता और शिष्टता का परिचय देते हुए, अपने महकमे के चरित्रानुरूप क्षमा माँगते हुए कह भी दिया, "साहब, माफ करना हमारी तीमारदारी में अगर कोई कमी रह गई हो। सलीके से आपकी सेवा भी नहीं कर पाए हम।"

इधर हवलदार जयपाल अधेड़ से क्षमा माँगते हुए अपने पुलिस महकमे की छवि बनाने में व्यस्त था, तो उधर थानेदार धरमराज की अँगुलियों के पोर तेज़ी-से गांधी जी को गिनने में मशगूल थे। मगर बावजूद इसके एक जिज्ञासा, कौतूहल, उत्कंठा थानेदार को परेशान कर रही थी, जिसका विस्फोट अधेड़ की भावभीनी विदाई के वक़्त हुआ।

"जनाब, एक बात पूछनी थी आपसे?" बेहद शालीनता के साथ पूछा थानेदार धरमराज ने।

आगे बढ़े क़दम पीछे खिंच आए।

"आप अक्सर आते हो गाजूकी?"

स्वीकृति में सिर्फ़ सिर हिलाया अधेड़ ने।

एक पल के लिए ख़ामोश हो गया थानेदार। आगे पूछने की हिम्मत नहीं हुई किन्तु अपने-आपको रोक नहीं पाया, "एक बात कहूँ जनाब, अगर बुरा ना मानो तो?"

अधेड़ ने कुछ नहीं कहा। उसका मौन ही उसकी स्वीकृति थी।

"मत आया करो इस गाजूकी में।"

अधेड़ एक स्निग्ध मुस्कान बिखेरकर रह गया।

"क्या है इस रुक्मिणी कंजरी के पास सिवाय रंग-रूप और थोड़ी-सी उम्र के।"

"आप नहीं समझोगे।"

"क्या नहीं समझूँगा...यही न कि आप उसे दिलो-जान से चाहते हो...उससे क्या कहते हैं, वो मोहब्बत करते हो....पर जनाब सिवाय पैसे के वह किसी को मोहब्बत-वोहब्बत नहीं करती है...यह तो उसका पेशा है।"

"लेकिन वह करे भी तो क्या करे?"

"वो बात नहीं है जनाब।"

"फिर क्या बात है?" पलटकर पूछा अधेड़ ने।

"मैं...मैं कैसे समझाऊँ जनाब आपको। मुझे तो तरस आ रहा है आपके भोलेपन पर।"

"किसने कहा आपसे मुझ पर तरस खाने के लिए...मैंने, रुक्मिणी ने या किसी और ने? अगर मेरे भोलेपन पर इतना ही तरस आ रहा था, तब क्यों रखा मुझे रात भर हवालात में, छोड़ देते? वैसे भी उस भोलेपन की कीमत तो वसूल ही ली आपने।"

"जनाब, यह कीमत उस भोलेपन की नहीं है, यह तो सरेआम आपके निकलनेवाले जुलूस से आपको बचाने की थी।" थानेदार धरमराज सख़्त होते हुए बोला।

"ठीक है, जो आपको अच्छा लगा आपने किया और जो मुझे अच्छा लगा मैंने किया।"

इतना कह अधेड़ जाने लगा तो पीछे से टोका थानेदार ने, "मगर जाते-जाते एक राज की बात तो सुनते जाओ जनाब! सुनोगे तो पाँवों के नीचे से जमीन खिसक जाएगी!" एक रहस्यभरी मुस्कान उछाली उसने।

"छोड़ो न जनाब, अगली बार कभी हत्थे पर चढ़ेगा तो सब समझ में आ

जाएगा।'' हवलदार जयपाल ने अपने जनाब को समझाने का प्रयास किया।

जाते-जाते रुक गया अधेड़। वापस आया और थानेदार की मेज़ के दूसरी तरफ़ बैठ गया।

थानेदार धरमराज ने बेहद शातिराना अन्दाज़ में पहले अधेड़ की आँखों में झाँका, और फिर थोड़ा आगे आते हुए बोला, ''पता है पुलिस किसकी सूचना पर ये छापे मारती है?''

''अपने मुखबिरों की सूचना पर।''

''नहीं जनाब, यहीं आप गलती कर रहे हैं।'' मेज़ पर हल्का-सा मुक्का मारते हुए थानेदार धरमराज अधेड़ की इस ना-समझी और मासूमियत पर मुस्कराया।

''फिर किसकी सूचना पर मारते हो?'' अधेड़ ने हैरान होते हुए पूछा।

''यही तो राज की बात है जनाब। अगर हमारे साहब ने यही बता दिया, तो इस महकमे के पास बचेगा क्या!'' ऊपरली दाढ़ को कुरेदते हुए हवलदार जयपाल 'राज़ को राज़ रहने दो' वाले भाव में बोला।

अपने बराबर में खड़े हवलदार की ओर धीरे-से अधेड़ ने पलटी खाई, और उसकी आँखों में अपनी आँखें घुसाते हुए कहा, ''हवलदार, तू और तेरा ये थानेदार जो राज मुझे बताने जा रहे हो, मुझे पहले से पता है।''

''पता है?'' ज़ोर का ठहाका लगाया थानेदार धरमराज ने।

हवलदार जयपाल हतप्रभ। फिर वह भी इसमें शामिल हो गया।

''हँसने की जरूरत नहीं है। मुझे सब पता है।''

अधेड़ ने जिस आत्मविश्वास और गम्भीरता के साथ कहा, उस पर थानेदार का ठहाका पहले पतली मुस्कान में बदला, फिर वह भी गम्भीर होता चला गया।

''थानेदार साब, जिस मुखबिर की मुखबिरी पर आपने यह छापा मारा है, वह और कोई नहीं खुद रुक्मिणी है...क्यों, गलत कह रहा हूँ?''

थानेदार धरमराज तो धरमराज, हवलदार जयपाल के चेहरे से जैसे झुलसती हवा का भभूका आकर टकराया। दोनों औंधे मुँह आकर गिरे।

''ज...जनाब, क्या कह रहे हैं ये साब।''

क्या उत्तर दे थानेदार धरमराज अपने हवलदार को, उसके तो खुद कानों में जैसे तेज़ हवा की साँय-साँय गूँज रही है। इसी बीच मेज़ पर रखा उसका मोबाइल नृत्य करने लगा। मोबाइल उठा उसकी स्क्रीन पर अंकित अंकों को देखा और उसे ऑफ़ कर वापस मेज़ पर रख दिया।

''थानेदार साब, मैं गलत कह रहा हूँ?'' थानेदार धरमराज की तन्द्रा में पुनः सेंध लगाते हुए पूछा अधेड़ ने।

"न...नहीं जनाब, ऐसे कैसे हो सकता है।"

"नहीं हो सकता तो अभी आए मोबाइल पर आपने बात क्यों नहीं की?"

"रोंग नम्बर था किसी का।" आत्मविश्वास डगमगाने लगा थानेदार का।

"रोंग नहीं थानेदार साब, नम्बर तो सही था...अब यह बात दूसरी है कि आप उससे इस समय बात नहीं करना चाहते थे।"

थानेदार धरमराज ने अधेड़ की आँखों में घूरते हुए हैरानी के साथ देखा, ठीक ऐसे जैसे उसकी आँखें, आँखें न होकर मोबाइल की स्क्रीन हैं तथा जिनमें अभी आए मोबाइल के अंक अंकित हैं।

"मुझे सऽऽब पता है हवलदार कि पुलिस का मुखबिर कोई और नहीं, खुद ये खिलावड़ी ही होती हैं, और ये ही पुलिस को खबर देती हैं। इसीलिए ये जो छापे पड़ते हैं महज दिखावे के लिए पड़ते हैं। अब मैं एक और राज की बात बताता हूँ थानेदार साब कि अभी-अभी जो फोन आया था, वह किसी और का नहीं रुक्मिणी का था। किसलिए आया होगा, मैं यह भी जानता हूँ।"

अधेड़ के इस रहस्योद्‌घाटन ने थानेदार धरमराज की शिराओं में दौड़ते रक्त को कसकर पकड़ लिया। ग़नीमत है थानेदार ज़मीन पर गिरा नहीं, वरना खड़े होने की पूरी ताकत अधेड़ ने सोख ली।

"प...पर जनाब, जब आपको सबकुछ पता है तो..."

"आप नहीं समझोगे।"

इतना कहकर अधेड़ उठकर जाने लगा, तो कृतज्ञता और ख़ुद से शर्मसार-सा होते हुए बोला थानेदार, "जनाब, मेरे लायक कभी कोई काम हो तो जरूर बताना। अपने वादे से पीछे नहीं हटूँगा।"

"पक्का!"

"हाँ जनाब पक्का। एक बार आजमाकर तो देखना।" काफ़ी हद तक उबार लिया थानेदार ने अपने आपको।

"तो बस, मेरा एक काम करना कि यह बात रुक्मिणी को कभी मत बताना कि इस सबकी जानकारी है मुझे।"

अजीब धर्म संकट में डाल गया अधेड़। मुख्य द्वार की ओर धीरे-धीरे क़दमों से बढ़ते उस अधेड़ को थानेदार धरमराज तब तक देखता रहा, जब तक वह आँखों से ओझल नहीं हो गया। उसके ओझल होते ही शर्ट की जेब में जैसे सरगोशियाँ-सी होने लगीं। फूली हुई जेब की ओर देखकर उसने दीर्घ निःश्वास ले उसे पूरी ताकत से बाहर छोड़ते हुए, अभी अपनी गर्दन कुर्सी से टिकाई ही थी कि मोबाइल फिर बज उठा।

"हाँ बोल!" कुछ रूखेपन से कहा थानेदार ने।

"..."

"हाँ, चला गया।"

"..."

"पहले तू बता, तूने कितने झटके?"

"..."

"मुझे भी इतने ही दिए हैं।"

"..."

"ठीक है। फिर करते हैं बात।"

फोन कटते ही लपका हुआ आया हवलदार जयपाल, "जनाब, आपको इस रुक्मिणी को सब बता देना चाहिए था कि उसे सब पता है।"

थानेदार धरमराज ने हवलदार की ओर देखते हुए उसे हल्का-सा डाँटा, "याद नहीं, वह हमसे क्या वादा लेकर गया है।"

"वह तो सनकी है, बावला है जनाब!" उत्तेजित होते हुए बोला हवलदार।

"उससे ज्यादा तू है।"

"यह क्या कह रहे हो जनाब!"

"हाँ, हर धंधे का अपना उसूल होता है। अब बता, अगर यह बात रुक्मिणी को बता दी होती, तो वह आगे से करती हमारे ऊपर यकीन?"

"जनाब, यह बात तो आप सोलह आने सही कह रहे हो...पर एक बात है जनाब कि यह आदमी सचमुच मुझे लगा कुछ सनकी-सा, जो सबकुछ जानते हुए भी इस कंजरी पर पैसा लुटा रहा है।"

थानेदार धरमराज ने धीरे-से गर्दन उठाई फिर हवलदार जयपाल की ओर देखा तथा वापस उसे कुर्सी से टिकाते हुए, छत पर पूरी लय के साथ किसी धुन में मस्त चलते हुए पंखे की ओर देखते हुए गहरी साँस लेते हुए कहा, "तू नहीं समझेगा।"

16

पिछले कुछ दिनों से चौड़ी सिन्दूरी बिन्दी से घिरे ललाटवाली दीदियों की तादाद में एकाएक हुए इज़ाफ़े से गाजूकी की नाक में दम आ चुका है। आँखों पर कीमती

ऐनक, भादो जैसे महीने में सिल्क की साड़ी में लिपटी और वातानुकूलित कारों में बैठ कर आती ये दीदियाँ, मुँह उठाए ऐसे चली आती हैं मानो किसी हाट में आ रही हों। वैसे तो बातें करेंगी बराबरी और समानता की किन्तु किसी चीज़ को छूने से ऐसे परहेज़ करेंगी, जैसे हाथ लगाते ही ये पत्थर की मूर्तियों में बदल जाएँगी। पानी की पूछो तो संग लाई मिनरल वाटर की बोतल को गटकना शुरू कर देंगी। खाने की पूछो तो डाइटिंग का बहाना बना पिंड छुड़ा लेंगी, यानी समानता और बराबरी को ठेंगा दिखाने का हर बहाना है इनके पास। इसीलिए सच पूछो तो अब इन्हें देखकर उबकाई और घबराहट होने लगी है।

इसे भी देखकर एक बार तो पूरे कमला सदन में बेचैनी व्याप गई। इसलिए जब तक सब इससे पीछा छुड़ाने की कोई जुगत भिड़ातीं, तब तक यह उनके पास आ पहुँची।

"मैं, सावित्री बहन, जिला महिला मोर्चा की सचिव।" हाथ जोड़ते हुए आगंतुक ने अपना संक्षिप्त-सा परिचय दिया।

"अच्छाऽऽऽ संस्था से हो।" सुशीला ने बिना ध्यान दिए उदासीनता के साथ कहा।

"नहीं-नहीं, संस्था से नहीं सावित्री मल्होत्रा है मेरा नाम।" आगंतुक ने अपने परिचय को थोड़ा और विस्तार दिया।

"संस्था से नहीं है तो क्यों आई है यहाँ?" माया ने सीधा आने का प्रयोजन पूछा।

"मुझे दरअसल तिवारी जी ने भेजा है।"

"तो ऐसे कहो न बाईजी कि तिवारी जी ने भेजा है।"

"माना की सौं, मैं तो घबरा ही गई थी कि लो एक और दीदी आ गई।" सुशीला ने रुक्मिणी का साथ देते हुए कहा।

तिवारी जी का नाम सुनते ही सबने चुपचाप आगंतुक से नज़र बचाते हुए, एक-दूसरे की आँखों में देखा। एक रहस्यमयी मुस्कान तैर गई कमला सदन के होंठों पर। सावित्री ने इसे बीच में लपक लिया। इसीलिए इस सामूहिक मुस्कान में छिपे अर्थ को समझने में उसे ज़्यादा मग़ज़मारी नहीं करनी पड़ी।

"रुक्मिणी, जा भीतर ले जाके अपनी बाईजी को कुछ खिला-पिला पहले!" कमला बुआ ने हल्का-सा इशारा करते हुए निर्देश दिया।

"अम्माँ, इसकी जरूरत नहीं है। दरअसल, मैं एक जरूरी काम से आई हूँ। उसी के बारे में बात करनी है।"

"जो बात करनी है वहीं कर लीजो। रुक्मिणी, जा भीतर ले जा!"

बुआ के इस आग्रह भरे आदेश को सावित्री नहीं टाल पाई। पीछे-पीछे चल दी रुक्मिणी के।

"आओ बाईजी, बैठो!" अपने कमरे में आने के बाद रुक्मिणी ने संतो को आवाज़ दी, "भाभीऽऽऽ!"

रुक्मिणी की आवाज़ पर संतो तुरन्त हाज़िर हो गई। सावित्री मल्होत्रा को हैरानी हुई इस भाभी को देखकर। कभी वह इस भाभी नाम के जीव को देखती, तो कभी सामने बैठी रुक्मिणी को।

"भाभी, बाईजी को कुछ ठंडा तो ले आ!"

ऑर्डर ले भाभी चली गई तो उसके जाते ही पूछा सावित्री ने, "यह आपकी भाभी है?"

"हाँ बाईजी, बताओ क्या बात करनी है?" भाभी-प्रसंग छिड़ने से पहले उस पर विराम लगाते हुए पूछा रुक्मिणी ने।

"वह भी हो जाएगी, पहले अपना कुछ परिचय तो दो?"

"हम खिलावड़ियों का क्या परिचय बाईजी।" फालतू की बातों में समय नष्ट नहीं करना चाहा रुक्मिणी ने।

"फिर भी, कुछ तो बताओ अपने बारे में?"

"क्या बताऊँ अपने बारे में, आप ही बताओ?" उलटा रुक्मिणी ने पूछा पलटकर।

"जैसे नाम वगैरा।" सावित्री अकबका गई।

"सुना नहीं था, नानी ने बाहर आपके सामने मेरा दो बार नाम लिया था।"

"हाँ-हाँ रुक्मिणी, याद आया। नाम तो बहुत अच्छा है।"

समझ गई रुक्मिणी कि यह 'बहन' नाम की चीज़ किसी 'दीदी' से कम नहीं है। जानबूझकर भीतर घुसने की कोशिश कर रही है, इसलिए वह सीधे-सीधे काम की बात पर आ गई।

"बाईजी, कितनी खिलावड़ी चाहिए?"

"खिलावड़ी।"

"हाँ खिलावड़ी। रेस्ट हाऊस में चलने के लिए।"

देखती रह गई सावित्री बहन। देर नहीं लगी उसे समझते हुए। सब शीशे की तरह साफ़ हो गया।

"बाईजी, मैं पूछ रही हूँ कितने नग चाहिए?"

"नग, मतलब?"

"अच्छा यह बताओ आपको तिवारी जी ने यहाँ किसलिए भेजा है?"

"तुम्हें साथ लाने के लिए।"

"बस मुझे?"

"हाँ, बस तुझे।" सावित्री बहन भी इस बार झुँझला-सी गई।

"तो क्या तिवारी जी इस बार अकेले आए हैं, दूसरे बाबू सा' साथ नहीं आए हैं?"

"दूसरे बाबू सा'...कौन-सा बाबू सा'?"

"आप नहीं जानती हैं उन्हें। आते रहते हैं उनके साथ।"

समझ गई सावित्री बहन कि कौन है वह जिसे वह नहीं जानती है।

"हाँ-हाँ अकेले ही आए हैं।" विशृंखलित शब्दों को जोड़ते हुए बताया सावित्री ने।

"ठीक है फिर तो एक से ही काम चल जाएगा।" इतना कहकर रुक्मिणी ने कलाई पर बँधी घड़ी देखते हुए कहा, "बाईजी, अभी पाँच बजे हैं। आप निकल जाओ, मैं थोड़ा-सा झुटपुटा होने पर निकलूँगी।"

सावित्री बहन ने कुछ नहीं कहा। देखती रही रुक्मिणी को और इससे पहले वह कुछ कहती, मुस्कराते हुए आश्वस्त करते हुए सावित्री से बोली, "चिन्ता मत करो बाईजी, मैं पहुँच जाऊँगी।" फिर सावित्री के चेहरे पर नज़रें गड़ाते हुए कहा, "अपने इज़्ज़तदारों की इज्जत का ध्यान रखना जरूरी है। अँधेरा होने पर जाने में उनकी और अपनी दोनों की भलाई है। अब आप निकल जाओ! और हाँ ऐसा करना, खोखों की तरफ से मत जाना। मजार के पिछवाड़े से निकलना। धंधे का टैम हो गया है, इसलिए अच्छा नहीं लगेगा। किसी का पता नहीं कौन क्या कह दे!"

सावित्री मल्होत्रा यानी सावित्री बहन जब तक रुक्मिणी के कमरे में रही, उसकी अलग-अलग मुद्राओं में टँगी तस्वीरों को ही देखती रही। इन मोहक और मादक तस्वीरों को देख वह सोचती रही कि रुक्मिणी ने इन्हें कितने जतन से खिंचवाया होगा। इन्हें देखकर किसी को भी एक बार रुक्मिणी से ईर्ष्या हो सकती है, ठीक वैसे ही जैसे एक पल के लिए खुद सावित्री मल्होत्रा को होने लगी थी।

"हो गई बात?" रुक्मिणी को आता देख बुआ ने दूर से ही हुलसते हुए पूछा।

"इतना राजी होने की जरूरत नहीं है नानी।"

"क्यों?" माथे पर सिलवटें पड़ गईं बुआ के।

"इसलिए कि तिवारी जी अकेले आए हैं। लगता है इस बार वे धरमपुरा

किसी और काम से आए हैं, वरना आने से पहले मोबाइल ना करते मुझे। क्यों भेजते इस 'बहनजी' को।'' बहनजी शब्द पर ज़ोर देते समय रुक्मिणी की आँखों में एकसाथ कई प्रश्न उभरकर ग़ायब हो गए।

''देखा नहीं, संस्थावाली दीदियों से भी ज्यादा चटक-मटकके आई है। कहने को बहनजी और धंधा हमसे भी गया-गुजरा।''

''रुक्मिणी, तेरी माँ ठीक कह रही है। मरी, इससे थोड़ा चौकस रहियो। मुझे तो तेरी इस बाईजी के रंग-ढंग कुछ ऐसे ही नजर आ रहे हैं।''

''माँ, ऐसी कोई बात ना है। यह भी बेचारी छिप-छिपाकर आई होगी थोड़ी-बहुत मौज-मस्ती करने। हमारा फिर भी कुछ ईमान है, पर इनका वह भी नहीं है।''

''मौसी, इस बेचारी से क्या डरना। ऐसी न जाने कितनी आती होंगी तिवारी जी के पास...और फिर हमारी बला से यह कैसी हो, हमें क्या। हमें तो अपने काम से मतलब है। वे चाहे किसी काले चोर को भेजें, या किसी बाईजी को...हमें क्या।'' रुक्मिणी ने माया के तर्क पर विराम लगाते हुए कहा।

''ठीक कह रही है रुक्मिणी। यह उनका आपस का मामला है। वे इसे भगाकर तो लाए नहीं होंगे, अपनी मरजी से आई होगी। वैसे भी मियाँ-बीबी राजी, तो क्या करेगा काजी। बेमतलब कबाब में हड्डी बनने से क्या फायदा। तू अपने जाने की तैयारी कर।'' माया ने रुक्मिणी को याद दिलाते हुए बात यहीं ख़त्म कर दी।

जैसे कल की बात हो।

रुक्मिणी से महफ़िल में हुई पहली मुलाक़ात और पूरी रात चली उस महफ़िल में बिताए गए एक-एक पल की गंध और उसका एक-एक दृश्य मुरली की स्मृति में आज भी मोगरे के सफ़ेद फूल की तरह अपनी गमक में खिले हुए हैं।

'सावित्री को अब तक आ जाना चाहिए।' यही सोचते हुए मुरली कमरे में चहलक़दमी करता हुआ कभी दीवार पर टँगी घड़ी की ओर देखता, तो कभी कलाई में बँधी अपनी घड़ी की ओर। दोनों घड़ियों की सूइयों में मानो सन्धि हो गई कि वे आगे नहीं बढ़ेंगी। बढ़ेंगी तो दोनों एकसाथ बढ़ेंगी, जैसा कि वे बढ़ रही हैं। ध्यान सूइयों से हटकर जब-जब स्मृतियों और आगामी कल्पनाओं से अठखेलियाँ करता, तो पूरे बदन में सुरसुराहट-सी होने लगती। बाहर होनेवाली हर आहट पर रोआँ-रोआँ आह्लादित हो कँपकँपाने लगता। ए सी के बावजूद अब उसे घुटन-सी

होने लगी। कहीं ए सी ने काम करना तो बन्द नहीं कर दिया है? मगर नहीं, यह मुरली का कोरा वहम निकला। शायद ऐसा पहली बार अकेले होने के कारण हो रहा है।

अचानक कालबेल की चीख़ ने सब गड्डमड्ड कर दिया। पसीने से पूरा माथा चू गया। जब तक वह अपने-आपको संयत कर, दरवाज़े तक पहुँचता कालबेल दोबारा चीख़ उठी। प्रकम्पित हाथों से दरवाज़ा खोला किन्तु दरवाज़ा खुलने पर सावित्री को अकेला देख मानो अपने ऊपर उसे घड़ों पानी गिरता महसूस हुआ। सारा आह्लाद, सारा उछाह, सारा रोमांच ऐसे ठंडा पड़ता चला गया, मानो लुहार की भट्टी से निकले सुर्ख लोहे को पानी से भरी हौदी में डुबो दिया हो।

शायद सावित्री यूँ ही उससे चुहलबाज़ी कर रही है, यही सोचकर मुरली ने कुछ नहीं पूछा। केवल मुस्कराकर रह गया। सावित्री को अन्दर आने का रास्ता दे, दरवाज़े पर ही किसी के इन्तज़ार में खड़ा रहा वह। मगर देर तक सावित्री के बाद जब कोई नहीं आया, तब उसने दरवाज़े से झाँककर बाहर देखा। कोई दिखाई नहीं दिया उसे बाहर।

"रुक्मिणी को साथ नहीं लाई?" मुरली की बेताबी अन्ततः बग़ावत पर उतर आई।

"नहीं।"

"क्यों?"

"बोली, थोड़ा-सा धुँधलका होने पर अपने आप पहुँच जाऊँगी।"

मुश्किल से साँस लौटी मुरली की, "कब तक आने की कह रही थी?"

"साढ़े छह-सात बजे तक।"

लम्बा साँस लेते हुए पहले मुरली ने घड़ी देखी और फिर सावित्री को सुनाते हुए बड़बड़ाया, "अभी तो छह ही बजे हैं।"

आधा घंटा अर्थात् महज तीस मिनट मुरली के लिए तीस वर्षों जैसे हो गए।

सावित्री बहन की नज़र उसकी इसी उद्विग्नता पर टिकी हुई है। जैसे-जैसे घड़ी की मिनट की सूईं सवा छह के बाद नीचे की ओर लुढ़कने लगी, वैसे-वैसे उसकी धड़कनें भी बढ़ने लगीं।

एकदम सही निकला सावित्री का अनुमान कि इधर घड़ी की घंटे और मिनट की सूइयाँ एक-दूसरे से आलिंगनबद्ध हुईं अर्थात् छह बजकर तैंतीस मिनट हुए, उधर कालबेल घनघना उठी। इससे पहले कि सावित्री दरवाज़ा खोलने के लिए

उठती, मुरली की अँगुलियाँ दरवाज़े की चिटकनी पर थीं।

''बाबू सा' आऽऽऽप?'' दरवाज़ा खुलते ही अपने सामने तिवारी जी की जगह मुरली को खड़ा देख हैरानी हुई रुक्मिणी को।

''हाँ मैं।'' रुक्मिणी को रास्ता देते हुए कहा मुरली ने।

''और वोऽऽऽ तिवारी जी कहाँ हैं?'' पूरे कमरे को खँगालते हुए पूछा रुक्मिणी ने।

''इस बार अकेला ही आया हूँ मैं।''

''पर इस बाईजी ने तो बताया था कि तिवारी जी आए हैं?''

''सही बताया था इसने क्योंकि ऐसा कहने के लिए मैंने ही कहा था इससे।''

''ऐसा क्यों बाबू सा'? आप बुलाते तो क्या मैं मना करती? पहले कभी किया है, जो आज करती?''

रुक्मिणी द्वारा किए गए इस रहस्योद्घाटन पर सावित्री मल्होत्रा और मुरली की नज़रें आपस में कब टकराईं, और उनके टकराने से कैसी प्रतिध्वनियाँ निकलीं—दोनों में से किसी को पता नहीं।

''दरअसल मैं तुम्हें चौंकाना चाहता था।''

''बाबू सा', तिवारी जी की संगत में रहकर आप भी घिसे हुए नेता की तरह बात करने लगे हो। खैर छोड़ो, बताओ क्या हुकुम है इस बाँदी के लिए।'' सावित्री की ओर कनखियों से देखा रुक्मिणी ने।

''हुकुम भी बताएँगे, पर थोड़ा धीरज रखो। इत्मिनान से बैठो।''

''भाई साब, पहले वो काम कर लें जिसके लिए आए हैं।'' सावित्री ने हस्तक्षेप करते हुए कहा।

''ऐसा भी कोई काम है?'' रुक्मिणी ने पलंग से नीचे लटके पाँवों को पलंग पर इस चतुराई के साथ रखा कि पिंडलियों तक साड़ी सरकती चली गई।

मुरली की आँखों में सुर्ख़ डोरे तैरने लगे सामने के दृश्य को देखकर।

''सावित्री, इतनी जल्दी भी क्या है। यह कोई मना थोड़े ही करेगी...क्यों रुक्मिणी?''

''बाबू सा' कहो तो सही। एक से एक खिलावड़ी की लाईन न लगा दूँ तो रुक्मिणी नहीं मेरा नाम।'' कहते हुए उसी चतुराई के साथ रुक्मिणी ने फिर से पाँवों को नीचे कर लिया।

''यह काम नहीं है रुक्मिणी। दरअसल मैंने पार्टी को 'जनजाति महिला प्रकोष्ठ' बनाने का सुझाव दिया था, जिसे पार्टी ने मान लिया है और गठन की

जिम्मेदारी मेरे ऊपर डाल दी है।''

''यानी जो बोले, सो कुंडा खोले।'' सावित्री ने हँसते हुए कहा।

''अब दिक्कत यह है कि मुझे कुछ जनजाति महिलाओं की जरूरत पड़ेगी। इसलिए सोचा कि इस काम के लिए तुझसे अच्छी महिला और कौन हो सकती है, जिसके हाथों में इसकी बागडोर सौंपी जाए। मैंने तो प्रदेशाध्यक्ष को तुम्हारा नाम भी रिकमंड कर दिया है।''

''बाबू सा' अपने बसकी नहीं है इन चक्करों में पड़ना। अपनी तो इस खिलावड़ीपने में ही मजे से कट रही है। वैसे भी इस रुक्मिणी को कौन-सा मन्त्री-सन्त्री बनना है। आप तो यह हुकुम करो कि आपको कैसी खिलावड़ी चाहिए...फौज लाके खड़ी कर दूँगी।''

''जाने दे सावित्री। सोचने दे इसे। वैसे भी पार्टी अभी इस प्रस्ताव पर विचार कर रही है। कौन-सा इतनी जल्दी इसका गठन हो जाना है।''

''और क्या बाबू सा' बेमतलब एक अच्छी-खासी साँझ का मजा किरकिरा कर रहे हो।''

''सही कह रही है क्यों अच्छी-खासी शाम का...'' कहते-कहते रुक गया मुरली। इसके बाद उसने घड़ी देखी। इससे पहले कि वह कुछ कहता सावित्री बहन अपने आप उठ गई।

''अच्छा भाई साहब, मैं भी आराम करती हूँ जाकर।''

''ठीक है, ऐसा करना इस जग में पानी, दो गिलास और थोड़े-सी बर्फ भिजवा देना!''

''ठीक है भाई साब!''

''और हाँ, हम दोनों का खाना यहीं भिजवा देना!''

सावित्री मल्होत्रा यानी सावित्री बहन अपने भाई साहब से निर्देश ले कमरे से निकल गई।

कमरे में अब मुरली और रुक्मिणी दोनों रह गए। बीच-बीच में आवश्यकतानुसार कभी बर्फ़, तो कभी पानी। कभी सलाद, तो कभी नमकीन कमरे में प्रवेश करती रही। ए सी चलने के बावजूद जिस कमरे में मुरली को थोड़ी देर पहले घुटन-सी महसूस हो रही थी, उसी कमरे में अब ऐसा लग रहा है मानो हल्की-हल्की बर्फ़ीली हवा बह रही है।

ताउम्र समाजवाद की टोकरी ढोनेवाले और अपने राजनीतिक गुरु तिवारी जी द्वारा राष्ट्र के प्रति समर्पित होने का जो प्रथम अध्याय उसे पहली बार वर्षों पहले गाजूकी की महफ़िल में पढ़ाया गया था, आज उसके एक महत्त्वपूर्ण अनुच्छेद

का मुरली द्वारा स्वतन्त्र रूप से धरमपुरा के इस पी डब्ल्यू डी रेस्ट हाऊस के इस कमरे में कार्यान्वयन शुरू हो चुका है। सच कहा था उस दिन मुरली के इस राजनीतिक आदि गुरु ने कि बहुत हो चुका ब्रह्मचर्य का पालन।

17

कमला सदन मरघट बन गया जैसे। सब एक-दूसरे से आँखें चुराने लगे। हर दूसरा आदमी इसके लिए अपने-आपको गुनहगार मानने लगा।

वैद्यजी ही क्या गाजूकी में जिसने भी सुना, सुनकर पहली बार उसे अपने कानों पर यक़ीन नहीं हुआ। भला कैसे हो। संतो जैसी कुलवंती, कुलशील इतना सख़्त क़दम उठा लेगी—किसी ने कल्पना भी नहीं की होगी। शायद इसीलिए संतो के इस कृत्य पर चारों ओर से लानत-मलामत व भर्त्सनाओं की जमकर बौछार होने लगी। सच तो यह है कि किसी की भर्त्सना करना, अपने गुनाह और अपनी ज़िम्मेदारी से बचने का सबसे अच्छा रास्ता है।

वैद्यजी को तो अभी भी विश्वास नहीं हो रहा है। लग रहा है जैसे एक हारा-थका अधढका चेहरा उसके सामने छोटी-सी प्लेट रख, अभी-अभी लौटा है। वह अभी भी मानने को तैयार नहीं है कि संतो ऐसा कर सकती है।

कमला सदन में अब एक-दूसरे पर आरोप-प्रत्यारोप लगने शुरू हो गए कि संतो द्वारा मान-मर्यादाओं की इस महीन रेखा को लाँघने पर आख़िर किसने मजबूर किया। शुबहा की सूईं कभी सास सुशीला पर जाकर ठहरती, तो कभी वंदना पर। कभी पूनम पर जाकर टिकती, तो कभी रुक्मिणी पर। कई बार तो यह सूईं घर की मुखिया कमला बुआ पर ही जा अटकी। अटकी भी तो ऐसी कि दीवाल घड़ी के ख़त्म होते सेल की तरह सैकंड की सूईं एक ही स्थान पर रह-रहकर थिरकती रही। वह इसलिए कि न बुआ संतो के रंग-रूप पर रीझती, न इस कमला सदन को यह दिन देखना पड़ता।

"मरी ने जरा भी नहीं सोचा कि कैसी थू-थू होगी मेरे पीछे। क्या कहेगी पूरी गाजूकी कि बेटी तो कर रही है मत्था ढकाई की तैयारी और माँ खसम छोड़के भाग गई किसी कज्जे के साथ।" कमला बुआ अपने ऊपर शुबहा की ठिठकी सूईं को आगे धकिया गहरा श्वास लेते हुए बोली।

"पता ना माँ, इस घर में किस बैरी ने कैसा सेह का काँटा गाड़ रक्खा है कि एक आफत पीछा नहीं छोड़ती है, दूसरी तैयार धरी रहती है।" माँ के संताप में शामिल होते हुए सुशीला भी एक विषाद से घिरती चली गई।

"मुझे तो डर लग रहा है सुशीला कि पिंकी आते ही जब अपनी माँ के बारे में पूछेगी, तो मैं उसे क्या जवाब दूँगी। मेरा तो यही सोच-सोचके जी घबरा रहा है। मरी को यही काम करना था तो तब करती, जब देह में कुछ सत था। अब किया है जब कुछ ना बचा। पता न किस कज्जे के बहकावे में आके मरी ने अपनी जिन्दगानी तबाह कर ली।" आँखों के गीले हो चुके कोरों को पोंछते हुए बोली बुआ।

"माँ, अगर बुरा ना माने तो एक बात कहूँ...संतो को किसी कज्जे ने नहीं बहकाया।" माया ने तल्ख़ होते हुए गहरे पानी में एक पत्थर-सा उछाल दिया।

"तो क्या अपने आप चली गई होगी किसी के पीछे-पीछे?" माया से भी ज़्यादा तल्ख़ी के साथ पूछा सुशीला ने।

"वही तो कह रही हूँ। दरसल इसके लिए संतो से ज्यादा हम जिम्मेदार हैं। हमने कभी उसे बहू का-सा मान नहीं दिया...बाँदियों से भी बुरा सलूक किया हमने उसके साथ।"

"तू तो ऐसे कह रही है मौसी जैसे भाभी को हमने भगाया है।" वंदना माया को टोकती हुई भन्नाई। हमसे उसका आशय अपने समेत रुक्मिणी और पूनम से था।

"मुझे क्या जरूरत पड़ी कहने की। यह तो सब अपने-अपने दिल पे हाथ रखके पूछो कि उसे भगाने में किस-किसका हाथ है। पूछो कि रातभर वह किसकी सेवा-टहल में खपी रहती थी। भाभी का सम्मान मिला है कभी उसे इस घर में? जब देखो, भाभी यह करियो...भाभी वह करियो...हुँ, ननद तो बनी रहें पटरानी और भाभी उनकी बाँदी।" माया ने अपने भीतर जमी जैसे सारी गाद उलीच दी।

पूरे कमला सदन में ख़ामोशी छा गई। लगा मानो थोड़ी देर के लिए सबकुछ ठहर गया।

अन्ततः इस ख़ामोशी को तोड़ा भी तो माया ने ही, "पता ना कौन-से बुरे करम किए थे जो हरदुआर तक देखना उसके नसीब में नहीं था। क्या बिगड़ जाता अगर उसे भी पटककर ले जाते।"

"वो बात ना है माया दरसल..."

"माँ छोड़, तू भी औरों की-सी बानी बोल रही है। सच्ची बात तो यह है कि घर की चौकीदारी के लिए चाहिए था कोई, सो सोचा बहू ही है इस घर में फालतू।

उसे ही बिठा चलो इस हवेली की चौकीदारी पे।'' रुँआसी हो उठी माया।

''बुआ, मौसी सही कह रही है। मुझे भी याद है संतो को हरिद्वार ले जाने के सवाल पर तूने खुद मुझसे कहा था कि इसे ले तो जाएँ, पर घर भी चाहिए कोई।'' वैद्यजी पहली बार कमला सदन के अन्दर एक-दूसरे पर लग रहे आरोप-प्रत्यारोपों में शामिल होते हुए बोला।

''बैद्जी, मैं और आप कोई नई बात नहीं कह रहे हैं पूरा घर जानता है इस बात को, पर कोई माने तब न। उसके भी मन है...उसका भी जी करता होगा, पर ना वह तो जैसे जर-खरीद थी।'' तल्ख़ी में माया के होंठ सिकुड़ते चले गए।

''मुझे अभी भी याद है जब मैंने बुआ से कहा था कि अच्छा किया जो सबको हरिद्वार ले जा रही है। इस बहाने सब गंगाजी नहा आएँगी, तब पता है संतो ने क्या कहा था?''

सबने पलटकर देखा वैद्यजी की ओर।

''कहा था, बैद्जी हमें कौन ले जाता है हरद्वार।''

''तो मरे तूने जभी क्यों ना बताई यह बात! अब बता रहा है जब सब खतम हो गया।'' वैद्यजी पर झुँझलाते हुए कहा बुआ ने।

''बैद्जी क्यों बताता। हमारे दीदे क्या फूट रहे थे।'' माया ने उलटा बुआ को डाँटा।

कुछ नहीं बोली कमला बुआ।

''पर अचरज की बात तो यह है कि उसने चुपचाप प्लान बना लिया और हमें कानों-कान पता ना चला। इसका मतलब है कोई कज्जा जरूर उससे आके मिलता रहा है। कैसे मिलता रहा यह सोचने की बात है।''

''सुशीला, तू भी कभी-कभी बे-सिर-पैर की बात करने लगे है। यह कौन-सी बड़ी बात है। पूछ ले सारे घर को बुलाके, अभी हो जाएगा दूध का दूध और पानी का पानी।''

''माया, मरी यह तो तू ठीक कह रही है। पूनम, जा सारे बच्चों को घेरके ला!'' बुआ ने तुरन्त सारे बच्चों को बुलाने का आदेश देते हुए कहा।

देखते-ही-देखते कमला सदन के सारे बच्चों को एकत्रित कर लिया गया।

सारे बच्चे हैरान-परेशान कि उन्हें इस तरह अचानक क्यों इकट्ठा किया गया है। बुआ ने एक-एक कर सारे बच्चों पर निगाह मारी और सबसे पहले उसने संतो के बड़े लड़के जितेंद्र को अपने पास बुलाया।

''जीतू, बेटा इधर आ मेरे पास!''

जितेंद्र उर्फ़ जीतू नहीं गया कमला बुआ के पास।

''जा न हरामी के पिल्ले!'' पोते को ज़ोर-से डाँटा सुशीला ने।

''सुशीला, ऐसे मत डाँट...बच्चा है।'' फिर बुआ जितेंद्र की तरफ़ मुड़ी और बेहद स्नेह और प्यार से अपने पास बुलाते हुए बोली, ''आ बेटा, मेरे पास आ!''

सहमा जितेंद्र धीमे-धीमे क़दमों से चलते हुए बुआ के पास आ गया।

''जीतू, बेटा एक बात पूछनी है कि तूने अपनी माँ के पास किसी कज्जे को आते-जाते देखा है कभी?''

बुआ के मुँह से इस प्रश्न को सुन जितेंद्र अचकचा गया। उसने प्रश्नभरी निगाह से अपने चारों ओर बैठीं अपनी रुक्मिणी, वंदना, पूनम बुआ सहित अपनी दोनों दादी सुशीला तथा माया को देखा।

''याद कर बेटा कोई आया हो!'' वही दादी सुशीला जो कुछ देर पहले अपने पोते पर हरहराते हुए टूटकर पड़ी थी, वही दादी बर्फ़ की मानिंद पिघलती हुई स्नेह से बोली।

''जीतू, याद कर कोई कज्जा आया हो तेरी माँ के पास।''

बुआ के फिर से दोहराने पर जितेंद्र दुविधा में पड़ गया कि उससे क्यों यह प्रश्न पूछा जा रहा है। वह किस कज्जे के बारे में बताए? यहाँ तो कज्जाओं का ताँता लगा रहता है। फिर भी वह याद करने की कोशिश करने लगा।

''नानी, आया तो था...''

''हाँ-हाँ, याद कर!'' अचानक दीखी उम्मीद की टिमटिमाहट को बुझने से पहले, अपने पोते को सुशीला उत्साहित करते हुए बीच में बोली।

''हाँ दादी, तब आया था जब सब गंगाजी गए थे नहाने।'' जितेंद्र को सबकुछ याद आ गया।

''सुन लिया नानी, हम उधर गंगाजी में गोता लगा रहे थे और इधर तेरी सतवंती बहू उस कज्जे के साथ डुबकी लगा रही थी।'' रुक्मिणी जैसे आपा खो बैठी।

''रुक्मिणी, पहले पूरी बात सुन...अच्छा, यह बता जीतू तूने उस कज्जे को पहले भी देखा था?'' माया ने जितेंद्र को कुरेदते हुए पूछा।

''ना दादी, बस जभी देखा था।''

''माया, अगर जीतू सही कह रहा है तो संतो को किसी ने भगाया नहीं, अपने आप उछठ कर गई है।''

''तू तो ऐसे कह रही है सुशीला जैसे किसी ने उसे मजार की राख सुँघा दी हो और जिसे सूँघते ही वह किसी के साथ फुर्र से उड़ गई।'' माया ने बड़ी बहन को उसके इस तुक्के पर डाँटते हुए कहा।

"अच्छा, पहले एक गुटका दे!" कमला बुआ सुशीला से बोली।

देर तक किसी को कुछ नहीं सूझा। बुआ चुपचाप मुँह में पड़े 'हुस्न बाग' के किणकों को चुबलाती रही।

"वैसे अच्छा हुआ जो इस नरक से पिंड छुड़ा गई, नहीं जिंदगीभर बुआओं की चाकरी में लगी रहती।"

"मौसी, इतनी देर से यह बुआ-बुआ क्या लगा रक्खी है। कभी कह रही है वह रातभर किसकी सेवा-टहल में खपी रहती, कभी कह रही है जिन्दगीभर बुआओं की चाकरी में लगी रहती। आखिर तेरा कहने का मतलब है क्या?"

"वंदना, बेटी इसमें बुरा मानने की बात ना है। हमें अपनी गलती माननी चाहिए।" बुआ ने परोक्ष रूप से माया का समर्थन करते हुए कहा।

"पर नानी, मौसी तो ऐसे कह रही है जैसे भाभी पर हमने ही जुलम करे हैं. ..बाकी ने तो उस पर फूल बरसाए हैं।"

"किसने फूल बरसाए हैं और किसने जुलम करे हैं, सबको पता है। पता तो अब चलेगी भाभी की कीमत!"

"मुझे तो ऐसा लग रहा है जैसे मरी अभी निकलके आएगी किसी कोठे से और चुपचाप आकर बैठ जाएगी।" माया और वंदना दोनों को बहस करता देख स्मृतियों के जंगल में प्रवेश करने से पहले बुआ ने केवल इतना कहा, "अब तो मरी की याद ही बची है।"

माया ने वैद्यजी की ओर देखा धीरे-से और बड़बड़ाते हुए अन्दर चली गई। इसके बाद एक-एक कर सुशीला, वंदना, पूनम सब उठ गईं। समझ गया वैद्यजी कि हल्के-हल्के झटके आ रहे हैं नींद के बुआ को क्योंकि पलकें रह-रहकर पुतलियों को ढँकने का प्रयास जो कर रही हैं।

वैद्यजी भी उठकर बिना इजाज़त माँगे जाने लगा कि बुआ ने डाँटते हुए टोका, "मरे तू भी जा रहा है!"

"ना जाऊँ तो क्या करूँ। सब तो नींद में झटके ले रहे हैं।"

"ऐसे ही झपकी-सी आ गई। बैठ थोड़ी देर, चला जइयो!" अपनत्व से भीगा आग्रह किया बुआ ने।

न चाहते हुए भी बिना किसी प्रयोजन वैद्यजी जाते-जाते रुक गया।

कमला बुआ ने वैद्यजी को रोक तो लिया किन्तु उसकी समझ में यह नहीं आ रहा है कि वह उससे क्या बात करे? शायद इसीलिए उन दोनों के बीच कुछ देर

संवादों के लिए शब्दों का अकाल-सा पड़ गया। मुँह में अठखेलियाँ करते 'हुस्न बाग' के किणके भी थक-हारकर शान्त हो गए। इन्तज़ार करने लगी बुआ कि बातचीत का सिलसिला वैद्यजी ही शुरू करे। हो सकता है जो कुछ उसके भीतर घुमड़ रहा है, वैसा ही वैद्यजी के भीतर भी घुमड़ रहा हो। यही जानने के लिए चुपचाप तिरछी निगाह से वैद्यजी की ओर देखा तो उसे लगा कि उसकी तरह वैद्यजी भी संतो से जुड़ी स्मृतियों के बीहड़ों में भटक रहा है। बुआ ने कुछ अनभिज्ञ संकेतों से उसकी तन्द्रा में हस्तक्षेप करने का प्रयास भी किया, किन्तु वैद्यजी की तन्द्रा को वह नहीं भेद पाई।

नहीं रहा गया अब बुआ से। दाँतों में फँसे 'हुस्न बाग' के ज़्यादातर किणकों को मुक्त करते हुए धीरे-से वैद्यजी की ओर करवट ली।

"बैद्‌जी, मरे कुछ बोल न!" ख़ुद कमला बुआ नहीं जान पाई कि इस वाक्य में उसका आग्रह था, या आदेश।

"ऐं!" लगा जैसे वैद्यजी को बिना छुए झिंझोड़ा हो किसी ने।

"मरे, कहाँ खो गया?" काफ़ी देर से दो दाँतों के बीच फँसे एक ज़िद्‌दी किणके को जीभ से बाहर निकालने का प्रयास करते हुए कहा बुआ ने।

"कहीं नहीं। बस, यह सोच रहा हूँ बुआ कि संतो ने पता नहीं ऐसा करके गलत किया, या सही?"

"तुझे क्या लग रहा है?"

वैद्यजी ने बुआ की ओर पलटकर देखा। समझ गया वह कि बुआ उसे घेरने की कोशिश कर रही है। जवाब तो उसे देना ही है इसलिए अन्यमनस्कता के साथ बोला, "मैं क्या कहूँ...मेरे लगने से क्या होगा...तुम्हारा घरेलू मामला है।"

"क्यों, अब यह घरेलू मामला हो गया, और जब सबके आगे पटर-पटर बोले जा रहा था तब क्या था?"

"वो तो मैं उस दिन की बात बता रहा था।"

यहीं दबोच लिया बुआ ने वैद्यजी को, "बैद्‌जी, बात को टाले मत। जो पूछ रही हूँ उसका जवाब दे!"

"क्या जवाब दूँ बुआ। तुझे पता तो है कि मेरा क्या जवाब होगा।"

"फिर भी?" बुआ और निकट आ गई।

"बुआ, जैसा सलूक संतो के साथ हुआ ऐसे में संतो तो क्या, कोई भी ऐसा कदम उठा सकती है।"

"बैद्‌जी, एक बात कहूँ। यह तो भला मानो कि बहू इत्ते दिन रुक गई वरना इत्ते दिन भी ना रुकनेवाली थी।"

"मैं कुछ समझा नहीं बुआ?"

"मरे, इत्ते रूप-रंग की कंजरी इत्ते दिन रुक गई, यह क्या कम है। भाभी के बजाय यह खिलावड़ी होती न, तो अब तक वारे के न्यारे कर देती। पता नहीं मेरी एक बात आज तक समझ में नहीं आई कि यह मरी भाभी बनने को कैसे राजी हो गई। ऐसा नहीं है कि इसे पता ना होगा, सब पता होगा कि भाभी बनके कैसी दुर्गत होगी।"

"तो क्या उसे पता था बुआ कि ब्याह पीछे उसके संग ऐसा होगा?"

"यह कोई नई बात ना है बैद्जी, हमारे कंजरों में बहुओं की ऐसी बे-कदरी आम बात है। सारे जहाँ में एक-सा दस्तूर है।"

"फिर तो संतो ने ठीक किया।"

"ठीक और अच्छे का तो मुझे पता ना बैद्जी पर मुझे पूरा भरोसा था कि यह बहू रुकनेवाली नहीं है।"

"जब ऐसा अंदेशा था तब बिना हो-हल्ला किए उसे चुपचाप भी तो छोड़ा जा सकता था। कम-से-कम यह बदनामी तो नहीं होती, जो आज हो रही है।"

"कंजरों में यही तो सबसे भारी काम है बैद्जी। तुम इज़्ज़तदारों की तरह इत्ता आसान नहीं ब्याहता को छोड़ना। मेरी इत्ती उमर हो गई है पर मैंने आज तक किसी कंजर को अपनी औरत छोड़ते हुए नहीं देखा। एक ही छत के नीचे दो-दो रख लेगा, पर पहली को नहीं छोड़ेगा।" बुआ ने गहरी साँस ले फिर जैसे अपने आपसे कहा, "पता ना, मरी को क्या सूझी वरना पड़ी रहती एक कोने में।"

"क्यों पड़ी रहती एक कोने में। कम-से-कम इस कलंक से तो बच गई कि उसके मर्द ने छोड़ी है। ज्यादा से ज्यादा दुनिया यही कहेगी न कि छोड़कर भाग गई।"

"मरे, तू क्या समझ रहा है हमारे यहाँ किसी मान-मर्यादा की वजह से नहीं छोड़ा जाता है।"

"तो फिर?"

"फिर क्या, छोड़ने में मिनट लगते हैं दो...पर असल बात यह है कि कंजरों में अगर कोई मर्द अपनी औरत को छोड़ता है, तो उसे मोटा हर्जाना देना पड़ता है...उतना ही जितने में वह उसे ब्याहकर लाया है। अब बता कौन भरेगा दो-दो बार दंड। इसलिए ऐसा मर्द पहली को छोड़ने के बजाय अपने घर में दूसरी बैठा लेता है।"

''वैसे एक बात कहूँ बुआ। भली औरत है संतो। मिले तो मना कर वापस ले आओ! क्या पता बच्चों के लिए ही लौट आए।''

''बैदूजी, पागल हो गया है। अब ना आने की वह। वैसे भी जो औरत यह कहती हो कि ननद तो बुआ बनी ऐश करती फिरें और वह भाभी बन हाड़ तुड़वाती रहे, वह तुझे आती हुई लग रही है।''

निरुत्तर हो गया वैद्यजी।

''पर बुआ, वह अब करेगी क्या?''

''करेगी खिलावड़ीपना।''

''क्याऽऽऽ!''

''तो क्या वह घर बसाने की गरज से भागी है। घर बसाना होता तो यहीं ना बसाती।''

हवा में झूलते हुए वैद्यजी को जैसे सख़्त ज़मीन पर फेंक दिया। एक पल के लिए लगा जैसे एकाएक संतो उसके सामने आकर खड़ी हो गई है और हरिद्वार रवाना होने से पूर्व चहकते चेहरों से लदी गाड़ी इससे पहले एक हल्के-से हिचकोले के साथ आगे बढ़ती कि हिदायतों और कामों की मौखिक सूची, कमला सदन से दूर होती गाड़ी से, हवा में लहराते हाथों के संग लम्बी होने लगी–

'बहू, ध्यान से रहियो!'

'भाभी, गुड्डू को टैम से खिला देनाऽऽऽ!'

'बच्चों का ख्याल रखियो!'

'बैदूजी, मरे तू भी आ जाए ना, धरमपुरा छोड़ देंगे!' बुआ ने जाते-जाते पूछा था।

वैद्यजी ने साफ़ मना कर दिया था। चला भी जाता परन्तु संतो की निर्निमेष, सूनी पनीली आँखों को देख, मन ने गवाही नहीं दी। संतो तब तक दरवाज़े पर खड़ी रही, जब तक गाड़ी आगे जाकर मुड़ते हुए आँखों से ओझल नहीं हो गई।

'अच्छा किया जो भाग गई।'

''बैदूजी, कुछ कहा तूने?'' वैद्यजी को बड़बड़ाता देख बुआ ने पूछा।

''ना।'' साफ़ झूठ बोल गया वैद्यजी।

इससे अधिक रुकने की हिम्मत नहीं हुई वैद्यजी की। उधर बुआ भी इससे ज़्यादा रोकने के लिए नहीं कह पाई।

धीमे-धीमे क़दमों से वैद्यजी बाहर आया, तो एकाएक उसे लगा जैसे संतो को अन्दर से किसी ने आवाज़ दी है। पलटकर देखा उसने। ऐसा कुछ नहीं था, कोरे वहम के जो उसे भरमा रहा था। जो वैद्यजी कमला सदन से भूरा पीर की

मज़ार तक पैदल आता था, आज वह सदन से बाहर आते ही साइकिल पर चढ़ा और तेज़ी-से पैडल मारते हुए गाजूकी से बाहर, सड़क पर आकर दम लिया। मजाल है यहाँ आने तक उसने झूठे से कमला सदन की ओर पलटकर तो देखा हो।

18

एकाएक घनघना उठे मोबाइल को कान से लगाया। दूसरी तरफ़ से आती चिर-परिचित-सी आवाज़ को रुक्मिणी क़तई नहीं पहचान पाती, यदि फ़ोन करनेवाला अपना नाम नहीं बताता—

"ना, नहीं पहचाना।"

"..."

"ऐसी तो गाजूकी में रोज आती हैं।"

"..."

"कौऽऽऽन?"

"..."

"अच्छा-अच्छा वो, जो पिछली बार मुरली बाबू सा' के साथ आई थी?"

"..."

"कैसे पहचानूँगी जब छह-छह महीने सुध नहीं लोगी...पर इतने दिन बाईजी रही कहाँ?"

"..."

"तो फिर हुकम करो!"

"..."

"आप क्यों, मैं ही आ जाती हूँ।"

"..."

"कैसी बात कर रही हो बाईजी, यह तो आपका और बाबू सा' का बड़प्पन है, जो मेरे बारे में इतना सोचते हो।"

"..."

"ठीक है, आ जाओ मैं तैयार मिलूँगी।"

"..."

"सही पाँच बजे।"

रुक्मिणी ने मोबाइल ऑफ़ कर दिया। मोबाइल ऑफ़ करने के बावजूद रुक्मिणी को लगता रहा मानो अभी भी उसके हाथ में मोबाइल काँप रहा है, और काँप रहा है रुक्मिणी का एक-एक रोआँ। जबकि कानों में दूसरी तरफ़ से आनेवाली आवाज़ अभी भी सुनाई दे रही है। भ्रम-सा हुआ एक पल के लिए उसे। उसने मोबाइल को ध्यान से देखा, तो पाया वह ऑफ़ है। अचानक रुक्मिणी को लगने लगा जैसे वह ज़मीन से धीरे-धीरे ऊपर उठने लगी है। ग़नीमत है कोई नहीं है आसपास, वरना मुश्किल हो जाता जवाब देना।

घड़ी देखी तो पाया अभी तीन बजे हैं। ऐसा लगा जैसे बाईजी यानी सावित्री बहन अर्थात् सावित्री मल्होत्रा से बातें हुए घंटों हो गए हैं जबकि उससे महज पाँच मिनट पहले बात हुई है। उसके आने में अभी पूरे दो घंटे शेष हैं। ये दो घंटे कैसे कटेंगे? इसी दुविधा और बेचैनी में रुक्मिणी डूबने-तिरने लगी। पूरा शरीर समुद्री झाग से बने पाषाण की तरह हो गया--एकदम हल्का। इतना हल्का कि वह उसे जितने वेग से डुबोने की कोशिश करती, इसके विपरीत वह उतने ही वेग से सतह पर आ जाता। रुक्मिणी ने बार-बार छूकर देखा अपने-आपको और जितनी बार उसने छुआ, हर बार उसे अपना शरीर समुद्री झाग से बना पाषाण ही लगा। सवेरे से रह-रह फड़कती बाईं आँख का अर्थ उसकी समझ में अब आ रहा है।

रुक्मिणी ने मन-ही-मन हिसाब लगाया और पाया कि नहाने में उसे कम-से-कम आधा घंटा चाहिए। नहाने के बाद तैयार होने में भी इतना ही समय लग जाएगा। इस तरह इन दो घंटों में एक-सवा घंटा उसके तैयार होने में बीत जाएगा। बचा लगभग पौना घंटा तो इसमें से पन्द्रह मिनट पहले ही कल्पनाओं के शीतल गहरे पानी में डुबकी लगाते हुए बीत चुके हैं। इस तरह बचा मात्र आधा घंटा, तो उसी के सदुपयोग की चिन्ता में रुक्मिणी की धड़कनें एकाएक तेज़ हो उठी हैं। सच ही कहा है गुनीजनों ने कि इन्तज़ार की घड़ियाँ सचमुच कितनी ऊबड़-खाबड़ होती हैं, जो काटे से भी नहीं कटती हैं, इसका एहसास रुक्मिणी को पहली बार हो रहा है।

सावित्री बहन जब गाजूकी जाने की तैयारी कर रही थी, तब ऐसा नहीं लग रहा था। सूर्य के पहाड़ की ओट लेने और क्षितिज में उसके सामने तक आकाश में छितरे बादलों को देखकर लग रहा था मानो प्रकृति ने उन पर सोने का वरक़ चढ़ा

दिया हो। मगर देखते-ही-देखते इस वरक़ को पूरब से हरहराकर उठी श्यामल घटाओं ने अपने अंक में दबोच लिया।

शाम का मटमैला झुटपुटा आज अन्य दिनों की अपेक्षा कुछ पहले फैल गया। मौसम की इस बदनीयती ने एक बार सावित्री को यह सोचने पर विवश कर दिया कि क्यों न आज की यह मीटिंग स्थगित कर दी जाए, परन्तु ऐसा करना अब असम्भव था। असम्भव इसलिए कि अपने आने की सूचना रुक्मिणी को उसी ने दी है। वैसे भी आज की यह मीटिंग उसी ने तय की है, इसलिए यह और भी अशोभनीय होगा।

निकलते-निकलते पहले ही देर हो चुकी है। रुक्मिणी को वापस गाजूकी भी छोड़ना होगा, यही सोचकर सावित्री ने कार की गति बढ़ा दी। गाजूकी पहुँचने से पहले उसने रुक्मिणी को मोबाइल से कह दिया कि मौसम बेहद ख़राब है इसलिए वह मज़ार पर आ जाए। पता नहीं कब बारिश हो जाए!

नहीं करना पड़ा सावित्री को इन्तज़ार। रुक्मिणी मज़ार पर तैयार मिली। गहरे नीले रंग की शिफ़ोन की साड़ी में रुक्मिणी को देख सावित्री बहन हल्के-से मुस्कराई। रुक्मिणी को साथ ले अभी कार थोड़ा आगे बढ़ी थी कि बारिश ने उनका जो स्वागत किया, वह देर तक होता रहा। कार को सावित्री ने रुक्मिणी के निर्देशानुसार दूसरी दिशा में मोड़ दिया। यहाँ से मुख्य सड़क तक आसानी से पहुँचा जा सकता है। कच्चे रास्ते से हिचकोले खाती कार धीरे-धीरे आगे बढ़ती रही। बारिश इतनी तेज़ थी कि वाईपर और पटापट पड़ती बूँदों में होड़-सी लग गई शीशे को अपने वश में करने की। तेज़ बारिश में कार को रास्ता या तो जगह-जगह भर गए पानी पर पड़ती हैड लाइट्स की रौशनी से बन गए बड़े-बड़े चकत्ते बताते, या फिर दोनों तरफ़ ठुकी सरकंडों की आदमक़द दीवारें।

एकाएक सावित्री की चीख़ निकलते-निकलते रह गई। एक झटके के साथ रुक गई कार।

"बाईजी, क्या हुआ?" रुक्मिणी भी घबरा गई एक बार।

"रु...रुक्मिणी, मैंने अभी किसी जंगली जानवर को भागते हुए देखा है।" पसीने से भीग आए माथे को साड़ी के पल्लू से पोंछते हुए कहा सावित्री ने।

"क्याऽऽऽ बाईजी, वह तो जंगली सूअर था। वैसे एक बात बताऊँ बाईजी, अच्छे काम पर जाते हुए अगर रास्ते में सूअर दिखाई दे जाए, तो समझ लो काम बन गया।"

"मैं तो डर ही गई थी कि पता नहीं यह कौन-सा जानवर है?"

"पर पता नहीं बाईजी, क्यों आज मेरा जी घबरा रहा है?"

"अभी तो कह रही थी कि समझ लो काम बन गया और..."

"हाँ बाईजी, सवेरे कुएँ पर भरा हुआ मटका ऐसे खिल गया जैसे भादो में फूट खिल जाता है....और तो और दोपहर को रोटी खाने बैठी तो मरा हमारा कालू (कुत्ता) थाली से रोटी लेकर भाग गया।"

"तो फिर इसमें घबराने की क्या बात है?"

"बात है बाईजी। हमारे कंजरों में ये अपसगुन माने जाते हैं।"

"यह तेरा वहम है और फिर तू यह क्यों भूल रही है कि अभी हमें जंगली सूअर भी तो मिला था।"

"बाईजी, वह तो मैंने आपका जी रखने के लिए कह दिया था। वैसे इतनी तेज बारिश में मुझे भी वह ठीक से दिखाई नहीं दिया था। हो सकता है वह बिल्ली ही हो।"

अपने बग़ल में बैठी रुक्मिणी को शकुन-अपशकुन के फंदों में उलझता देख सावित्री का भी दिल बैठने लगा। बमुश्किल जिन साँसों को क़ाबू में किया था, वे किसी अनिष्टता की आशंका से पुनः तेज़ हो उठीं।

"मैंने तो मिन्नत माँग रखी है बाईजी कि अगर आज यह काम सध गया, तो अपने माना गुरु की ऐसी पूजा करूँगी कि पूरी गाजूकी देखती रह जाएगी। भूरा पीर की मजार पर सवा मीटर चादर चढ़ाऊँगी।" इसके बाद रुक्मिणी आँखें बंद कर होंठों-ही-होंठों में बुदबुदाते हुए अपने देवी-देवताओं का सुमरन करने लगी।

आँखें खोलीं तो अपनी ओर सावित्री बहन को मुस्कराते हुए पाया।

"हाँ बाईजी, ऐसे नरक से कौन भली औरत पिंड ना छुड़ाना चाहेगी।"

रुक्मिणी की इस सोच पर सावित्री के होंठ फैलकर सिकुड़ गए।

रुक्मिणी के दिशा-निर्देशों का पालन करते हुए कार एक पुल के बग़ल से होते हुए मुख्य सड़क पर आ गई। बारिश अभी भी वैसी ही है। बीच-बीच में सामने से आते वाहनों की हैड लाइट्स की तेज़ रौशनी हो रही मूसलाधार बारिश की सघन झालरों को चीरती हुई दोनों के चेहरों को भिगो जाती। कार सड़क पर फैली पानी की चादर को काटती हुए आगे बढ़ती रही। गाजूकी से चलते हुए न जाने उन दोनों के बीच चुप्पी की ऐसी कौन-सी लकीर खिंच गई कि पूरे रास्ते दोनों में कोई संवाद नहीं हुआ। सावित्री ने कार की गति और बढ़ा दी।

रेस्ट हाउस तक पहुँचते-पहुँचते बारिश पूरी तरह थम गई। कार की हैड लाइट्स की रौशनी में नहा गए संकेत-पट्ट पर लिखे बड़े-बड़े 'पीडब्ल्यूडी रेस्ट हाउस' अक्षरों ने उनका स्वागत किया। रेस्ट हाऊस के परिसर में कार को पार्क

कर, दोनों निश्चित दिशा की ओर बढ़ गईं। आबादी से एकदम दूर विश्राम गृह को सुकून देनेवाली ख़ामोशी को घने पेड़ों के पत्तों से रह-रहकर टपकती बूँदों और जगह-जगह पानी से भरे डबरों के किनारे आ बैठे मेंढकों का आलाप बीच-बीच में तोड़ देता।

चारों ओर फैले एक अजीब-से डरे हुए एकान्त को देखकर रुक्मिणी को अच्छा नहीं लगा। एक पल के लिए ठिठक-सी गई वह। मगर अगले ही पल मन-ही-मन मुस्कराते हुए सोचने लगी कि ऐसा ही डरा हुआ अकेलापन मुक्ति का रास्ता भी दिखाता है। छह-सात कमरों के इस छोटे-से विश्राम गृह के परिसर में ऊँघ रहे बल्बों की रौशनी में, अपने-अपने लिए थोड़ी-सी रौशनी तलाशते कीट-पतंगों में मचे आपसी घमासान को देख रुक्मिणी को थोड़ी तसल्ली हुई। ज़्यादातर कमरों पर ताले पड़े हुए हैं। धीमे-धीमे क़दमों से सहमी हुई रुक्मिणी सावित्री के पीछे-पीछे चलती रही। इसी बीच अँधेरे सन्नाटे को बींधती चील की कर्कश चीख़ गूँजी। चीख़ सुनते ही रुक्मिणी के पाँव जैसे ज़मीन से चिपक गए। पीछे मुड़कर देखा सावित्री ने।

"क्या हुआ?" लगभग फुसफुसाते हुए पूछा सावित्री ने।

"बाईजी, सुनी इस मरी चील की चिल्ली!" घिग्घी-सी बँध गई रुक्मिणी की।

"हाँ, तोऽऽऽ?"

"यह अच्छा सुगन नहीं है बाईजी।" चेहरे पर छलक आई पसीने की बूँदों को पोंछते हुए कहा रुक्मिणी ने।

"रुक्मिणीऽऽऽ, सारा रास्ता कटने के बाद कह रही है सुगन अच्छा नहीं है।" झल्लाते हुए बोली सावित्री।

"पता नहीं बाईजी, इन सारे अपसुगनों को आज ही होना है!"

"सब तेरे वहम हैं। सगुन-अपसगुन कुछ नहीं होते हैं। आजा मेरे पीछे-पीछे!"

निश्चित कमरे के सामने पहुँचकर सावित्री बहन ने कॉल बेल के बजाय बंद दरवाज़े को हल्के-से थपथपाया। अजीब लगा रुक्मिणी को किन्तु यह सोचकर सावित्री के पीछे आकर खड़ी हो गई कि हो सकता है कॉल बेल का स्विच ख़राब हो क्योंकि उसके लिए यह विश्राम गृह और इसके ये कमरे इतने अनजान नहीं हैं कि वह इनके मिज़ाज से वाक़िफ़ ही न हो। पता नहीं कितनी बार उसकी तर्जनी के पोर इन कमरों के बाहर लगे इन कॉल बेल्स के स्विचिज़ को दबा चुके हैं। आबादी से दूर इस अभयारण्य में रुक्मिणी न जाने कितनी बार आखेट पर आ चुकी है।

विश्राम गृह के इस कमरे में सावित्री बहन जिसके पास रुक्मिणी को ले जा

रही है, उससे पहले वह न जाने कितनी बार मिल चुकी है। तब उसके साथ यह सावित्री नहीं बल्कि उसका माँजाया मंगल था। पिछली बार ज़रूर वह इसके साथ आई थी। रुक्मिणी को याद है उसे इसी विश्राम गृह के एक कमरे में पहली बार, दरवाज़े से नहीं पिछली खिड़की से उतारा गया था, और कार्य सम्पन्न होने के बाद उसी खिड़की से घुप्प अँधेरे में चलता कर दिया गया था। रुक्मिणी जान-बूझकर पी गई इस रहस्य को, क्योंकि तब रुक्मिणी देह सुन्न कर देनेवाले जनवरी महीने के स्याह अँधेरे में एक ग्राहक की माँग पर आई थी परन्तु आज वह मुक्ति की कामना में इसके पास आई है।

रुक्मिणी कल्पनाओं के आकाश में उड़ान भरते हुए कुछ ही ऊँची उड़ी थी कि तभी उसके कानों में दरवाज़ा खुलने के साथ वही परिचित स्वर टकराया, ''आओ रुक्मिणी!''

अन्दर प्रवेश करते हुए, पूरे कमरे को पलभर में आँखों में उतार गई रुक्मिणी।

''बाबू सा', मौसम का पूरा मजा लूट रहे हो?'' सामने मेज़ पर रखे एक बहुराष्ट्रीय कम्पनी द्वारा निर्मित चिप्स और दूसरी खाद्य सामग्री के साथ, कमरे में घुली तीखी अल्कोहल की गंध को, न चाहते हुए फेफड़ों में भरते हुए कोंचा रुक्मिणी ने।

''बऽऽस्स, कुछ ऐसा ही समझ ले।'' पहले ही संवाद के साथ रुक्मिणी की आँखों में ज़बरन डूबने की कोशिश करते हुए परिचित स्वर यानी मुरली ने जवाब दिया।

''लाइए, अब आगे की सेवा का मौका अपनी इस दासी को दीजिए!'' मेज़ पर रखे ख़ाली गिलास में शराब उँडेलते हुए आग्रह किया रुक्मिणी ने।

''रुक्मिणी, मौका तो इस दास को दीजिए।''

''कैसी बात कर रहे हो बाबू सा', आपने जब मेरे बारे में इतना सोचा है, तब मेरा भी कोई फरज बनता है।''

''नहीं-नहीं, फर्ज तो मेरा बनता है। चलिए छोड़िए, बातें तो होती रहेंगी पहले तेरे लिए एक लवली-सा...।''

''नहीं बाबू सा', आज नहीं।'' हँसते हुए कहा रुक्मिणी ने।

''आज नहीं, मतलब?'' छोटी-छोटी मिचमिचाती आँखों का घेरा और छोटा होता चला गया मुरली का।

''हाँ, आज आप ही लीजिए इसका मजा।''

''क्यों, आज करवा चौथ का व्रत तो है नहीं...क्यों, सावित्री?''

''जी...जी भाई साब।'' इस अप्रत्याशित और बेतुके-से सवाल पर सावित्री

बहन हड़बड़ा गई।

"हमारा तो बाबू सा' रोज ही करवा चौथ होता है।" इतना कह रुक्मिणी ने सावित्री की ओर देखा।

सावित्री मल्होत्रा के चेहरे का रंग सफ़ेद पड़ता चला गया। मुरली और रुक्मिणी के व्यंग्य बाणों से सबसे ज़्यादा वही आहत हो रही है। दोनों उसे ही सम्बोधित करते हुए एक-दूसरे को जवाब दे रहे हैं।

"तो फिर लगता है तकल्लुफ में पड़ रही हो।"

"ऐसी कोई बात नहीं है। बस, आज मन नहीं है।" रुक्मिणी ने अन्यमनस्कता और उदासीनता के साथ कहा।

'मन नहीं है, सब कुशल-मंगल तो है?" मुरली के जबड़ों का उभार धीरे-धीरे साफ़ दिखाई देने लगा।

"सब ठीक है बाबू सा'।"

"चलो, तेरे मुँह से कुछ तो ढंग की बात निकली लेकिन रुक्मिणी मन नहीं होगा, तो कैसे बात बनेगी। अरे भई, गाड़ी धकियाने के लिए उसमें तेल का होना बहुत जरूरी है।" एक अश्लील-सी मुद्रा बनाते हुए, खीं-खीं करते हुए ज़ोर-से हँसते हुए भाई साब अर्थात मुरली ने सावित्री बहन की ओर देखा।

"जी भाई साब।" सावित्री ने पूरी तत्परता के साथ हामी भरते हुए कहा।

"भाई साब की बच्ची, तो फिर बैठी-बैठी मुँह क्या देख रही है। उठकर क्यों नहीं लाती दो गिलास!"

मुरली ने सावित्री बहन को जिस तरह डाँटा, उसे देखकर रुक्मिणी एक पल के लिए तो अपना आपा खो बैठी थी किन्तु अगले ही क्षण, अपने आप पर संयम रख यह सोचते हुए कि भाई-बहन का आपसी मामला है, हैरान होते हुए पूछा, "दो गिलास किसके लिए बाबू सा'?"

"यह सावित्री क्या हमारा मुँह देखेगी!"

"तो क्याऽऽऽ बाईजी आप भी?" रुक्मिणी के लिए यह एक नया रहस्य था।

"हाँ रुक्मिणी, कभी-कभार यूँ ही साथ दे देती हूँ भाई साब का।" इतना कह सावित्री बहन सचमुच गिलास लेने उठ गई।

सावित्री बाईजी के इस यूँ ही साथ देने का अर्थ नहीं समझ पाई रुक्मिणी।

"लेकिन बाबू सा' आज बिल्कुल नहीं।"

"आज तो तुझे साथ देना ही होगा रुक्मिणी।" मुरली ज़िद पर अड़ गया।

"बाबू सा', दे तो रही हूँ!"

"ऐसे नहीं रुक्मिणी।" इसके बाद मुरली सावित्री की ओर पलटा, "सावित्री,

समझा अपनी इस रुक्मिणी को।'' कहते-कहते भृकुटियाँ तन गईं, लवें सुर्ख़ हो उठीं और कनपटी की नसें रह-रहकर केंचुए-सी बल खाने लगीं।

''हाँ रुक्मिणी, भाई साब कह रहे हैं तो मान जा। इसमें बुराई क्या है, और फिर मैं भी तो दे रही हूँ साथ।''

''पर बाईजी, इस बारे में तो आपने कुछ भी नहीं बताया था?''

''इसमें बताने की क्या बात थी? पहले बताया था जो आज बताती...और फिर रुक्मिणी आदमी का मूड कब बन जाए, किसे पता।'' सावित्री ने स्थिति सँभालने का प्रयास किया।

''ना बाईजी, रुक्मिणी अपने कौल से पीछे नहीं हटती है।'' पहली बार रुक्मिणी ने सख़्त होते हुए कहा।

''भाई साब, अब इसका मन नहीं है तो छोड़िए। मैं देती हूँ आपका साथ।''

इतना कह सावित्री एक ख़ाली गिलास में शराब उँडेलने लगी कि मुरली उसके हाथ को झटकते हुए झल्लाया, ''सावित्री, तू तो मेरा रोज साथ देती है...आज यह रुक्मिणी देगी!''

सावित्री मल्होत्रा को काटो तो ख़ून नहीं। हाथ से छिटककर फ़र्श पर बिखरे गिलास के टुकड़ों को अपलक निहारती रही। बस, वह रोई नहीं। पनीली आँखों ने जैसे सब बयान कर दिया। पूरा कमरा एक तीखी गंध से लबालब भर गया।

''बाबू सा', मैंने अपने कुल देवता माना गुरु, अपनी देवी मारी, प्रभा और भुइयाँ की सौं खाई हुई है कि आज मैं...''

इससे पहले कि रुक्मिणी अपनी बात पूरी करती, बाहर फैले निविड़ अँधेरे में घुले सन्नाटे को चीरती हुई सियार की आवाज़ गूँजी। रुक्मिणी मन-ही-मन किसी अमंगल के भय से, अपने समस्त देवी-देवताओं का सुमरन करने लगी। पता नहीं रह-रहकर और बार-बार ये वनचर उसे किस अनिष्टता से सतर्क रहने का संकेत कर रहे हैं।

''देख रुक्मिणी, जिद मत कर। अच्छी-भली शाम को ऐसे जाया न कर... अरे, यह तो अच्छी-खासी तुक भिड़ गई रुक्मिणी...ठीक वैसी ही जैसी किसी गवइए ने गाया है कि...''

''गवइया नहीं बाबू सा', बहुत बड़ी गायिका ने गाया है।''

''अरे वाह, अपनी रुक्मिणी का यह रूप तो आज ही पता चला। देखा सावित्री, सीख कुछ इस रुक्मिणी से...अच्छा, फिर तो यह आता भी होगा?''

''कहाँ बाबू सा', एकाध बार टीवी पर देखा है।''

''नईं रुक्मिणी, मैं मान ही नहीं सकता...आता होगा जरूर।''

कुछ देर तक सोचती रही रुक्मिणी कि कैसे समेटे सामने फैले हुए इस रायते को? कैसे इस फंदे से आज मुक्त हुआ जाए? अन्ततः वह यह सोचकर तैयार हो गई कि यदि इसी से उसका पीछा छुट जाता है, तो इन भावों में बुरा क्या है।

''वाह रुक्मिणी, वाह! मजा आ गया। चल, इस मौके पर अब तो हो ही जाए कुछ।''

शब्दों से भले ही मुरली रोमांटिक-सा लग रहा है परन्तु आँखों के सुर्ख़ डोरे साफ़ चुगली कर रहे हैं कि रुक्मिणी की अवज्ञा ने उसे कितना आहत किया है। इसीलिए रुक्मिणी के प्रति प्रयुक्त होनेवाले सम्बोधनों और शब्दों का स्वर बदलने लगा।

''बाबू सा', रहने दीजिए। मत तुड़वाइए मेरे कौल और मेरे उसूलों को।''

''उसूल और तेरे...तो क्या, रुक्मिणी के भी कोई उसूल हैं?'' धीरे-धीरे मुरली की कुलीनता, दम्भ और उसका पौरुष जैसे हुंकारें भरने लगा।

''हाँ बाबू सा', आपने मुझे आज कुछ देने के लिए बुलाया है इसलिए...''

''तो बदले में कुछ देगी नहीं? लेन-देन में अदला-बदली तो होती ही है। सावित्री, समझा इस मूरख को!'' मुरली का संयम अब चूकने लगा।

सावित्री ने कुछ नहीं कहा। किसी तरह का हस्तक्षेप नहीं किया। चुपचाप दोनों के संवादों को सुनती रही।

''मैं मना कब कर रही हूँ बाबू सा' पर इस कुछ के लिए तो आपको रुक्मिणी के पास ही चलकर आना होगा। हाँ, मुझे अभी भी कोई दिक्कत नहीं है क्योंकि इस रुक्मिणी के कोई उसूल तो हैं नहीं, पर आज नहीं, क्योंकि आज मुझे इस काम के लिए नहीं दूसरे काम के लिए बुलाया है आपने इसलिए...''

''देख रुक्मिणी, तू यहाँ से निराश होकर नहीं जाएगी। खुश करके भेजूँगा तुझे। जितना चाहेगी दूँगा।'' इस बीच मुरली सावित्री को सम्बोधित से ज़्यादा आदेश देते हुए बोला, ''सावित्री, मेरा ब्रीफ़केस तो लाना!''

सावित्री ने तुरन्त ब्रीफ़केस लाकर दे दिया।

ब्रीफ़केस खोलकर उसमें से सौ की एक गड्डी निकाली और उसे रुक्मिणी की ओर उछालते हुए बोला, ''इनमें से जितने चाहे ले ले!''

''ना बाबू सा', चलकर तो आपको मेरे पास ही आना होगा। रही बात इन नोटों की तो रुक्मिणी सिर्फ अपना मेहनताना लेती है।'' रुक्मिणी चट्टान-सी सख़्त होते हुए बोली।

इस बीच न जाने कब सावित्री और मुरली के बीच आँखों-ही-आँखों में संवाद हुआ कि सावित्री यह कहते हुए कमरे से बाहर निकल गई, ''भाई साब, मैं खाने

का प्रबन्ध करके आती हूँ।''

कमरे में अब रुक्मिणी और उसके बाबू सा' अर्थात् मुरली के अलावा कोई नहीं था। यदि थी तो शराब की गंध और चलते हुए पंखे का खटराग।

''ठीक है बाबू सा', अब आप खाना खाइए। लगता है आज आपका मगज ठीक नहीं है। इस बारे में फिर कभी बात करेंगे, चलना चाहिए अब मुझे।''

''चली जाना रुक्मिणी बाई। अभी तो होनी हैं बातें।'' मुरली की आँखों में कामुकता मचलने लगी।

रुक्मिणी की देह में जैसे सुर्ख़ सलाखें दाग़ दी गई हों। उसने ध्यान दिया कि 'बाई' शब्द पर कितना ज़ोर दिया है उसके बाबू सा' ने। बावजूद इसके रुक्मिणी ने आपा नहीं खोया।

''बाबू सा', मैं रुक तो जाती पर सावित्री बहन को अपने घर भी जाना है। घर पर बाट हो रही होगी उसकी।'' विश्राम गृह के परिसर में प्रवेश करते ही सावित्री, बाईजी से बहन हो गई।

''सावित्री, और उसका घर! रुक्मिणी, भला रखैलों का भी कोई घर होता है!''

रुक्मिणी को लगा जैसे उसके किसी ने तेज़ हथियार से टुकड़े-टुकड़े कर दिए हैं। समझ में नहीं आया उसके कि सावित्री का भाई साब यह क्या कह गया।

''हम क्या जानें बाबू सा' आप इज़्ज़तदारों की बातें। फिर भी सावित्री बहन जैसी भली और इज़्ज़तदार औरत के बारे में आपको ऐसी बातें नहीं करनी चाहिए।'' अपना विरोध जताए बिना नहीं रहा गया रुक्मिणी से।

''इज़्ज़तदार! अगर यह इज़्ज़तदार है रुक्मिणी तो इज़्ज़तदारों के बारे में तुझे कुछ पता नहीं है। बहुत भोली है तू।''

''मैंने कहा न बाबू सा' कि हम क्या जानें आप इज़्ज़तदारों की बातें।'' रुक्मिणी ने 'इज़्ज़तदार' शब्द पर विशेष बल देते हुए, एक कुटिल मुस्कान बिखेरी।

''तो सुन, नहीं जानती है तो...आज तुम जैसी औरतों के हकों की सबसे बड़ी ठेकेदार यही सावित्रियाँ बनी हुई हैं। इतिहास में नाम भी इन्हीं का दर्ज होता है। औरतों की मुक्ति का शोर यही क्रान्तिकारी पतिव्रताएँ सबसे ज्यादा मचाती हैं। तुझे क्या लगता है जिस बहाने से तुझे आज यहाँ लाया गया है, उसकी योजना मैंने बनाई है? ना, यह सारी योजना इसी की बनाई हुई है।''

मुरली के शब्द जब तक रुक्मिणी के कानों में पड़ते रहे, उसे लगता रहा कानों के परदों पर मानो कोई ज़ोर-ज़ोर से थाप दे रहा है। उसकी आँखों के आगे

जुगनुओं से छोटे-छोटे बल्ब जलते-बुझते रहे। आँखें अपने आप मुँदती चली गईं और कानों के सूराख़ों में तर्जनियों के पोर ठुँसते चले गए।

आँखें खुलीं तो जो दृश्य सामने था उसे देखकर आँखें फटी की फटी रह गईं रुक्मिणी की। सावित्री मल्होत्रा का भाई साब यानी रुक्मिणी का बाबू सा' अर्थात् मुरली मादरज़ाद नंगा खड़ा था उसके सामने। रुक्मिणी ने फिर भी आत्मनियन्त्रण नहीं खोया। सोचा, सिवाय अपनी दैहिक आग बुझाने से ज़्यादा यह निरीह क्या करेगा। निर्लिप्त भाव से एकदम निश्चेष्ट बैठी रही वह।

''रुक्मिणी, दौलत से तौल दूँगा तुझे!'' मुरली ने लगभग प्रणय की मुद्रा में अन्तिम प्रयास किया।

नहीं रोक पाई रुक्मिणी अपनी हँसी को।

''आखिर ऐसी क्या नाराजगी है जो तू आज...''

''नाराजगी नहीं, अपने-अपने उसूल की बात है बाबू सा'।''

''उसूल, और वह भी तुझ जैसी कंजरी का!'' सूखी रेत से बने तटबंध की तरह मुरली का धैर्य भरभराकर ढह गया।

''हाँ बाबू सा', आपने मुझे आज कपट से बुलाया है। आपकी नीयत में खोट है। अगर आप मुझे रुक्मिणी खिलावड़ी की तरह बुलवाते, तो मैं खुद ही दौड़ी चली आती क्योंकि मेरा तो यह धंधा है...और धंधा करनेवाली के लिए मेहनत-मजूरी करनेवाला भी ग्राहक है, आप जैसा इज्जत-आबरूवाला भी।''

''चल मान ली तेरी बात और यह समझ ले कि मैंने तुझे रुक्मिणी खिलावड़ी के रूप में ही बुलाया है...अब तो खुश!''

''आना तो बाबू सा' अब आपको इस रुक्मिणी बाई के ठिकाने पर ही होगा।''

इतना कहकर रुक्मिणी उठकर जाने लगी कि मुरली ने उसका हाथ पकड़ उसे खच्च से वापस बैठा लिया पलंग पर।

''जाने दो बाबू सा', मत लो और इम्तहान इस कंजरी का।''

''जाने दूँ, और तुझे...'' कहते हुए मुरली जैसे ही रुक्मिणी पर झुका कि उसने ऐसा धक्का मारा, लड़खड़ाते हुए दूर जाकर गिरा वह।

रुक्मिणी के पास मौक़ा था मुरली की गिरफ़्त से छूटकर भागने का परन्तु उसने ऐसा नहीं किया बल्कि इत्मिनान से साड़ी ठीक करते हुए जैसे मुरली के पौरुष को ललकारा, ''बाबू सा', इतना आसान नहीं है रुक्मिणी पे पार पाना!''

फ़र्श पर गिरते ही मुरली आपा खो बैठा। रुक्मिणी का यह व्यवहार उसके लिए अपमान और आवाहन दोनों था। अब क्या करे वह? यह तो अच्छा हुआ

जो सावित्री इस समय कमरे में मौजूद नहीं है वरना...ख़ून का घूँट पीकर रह गया वह। समझ गया मुरली कि रुक्मिणी अब माननेवाली नहीं है। इस बार उसने छल का सहारा लिया और रुक्मिणी को बातों में लगा उसे अपनी गिरफ़्त में ले लिया। मगर रुक्मिणी ने भी जैसे प्रतिज्ञा ले ली कि अपनी इच्छा के विरुद्ध चल रही इस कपट-जंग में वह हार नहीं मानेगी। मुरली के शिकंजे से मुक्त होने के प्रयास में उसे पहली बार अहसास हुआ कि हिंस्र आदमख़ोर जानवर और आदमी में कितनी समानता होती है।

इस बीच पता नहीं रुक्मिणी का हाथ कब मेज़ के नीचे सरककर, वहाँ रखी बोतल तक पहुँचा? कब वह बोतल उसके हाथ में आई और कब वह टूटकर मुरली के पेट में समा गई।

आगे प्रतिरोध करने की ज़रूरत नहीं पड़ी रुक्मिणी को। जिन बाँहों का घेरा उसे मज़बूती से जकड़े हुए था, वह घायल अज़गर की तरह धीरे-धीरे ढीला पड़ता चला गया। आँखें ठहर-सी गईं उसकी। मुरली को अपने आपसे अलग कर रुक्मिणी खड़ी हो गई। सामने पड़े मुरली को देख उसकी समझ में अब जाकर आया कि एक के बाद एक ये वनचर उसे किस अनिष्टता के प्रति सचेत रहने का संकेत कर रहे थे। मगर क्यों नहीं समझ पाई रुक्मिणी इन संकेतों को? रह-रहकर अपने आप पर गुस्सा आने लगा उसे।

19

अब तो यहाँ से भागना ही उचित होगा। इससे पहले कि सावित्री बाईजी वापस आए पिछली खिड़की से निकल जाए वह। मुरली के पेट से निकली ख़ून की धीरे-धीरे लम्बी होती धार को देखकर रुक्मिणी घबरा गई। दिमाग़ ने उसके जैसे काम करना बन्द कर दिया।

अब?

इससे पहले कि रुक्मिणी कोई निर्णय ले पाती, बाहर नज़दीक आते पदचापों को सुन वह सतर्क हो गई। उसने लपककर ट्यूब लाइट बुझा, कमरे का नाइट लैम्प जला दिया।

पदचाप सावित्री बहन की ही थी।

"भाई साब, खाना तैयार है!" कमरे में प्रवेश करते हुए सावित्री ने सूचना दी।

अपने भाई साब यानी मुरली की ओर से कोई उत्तर नहीं मिला, तो उसने इस बार रुक्मिणी को आवाज़ देते हुए ट्यूब लाइट को जैसे ही जलाया कि सामने के दृश्य को देख उसकी घिग्घी बँध गई। गले से निकलनेवाली चीख़, गले में ही घुटकर रह गई।

"रु...रुक्मिणीऽऽऽ यह क्या किया?" मुश्किल से निकली सावित्री की आवाज़।

"मैंने रास्ते में पहले ही कहा था बाईजी कि पता नहीं क्यों आज मेरा जी घबरा रहा है, पर आपको तो भरोसा ही नहीं हुआ। जिसे मैंने सूअर बताया था, वह सूअर नहीं जंगली बिल्ली थी, जिसने गाजूकी से बाहर निकलते ही हमारा रास्ता काटा था।"

"ले...लेकिन अब क्या होगा?" ज़र्द पत्ते-सा काँपने लगा सावित्री का पूरा शरीर।

"होगा क्या, चलते हैं अपने-अपने घर।"

हैरानी हुई सावित्री को रुक्मिणी की इस निर्भीकता और निश्चिन्तता भरे ठंडेपन पर।

"और भाई साब?"

"तू बैठी रह अपने भाई साब के पास, मैं तो चली!"

"मैं...मैं बैठी रहूँ...नहीं रुक्मिणी, मैं अभी करती हूँ पुलिस को फोन।"

इतना कहते हुए सावित्री अपने मोबाइल से नम्बर मिलाने लगी कि रुक्मिणी ने उसके हाथ से यह कहते हुए मोबाइल झपट लिया, "बाईजी, मगज फिर गया है क्या!"

विस्फारित नेत्रों से देखने लगी सावित्री रुक्मिणी को।

"देख बाईजी, मैं तो ठहरी जन्मजात रजिस्ट्री कंजरी। मेरा तो कुछ बिगड़ने से रहा, पर सोच अगर मैंने पुलिस को यह बयान दे दिया कि तेरा भाई साब तेरे साथ तेरे जबरदस्ती कर रहा था और मैं तो तुझे बचा रही थी...बोतल मैंने नहीं तूने मारी है तोऽऽऽ...."

आँखें फटी की फटी रह गईं सावित्री की। अपना शरीर उसे तेज़ी-से ठंडा पड़ता महसूस होने लगा। लगा जैसे वह किसी भी पल लड़खड़ाकर गिर जाएगी। होंठ सूखते चले गए और आँखों के आगे तारे टिमटिमाने लगे।

"बाईजी, मुझे तेरे इस भाई साब की नीयत में पहले ही खोट दिखाई दे रहा

था। अपने-आपको बहुत सयाना समझ रहा था, पर मैं भी ठहरी असली कंजरी. ..और फिर बाईजी वो कंजर ही क्या जो जबर का जवाब चालाकी से और कपटी का जवाब धोखे से ना दे।''

समझ गई सावित्री मल्होत्रा कि जंगल-दर-जंगल घूमनेवाली यह काननचर इतनी सीधी नहीं है जितनी वह समझ रही थी। इसलिए उसने संयम और विवेक से काम लेने में अपनी भलाई समझी।

''ठीक है, जो हो गया सो हो गया। मैं ही कुछ रास्ता निकालती हूँ।'' इतना कह उसने मुरली को सीधा किया।

ख़ैर मनाई उसने कि मुरली के पेट में बोतल की नोंक ही घुसी थी। सावित्री के हाथ काँपने लगे, टूटी हुई बोतल को हाथ लगाते हुए।

''हटो बाईजी, मैं देखती हूँ।'' इतना कह रुक्मिणी ने पास पड़े तौलिए को उठाया और एक झटके के साथ बोतल की नोंक निकाल, उसकी जगह तौलिया लगा दिया।

बोतल की नोंक निकलते ही मुरली की जैसे साँसें लौट आईं। आँखें खोलकर देखा तो सामने सावित्री को खड़ा देख, कराहते हुए बोला, ''सा...सावित्री, रुक्मिणी ने यह अच्छा नहीं किया।''

''भाई साब, यह समय ऐसी बातों का नहीं है। जल्दी से पहले आपको किसी नर्सिंग होम में ले जाना है।'' सावित्री मुरली को सहारा देकर उठाने लगी कि दर्द से बिलबिलाते हुए वह फिर से फ़र्श पर बैठ गया, ''रुक्मिणी, थोड़ा सहारा तो दे!''

दोनों मिलकर उसे कमरे से बाहर लाईं और कार में डालकर नर्सिंग होम की ओर चल पड़ीं।

रुक्मिणी को सावित्री ने नर्सिंग होम से कुछ दूर पहले ही यह कहते हुए उतार दिया, ''रुक्मिणी, जब तक मैं ना आऊँ, तू यहीं खड़ी रहना!''

''जी बाईजी।''

घाव ज़्यादा गहरा नहीं था। आँतें ज़ख़्मी होने से बच गईं। केवल चार ही टाँके आए।

सावित्री के बहुत समझाने के बाद मुरली की समझ में आ गया।

''भाई साब, एफ आई आर को गोली मारो। जान बच गई यही क्या कम है। समझ लेना मात्र एक दुर्घटना थी यह। अगर यह खबर मीडिया के हाथ लग गई कि रेस्ट हाऊस में आपके साथ कोई औरत थी, तो सब कुछ मटियामेट हो जाएगा। लेने के देने पड़ जाएँगे। इसलिए भूल जाओ कि क्या हुआ था। रुक्मिणी से तो बाद में भी निपट लिया जाएगा।''

"लेकिन सावित्री, मैं इसे छोड़ूँगा नहीं।"

"यह आप मुझ पर छोड़ दीजिए भाई साब। उसकी चिन्ता छोड़िए आप।"

"सावित्री, आज अगर तू नहीं होती तो यह कंजरी मेरी जान ही ले लेती।" भर्राते स्वर में मुरली ने सावित्री का हाथ अपने हाथ में ले लिया।

"नहीं भाई साब, मारनेवाले से बचानेवाला ज्यादा ताकतवर होता है। अच्छा भाई साब, अपना ख्याल रखना...बहुत देर हो गई है, मैं भी अब चलती हूँ। सवेरे आऊँगी।" सामने दीवार-घड़ी की ओर देखते हुए सावित्री ने धीरे-से अपने हाथ को मुरली के हाथ से मुक्त किया और नर्सिंग होम से बाहर आ गई।

रुक्मिणी सावित्री को वहीं खड़ी मिली, जहाँ वह उसे छोड़कर गई थी।

देर तक दोनों में कोई बात नहीं हुई। शहर की रौशनी को पीछे धकेल कार उसकी सीमा से बाहर आई, तब जाकर सावित्री मल्होत्रा ने राहत की साँस ली। हालाँकि दिल अभी भी ज़ोर-ज़ोर से धड़क रहा है।

सावित्री बीच-बीच में सामने से आते वाहनों की हैड लाइट्स की रौशनी से भीगे चेहरे को देखती रही। काफ़ी दूर निकलने के बाद उसने पहली बार प्रतिक्रिया व्यक्त की।

"रुक्मिणी, तूने तो आज मरवा ही दिया था। अगर कुछ उल्टा-सीधा हो गया होता, तो तेरा कुछ नहीं बिगड़ता पर मैं कहीं की नहीं रहती।"

"बाईजी, आप मुझसे ही कहे जा रही हो...बाबू सा' के बारे में एक बार भी कुछ नहीं कहा।"

"और किससे कहूँ? अगर भाई साब पुलिस में रिपोर्ट लिखा देते तो?"

"लिखा देते, ज्यादा से ज्यादा क्या होता...दो-चार पुलिसियों को खुश करना पड़ जाता...और फिर यह सोचना आप इज़्ज़तदारों का काम है।" रुक्मिणी के तेवर ढीले पड़ने के बजाय और सख़्त हो गए।

"चुप कर! गल्ती मानने के बजाय उल्टा बहस कर रही है। तू नहीं जानती है मुरली भाई साब की ताकत।"

मुस्कराकर रह गई रुक्मिणी। बोली कुछ नहीं।

सावित्री ने कार की गति थोड़ी कम की और रुक्मिणी की ओर देख कर कहा, "ऐसे शामिल नहीं हुआ जाता है शरीफ और इज़्ज़तदारों की जमात में। तू क्या समझ रही है तुझे इस नरक से निकालने के लिए भाई साब अपना पैसा और टाईम ऐसे ही बर्बाद कर रहे हैं तेरे पीछे? कोई नारी मुक्ति केन्द्र खोल रखा है, या फिर तुम जैसियों को औरत बनाने का ठेका ले रखा है? क्या भाई साब ने रेस्ट हाऊस में तुझे तेरी आरती उतारने के लिए बुलवाया था?" एक ही साँस में

इतना कह गई सावित्री मल्होत्रा।

"पर बाईजी, यह बात आप गाजूकी से चलते हुए भी तो बता सकती थीं।"

"चल, मैं बताना भूल गई या जानबूझकर नहीं बताया पर पता चलने पर तूने कौन-से फूल बरसाए। तू तो चलित्तर दिखाने लगी। पागल औरत, थोड़ी-सी समझ और अकल से काम लेती तो तेरा भाग्य पलट जाना था आज। अब ठीक है, तसल्ली से उतारती रहना अपने ऊपर से मर्दों की फौज। हुँ, वैसे अपने-आपको कहती है औरत मगर एक मर्द की इच्छा क्या है, उसे बताए दूसरा...यह खूब रही।"

सावित्री ने कार की गति और बढ़ा दी। सामने से आते वाहनों को देख ऐसा लगता जैसे भिनभिनाते जुगनुओं के बीच कार किसी अंधी सुरंग में दौड़ी जा रही है। आसमान में छाए घने बादलों ने अँधेरा और गाढ़ा कर दिया।

"रुक्मिणी, कुछ लोग इस देह का इस्तेमाल सिर्फ जिन्दा रहने या फिर पेट भरने के लिए करते हैं। वैसे भी इस थोबड़े और देह के सिवाय तेरे पास है क्या? क्या है तेरे पास खोने को? खोता उसका है जिसके पास खोने को कुछ हो।"

रुक्मिणी का सिर अब धीरे-धीरे घूमने लगा। दूर से पास आती रौशनी से भरी छोटी-छोटी कटोरियाँ, उसे ब्रह्मांड में तैरते उल्का पिंड-से दिखाई देने लगे।

"हमारी सबसे बड़ी अमानत हमारी यह देह ही तो है। सोच, हमारे पास यह नहीं होती, तो क्या है हमारे पास। अपनी देह की तू खुद मुख्तार है...इससे आगे मैं क्या कह सकती हूँ।"

"पर बाईजी, इसी देह से तो मैं पीछा छुड़ाना चाहती हूँ।"

"छूट जाएगा इतनी आसानी से?" स्टियरिंग थामे बिना देखे पूछा सावित्री ने।

रुक्मिणी एक बार फिर चुप।

"पर बाईजी, क्या बिना इस देह के नहीं पलटा जा सकता भाग?" रुक्मिणी ने अपनी समझ से वाजिब सवाल किया।

"जा सकता है पर यह बता तेरे पास इसके अलावा है क्या?" प्रतिप्रश्न किया सावित्री ने।

रुक्मिणी चुपचाप कार चलाती सावित्री के चेहरे पर आनेवाले भावों को पढ़ने की कोशिश करती रही। जब नहीं रुका गया, तब पूछ ही लिया।

"बाईजी, एक बात पूछूँ...सच्ची-सच्ची बताना?"

"कौन-सी?"

"हमारे बाबू सा' को यह सब पता है?" बाबू सा' से रुक्मिणी का आशय

सावित्री के पति से था।

एकाएक ब्रेक लगा कार का। शायद किसी जंगली बिल्ली ने तेज़ी-से सड़क पार करते हुए रास्ता काटा है! वही हुआ जिसकी सावित्री को आशंका कम डर ज़्यादा था।

"हाँ।"

"तो वे कुछ नहीं कहते?" सावित्री की उदासी देख पूछा रुक्मिणी ने।

"अब क्या कहेंगे। जो कहना था कह लिया।" सावित्री की स्टियरिंग पर पकड़ मज़बूत होती चली गई।

"और बच्चे?"

"वे बाहर विदेश में पढ़ते हैं।"

"इसका मतलब है बाईजी, आऽऽऽप शुरू से हीऽऽऽ?"

"नहीं, ऐसा नहीं था। पार्टी के कामों के चलते जब मैं देर-सवेर घर आती-जाती, तो तेरे बाबू सा' मेरे ऊपर शक करने लगे। मैंने बहुत समझाया मगर उन्हें विश्वास नहीं होता। बाद में तो वे यह तक मानने को तैयार नहीं थे कि दोनों बच्चे उन्हीं के हैं। मेरा मन जानता है रुक्मिणी कि इस लांछन में कितनी सच्चाई है।"

रुक्मिणी के पास अब पूछने को कुछ नहीं बचा। कुछ क्षणों के लिए सन्नाटे का एक पतला-महीन-सा अवरोध आ गया उन दोनों के बीच। अब क्या पूछे रुक्मिणी? एक अजीब-सी ऊहापोह में फँस गई वह।

इस ऊहापोह से रुक्मिणी को उबारा भी तो सावित्री ने ही।

"रुक्मिणी, अगर मेरे भाग्य में मेरा अपनी इसी देह से खेलना बदा है, तो मैं क्यों न अपनी मरजी से खेलूँ।"

"मैं कुछ समझी नहीं बाईजी?"

"छोड़, तू नहीं समझेगी इन बातों को।" इतना कह सावित्री ने कार की गति और बढ़ा दी।

रुक्मिणी ख़ुद ही अपनी देह को टटोल गई। आज पहली बार उसे अपने घर के सामनेवाली द्रौपदी के मुँह से उगले जानेवाले विष बुझे शब्द-बाणों में निहित ईर्ष्या के ताप की अनुभूति हुई। क्यों नहीं होगी द्रौपदी को उससे ईर्ष्या। वैसे रुक्मिणी को भी कहाँ होता इसका एहसास अगर वह एक दिन द्रौपदी के अन्दरवाले कमरे में नहीं गई होती। क्या कमी थी उसके कमरे में। फ़िल्मी अभिनेत्रियों की बड़ी-बड़ी उत्तेजक तस्वीरों से पटी दीवारें और सलीके से लगा बिस्तर। बावजूद इसके अब पता चला रुक्मिणी को कि हर इज़्ज़तदार क्यों उसी

की ओर आकर्षित हो खिंचा चला आता है, तथा क्यों द्रौपदी के पास उनका अकाल पड़ा रहता है।

बार-बार रुक्मिणी अपनी देह की तुलना पास में कार ड्राइव कर रही सावित्री के देह से करती है। मगर हर बार उसे अपनी काया सावित्री से कहीं ज़्यादा सुघड़, सुडौल और आकर्षक लगी। एकाएक रुक्मिणी की आँखों के आगे गुड्डू का चेहरा तैर गया। गुड्डू! जिसका असली नाम लिए पता नहीं रुक्मिणी को कितने दिन हो गए। भला, क्यों न हो क्योंकि माँ से लेकर आनेवाले कज्जाओं और इज़्ज़तदारों के लिए वह महज गुड्डू है—यही है उसकी पहचान, और यही है उसका नाम।

क्या कर रहा होगा इस समय उसका गुड्डू? शायद कमला सदन के बाहर खड़ा समझा रहा होगा कज्जाओं को कि अभी आती ही होगी उसकी माँ। जब वह सदन में होती है तब गुड्डू की भूमिका बेटे की नहीं, उस परिपक्व सन्देशवाहक की होती है, जिसकी अनुभवी आँखें कमला सदन की ओर आते अजनबी को देखते ही पहचान लेती हैं तथा जिसे देखते ही वह अपनी पतली-पतली टाँगों पर दौड़ता हुआ माँ को जाकर सूचना देता है, "कज्जा आई रियो माँ!"

रुक्मिणी को लगने लगा जैसे दौड़ती हुई कार के अन्दर लाल चींटियों का गुच्छा घुस आया है और पूरे शरीर पर रेंगने लगा है। एक बार तो सिहरन से वह ऐसे कँपकँपाकर रह गई जैसे किसी ने उसके कन्धे पकड़कर उसे ज़ोर-से झिंझोड़ा हो। बहुत प्रयास किया उसने गुड्डू के चेहरे को विस्मृत करने का, किन्तु उसका चेहरा रुक्मिणी के अवचेतन में ऐसे चिपक गया कि चाहते हुए भी वह उसे नहीं खुरच पाई। कैसे खुरच पाती क्योंकि कभी उसे दरवाज़े पर टँगे थरथराते परदे के पीछे से, दो छोटी-छोटी निर्निमेष, निश्छल आँखें दिखाई देतीं, तो कभी पतली-पतली टाँगों पर बाहर पहरेदार की भूमिका में ऊँघता एक नन्हा पहरेदार। एक-एक दृश्य को याद कर रुक्मिणी ने कह ही दिया सावित्री से।

"बाईजी, कार थोड़ी तेज कर लो!"

वे अब अपने गन्तव्य के काफ़ी निकट थीं इसीलिए जल्दी ही कटोरीवालों का तिबारा पहुँच गईं। कार सड़क के किनारे रोक सावित्री ने रुक्मिणी से आग्रह किया, "रुक्मिणी, मुझे पहले ही देर हो गई है। ऐसा कर, तू यहाँ से पैदल चली जा!"

"पर बाईजी, गाजूकी तो अभी दूर है?"

"ठीक है, फिर मैं तुझे पुल तक छोड़ देती हूँ।"

"बाईजी, कम से कम मजार तक तो..."

"समझा कर, पूरे रास्ते में पानी भरा हुआ है और फिर पुल से दूर ही कितनी

है गाजूकी।''

''ठीक है बाईजी, आप चलो। मैं चली जाऊँगी।''

''डर की तो कोई बात नहीं है न?''

''आप बेफिकर रहो बाईजी।'' इतना कह रुक्मिणी पुल के बग़ल से ढलान पर उतर गई।

गाजूकी का रास्ता और रुक्मिणी के पाँव अच्छी तरह पहचानते हैं एक-दूसरे को। मगर न जाने क्यों रुक्मिणी बार-बार ठोकर खाकर गिरने को हो रही है। हालाँकि रात ज़्यादा नहीं हुई है पर बिजली चली जाने के कारण घुप्प अँधेरे में डूबी गाजूकी और रह-रहकर घरों के दरवाज़ों-खिड़कियों से छनकर आती रोशनी इसकी गवाही दे रही है कि गाजूकी में पूरी तरह अभी सोवता नहीं पड़ा है। बीच-बीच में कानों से टकराती बच्चों की चिल्ल-पों से आश्वस्त हो रुक्मिणी एक उच्छ्वास में डूबती चली गई। इन्हीं के साथ खेल रहा होगा गुड्डू। वहीं से साथ ले जाएगी उसे घर। लेकिन वह वहाँ नहीं मिला। शायद सो गया होगा। रुक्मिणी के पाँवों की रफ़्तार और तेज़ हो गई।

घर तक पहुँचने के दौरान कुछ चिर-परिचित दरवाज़ों, दरवाज़ों पर लटके परदों और उनके पार मद्धिम रोशनी में चलनेवाले देह-युद्धों के बीच से आती सिसकियों और कराहटों की फुसफुसाहटें रुक्मिणी के कानों से बराबर टकराती रहीं। सारी सीत्कारों को पहचानती है रुक्मिणी परन्तु इस बाज़ार में दूसरे पर ध्यान देना प्रतिद्वंद्वता और व्यावसायिक अनैतिकता का लक्षण माना जाता है।

अगर ये खिलावड़ी ऐसे प्रपंच न रचें, तो मर्द यहाँ क्यों आएगा। इसी बीच बिजली भी आ गई।

कमला सदन के मोड़ पर पहुँचते ही रुक्मिणी के पाँव ठिठक गए। दूर से ही देख लिया उसने। कम रोशनी के बावजूद उसका अनुमान ठीक निकला। एक छोटा-सा हुजूम मानो उसी के इन्तज़ार में है। रुक्मिणी के आते ही कमला सदन के आगे ऐसे रौनक़ लौट आई मानो घुप्प अँधेरे में बिजली का लट्टू जल उठा हो। किसी पर ध्यान नहीं दिया रुक्मिणी ने। उसकी आँखें तो किसी और को टटोल रही हैं। कहाँ होगा वह, सोचते हुए बेचैन हो उठी रुक्मिणी? आगे पहुँची तो देखते ही उसका कलेजा मुँह को आ गया। माँ की बाट में ऊँघती छोटी-छोटी मासूम आँखों में एकसाथ कई प्रश्न उठकर लुप्त हो गए। बाँसवन-सी टाँगों के बीच से खींचा रुक्मिणी ने गुड्डू को और अंक में समेटते हुए अन्दर चली आई अपने कमरे

में। इससे पहले कि बुआ और माँ कुछ और समझ पातीं, उसने दरवाज़ा बंद कर दिया।

बुआ ने बहुत समझाया। माँ ने लाख दुहाई दी। यहाँ तक कि माँ ने एक इज़्ज़तदार से एडवांस लेने का वास्ता भी दिया परन्तु रुक्मिणी के कमरे का जो दरवाज़ा बन्द हुआ, वह नहीं खुला।

छाती से चिपटे गुड्डू को रुक्मिणी ने अलग करते हुए पूछा, ''गुड्डू, बेटा कुछ खाया?''

''ना!'' केवल सिर हिलाकर जवाब दिया गुड्डू ने।

''क्यों, नानी ने नहीं दिया?''

''अच्छा नहीं लगता उसके हाथ से।''

नहीं रोक पाई इस बार रुक्मिणी अपने आपको। पहले से भरी हुई कलसे-सी आँखें छलक पड़ीं। अपने सिर पर पटापट गिरते दोंगड़ों की तपिस का मर्म नहीं समझ पाया अबोध गुड्डू। रुक्मिणी ने गुड्डू को गोद से नीचे उतारा और देखने लगी कि माँ खाना रखकर गई है, या नहीं। अलमारी में रखी थाली को बाहर निकाला और गुड्डू को खिलाने लगी।

पूरी रात नहीं सो पाई रुक्मिणी। छाती से चिपके गुड्डू को मजाल है वात्सल्य के बाज़ूबन्द ने थोड़ी ढील तो दी हो। पहली बार उसे देह की महत्ता, सार्थकता और उसकी अपरिहार्यता का भान हुआ। मगर दूसरी तरफ़ उसी देह के प्रति एक ग्लानि-सी भी होने लगी। लगा जैसे पूरी देह पर छोटे-छोटे सफ़ेद चकत्ते उग आए हैं। ऐसे निर्भाव और संवेदनहीन चकत्ते कि उनकी जगह इससे पहले कोई हल्की-सी चिकोटी भर लेता, तो मारे दर्द के बिलबिला उठती वह।

रुक्मिणी ने कई बार चेतन और अचेतन दोनों अवस्थाओं में इन चकत्तों पर चिकोटी भरी, परन्तु उसे किसी तरह की पीड़ा का एहसास बिलकुल भी नहीं हुआ। उसने शरीर के अन्य हिस्सों पर भी यह प्रयोग करके देखा किन्तु नतीज़ा वही ढाक के तीन पात। इसका मतलब हुआ इन चकत्तों ने पूरे शरीर पर कब्ज़ा कर लिया है। हड़बड़ाकर उठी रुक्मिणी और बल्ब को जला, जहाँ उसे शक हुआ वहाँ ध्यान से देखा। मगर उसे अपने शरीर पर ऐसा कोई दाग़ दिखाई नहीं दिया, जिसे सफ़ेद चकत्ते का नाम दिया जा सके। फिर क्यों रुक्मिणी को अपना शरीर सुन्न होता लग रहा था? यदि सचमुच ऐसा हो गया तब वह अपनी सुन्न होती इस संवेदनहीन देह का क्या करेगी?''

अब कैसे पैदा करे वह इसमें उत्ताप और कैसे मुक्त हो इन चकत्तों से? रुक्मिणी धम्मू-से चारपाई पर बैठ गई। साँस उखड़ने लगी। लगा जैसे वह महीनों

से बीमार है। कहीं ऐसा तो नहीं है कि वैद्यजी के अनुसार उसे ऐसा कोई रोग लग गया है? यदि ऐसा है तब वह ज़्यादा दिन तक नहीं जी पाएगी। ऐसे में गुड्डू का क्या होगा?

रात रुक्मिणी के लिए ऐसी काली सदी में तब्दील हो गई, जो बीतने का नाम ही नहीं ले रही है, वरना इससे पहले ऐसे लगता था मानो एक ही करवट में रात बीत गई। किंतु यह उसका कोरा वहम था। पिछली सुबहों की तरह अगली सुबह ने भी अपने वायदे के अनुसार वैसे ही दस्तक दी, जैसी देती आई है।

न जाने कहाँ से रुक्मिणी में चपलता लौट आई। आज जी भरकर नहलाया गुड्डू को। खाना खिलाया। इसके बाद ख़ुद तैयार होकर जाने लगी कि गुड्डू की मासूम-निस्तेज आँखों में एकसाथ कई प्रश्न उभरे और पूर्व की तरह लुप्त हो गए।

कुछ नहीं कहा रुक्मिणी ने और मुस्कराते हुए अभी उसने घर से बाहर पैर ही रखा था कि सामने द्रौपदी को देख वह पलभर के लिए ठिठक-सी गई। इसी का अंदेशा था उसे।

"रुक्मिणी, बड़ी सज-धजके जा रही है...कोई मोटा इज़्ज़तदार फँसा है क्या?" मुस्कराते हुए टोका द्रौपदी ने।

जी में तो एक बार आया कि इस द्रौपदी की बच्ची की वह ज़ुबान खींच ले परन्तु चाहकर भी ऐसा करना तो दूर रहा, कुछ कह भी नहीं पाई। बिना कोई जवाब दिए अपने गन्तव्य की ओर बढ़ गई।

रुक्मिणी का इस पर ध्यान ही नहीं गया कि जब वह घर से चली थी तब समय क्या हुआ होगा। उसके तलुओं में तो कोई दैवीय शक्ति प्रवेश कर गई थी, जो उन्हें ज़मीन पर नहीं पड़ने दे रही थी। इसलिए उसे समय का भान ही नहीं हुआ कि वह यहाँ कब पहुँच गई। आज उसने किसी सगुन-अपसगुन पर भी ध्यान नहीं दिया। दूर एक ऐसे चबूतरे पर जाकर बैठ गई, जहाँ से उसे सब एकदम स्पष्ट दिखाई दे रहा है।

सूरज जैसे-जैसे आसमान में चढ़ने लगा, रुक्मिणी की धड़कनें बढ़ने लगीं। आतुरता और व्यग्रता के मारे वह बार-बार सामने देखती। मन ही मन अपने कुल देवी-देवता, माँ नलिन्या और माना गुरु का स्मरण करने लगी और जल्दी ही उसके कुल देवी-देवता ने उसकी अरज सुन भी ली। वह बदहवास-सी लपकी सामने की तरफ़। पहचानने में ज़रा भी चूक नहीं हुई रुक्मिणी से।

इससे पहले कि कार ड्राइव करनेवाला दरवाज़ा खोल बाहर निकलते हुए,

वापस दरवाज़ा लॉक कर आगे बढ़ता, रुक्मिणी ने एकदम पीछे जाकर उसे धीरे-से आवाज़ दी, ''बाईजी!''

पलटकर देखा तो एकबारगी उसे अपनी आँखों पर विश्वास नहीं हुआ।

''रुक्मिणी तूऽऽऽ?'' विस्मय से आँखें जैसे चौंधिया गईं।

''हाँ बाईजी।'' बमुश्किल साँसों को नियन्त्रित करते हुए जवाब दिया रुक्मिणी ने।

''पर तू...तू यहाँ क्या करने आई है सवेरे-सवेरे?''

''बाईजी, मैं भी चलूँगी आपके साथ।''

''पागल हो गई है...दिमाग खराब हो गया है तेरा।'' सावित्री के हाथ-पाँव फूल गए।

''बस्स, ऐसा ही समझ लो बाईजी।'' सिर झुकाते हुए बोली रुक्मिणी।

''बाईजी की बच्ची, तू मुझे मरवाकर रहेगी!'' दाँत पीसते हुए धीमी आवाज़ में डाँटा सावित्री ने।

''आपके पाँव पड़ती हूँ बाईजी, साथ ले चलो अपने।''

''तुझे साथ ले जाकर मरना है मुझे। मुश्किल से उन्हें रात को समझाया था। अगर उन्होंने इस समय तुझे मेरे साथ देख लिया, तो कच्चा चबा जाएँगे हम दोनों को!''

''कुछ भी करो बाईजी, आज तो मैं आपके साथ चलके रहूँगी।''

''अच्छा, चाहती क्या है तू?'' झुँझलाते हुए पूछा रुक्मिणी से।

''मैं माफी माँगने आई हूँ बाबू सा' से।''

''माफीऽऽऽ!'' हैरानी हुई सावित्री को।

''हाँ बाईजी, माफी। दरसल ऐसा नहीं करना चाहिए था मुझे उनके संग।''

रुक्मिणी ने सावित्री बहन को सोचने पर विवश कर दिया कि इसे मुरली भाई साब के पास ले जाना उचित होगा, या नहीं? काफ़ी सोच-विचार के बाद सावित्री तैयार हो गई।

''ठीक है, ले चलती हूँ पर जैसा मैं कहूँ, वैसा ही करना। भाई साब कुछ भी कहें मुँह से तेरे एक शब्द भी नहीं फूटना चाहिए, समझी!''

''जी बाईजी।''

''तो फिर आ जा मेरे पीछे-पीछे।'' कुछ और ज़रूरी निर्देश देते हुए सावित्री आगे बढ़ गई।

वॉर्ड में प्रवेश करने से पहले सावित्री एक पल के लिए ठिठकी तथा पीछे खड़ी रुक्मिणी की ओर देखते हुए बोली, ''याद है न, मैंने क्या कहा है?''

रुक्मिणी ने कुछ कहने के बजाय केवल मुंडी हिलाई।

सावित्री करवट लेकर लेटे हुए मुरली के सिरहाने की ओर बढ़ गई, रुक्मिणी को दरवाज़े के बाहर छोड़कर।

देर तक इधर-उधर की बातें होती रहीं। सावित्री ने जब देखा कि मौक़ा अच्छा है, तब वह पहले थोड़ा नज़दीक आई और मुस्कराते हुए हिम्मत जुटाई, "भाई साब, एक बात कहनी थी?"

मुरली ने बिना कुछ कहे पलकें उठा, अपनी स्वीकृति दे दी।

"लेकिन भाई साब, एक वादा करना पड़ेगा कि आवेश में नहीं आओगे।"

इस बार मुरली मुस्कराकर रह गया।

"भाईसाऽऽब..." कहते-कहते रुक गई सावित्री। चुपके-से दरवाज़े की ओर देखा।

"क्या हुआ?" गहरा सीत्कार छोड़ते हुए पूछा मुरली ने।

"समझ में नहीं आ रहा है कैसे कहूँ?" डर और दुविधा से घिरी सावित्री ने कहा।

"क्यों, ऐसी क्या बात है?" मुरली भी घबरा गया इस बार।

"ऐसी तो कोई बात नहीं है भाई साब परऽऽऽ...."

"फिर, रुक क्यों गई?"

"बात यह है भाई साब कि रु...रुक्मिणी आई है आपसे मिलने।" हिम्मत जुटा कह ही गई सावित्री।

"क्या, उसकी इतनी हिम्मत..."

"वादा किया है आपने कि आवेश में नहीं आओगे।"

"अब किसलिए आई है, क्या चाहती है वह?" लम्बी-लम्बी साँसें लेते हुए पूछा मुरली ने।

"भाई साब कह रही है कि मुझे बाबू सा' के साथ ऐसा नहीं करना चाहिए था। अपने किए पर बहुत पछतावा हो रहा है उसे। माफी माँगने आई है वह।"

मुरली ने सावित्री की आँखों में ऐसे देखा जैसे वह यह परखना चाहता है कि कहीं सावित्री झूठ तो नहीं बोल रही है?

"हाँ भाई साब, मैं सच कह रही हूँ।" सावित्री अपने भाई साब की आँखों में उभरे संशय को ताड़ गई।

मुरली ने पहले लम्बा साँस लिया और फिर शरीर को एकदम ढीला छोड़ दिया। समझ गई सावित्री बहन अपने भाई साब की देह-भाषा का अर्थ। इस बीच उसने न जाने कब बाहर दरवाज़े से लगकर खड़ी रुक्मिणी को इशारा किया कि

रुक्मिणी मुरली के पाँयतों के पास मौजूद थी।

"बाबू सा', माफ कर दो इस कंजरी को। गल्ती हो गई मुझसे।" कहते-कहते रुक्मिणी ने मुरली के पाँवों पर अपना सिर रख दिया।

"ठीक है।" इतना कह मुरली ने एक अदृश्य मुस्कान के साथ पाँव सिकोड़ दूसरी तरफ़ ऐसे करवट ले ली, जैसे उसने जानबूझकर सावित्री और रुक्मिणी की आँखों को आपस में बतियाने के लिए अवसर दिया हो।

इधर उन दोनों ने भी इस अवसर का सदुपयोग कर, आँखों ही आँखों में कुछ ही क्षणों में सदियों भर की बातें कर डालीं, इतनी बातें जितनी कोई भरपूर मिले एकान्त में भी नहीं कर पाता है। सावित्री ने रुक्मिणी को इशारा किया तो रुक्मिणी चुपचाप नर्सिंग होम से बाहर चली आई। उसने पलटकर भी नहीं देखा इसके बाद कि नर्सिंग होम उससे कितना पीछे छूट गया है।

20

किसी को कुछ पता नहीं। पिछले कुछ दिनों से रुक्मिणी कई-कई दिनों तक कहाँ रहती है—पूरा कमला सदन इस अबूझ पहेली से परेशान है। कोई पूछता है तो किसी को कुछ नहीं बताती। सबका परेशान होना लाज़िमी भी है। बकौल कमला बुआ अगर एक खिलावड़ी इधर-उधर भटकती रहेगी, तो कैसे गुज़ारा होगा। अपने-अपने तरीक़ों और अन्दाज़ों के अश्वों को सबने दौड़ा-दौड़ाकर इस रहस्य की थाह लेने की बहुत कोशिश की किन्तु सब बेकार।

इस रहस्य से रुक्मिणी ने एक नहीं, दो नहीं पूरे छह महीने तक परदा नहीं उठने दिया। यह तो भला हो वैद्यजी यानी अपने घनश्याम 'कृष्ण' का, जिसने गाजूकी को इस ख़बर से बा-ख़बर किया।

पसीने से तर हाँफ़ते हुए आया वैद्यजी कमला सदन।

ख़बर सुनते ही पूरा कमला सदन कौतूहल और आश्चर्य के शीरे में डूबता चला गया। पहली दफ़े तो सदन में किसी को विश्वास ही नहीं हुआ। 'हुस्न बाग' के किणकों को चुबलाती कमला बुआ बार-बार अपनी मिचमिचाई आँखों को खोल, विस्मय से देख पहचानने के बावजूद ऐसे मुँह फेर लेती, मानो सब उससे परिहास कर रहे हैं। सुशीला-माया सहित वंदना, पूनम द्वारा तसदीक़ करने पर भी,

न जाने क्यों कमला बुआ असमंजस और संशय के कोटर से बाहर आने को तैयार नहीं है।

"बैद्जी, पता ना मुझे क्यों अपनी मरी इन आँखों पे यकीन ना हो रहा है।"

"इसका मतलब है बुआ यह अखबार झूठ बोल रहा है?"

"बैद्जी, हमारी माँ का तो चल गया है दिमाग।" वैद्यजी की ख़बर की पुष्टि करते हुए, वैद्यजी से ही कहा माया ने।

"बुआ, खबर एकदम सोलह आने सही है। यकीन नहीं है तो शाम को जब रुक्मिणी आए तब उसी से पूछ लेना। अच्छा, अब मैं चलता हूँ।" कमला बुआ से इजाज़त ले अपने चारों ओर निगाह मारते हुए जाने के लिए खड़ा हो गया वैद्यजी।

जाते-जाते एकाएक लगा मानो कोई परिचित गंध उसके पास से गुज़री है। वहीं रुक गए उसके क़दम। अपने चारों ओर देखा उसने किन्तु उसे वह कहीं नहीं दिखाई दी। अपने आप ही मुस्कुराकर रह गया घनश्याम 'कृष्ण'।

वैद्यजी यानी घनश्याम 'कृष्ण' क्यों मुस्कराया? शायद अपने इस भ्रम पर। भ्रम ही तो था यह। यदि भ्रम नहीं होता तो उसकी आँखें उसे क्यों ढूँढ़तीं और वह होती, तब क्या वैद्यजी को वह ऐसे ही लौटने देती, नहीं। कमला सदन में पहली बार वैद्यजी को उसकी अनुपस्थिति का बोध हुआ। सदन से निकलते समय एकाएक घनश्याम 'कृष्ण' के होंठों पर एक दिन पहले शुरू की गई ग़ज़ल का मतला, जिसके मुकम्मल होने में उसे अभी कुछ शक है, आ गया :

मेरे क़रीब आके वो ऐसे गुज़र गए
जैसे मैं बेख़बर हूँ मगर बाख़बर गए।

पूरे कमला सदन की आँखें पथरा गईं किन्तु रुक्मिणी उस दिन शाम तो क्या, अगले कई दिनों तक दिखाई नहीं दी गाजूकी में। आई तो आते ही चारों ओर से घेर लिया उसे। पीछे-पीछे भाईजी क़िस्म के शोहदे जिन्हें पार्टी कार्यकर्ता कहना उचित होगा, या नहीं—बधाई देने आ पहुँचे। इन्हें जैसे ऐसे ही किसी बहाने का इन्तज़ार था।

जो गाजूकी कभी-कभार पुलिस द्वारा मारे गए छापों के लिए जानी जाती, वही गाजूकी पिछले कई दिनों से अख़बारों की सुर्ख़ियों में बनी हुई है। एकाएक धूल उड़ाती गाड़ियों की आमद बढ़ गई है। जिस गाजूकी में दिन के उजाले में इज़्ज़तदारों का प्रवेश वर्जित-सा था, अब वे निर्बाध आने लगे। इस दौरान पहली बार वैद्यजी की तरह कमला सदन को संतो भाभी की अनुपस्थिति का एहसास हुआ। वैसे यह एहसास होता नहीं यदि वंदना ने उस दिन खुल्लमखुल्ला विद्रोह

न किया होता।

"देख रुक्मिणी, मैं कोई भाभी नहीं हूँ जो तेरी और तेरे इन मुसटंडों की चाकरी में लगी रहूँ। लीडर बनी है तो कर ले अपना कोई इन्तजाम। दिन में इनकी सेवा करो और रात में...सवेरे-सवेरे ऐसे आ धरते हैं जैसे हमारे पास कोई काम ही नहीं है।"

"तू तो ऐसे कह रही है वंदना जैसे मैंने ही भाभी को भगाया है।" रुक्मिणी ने परोक्षतः अपने ऊपर लगी तोहमत का प्रतिवाद करते हुए कहा।

"और किसने भगाया है। सबसे ज्यादा तू ही उसे बैल की तरह जोतती थी।"

"और तू तो उस पर जैसे फूल बरसाती थी। ज्यादा मुँह मत खुलवाओ मेरा नहीं तो..."

"रुक्मिणी छोड़, बेटी क्यों आपस में गड़े मुर्दे उखाड़ने पर तुली हुई हो।" बुआ ने हस्तक्षेप किया।

"नानी, सब मुझी से कहते हैं। इन्हें मत समझाओ!"

"लो कोई मत बनो भाभी, मैं बन जाती हूँ। मैं करती हूँ तुम सबकी चाकरी। चाय-पानी ही करनी है, मैं कर दिया करूँगी पर तुम दोनों बहन लड़ो मत।" सुशीला ने अपने ऊपर ज़िम्मेदारी लेते हुए कहा।

"माँ, बात चाय-पानी की नहीं है। दरअसल गले में भगवे पटके की फाँस डाले ये रुक्मिणी के बहाने हम खिलावड़ियों को देखने आते हैं। देखा नहीं उस तिलकधारी मुच्छड़ को, पूनम को बेटी-बेटी कहते हुए कैसे उसकी कमर पर हाथ फेर रहा था।"

"और वो भाईजी का बच्चा कैसे गन्दे-गन्दे इशारे कर रहा था पिंकी को जैसे इनके घर में बहन-बेटियाँ ही नहीं हैं।"

"वैसे रुक्मिणी एक बात कहूँ, वंदना और पूनम कह तो सही रही हैं।" माया ने उन दोनों का समर्थन करते हुए कहा।

"मौसी, अगर इतना ही शौक है तो आ जाएँ मैदान में शाम को, करें गाँठ ढीली...पर ना, इन्हें तो मुफत में लुगाई चहिए। जी में तो उस दिन आ रहा था कि उस मुच्छड़ की मूँछ उखाड़के, उसके हाथ में दे दूँ।" वंदना दाँत पीसते हुए बोली।

"मैं तो इसी डर के मारे पूनम और पिंकी को इनके सामने ही नहीं आने देती हूँ। ऐसे इज़्ज़तदारों का क्या भरोसा।" सुशीला ने अपना डर व्यक्त करते हुए कहा।

"मुझे तो माँ डर ही इस बात का है कि कहीं गाजूकी चौपट ही ना हो जाए।"

वंदना ने निष्कर्ष निकाला।

"लेकिन माँ, ये दूसरी पार्टी जैसे नहीं हैं। हमारी पार्टी में जहाँ से लोग आते हैं, वहाँ उन्हें जिन्दगीभर कुँआरे रहने की कसम दिलाई जाती है।" भूल गई थोड़ी देर के लिए रुक्मिणी कि मुरली भी उसी पार्टी का है, वह भी वहीं से आया है।

"मरद और कुँआरा! नानी, यह कौन-सी पार्टी है?" वंदना ने व्यंग्य करते हुए सवाल किया।

ज़ोर-से हँसी कमला बुआ। हँसी तो देर तक हँसती रही। उसके हँसने में हर बार लगता रहा कि जितनी बार वह हँसी उतनी ही बार अलग-अलग शक्लों में, अलग-अलग मर्द आते रहे।

अनुत्तरित हो गई रुक्मिणी। झुँझलाहट और खिसियाहट उसके चेहरे पर साफ़ पढ़ी जा सकती है। मर्द और कुँआरा—सच कहा है नानी ने। एकाएक मुरली का चेहरा उसकी आँखों के सामने सजीव हो उठा।

"ठीक है नानी, मैं अपना दफ्तर कहीं और बना लेती हूँ।"

"हाँ रुक्मिणी, इन कज्जाओं का क्या। कल को कुछ हो-हा गया तो तेरी जान को मुसीबत खड़ी हो जाएगी। तू अपने इन भाईजियों से वहीं मिल लिया कर!"

"अगर कोई फँस जाए तो गाजूकी भेज दीजो।" वंदना ने एक बार फिर कोंचा रुक्मिणी को।

"रुक्मिणी, यह तो हँसी-ठट्ठे की बात हुई पर सही बात यह है कि तेरे चलते हमारे पुराने इज़्ज़तदारों ने गाजूकी ही आना छोड़ दिया है...यहाँ तक कि छठे-चौमासे जो एकाध फरारी आ जाया करता, वो भी मरा जैसे रास्ता भूल गया।" कहते-कहते बुआ के माथे पर दुश्चिन्ताओं की लकीरें खिंच आईं।

क्षणभर के लिए रुक्मिणी सोच के किसी गहरे भँवर में उतरती चली गई। वापस जब उससे बाहर निकली, तो इस दृढ़ संकल्प के साथ कि नहीं, कार्यालय तो उसे गाजूकी से बाहर ही खोलना होगा। बेशक, उसके ये भाईजी हाथ के पंजे, या साइकिल; हाथी, तीर या लालटेनवाले जैसे नहीं हैं लेकिन हैं तो मर्द। मर्द चाहे तिलक माथे पर चन्दन का लगाए या सिन्दूर का। गले में पटका भगवे का डाले या तिरंगे का। क़समें चाहे वह ताउम्र कुँआरेपन के खूँटे से बँधे रहने की खाए, या इस सांसारिक मोह-माया से दूर रहने की, है तो आख़िर वह मर्द ही।

रुक्मिणी की कनपटियों की नसें धीरे-धीरे प्रत्यंचा-सी खिंचने लगीं। जबड़ा अपने आप सख़्त होने लगा। कमला बुआ ने नज़रें बचाते हुए चुपचाप देखा रुक्मिणी को। भाँप गई वह कनपटियों और जबड़े की मांस-पेशियों के खिंचने का अर्थ। ज़्यादा कोंचना अपने भीतर एक डर पैदा कर गया बुआ के। इसीलिए उसने

किसी को आगे बहस या बात करने की अनुमति नहीं दी। वह अपने इस डर को और ज़्यादा बढ़ने नहीं देना चाहती है।

'जिला जनजाति महिला प्रकोष्ठ' की प्रमुख बनते ही रुक्मिणी ने गाजूकी की काया पलट दी।

जिन रास्तों से गुज़रते हुए मुँह पर डाठा लगाना पड़ता था, उनमें ईंटों के खड़ंज्जे बिछवा दिए गए। पुल से लेकर गाजूकी तक की सड़क की शक्ल ही बदल दी। और तो और गाजूकी में एक 'सरस्वती जनजाति शिशु मन्दिर' नामक पाठशाला की स्थापना भी करवा दी।

मगर जैसे ही कुछ दिनों बाद समाचार पत्रों के माध्यम से यह समाचार आया कि रुक्मिणी के हाथों में पार्टी ने 'राज्य युवा जनजाति महिला प्रकोष्ठ' की कमान सौंप दी है, उस दिन अनेक कर्मठ महिला कार्यकर्त्ताओं ने मूर्च्छित हो चारपाई पकड़ ली।

सावित्री बहन यानी सावित्री मल्होत्रा की शिराओं में तो रक्त-सा जम गया इस समाचार को सुनकर। उसने उसी समय मुरली भाई साब को फोन मिलाया।

"हैलो! हाँ, भाई साब...आपने पढ़ी आज की खबर?"

"..."

"यह क्या भाई साब, जिन्हें पार्टी की सदस्यता लिए जुम्मा-जुम्मा आठ दिन नहीं हुए हैं उन्हें पुरस्कृत किया जा रहा है, और जो पार्टी के लिए मरे जा रहे हैं उन्हें कोई पूछ नहीं रहा है।"

"..."

"ऐसे कैसे हो सकता है भाई साब। बिना आपकी राय लिए यह कैसे सम्भव है।"

"..."

"इसका अर्थ तो यह हुआ कि पार्टी के लिए रात-दिन मरनेवालों का कोई महत्त्व ही नहीं है।"

"..."

"ठीक है भाई साऽऽऽब..." कहते-कहते सावित्री के मुँह से फूटती शब्द-शृंखला बिखर गई।

कुछ क्षणों तक दूसरी तरफ़ से सावित्री के कानों में मरुस्थल में बहती हवा की साँय-साँय गूँजती रही। लग रहा था जैसे कोई बड़ा तूफ़ान तेज़ी-से बढ़ा आ

रहा है। एक डरावने शोर के बीच टूटे हुए शब्द अचानक शृंखलाबद्ध हुए, "मैं...मैं बाद में फोन करती हूँ।"

"..."

"किसी और दिन आती हूँ। अभी मेरा बेटा आया हुआ है अमेरिका से... मैं बाद में देखती हूँ।" इतना कह सावित्री ने मोबाइल ऑफ़ कर दिया।

सावित्री मल्होत्रा ने उसी समय गैरेज से कार निकाली और चल पड़ी। उसने मोबाइल से सूचित तक करना उचित नहीं समझा। अपने भीतर जमे लावा को उलीचने की जल्दी में, या कहिए उसने जानबूझकर ऐसा किया, कहना मुश्किल है।

जिस गाजूकी तक पहुँचने में उसे पता ही नहीं चलता था, उसी गाजूकी का रास्ता मानो सैकड़ों मील लम्बा हो गया। बमुश्किल उसे कटोरीवालों का तिबारा दिखाई दिया। तिबारा पार कर उसने कार गाजूकी पुल के एक ओर खड़ी की और मन ही मन स्वयं से बातचीत का आधार बनाते हुए बतियाती रही। अचानक उसका ध्यान बाईं ओर गया, तो उसे याद आया कि पिछली बार जब वह यहाँ आई थी, तब पुल के बग़ल से जाती सड़क वैसी नहीं थी, जैसी आज दिखाई दे रही है। स्टियरिंग के ऊपर टँगे दर्पण में अन्तिम बार अपने-आपको निहार, कार गाजूकी की ओर मोड़ दी।

रुक्मिणी ने जब से नए क्षेत्र में पदार्पण किया है, तभी से पूरी गाजूकी को लगने लगा है जैसे उनकी निजता छीजने लगी है। इसीलिए शायद अधिकतर खिलावड़ी आने-जानेवालों को दरवाज़ों और खिड़कियों की झिरियों से देख ख़ुद में सिमट जाती हैं।

कार को भूरा पीर की मज़ार के सामने खड़ी कर सावित्री मज़ार पर गई। सिर पर साड़ी का पल्लू डाल, आँखें मूँद मन ही मन सावित्री ने भूरा पीर से जैसे कुछ माँगा। गाजूकी में प्रवेश करने से पहले, पार्टी के लहराते ध्वज ने दूर से ही बता दिया कि कमला सदन किस दिशा में है।

कमला सदन के सामने खुले चौक में सावित्री ने कार पार्क कर दरवाज़ा खोला ही था कि पीछे से एक जाना-सा स्वर उसके कानों में पड़ा। भूरा पीर से सावित्री ने शायद इसी स्वर को अपने कानों में पड़ने की एक दुआ यह भी माँगी थी।

"बाईजी, आऽऽऽप?"

सावित्री ने मुड़कर देखा तो थोड़ी देर के लिए उसे नहीं पहचान पाई।

"रुक्मिणीऽऽऽ!" सावित्री की आँखों में रतौंधी उतर आई जैसे।

सावित्री को अन्दर ले आई रुक्मिणी।

“आओ बाईजी, बैठो! आज कैसे चरन पड़ गए इस कंजरी के घर में?”

नहीं समझ पाई सावित्री कि रुक्मिणी ने यह व्यंग्य किया था, या यूँ ही उसके मुँह से निकल गया।

“बहुत दिन हो गए थे, सोचा आज मिल ही लूँ। तुझे तो फुरसत ही नहीं है।”

“क्या करूँ बाईजी, सच्ची में फुरसत ही नहीं है। पार्टी ने एक के बाद एक कई जिम्मेदारी दे दी। रात भी मुश्किल से आ पाई गाजूकी।”

“ले, जिस काम के लिए आई थी, उसे तो भूल ही गई। रुक्मिणी, बहुत-बहुत बधाई!” न जाने कब अपने साथ साड़ी में छिपाकर लाई मिठाई के डिब्बे को रुक्मिणी की ओर बढ़ाते हुए सावित्री बोली।

“बस्स बाईजी, यह सब आप जैसे इज़्ज़तदारों का परताप है, वरना कहाँ यह रुक्मिणी और कहाँ यह...”

“नहीं रुक्मिणी, यह सब तेरी मेहनत का फल है।” तिरछी नज़र से देखा सावित्री ने।

“मैं कुछ ठंडा-वंडा लाती हूँ। इतने दिनों बाद आई हो।”

इससे पहले कि सावित्री कुछ कह पाती, रुक्मिणी तेज़ी-से कमरे से निकल गई।

सावित्री ने कमरे की एक-एक चीज़ को बेहद बारीकी से देखा। दीवार पर टँगी बड़ी-सी फ्रेम में जड़ी एक रंगीन तस्वीर को देखकर एक क्षण के लिए मोबाइल पर मुरली से हुई बातचीत के दौरान, उसका एक वाक्य याद आ गया, ‘रुक्मिणी, अध्यक्ष महोदय ने बड़ी चतुराई से यह प्रस्ताव पास करा लिया।’ इसका मतलब है रुक्मिणी अब...।

“लो बाईजी!” साथ लाई एक बहुराष्ट्रीय कम्पनी के शीतल पेय की बोतल का ढक्कन खोलते हुए रुक्मिणी ने उसे सावित्री की ओर बढ़ाया।

चौंककर लौटी सावित्री वर्तमान में। डर-सी गई कि रुक्मिणी ने कहीं उसकी चोरी तो नहीं पकड़ ली है।

“नहीं रुक्मिणी, रहने दे।”

“घबराओ मत बाईजी, दुकान से लाई हूँ।”

“सच, मेरी इच्छा नहीं है।”

“इच्छा नहीं है याऽऽऽ एक कंजरी के हाथ सेऽऽऽ ”

“ला!” रुक्मिणी का वहम दूर करते हुए शीतल पेय की बोतल लेते हुए सावित्री बोली, “सुना है इसमें कीटनाशक मिला हुआ है!”

"कीटनाशक?"

"वही जिससे मक्खी-मच्छर मारने की दवाई बनाई जाती है। यह अमेरिका भी हमें जहर पिला-पिलाकर मारने पर उतारू है।"

हँसी छूट गई रुक्मिणी की, "पर बाईजी, आपके बच्चे तो इसे रोज पीते होंगे!"

"चल छोड़।" उसी कीटनाशक मिले शीतल पेय का सावित्री ने लम्बा घूँट खींच, खुश्क होते गलें को तर किया पहले। फिर चारों ओर देखते हुए बोली, "तेरा गुड्डू दिखाई नहीं दे रहा है?"

"बाईजी, यह तो मैं बताना ही भूल गई। उसे तो बाईजी मैंने एक स्कूल में डाल दिया है।"

"किस स्कूल में?" गाजूकी पुल से गाजूकी तक बनी चकाचक सड़क के बाद सावित्री के लिए दूसरी बड़ी ख़बर थी।

"वो क्या नाम है बाईजी उसका जो रेलवे फाटक से आगे पड़ता है राजधानी पब्लिक..."

"राजधानी पब्लिक स्कूल, उसमें डाला है!" शीतल पेय का घूँट लेते हुए जैसे धसक-सी लगी सावित्री के। आगे कुछ नहीं बोली, बस एक लम्बा साँस लेकर रह गई।

"मैंने तो बाईजी आपकी वो बात गाँठ में बाँधी हुई है जो आपने एक बार कही थी।"

"कौन-सी?" अपनी स्मृति पर ज़ोर देते हुए पूछा सावित्री ने।

"बाईजी वही कि रुक्मिणी कुछ लोग अपनी देह का इस्तेमाऽऽऽल...आगे पता नहीं आपने कुछ जिन्दा या मरने जैसी बात कही थी।" रुक्मिणी ने जानबूझकर आगे-पीछे हो गए शब्दों को याद करने की मुद्रा बनाते हुए, बड़ी चालाकी से जैसे अधपके नासूर पर अँगुली रख दी।

निपट उजड्ड-सी लगनेवाली रुक्मिणी के मुँह से इस आधे-अधूरे जुमले को सुन सावित्री को लगा मानो उसे किसी गहरी खंदक में धकेल दिया हो। यानी दीवार पर टँगी तस्वीर को देखकर, कुछ देर पहले उसे जो खटका हुआ था, वह सही था। सारा खेल सावित्री की समझ में आ गया। संशय की जो थोड़ा-बहुत धुंध बची थी, वह भी अब पूरी तरह साफ़ हो गई। विश्वास हो गया उसे मुरली भाई साब के कहे पर। कमरे में टँगी पार्टी अध्यक्ष की तस्वीर इसकी पहली गवाही है, तो गुड्डू को शहर के एक नामी पब्लिक स्कूल में दाख़िला दिलवाना दूसरी।

"बाईजी, याद आया कुछ?" समझ गई रुक्मिणी कि उसकी बाईजी दुविधा

और बेचैनियों की कौन-सी कंदराओं में सिर पटकती भटक रही है।

"ऐं, हाँ-हाँ याद आया।" मुश्किल से सावित्री केवल इतना कह पाई।

"बस्स बाईजी, मैं तो आप जैसे इज़्ज़तदारों के दिखाए रास्ते पर चल रही हूँ। वैसे भी इस खिलावड़ी पर क्या फरक पड़ता है। इसके लिए जैसा एक मरद, वैसा दूसरा। मरदों से नहीं घबराती है खिलावड़ी। मरद तो बाईजी इसके लिए पठार पर बहता पानी है, जितना चाहे बह जाए। ज्यादा बहेगा तो कुछ देकर जाएगा और कम बहेगा, तो भी कुछ देकर जाएगा।"

"छोड़ रुक्मिणी, सबकी अपनी-अपनी सोच है।" सावित्री इस अधपके नासूर से उठते दर्द को ज़्यादा सहने की स्थिति में नहीं है अब।

"बाईजी, सुना है अपनी धरमपुरा सीट से इस बार मुरली बाबू सा' खड़े होने की तैयारी कर रहे हैं?"

"अफवाह तो मैंने भी सुनी है, पर मुझे लगता नहीं है कि भाई साब इसके लिए तैयार होंगे।"

"वैसे अच्छा रहेगा बाईजी। कम से कम बाबू सा' से रोज का तो मिलना होता रहेगा।"

"पहले यह बता, अभी कितने दिन हुए हैं उनसे मिले हुए।" दाईं आँख दबाते हुए धीरे-से पूछा सावित्री ने।

"आप सारी बात तो जानती हैं बाईजी, फिर भी मुझी से पूछ रही हो।" कहते-कहते आँखें चुरा लीं रुक्मिणी ने।

"मैंने तो सुना है कि भाई साब की नई-नई खिलावड़ियों से आजकल खूब सेवा हो रही है।"

"आपको कैसे पता बाईजी?" मुँह खुला का खुला रह गया रुक्मिणी का।

"क्यों, सब कुछ राज्य युवा जनजाति महिला प्रकोष्ठ की अध्यक्ष को ही पाता है।" इस बार सावित्री ने एक विद्रूप मुस्कान उछाली।

"बाईजी, बाबू सा' का मेरे ऊपर बहुत बड़ा एहसान है...करज है मेरे ऊपर। अगर वे मेरे लिए इतना नहीं करते तो आज मैं यहाँ कैसे होती।"

"तेरा यह बाबू सा' खुद तो मरेगा ही, किसी दिन तुझे भी मरवाएगा। भूख की भी कोई हद होनी चाहिए।"

"यह तो आप सही कह रही हैं बाईजी...पर देह की भूख कभी मिटी है। पेट की तो एक बार मिट भी जाए पर देह की..."

"रुक्मिणी, बद से बदनाम बुरा होता है। पता नहीं भाई साब को बिलकुल भी डर नहीं लगता है। अच्छा, मैं चलती हूँ। बधाई देने आई थी, दे दी। कभी-कभी

हमें भी याद कर लिया कर!"

"कैसी बात करती हो बाईजी, यह भी कोई कहने की बात है।"

बाहर तक छोड़ने आई रुक्मिणी। कार जब तक उसके सामने से ओझल नहीं हो गई, रुक्मिणी वहीं खड़ी रही। वापस लौटते हुए मन ही मन मुस्कराते हुए सोचती रही वह कि जिसने एक दिन उसे देह-दर्शन का ककहरा पढ़ाया, वही आज उसे भूख की परिभाषा समझा रही है। कमला सदन में घुसते-घुसते रुक्मिणी नहीं रोक पाई अपने-आपको और अट्टहास करते हुए ज़ोर-से हँस पड़ी, इतनी ज़ोर से कि सदन की दीवारें तक प्रकम्पित हो उठीं। कुछ समझ में नहीं आया किसी के। न कमला बुआ के, न माँ सुशीला के। न मौसी माया के, न वंदना के। सब आश्चर्य से देखती रहीं उसे। आँखें विस्मय से फैलने-सिकुड़ने लगीं।

"रुक्मिणी, मरी क्या हुआ?" कमला बुआ को किसी अप्रत्याशित अनिष्टता की आहट-सी सुनाई दी, रुक्मिणी के इस अट्टहास में। इसलिए उसे अच्छी नहीं लगी रुक्मिणी की यह हँसी।

"बस्स नानी, ऐसे ही एक बात याद आ गई।"

"ऐसी कौन-सी बात ही जो एकाएक बादल-सी फट पड़ी?"

"थी कोई बात नानी।" फेफड़ों में ढेर सारी हवा भर, उसे बाहर छोड़ते हुए टालने की कोशिश की रुक्मिणी ने।

"कहींऽऽऽ तेरी इस बाईजी की बात तो ना थी?" ख़ुद ही अन्दाज़ा लगा लिया बुआ ने।

"हाँ नानी, कह रही थी कि बद से बदनाम बुरा होता है।" फिर हल्के-से मुस्कराई, "इस रुक्मिणी को दिखा रही है बदनामी का डर।"

"मरी, पता नहीं तूने भी किस फटे में पाँव दे दिया। मुझे तो डर लग रहा है, कहीं कोई ऊँच-नीच ना हो जाए।"

"इससे ज्यादा ऊँच-नीच तो होने से रही नानी।"

"देख ले। मुझे ना है तेरे इन मरे नेताओं पे भरोसा।" बुआ की पेशानी पर दुश्चिंताओं के धारे खिंचते चले आए।

"पर इस रुक्मिणी पर तो है?" एक बार ज़ोर से हँसी रुक्मिणी।

"जा मरीऽऽऽ! मेरी तो समझ से परे है तेरा यह गोरखधंधा।" कमला बुआ भी इस बार उसकी हँसी में शामिल हो पलटते हुए बोली, "चलो री खिलावड़ियो, इसके चक्कर में तुम अपना धंधा क्यों पिटवाती हो। चलो, टैम हो गया...सब अपनी-अपनी तैयारी करो!" बुआ का इशारा वंदना सहित पूनम-पिंकी की ओर था।

अकेली अपने कमरे में सामने पार्टी अध्यक्ष की टँगी तस्वीर को देर तक एकटक निहारती रही रुक्मिणी। एक बार तो कुछ पलों के लिए उसे लगा जैसे फ्रेम में अध्यक्ष की नहीं, उसकी तस्वीर जड़ी हुई है, तो दूसरे पल लगा अध्यक्ष के बग़ल में उतनी ही बड़ी, उसकी भी तस्वीर लगी हुई है। अपने आप ही मुस्कराकर रह गई रुक्मिणी अपनी इस ना-समझी भरी कल्पना पर।

एक लम्बा साँस ले रुक्मिणी ने दीवार की ओर करवट ले ली। अलसाएपन से पलकें भारी हो उठीं। अभी उसे नींद का हल्का-सा लटका आया ही था कि एक सरसराहट से बेचैन हो उठी वह।

अब इसे उस चींटे का अन्तिम समय कहिए, या दुर्भाग्य कि पता नहीं कैसे दिशा भटकते हुए वह अन्दर रुक्मिणी की जाँघ तक पहुँच गया। पूरे जिस्म का एक-एक रोआँ उसकी इस निर्भयता को देख अपनी-अपनी जगह मुस्तैद हो गया। जबकि रुक्मिणी, उसे तो यह क़तई गवारा नहीं है कि उसकी मरजी के बिना कोई अपनी हदों को पार कर उसे छू तो ले।

रुक्मिणी ने बेहद चौकसी बरतते हुए हाथ पेटीकोट में डाला और इससे पहले कि ना-मुराद चींटा किसी दूसरी हरकत के बारे में सोचता, वह अँगूठे और तर्जनी के पोरों की गिरफ़्त में था। उसे अँधेरे से रोशनी में लाया गया। दोनों पोरों के बीच कसमसाते चींटे को देख, रह-रहकर सोचती है रुक्मिणी कि यदि ऐसे ही रिहा कर दिया गया, तो भविष्य में यह फिर से उसकी जाँघों तक पहुँचने की जुरअत कर सकता है। इसलिए ज़रूरी है इसकी इस जुरअत को ख़त्म करना और उसके लिए ज़रूरी है इसे सज़ा देना—ऐसी सज़ा कि भविष्य का कोई टंटा ही नहीं रहे। यही सोचते हुए रुक्मिणी के मुस्तैद जल्लाद पोरों ने उसके इस दुस्साहस के लिए सज़ा मुक़र्रर कर दी—यानी कुछ क्षणों तक फ़र्श पर तड़पता चींटा आख़िरकार हमेशा के लिए अपने आपसे रिहा हो गया।

21

रुक्मिणी के प्रस्ताव पर एक बार तो कमला सदन सिहरता चला गया यह सोचकर कि यह अब उससे कौन-सी बीमारी को गले में डालने के लिए कह रही है। ज़रूर यह रुक्मिणी की इसी बाईजी का खेल है। इसी ने किया है रुक्मिणी पर यह जादू

वरना वह इस चक्कर में पड़ने से रही। सारी चाल इसी बाईजी की है। शक तो सबको उसी दिन हो गया था, जब यह पहली बार इस गाजूकी में आई थी। सुशीला-माया दोनों बहनों को तभी जँच गया था। तिवारी जी का नाम लेना तो दरअसल बहाना था, यहाँ तक पहुँचने का वरना है यह भी उन्हीं चौड़ी सिन्दूरी बिन्दी से घिरे ललाटवाली दीदियों में से एक है, जिनकी वजह से गाजूकी की नाक में दम आ चुका है।

हालाँकि रुक्मिणी द्वारा विस्तार से समझाने के बाद समझ में तो अधिकतर के आ गया परन्तु कुछ पलों के मंथन के बाद एकसाथ अनेक आशंकाएँ और सन्देह से घिरे सवाल भी खड़े हो गए। ये सवाल किसी और ने नहीं बल्कि सबसे पहले कमला सदन के भीतर से ही खड़े हुए।

''चलो मान लिया, हम तेरी संस्था में शामिल हो गईं तो इसकी क्या गारंटी है कि तेरे ये इज़्ज़तदार हमें वैसी ही इज्जत देंगे जैसी औरों को देते हैं? आखिर कहलाएँगी तो हम खिलावड़ी ही?'' पहली आशंका रुक्मिणी की छोटी बहन वंदना की ओर से जताई गई।

''पर इस नरक से भी तो पीछा छुटेगा।'' रुक्मिणी के बजाय द्रौपदी ने उल्लसित होते हुए वंदना की आशंका को नए भविष्य की कल्पना से ढाँपने की कोशिश की।

''तू चुप कर! तेरी समझ में नहीं आएँगी ये बातें। कैसे आएँगी, तेरे पास कौन-से इज़्ज़तदार आते हैं।''

वंदना के इस व्यंग्य पर द्रौपदी तिलमिलाकर रह गई।

''इज्जत मिलेगी नानी क्योंकि इसे एक इज़्ज़तदार चलाएगी, मैं नहीं।''

रुक्मिणी की इस दूरदर्शिता पर वंदना से कुछ कहते नहीं बना। रुक्मिणी ने मुस्कराकर वंदना की ओर देखा।

''फिर तो ठीक है।'' जिस द्रौपदी पर वंदना ने डाँटते हुए व्यंग्य किया था, उसी द्रौपदी ने हुलसते हुए जैसे सबकी तरफ़ से सहमति दे दी।

''फिर एक काम और कर रुक्मिणी तू—रम्भा, हेमा और रेखा से भी बात कर। क्या पता वे मरी तीनों भी तैयार हो जाएँ।''

''नानी, यह तो तूने दूर की सोची।'' द्रौपदी ने कमला बुआ का समर्थन किया।

''मैंने तो नानी इसका नाम भी सोच लिया है, 'कंजर पतिता उद्धार सभा'।''

''पतिता, कौन है पतिता?'' इससे पहले कि वहाँ पहले से उपस्थितों में से कोई किसी तरह का सवाल उठाती, अन्दर आते हुए वैद्यजी ने पूरे समूह से पूछा।

"आ जा मरे, तू भी कभी-कभी ऐन मौके पर आ टपके है...पिंकी, कुर्सी दे बैद्जी को!"

इसके बाद बुआ ने रुक्मिणी की पूरी योजना वैद्यजी को सविस्तार बता दी।

"पर बुआ, यह नाम किस अकलमंद ने सुझाया है?" वैद्यजी ने बिना लाग-लपेट सबसे पूछा एक तरह से।

"है कोई रुक्मिणी की इज़्ज़तदार।" वंदना ने कोंचते हुए कहा।

"कौन है ऐसा जिसे मैं ना जानता होऊँ?" हैरानी हुई वैद्यजी को।

"सावित्री बाईजी, बैद्जी।" रुक्मिणी ज़्यादा देर तक अपने भेद को नहीं छिपा पाई।

"हूँऽऽऽ तो यह है वह इज़्ज़तदार! उसने सुझाया है इतना अच्छा नाम!" वैद्यजी ने लम्बे हुंकारे के साथ जिस तरह कहा, उससे माया-सुशीला के सन्देह की और पुष्टि हो गई।

इस बार रुक्मिणी भी आशंकित हो उठी।

"यानी जिनको पता नहीं चलेगा उनको भी पता चल जाएगा कि यह संस्था किनकी है।"

"देख बैद्जी, हमें तो इन झंझटों का पता है नहीं। अब तू आ ही गया है तो हमें सलाह दे, हम क्या करें?"

"बुआ, पतिता का मतलब भी पता है तुमको? दूसरा, इस नाम से ऐसा लगेगा जैसे तुम ही धंधा करती हो।"

"बैद्जी ठीक कह रहे हैं नानी। बेड़िया, नट, साँसी, बावरियों में भी तो होता है यह धंधा। मुझे नहीं होना है भर्ती रुक्मिणी की इस संस्था में।" वंदना ने उसी समय दो टूक मना कर दिया।

"मैं भी नहीं।" पूनम भी विद्रोह पर उतर आई।

"जब सब मना कर रही हैं तो मैं ही क्यों होऊँ।" लगे हाथ पिंकी ने उद्घोषणा करते हुए कहा।

फिर तो एक के बाद एक सबने इन्कार कर दिया। उस द्रौपदी ने भी जिसने सबसे पहले रुक्मिणी का साथ दिया था। रुक्मिणी हतप्रभ कि वैद्यजी ने आते ही पलीते को यह कैसी आँच दिखा दी। एकदम नितान्त अकेली पड़ गई रुक्मिणी। वैद्यजी ने कनखियों से देखा रुक्मिणी की ओर। भाँप लिया उसने कि अनजाने में एक अपराध हो गया है उससे। इसीलिए उसी समय उसने बात सँभाल ली।

"वंदना, रुक्मिणी की योजना अच्छी है। मुझे इसकी नीयत में कोई खोट

दिखाई नहीं देता। वह तो तुम सबको इस नरक से निकाल एक इज्जत भरी ज़िन्दगी देना चाहती है, पर यह नाम मेरी समझ से परे है।''

रुक्मिणी की मुश्किल से जान में जान आई। लगा जैसे वैद्यजी ने उसे संजीवनी बूटी सूँघा दी है।

''नाम ही रखना है तो जनजाति कल्याण सभा, जनजाति महिला सभा जैसा कोई नाम रखो। यह क्या कंजर पतिता उद्धार सभा...और उसकी भी ठेकेदार कौन–सावित्री मल्होत्रा।'' कहते-कहते वैद्यजी के चेहरे का रंग बदलता चला गया।

''एक बात कहूँ बैदूजी...ना तो नहीं कहोगे?'' रुक्मिणी पास आते हुए बोली, ''इसे आप सँभाल लो!''

''मैं! मैं तो इस लफड़े से दूर ही अच्छा।''

''रुक्मिणी सही कह रही है बैदूजी। मुझे तो इसके लिए तुझसे ज्यादा लायक कोई लगता ना है।''

''ना बुआ...''

''आपको मेरी सौं है बैदूजी!'' वैद्यजी इससे आगे कुछ कहता, रुक्मिणी ने अपनत्व से भीगा आग्रह किया।

असमंजस में पड़ गया वैद्यजी।

''मान जा न मरे! कित्ते प्यार से कह रही है।'' बुआ की आँखों में शरारत तिरमिराने लगी।

''ठीक है, मैं इतना कर सकता हूँ कि थोड़ा-बहुत सहयोग कर सकता हूँ पर इससे एकदम सीधा जुड़ना मेरे बसकी बात नहीं है। जिम्मेदारी तो आप अपनी सावित्री को ही दो।''

''बैदूजी, बसकी नहीं है याऽऽऽ।''

''क्या मतलब?'' लगभग तमतमाते हुए पलटकर पूछा वैद्यजी ने।

''मतलब कुछ नहीं, मैं तो ऐसे ही कह रही हूँ।'' रुक्मिणी ने हँसते हुए तुरंत विषय पर विराम लगा दिया।

''बैदूजी ठीक कह रहा है, रुक्मिणी। कम से कम बाहर से तुझे अच्छे-बुरे से तो चेताता रहेगा।'' बुआ ने भी वैद्यजी से सहमति जताई।

''ठीक है नानी, हम फिर इसका नाम बदल लेते हैं। क्या नाम रखा जाए बैदूजी?''

''कम से कम पतिता शब्द तो इसमें नहीं होना चाहिए।''

''तो फिर हम इसका नाम रखते हैं जनजाति महिला उद्धार सभा।''

"हाँ, यह एकदम सही नाम है।" वैद्यजी ने रुक्मिणी द्वारा सुझाए गए नाम पर तुरंत अपनी सहमति दे दी। इसके बाद औरों ने भी अपनी सहमति दे दी।

वैद्यजी ने सबको देखा एक-एक कर। सबकी आँखों और चेहरों पर उसे नया उत्साह और चमक साफ़-साफ़ दिखाई दी। फिर भी उसने अन्तिम बार पूछ ही लिया, "सबने अच्छी तरह सोच तो लिया है न?"

"इसमें सोचने की बात क्या है।" सुशीला ने तपाक्-से कहा।

"यही कि यह खिलावड़ीपना छोड़ना पड़ेगा।"

"छोड़ना पड़ेगा, मतलब?" अपने निश्चय से डगमगाती दिखी वंदना।

वंदना के साथ-साथ एक बार सभी निर्णय-अनिर्णय के महीन धागे पर झूलती लगीं। भाँप गया वैद्यजी वंदना की दुविधा।

"मेरे कहने का मतलब यह है कि अगर इज्जत से जीना है, तो कुछ-न-कुछ त्यागना तो पड़ेगा ही।"

"बिना छोड़े भी तो हो सकती हैं हम इसमें शामिल?"

पूनम की इस मासूमियत पर मुस्कराकर रह गया वैद्यजी।

"नानी, बैद्जी सही कह रहे हैं। ऐसा ना हो कि पीछे मेरी सारी तपस्या, सारी मेहनत पर पानी फिर जाए। इसलिए अभी भी सोच-समझ लो। एक बात और कहे देती हूँ साफ-साफ कि गाजूकी में कज्जाओं को रोकने के लिए अगर मुझे पुलिस लगानी पड़ी, तो लगाऊँगी।"

"पर रुक्मिणी हमारा खरचा-पानी, वह कहाँ से निकलेगा?" पूनम ने अंततः अपनी चिन्ता प्रकट कर ही दी।

"मैं तो तिबारे पर खोखा डाल लूँगी। सौ रुपए की दिहाड़ी कहीं नहीं गई।"

"माँ, तू तो तिबारे पर खोखा डाल लेगी, हम क्या रुक्मिणी से रोज माँगते फिरेंगे?" वंदना ने सही समय पर, सही सवाल उठाया।

"माँ, शुरू में आएगी थोड़ी-सी दिक्कत। पीछे खोखे की भी जरूरत नहीं पड़ेगी। दो-तीन लाख तो मैं सरकार से यूँ ही दिलवा दूँगी। अपनी सरकार फिर कब काम आएगी। पीछे जैसे-जैसे हमारे पापड़-बड़ियों का ओडर बढ़ता जाएगा, तुम सबकी तनखाह बँध जाएँगी।"

'तनख़्वाह' शब्द को सुन सब एकाएक दूसरे लोक में प्रवेश कर गईं। इसलिए किसी से प्रतिवाद करते नहीं बना और देखते ही देखते सभा की एक भावी सदस्यों की फ़ेहरिस्त तैयार हो गई। साथ ही बैठे-बैठे रुक्मिणी ने एक सम्भावित तिथि भी तय कर दी—अर्थात् 'जनजाति महिला उद्धार सभा' की स्थापना, उसके द्वारा संचालित भावी कार्यक्रमों और परियोजनाओं के साथ-साथ सभा के उद्घाटन की

तिथि इससे पूर्व सावित्री बहन के साथ एक सामूहिक बैठक करने पर भी सबने अपनी सहमति दे दी।

सावित्री के साथ हुई बैठक में जिस विषय पर सबसे ज़्यादा चर्चा हुई वह थी सभा द्वारा संचालित किए जानेवाले कार्यक्रमों के कार्यस्थल के बारे में। सावित्री ने अपने तर्कों से कमला बुआ, सुशीला, माया सहित सबको तैयार कर लिया। सबको उसके तर्क में वज़न भी नज़र आया कि सभा के कार्यक्रमों के संचालन के लिए तिबारे से अच्छी जगह दूसरी कोई हो ही नहीं सकती। मुख्य सड़क के किनारे होने के कारण तिबारे को लेकर सबमें आम सहमति बन भी गई लेकिन वैद्यजी की चुप्पी से कमला सदन में बेचैनी फैल गई। सब समझ गईं कि वैद्यजी के इस मौन का अर्थ है कि वह इससे सहमत नहीं है।

"वैद्यजी, आप भी तो कहो कुछ?" वैद्यजी से पूछने का साहस अंततः सावित्री ने ही जुटाया।

"आप कह रही हैं तो ठीक ही है।" वैद्यजी ने किसी तरह का उत्साह नहीं दिखाया।

"वह तो है ही पर आप भी तो कहो कुछ?" रुक्मिणी के माथे पर झुँझलाहट की रेखाएँ खिंच आईं।

"मरे, कुछ गाँठ है तो खोल दे!"

"बुआ, मेरे विचार से वह जगह सभा के लिए ठीक नहीं रहेगी।"

"कैसी बात कर रहे हो वैद्यजी। इतने मौके की जगह और ठीक नहीं रहेगी।" वैद्यजी की इस ना-समझी पर एकाएक सावित्री मल्होत्रा के होंठों की आकृति बदल गई।

किसी तरह की प्रतिक्रिया व्यक्त नहीं कि वैद्यजी ने।

"बैदूजी, बात-बात पर आपका यह तुनकना-तमकना मुझे तो अच्छा लगता है नहीं। आपके कहने पर हमने संस्था का नाम बदल लिया। अब आप कह रहे हैं कि..."

"रुक्मिणी, ऐसे तो चल ली तेरी सभा। जब शुरुआत ही ऐसी है तो आगे इसका राम ही मालिक है। ऐसा कर मुझे तो इस झंझट से दूर रख, जिसे चलानी है वह चलाए।" सावित्री बहन का इशारा सीधे-सीधे वैद्यजी की ओर था।

इस बार भी कुछ नहीं कहा वैद्यजी ने।

वैद्यजी की इस चुप्पी की भाषा और किसी ने समझी हो या नहीं, बुआ ज़रूर

समझ गई। उसके अनुभवों ने बाँच ली वैद्यजी के चेहरे की यह भाषा। इसीलिए उसने वैद्यजी को टटोलते हुए पूछा, "बैद्जी, मरे फिर बता न तेरे हिसाब से कौन-सी जगह अच्छी है?"

"मेरे हिसाब से बुआ गाजूकी से अच्छी दूसरी जगह और कोई नहीं है। हाँ, तिबारे पर दफ़्तर बनाया जा सकता है। सावित्री जी वहीं से सभा का काम देख सकती हैं। टेलीफोन भी वहाँ आसानी से लग जाएगा।"

"रुक्मिणी, बैद्जी की बात में दम तो है।" बुआ की आँखें चमक उठीं।

"बुआ, ऐसे नहीं चलती हैं संस्थाएँ जैसे आपके वैद्यजी चलाना चाहते हैं कि सदस्य कहीं और, दफ्तर कहीं और।" इस बार सावित्री बहन हत्थे से उखड़ गई।

कमला बुआ को अब पूरी तरह विश्वास हो गया कि जो वह सोच रही है, ज़रूर वैद्यजी भी वही सोच रहा है।

"रुक्मिणी, ऐसा कर कल सवेरे इस पर फिर से मिल-बैठके बिचारेंगे। ऐसी मरी कौन-सी आफत आ पड़ी है...वैसे भी तेरी बाईजी का आज मूँड ठीक नहीं है।" बीच में दख़ल देते हुए बुआ ने सुझाव दिया।

"बाईजी, एक बार कल और परेशानी उठा लो!" अनुनय करती हुई बोली रुक्मिणी।

"ठीक है रुक्मिणी, कल फैसला हो गया तो ठीक वरना मुझसे किसी तरह की आशा मत रखना।"

"नाराज मत हो बाईजी, बैद्जी को मैं समझा दूँगी।" मुस्कराते हुए तनाव कम करने की कोशिश की रुक्मिणी ने।

इसके बाद सभा विसर्जित हो गई इस सहमति के साथ कि कल फिर मिलना है ठीक दस बजे।

सावित्री बहन के जाते ही रुक्मिणी से नहीं रहा गया। सारा गुस्सा कमला बुआ पर उँडेल दिया। बुआ ने मुश्किल से उसे शान्त किया। वैद्यजी भी उठकर जाने लगा कि बुआ ने उसे इशारे से वापस बैठा लिया।

बुआ को जैसे इसी एकान्त का इन्तज़ार था।

"बैद्जी, तेरी यह तिबारेवाली बात मेरी तो समझ से परे थी।"

वैद्यजी ने पहले चारों तरफ़ देखा और फिर थोड़ा रुककर बोला, "बुआ, सच्ची कहूँ मुझे तुम्हारी इस सावित्री बहन यानी रुक्मिणी की बाईजी की नीयत कुछ ठीक नहीं लग रही है।"

"मरे, कहीं हम दोनों एक ही बात तो ना सोच रहे हैं कि सावित्री सोच रही है कुछ और, और हम समझ रहे हैं कुछ और।"

“पर यह रुक्मिणी तो कुछ सुनने को तैयार ही नहीं है। पता नहीं इसकी इस बाईजी ने इसे क्या घुट्टी पिलाई है।”

“देख बैदजी, अब तो मैं भी इस संस्था-फंस्था को तिबारे पर ले जाने नहीं दूँगी। गाजूकी में जो बन पड़ेगा, उसमें कसर छोड़ूँगी नहीं।”

“तू ही समझा बुआ उसे।”

“तू चिन्ता मत कर। कल देखियो मेरा खेल।” इतना कह बुआ ने ‘हुस्न बाग’ का पॉऊच का किनारा उधेड़ा और गप्प से पूरा ही मुँह में डाल गई।

सावित्री बहन नियत समय से थोड़ा पहले आ गई।

रुक्मिणी अभी उससे बैठने के लिए कहती कि आते ही सावित्री कहने लगी, “रुक्मिणी, जल्दी बुला ले सबको...मुझे वापस भी लौटना है।”

“तू भी सावित्री घोड़ा पे सवार होके आती है। आई है, थोड़ा-सा साँस ले ले! सब आती होंगी।” कमला बुआ ने अन्दर आते हुए सावित्री को कहते हुए सुन लिया था।

“वो कहाँ है तुम्हारा वैद्यजी...दिखाई नहीं दे रहा है?” सावित्री के शब्दों का यह तीखापन अच्छा नहीं लगा बुआ को।

“आता ही होगा।” बुआ के बजाय उत्तर रुक्मिणी ने दिया।

“आएगा तो ठीक है, नहीं हम आपस में ही बिचार लेंगे।” बुआ ने लापरवाही के साथ कहा।

इस बीच पिंकी सबको बुलाकर ले आई। जो रह गई थीं, वे भी बैठक शुरू होते-होते आ गईं।

देर तक इन्तज़ार किया वैद्यजी का किन्तु उसकी साइकिल की घंटी की आवाज़ किसी को सुनाई नहीं दी।

“हाँ बुआ, क्या सोचा फिर?” अधिक समय नष्ट किए बिना सावित्री बहन सीधे विषय पर आ गई।

“सावित्री, बेटी बुरा ना माने तो एक बात कहूँ...बहन-बेटियों का मामला है और फिर कहीं ऐसा ना हो कि सारे दिन तेरी इस संस्था के आगे-पीछे लौंडों-लपाड़ों का मेला लगा रहे। किस-किसको रोकेगी तिबारे पर? यह फिर भी तो अपना घर है, इज़्ज़तदारों से दूर है...यहाँ तों निभ जाएगी पर तिबारे पर किस-किससे सिर फुड़वाएँगे। रेखा-हेमा के मामले में देखा नहीं, कित्ता हल्ला मचाया था।”

बुआ की इस चिन्ता पर रुक्मिणी भी सोच में पड़ गई।

"नानी, बात तो ठीक है पर जगह मौके की है।"

"मैं भी तो यही कह रही हूँ।" तपाक् से सावित्री रुक्मिणी को सहारा देते हुए बोली।

"तेरी बात ठीक है सावित्री पर तिबारा गाजूकी से दूर ही कित्ता है ज्यादा से ज्यादा कोस भर। इनके बहाने मेरा भी टैम कट जाएगा। ये सब चली जाएँगी तो इत्ते बड़े घर में मैं अकेली रह जाऊँगी।" कहते-कहते बुआ की आँखें पनीली हो उठीं।

समझ गई सावित्री बुआ के इस प्रपंच को। वैद्यजी का बच्चा सही पट्टी पढ़ा कर गया है।

"तू चिन्ता मत कर नानी, यहीं रहेंगी हम सब...बाईजी, ऐसा करते हैं कि तिबारे पर हम अपना दफ्तर बना लेते हैं। बाकी का काम संस्था यहीं करती रहेगी। बैद्‌जी सही कह रहे थे। एक टेलीफोन लगवा दूँगी...जब मन करे बात कर लो।" रुक्मिणी ने अन्ततः अपना निर्णय सुना दिया।

सावित्री बहन से प्रतिवाद करते नहीं बना। चुपचाप इस फ़ैसले को स्वीकार करने के, दूसरा रास्ता नहीं था उसके पास, तिबारे तक पहुँचने का।

"ठीक है बाईजी, मैं समाज कल्याण मंत्री से टैम ले लेती हूँ उद्‌घाटन के लिए। समझ लो, 'जनजाति महिला उद्धार सभा' का काम आज से ही शुरू हो गया!" पुलकित होते हुए रुक्मिणी ने विषय पर यहीं विराम लगा दिया।

22

मुरली की मुट्ठियाँ रह-रहकर खुलने और बन्द होने लगीं। बीच-बीच में लगता जैसे कोई देवात्मा किसी परकाया में प्रवेश कर उसे झिंझोड़ जाती, वैसे ही बीच-बीच में वह फड़फड़ाकर रह जाता। उम्र तो अपने मुरली की निश्चित ही पचास से ऊपर है लेकिन संगठन के अनुशासन और नियमों के चलते कोई कह नहीं सकता कि इस व्यक्ति की वास्तविक उम्र क्या होगी। ब्रह्मचर्य के पालन और निरामिषता ने सौष्ठवता वैसी की वैसी बनाकर रखी है। इस सौष्ठवता का एक कारण यह भी है कि कभी-कभार किसी अवसर विशेष पर किए जानेवाला

रसरंजन इसकी नज़र में अनुशासन और ब्रह्मचर्य दोनों का उल्लंघन नहीं है। तर्क एकदम स्पष्ट है कि सुप्त शिराओं में थोड़ा आवेग पैदा करने के लिए कुछ व्यसनों का सेवन आवश्यक है, बशर्ते वे आपके धैर्य, संयम, दृढ़ता, हठ और अनुशासन को बाधित न करें। इसीलिए मुरली अर्थात् भाई साब का फंडा एकदम साफ़ है कि यदि ज़िन्दगीभर ब्रह्मचर्य का पालन ही करना था, तो राजनीति में वह ऐसी-तैसी कराने आया है। शायद इसीलिए राष्ट्र के प्रति समर्पण भाव और ब्रह्मचर्य दोनों का पालन तथा निबाह पूरी निष्ठा के साथ हो रहा है।

सावित्री मल्होत्रा यानी सावित्री बहन अपने भाई साब के सद्विचारों और उसकी इस भावना से तभी परिचित हो गई थी, जब पहली बार मौक़ा पाते ही नितान्त अकेले में उससे राजनीति का पहला सबक पढ़ा था। अपनी रज़ामंदी और पूरे होशो-हवास में उसने भी शिष्या-दक्षिणा के रूप में गुरु-दक्षिणा में अपने-आपको पूर्णतः राष्ट्र के प्रति समर्पित कर दिया था।

आज मुरली भाई साब के इसी गठीले बदन में रह-रहकर ऐसी फुरफुरी उठ रही है जैसे बलि से पूर्व निरीह और मूक बकरे के बदन पर किसी देवी के पंचामृत के छींटे पड़ने से उठती है। जब-जब साँसें नथुनों के किनारों से थपेड़े खाती हुई फेफड़ों में दाख़िल हो वापस एक लम्बे हुंकारे के साथ बाहर आकर वायुमंडल में व्याप्त हवा से टकरातीं, तब-तब दोनों के घर्षण से ऐसा नाद पैदा होता, जैसे जेठ माह में पड़ने वाले दौंगड़ों से पूर्व, आसमान में टकराती हवाओं से होता है। कभी-कभी लगता जैसे हवा का कोई सेंकारा तेज़ी-से बढ़ा आ रहा है।

मुरली को अभी भी अपने कानों पर विश्वास नहीं हो रहा है।

''सावित्री, इतना कुछ हो गया और तू मुझे अब बता रही है।''

''बता तो देती भाई साब परन्तु सब कुछ इतनी तेज़ी-से हुआ कि समझ में नहीं आ रहा था आपको कैसे बताऊँ। वैसे ऐसी बातें फोन पर तो बताई जाती नहीं हैं।''

सावित्री को लेकर 'सावित्री' जैसी जो छवि मुरली ने बनाई हुई थी, वह कोरा भ्रम साबित हुई। जिस सावित्री को वह निरी बछिया समझने का विभ्रम पाले हुए था, वह कच्चे घड़े-सा टूटकर बिखर गया। पहली बार उसे सावित्री लम्बे-लम्बे सींगोंवाली मरखनी गाय नज़र आई।

''ये सारी बातें आपको भाई साब मिलकर ही बतानी चाहिए थीं।''

ख़ामोश रहा मुरली। पहली, और शायद पहली बार उसे किसी से डर लगने लगा था। इतना डर तो उसे तब भी नहीं लगा था, जब उसने संगठन के अनुशासन और नियमों को धता बताते हुए, पहली बार अपने ब्रह्मचर्य को सार्थक

करते हुए सावित्री बहन को राजनीति का ककहरा सिखाते हुए, उसे समर्पण की राह दिखाई थी। उस दिन भी नहीं लगा जब वह रुक्मिणी के रूप में साक्षात् यमराज के चंगुल में जा फँसा था और अपने-आपको पूर्णतः मृत समझ बैठा था। मगर उसे आज क्यों डर लग रहा है? लग रहा है तो किससे लग रहा है? अधमुँदी आँखों के सामने किसी सिनेमाघर के विशाल परदे पर एक के बाद एक डरावने दृश्यों में खो गया मुरली। एकाएक उसे लगने लगा जैसे प्रोजेक्टर में रील उलझ गई है और सारे दृश्य एक-दूसरे में गड्डमड्ड हो गए हैं।

"लेकिन भाई साब अब बहुत देर हो चुकी है।" सावित्री ने धीरे-से कहा।

"क्याऽऽ?" मुरली ने डूबते स्वर में पूछा।

"हाँ भाई साब, सच में देर हो चुकी है।"

मुरली ने पहले गहरा साँस लिया और फिर उसे वायुमंडल में छोड़ते हुए बोला, "अब तो इस कंजरी का इलाज करना ही पड़ेगा।"

"पर भाई साब कैसे?"

"यही तो सोच रहा हूँ।"

"वह तो यह भी बता रही थी कि इस बार आपको धरमपुरा से टिकट मिलने जा रहा है?" सुनी-सुनाई ख़बर की पुष्टि करते हुए कुरेदा सावित्री ने।

"इसका मतलब है सारी जानकारी रखती है वह।"

"वो तो रखनी ही पड़ेगी क्योंकि राज्य युवा जनजाति महिला प्रकोष्ठ की अध्यक्ष जो ठहरी।"

"मगर इसमें रत्तीभर भी सच्चाई नहीं है। पता नहीं किसने यह अफवाह फैला दी है। मिलने भी लगा तो मैं पागल हूँ जो केन्द्रीय राजनीति छोड़ यहाँ आकर मरूँगा!"

"केन्द्रीय राजनीति, काहे की केन्द्रीय राजनीति भाई साब! क्या दिया है इसने आपको, जो अब देगी। अध्यक्षजी सारे अहम फैसले तो खुद लेने लगे हैं। इस रुक्मिणी को राज्य इकाई का अध्यक्ष बनाने से पहले पूछा था, ना न।" सावित्री ने मुरली के कच्चे घाव को धीरे-से भींच दिया।

मुरली चुप रहा।

"मेरा तो विचार है भाई साब कि पार्टी अगर आपको धरमपुरा से टिकट देने का प्रस्ताव देती है, तो आपको उसे अस्वीकार नहीं करना चाहिए। रुक्मिणी को ठिकाने लगाने का इससे अच्छा अवसर हो ही नहीं सकता। जितनी तेजी-से वह उड़ान भर रही है, उसे जमीन पर लाना बहुत जरूरी है।"

सावित्री ने जिस तरह दूरंदेशी का परिचय दिया, उसे सुनकर मुरली का

चौंकना स्वाभाविक था। मस्तिष्क में जैसे किसी ने मुद्दत से बन्द पड़े दरवाज़े पर हौले-से थाप दी।

"मेरा तो यही मानना है भाई साब।" बन्द पड़े इस दरवाज़े को हल्के-से धकियाते हुए कहा सावित्री ने।

सावित्री को इससे आगे कुछ कहने की ज़रूरत नहीं पड़ी। रेत में मिले बारूद को सावित्री ने जो तीली दिखाई, उसे वह बारूद पकड़ चुका था। मुरली के राजनीतिक अनुभव ने सावित्री के कहे के निहितार्थ को तुरन्त भाँप लिया। इस बार उसने दीर्घ निःश्वास लिया और यह कहते हुए अलमारी की ओर बढ़ गया, "सावित्री, तूने आज मेरी एक बड़ी चिन्ता दूर कर दी। अब देखता हूँ इस कंजरी को। तू सँभाल इसकी सभा को और मैं..." कहते-कहते रुक गया मुरली। वह सावित्री के पास आया तथा फुसफुसाते हुए न जाने आगे क्या कहा कि दोनों का एकसाथ ठहाका छूटा।

"भाई साब, आपने मुझे क्या निरी बछिया समझा हुआ है। एक बार मुझे उस उद्धार सभा में घुस जाने दो, फिर देखना किसका उद्धार होता है।" सावित्री के जबड़ों के खिंचाव और कनपटियों के उभार ने बिना कहे बहुत कुछ कह दिया। मगर जल्द ही यह उभार शान्त भी हो गया।

कुछ देर पहले जिस विषाद और उद्विग्नता से पूरा कमरा उद्वेलित था अब उसमें मुरली भाई साब और सावित्री बहन की हँसी के छोटे-छोटे झरनों से पैदा हुआ संगीत गूँजने लगा। पूरा कमरा एकाएक जैसे अलस्सुबह की मंद-मंद बहती बयार में घुली पुराने महुए की मादक गंध से गँधा गया। कुछ देर पहले गूँजनेवाला झरनों का संगीत भी धीरे-धीरे अन्ततः ख़ामोश हो गया—एकदम ऐसे मानो किसी ने उसे ख़ामोश रहने के लिए इशारा कर दिया हो।

23

पूरी गाजूकी कनात-शामियानों से सजी हुई है। हवाओं के संग पींगें भरती रंग-बिरंगी झालरें। छतों की मुँडेरों पर टिके बल्कि जहाँ-तहाँ एकाध पेड़ों की मज़बूत भुजाओं के बीच गर्दन-खुसे लाउडस्पीकरों के मुँह से गूँजता देशभक्ति फ़िल्मी गीतों का शोर। भूरा पीर की मज़ार से कुछ क़दम दूर विशाल प्रवेश द्वार,

जिसके मस्तक पर शोभायमान 'जनजाति महिला उद्धार सभा' का बैनर दूर से ही, आने-जानेवालों का आह्वान-सा करता दिखाई दे रहा है। मजाल है पूरे रास्ते में कूड़े के रूप में कोई आवारा काग़ज़ तो दिखाई दे जाए। मज़ार से फ़र्लांगभर आगे गाजूकी में प्रवेश करते ही रास्ते के दोनों ओर रंग-बिरंगी कनातों की थरथराती दीवारें। दीवारों के बीच कुलाँचें भरतीं बच्चों की छोटी-छोटी टोलियाँ तथा अधढके चेहरों के साथ सहमे-सकुचाए क़दमों का उल्लास देखते ही बन रहा है।

कमला सदन के ठीक सामने खुले चौक का तो कहना ही क्या। चारों तरफ़ खड़ी कर दी गई कनातों की दीवारों से सटाकर एक ओर बनाया गया मंच। मंच के ठीक पीछे दीवार पर लटके 'जनजाति महिला उद्धार सभा' के बैनर के दाएँ-बाएँ झूलती गेंदे की फूलों की लड़ियाँ। मंच पर बाएँ ओर गुमसुम खड़ा डायस तथा सामने क़तारबद्ध ऊँघती कुर्सियों के मध्य चोर-सिपाही का खेल खेलते बच्चों को डाँटती-डपटती तैयारियों का जायज़ा लेती सावित्री बहन।

मगर इस सबके बीच न जाने क्यों कमला बुआ का जी उचटा-उचटा-सा है। बीच-बीच में बुआ को लगता है जैसे धड़कनें एकाएक तेज़ होकर अपने आप फिर से सामान्य हो जाती हैं। उसकी चौकन्नी और सतर्क निगाहें रह-रहकर न जाने किसे टटोलती हुई वापस लौट आती हैं। बुआ को न जाने क्यों ऐसा लग रहा है कि कहीं-न-कहीं, कुछ-न-कुछ ऐसा है जो उसे नज़र आ नहीं रहा है, परन्तु वह है क्या, यही उसकी समझ से परे है। उससे जब नहीं रहा गया तब उसने माया को अपनी इस उद्विग्नता से परिचित करा ही दिया, ''माया, पता ना मेरा तो मरा जी ठिकाने नहीं है।''

''माँ, तूने तो मेरे मुँह की बात छीन ली।''

अभी माया ने अपनी बात पूरी ही की थी कि बुआ हल्का-सा टोहका मारती हुई फुसफुसाई, ''देख, रुक्मिणी की बाईजी को देख!''

माया ने देखा कि सावित्री बहन के साथ पार्टी कार्यकर्त्ताओं के रूप में आए शोहदों में से एक ने सावित्री के कान में न जाने क्या कहा कि खिखियाते हुए हँस पड़े दोनों। समझ गईं दोनों माँ-बेटी कि उनके अलावा सावित्री और उसके इस शोहदे की हँसी के पात्र भला कौन हो सकते हैं। उनकी भाव-भंगिमा को देख बुआ के तन-बदन में आग लगती चली गई।

''माया, जरा अपनी लौंडियों पर ध्यान रखना। मुझे इन कज्जाओं की मंशा कुछ ठीक-सी ना लग रही है।'' बुआ के हाथ जैसे भावी अनिष्टता का हल्का-सा सूत्र लग गया।

"माँ, मैं तो पहले ही बहुत चौकन्नी हूँ।" बेटियों की चिन्ता में माया का चेहरा खिंच आया।

"देख, मरे इन कज्जाओं का मुझे तो कोई भरोसा है नहीं।"

"मुझे तो यह डर लग रहा है कहीं इस रुक्मिणी के महिला उद्धार सभा के चक्कर में हमारी लौंडियों का ही उद्यापन ना हो जाए!"

"ये इतनी पागल तो नहीं है परऽऽऽ..." एकाएक कहते-कहते रुक गई बुआ।

"माँ, क्या हुआ?" हैरान होते हुए पूछा माया ने।

"माया, वो मरा कहाँ गया जो अभी इस सावित्री के संग खड़ा था?" चारों ओर ग़ौर से देखते हुए घबरा-सी गई बुआ।

इसके बाद माया की निगाहों ने भी उसे बहुत खोजा लेकिन वह शोहदा उसे कहीं नहीं दिखाई दिया।

बुआ उसी समय लपकी एक तरफ़।

अन्दाज़ा एकदम सही था। यही थी वह गाँठ जिसके कारण बुआ का जी उचटा-उचटा-सा था। धड़कनें रह-रहकर घट-बढ़ रही थीं। ज़्यादा मशक़्क़त नहीं करनी पड़ी उसे और जाते ही भच्च-से धर दबोचा।

"नानी तूऽऽऽ!" हड़बड़ाते हुए अपने-आपको अलग करते हुए चुपचाप सटक ली पूनम।

शोहदे की जब तक कुछ समझ में आता बुआ की तड़ातड़ पड़ती आधा दर्जन चप्पलें अपने तलुओं की ख़राश मिटा चुकी थीं। माया भी आ गई तब तक पीछे-पीछे।

यह सारा कार्यक्रम इतने शान्तिपूर्वक तरीक़े और शीघ्रता के साथ सम्पन्न हुआ कि इसकी भनक उस पूनम को भी नहीं लगी, जो इस एपीसोड की मुख्य पात्र थी। मगर वाह रे, इस एपीसोड के नायक। उसने अपनी शालीनता का परिचय देते हुए इस चप्पल-भोग को पूरी श्रद्धा के साथ ग्रहण किया, और चुपचाप अपने कपड़ों को दुरुस्त करते हुए सावित्री बहन के समक्ष इस भाव से प्रकट हुआ कि जो कार्य उसे सौंपा गया था, मानो वह पूरी निष्ठा, ईमानदारी, लगन और सफलतापूर्वक सम्पन्न करके लौटा है। इसका अनुमान इसी से लगाया जा सकता है कि उसके प्रकट होने पर सावित्री बहन ने एक रहस्यमयी गाढ़ी मुस्कान फेंकते हुए जब इसका उत्तर जानना चाहा, तब प्रत्युत्तर में उस शोहदे ने उससे भी गाढ़ी मुस्कान में उसका जवाब दिया।

'जनजाति महिला उद्धार सभा' का उद्‌घाटन समारोह बिना किसी अप्रिय घटना के बेहद सौहार्दपूर्ण वातावरण में सम्पन्न हो गया। चायपान से निवृत्त हो

वैद्यजी भी लौटने लगा तो रुक्मिणी ने इशारे से उसे रोक लिया। बिना किसी झंझट-व्यवधान के समारोह निपटने पर सबने चैन की साँस ली, विशेष रूप से कमला बुआ और माया ने।

दोपहर बाद दिन ढलते-ढलते पूर्व की तरह गाजूकी अपनी दिनचर्या में व्यस्त हो गया। मगर आज की यह दिनचर्या अन्य दिनों से बहुत अलग थी। अलग इस मायने में कि जिन 'इज़्ज़तदारों' के स्वागत के लिए गाजूकी हमेशा तत्पर रहती थी, आज उन्हीं इज़्ज़तदारों को माना गुरु की मढ़ी से मायूस हो वापस लौटना पड़ रहा है।

'जनजाति महिला उद्धार सभा' का गठन क्या हुआ मानो गाजूकी बे-रौनक़ हो गई। सारा चटख रंग जैसे फीका पड़ गया। इसका अन्दाज़ा पूनम की उस चहलक़दमी से लगाया जा सकता है, जिसकी रह-रहकर निगाहें सदन के मुख्य द्वार से निराश हो लौट आती हैं।

पढ़ गई रुक्मिणी उसकी इस चहलक़दमी को।

"पूनम, कैसे चक्कर काट रही है?" रुक्मिणी ने पूनम की आँखों में आँखें डालते हुए पूछा।

कोई जवाब नहीं दिया पूनम ने। एकाएक रुक्मिणी की नज़र उसकी कलाई पर पड़ी, "पूनम, घड़ी तो अच्छी है। कब खरीदी?"

"घड़ी, कहाँ है घड़ी...मैंने तो देखी ना।" आश्चर्य हुआ माया को।

"मौसी, भली माँ है तू। दीख नहीं रही है वह घड़ी।" कलाई की तरफ़ इशारा किया रुक्मिणी ने।

"अच्छाऽऽऽ तो वह हरामी का पिल्ला इसे ही देने आया होगा!" माया की आँखें जल उठीं।

बुआ चुप रही। कैसे बताए वह कि उसने अपनी आँखों से क्या देखा है। बस, लम्बा साँस ले इतना कहकर मौन साध गई, "मुझे तो अभी से डर लग रहा है। पता ना, मरा हमारा कैसा उद्धार होगा?"

"नानी, कैसा डर...और मौसी तू किस पिल्ले की बात कर रही है?" रुक्मिणी हैरान-परेशान कि उसकी अनुपस्थिति में इतना सब हो गया और उसे पता तक नहीं।

"वही तेरी पार्टी का एक मुसटंडा और कौन। हम तो मरे तेरे धंधे में लगे हुए थे और वह मरा इस पूनम के साथ...बाकी इसी से पूछ। मैं क्या कहूँ।"

"पूनम, नानी ठीक कह रही है?" लगभग डाँटते हुए पूछा रुक्मिणी ने।

पूनम ने कोई उत्तर नहीं दिया।

"इसी डर से तो बैद्जी और मैंने तिबारे के लिए मना किया था।" अन्ततः बुआ ने कटोरीवालों के तिबारे से सभा की गतिविधियों का संचालन न करने की बात का खुलासा कर ही दिया।

अजीब दुविधा से घिर गई रुक्मिणी लेकिन यह सोचकर अपनी दृढ़ता पर अडिग रही कि यही तो वे चुनौतियाँ हैं, जिनका उसे सामना करना है।

"बैद्जी, चलो मैं आपको छुड़वा देती हूँ।" इतना कह रुक्मिणी ने धरमा ड्राइवर को बुलाने के लिए आवाज़ दी।

● ●

पूनम, पिंकी ही नहीं वंदना को भी अब अपने फ़ैसले और अपने आप रह-रहकर गुस्सा आने लगा है। पश्चात्ताप हो रहा है उसे अपने इस निर्णय पर। क्यों न हो अपनी ग़लती पर पश्चात्ताप क्योंकि जो आमदनी कुछ घंटों में हो जाती थी, उसके लिए अब पूरा महीना इन्तज़ार करना पड़ता है। भला हजार-बारह सौ माहवार भी कोई कमाई हुई। सिवाय द्रौपदी के और कोई नहीं है जिसे अपने फ़ैसले पर पछताना न पड़ रहा है। वही कमला बुआ जिसके मुँह में 'हुस्न बाग' के किणके पूरे दिन अठखेलियाँ करते, वही अब गुमसुम-सी रहने लगी है, और वही सुशीला-माया दोनों बहनें जिन्होंने तिबारे पर खोखा डालने के बाद ज़िन्दगी के बाकी बचे दिनों को, आराम से काटने के बड़े-बड़े मंसूबे बाँधे थे, वे भी अपने फ़ैसलों पर फिर से विचार करने के बहाने ढूँढ़ने लगी हैं।

कुछ ही महीनों में सारा उत्साह और नरक से निकल, एक इज्जतभरी ज़िन्दगी जीने का उच्छ्वास ऐसे ठंडा पड़ता चला गया जैसे भभकती लकड़ी पर पानी डाल दिया हो। यह बात अलग है कि सभा द्वारा निर्मित पापड़-बड़ियों और धूप-अगरबत्तियों की माँग लगातार बढ़ती जा रही है। इस माँग में तब से अप्रत्याशित वृद्धि हुई है, जब से सभा के इन उत्पादों की खादी ग्रामोद्योग के माध्यम से बिक्री होने लगी है। इसी के चलते चौथा माह समाप्त होते-होते सबकी आमदनी दो हजार रुपए प्रतिमाह तक पहुँच गई।

सावित्री बहन भी अब गाजूकी नहीं आती है। आती है तो केवल तिबारे पर बने कार्यालय में। वह भी रोज़ाना नहीं। सप्ताह में एकाध बार आकर गाजूकी से तिबारे पर ही माल मँगवाकर, वहाँ से खादी ग्रामोद्योग भिजवा देती है। रुक्मिणी के लिए यह छोटी सफलता नहीं है। जब-जब 'उसे जनजाति महिला उद्धार सभा' द्वारा उत्पादित वस्तुओं की बढ़ती माँग की सूचना मिलती, तब-तब उसकी

कल्पनाओं के रंग और चटक हो उठते।

मगर छह माह बीतते-बीतते उसे जो सूचना मिली, उसे सुनकर वह स्तब्ध रह गई। उसे अपने पाँवों के नीचे से ज़मीन खिसकती-सी दिखाई देने लगी। लगा जैसे उसके बढ़ते क़दमों को किसी ने कसकर जकड़ लिया है। रुक्मिणी ने उसी समय सावित्री को मोबाइल लगाया तो सावित्री ने भी उसकी पुष्टि की। बल्कि सावित्री ने इसका जो कारण बताया वह अचम्भित करनेवाला था। विचलित हो उठी रुक्मिणी। विश्वास नहीं हुआ उसे सावित्री के कहे पर।

"बाईजी, जरूर आपको कुछ गलतफेमी हुई है। एक बार गाजूकी जाकर तो पता लगाओ!"

"मैं कल ही होकर आई हूँ। पहले तो मुझे भी यकीन नहीं हुआ पर गाजूकी गई तो पता चला, बात सही है।"

"पर बाईजी मुझे अभी भी यकीन नहीं..."

"तो फिर ऐसा कर, तू तुरन्त चली आ। मेरी कुछ समझ में नहीं आ रहा है कि मैं क्या करूँ।"

"ठीक है बाईजी, मैं पाँच बजे तक पहुँच जाऊँगी। आप वहीं तिबारे पर मिलना...और हाँ, किसी को बतइयो मत कि मैं आ रही हूँ।"

देर तक रुक्मिणी की कुछ समझ में नहीं आया। आँखों के सामने फुलझड़ियाँ फूटने लगीं। कैसे हुआ यह सब अचानक? उससे कहाँ चूक हो गई? सोचते हुए एक बार उसके मन में आया कि वह मोबाइल पर इस बारे में नानी, माँ और मौसी से बात करे, किन्तु अगले पल यह सोचकर निर्णय बदल दिया कि ऐसी बातें मोबाइल पर करना ठीक नहीं है।

रास्तेभर रुक्मिणी आशंकाओं और अनिश्चय के कोहरे से घिरे उस रास्ते को तलाशने का जतन करती रही, जिसने सभा को एकाएक अनिश्चितता के किनारे लाकर छोड़ दिया है। इन्हीं संदेहों और आशंकाओं की ऊबड़खाबड़ पगडंडी ने उसके निष्कर्ष को जिस मुहाने पर लाकर खड़ा कर दिया, उसके बारे में सोचकर ही उसे आत्मग्लानि-सी होने लगी। कार की खिड़की से आते हवा के तेज़ थपेड़ों ने उसके गालों पर हल्की-सी चपत लगाते हुए मानो उसे उसके निष्कर्ष पर धिक्कारते हुए उससे पूछा कि भला इसमें सावित्री की क्या चाल हो सकती है? सावित्री क्यों करेगी ऐसा?

दिए गए समय से पहले ही पहुँच गई रुक्मिणी। इस बीच वह रह-रहकर सावित्री को सूचित करती रही कि वह तिबारे पर कब तक पहुँच जाएगी। सावित्री व्यग्रता और आतुरता के साथ कार्यालय के बाहर खड़ी जैसे रुक्मिणी का ही

इन्तज़ार कर रही थी। कोई नहीं था उस समय कार्यालय में। इतनी देर तक किसी के रुकने का वैसे भी कोई औचित्य नहीं था। दोनों अन्दर आ गईं।

"रुक्मिणी, मुझे तो अपने कानों पर अभी भी यकीन नहीं हो रहा है।" रुक्मिणी के कुछ कहने से पहले सावित्री ने बिना समय गँवाए, कुर्सी पर बैठते हुए कहा।

"पर बाईजी, यह सब हुआ कैसे?"

"मैं क्या कहूँ, तुम्हारे घर का मामला है।" किसी भी तरह की अनावश्यक, विवादास्पद टिप्पणी करने से बचते हुए सावित्री ने इस मामले से अपने-आपको अलग रखते हुए कहा।

देर तक दोनों में सभा के भविष्य को लेकर विमर्श होता रहा।

"ठीक है बाईजी, अब आप जाओ। सवेरे गाजूकी ही आ जाना सीधे। वहीं बात करेंगे सबके आगे।"

कार्यालय से गाजूकी प्रस्थान करने से पहले, बाहर आते हुए रुक्मिणी को लगा मानो वह अपने 'जनजाति महिला उद्धार सभा' के कार्यालय से नहीं किसी मदमदाते जंगल से बाहर आई है। एक कोने में बड़ी तादाद में तरतीब से रखे धूप-अगरबत्तियों के रंग-बिरंगे पैकेट्स और उनसे फूटती गंध ने रुक्मिणी के रास्तेभर की सारी थकान दूर कर दी।

गाजूकी पुल से नीचे सड़क पर उतरते हुए रुक्मिणी को अनायास याद आया कि कुछ चीज़ें बरसों-बरस बाद भी जस की तस रहती हैं। इस पुल का ही भला क्या बदला है और क्या बदला है धूल से लिपटे उस कच्चे रास्ते का जिसने अब बेशक पक्की सड़क का रूप ले लिया है? स्मृतियों में तो अभी भी वही धूसर रास्ता और उसकी गंध बसी हुई है। इस रास्ते की यही तो वह गंध है जिसकी अँगुली पकड़ वह तेज़ी से घिरते अँधेरे की नीरवता को चीरती हुई, अपने गन्तव्य की ओर बढ़ी जा रही है। दोनों तरफ़ खड़ी सरकंडों की हरी दीवारें उसे भटकने से बचाते हुए उसका पथ-प्रदर्शन कर रही हैं। बाएँ ओर गाजूकी के वही छोटे-छोटे बीहड़ जो तेज़ी से भू-माफ़ियाओं की क्रूरता का शिकार हो अपनी शक्ल ही भूल गए हैं, उनमें इठलाते-इतराते धूलभरे बगूलों की याद आते ही रुक्मिणी कार की खिड़की से मुंडी निकाल, बाहर देखने की कोशिश करती है, किन्तु अँधेरे में उसे कुछ नहीं दिखाई देता है। हाँ, उसके अन्तस में छपे गाजूकी के मानचित्र पर अंकित भू-चिह्न, किलकारी मारते बच्चों की छोटी-छोटी टोलियाँ-सी उसके

साथ-साथ दौड़ रही हैं।

धूप, अगरबत्तियों और लोबान की मिश्रित गंध ने पुनः उसका स्वागत किया। दूर और देर तक वातावरण में घुली इस गंध ने बता दिया कि वह भूरा की मज़ार पर आ गई है। पूरी ताकत से रुक्मिणी ने इस गंध को फेफड़ों में भरकर बाहर छोड़ा। मज़ार के ठीक सामने पहुँचते ही रुक्मिणी के दोनों हाथ जुड़ते हुए स्वतः ही उठ गए। यह पहला अवसर है जब रुक्मिणी के हाथ विनय की मुद्रा में इस तरह उठे हैं। यकायक छोटी-सी तुरबत से बनी अँधेरे में चमकती मज़ार के तेज़ी-से विकसित होते इस अभिनव रूप को देख रुक्मिणी को ख़ुशी और हैरानी दोनों हुई। लगता है किसी अक़ीदतमंद ने अपनी किसी मुन्नत पूरी होने पर तुरबत के चारों ओर दीवार खड़ी करवा, उस पर ताज़ा-ताज़ा सफ़ेदी करवाई है। दिन पर दिन मज़ार का यह बदलता रूप यहाँ के किसी भी बाशिंदे को हैरानी में डालने के लिए काफ़ी है। अपने आप ही हँस पड़ी रुक्मिणी।

मज़ार को पुख़्ता पहचान देने के लिए कार की हैड लाइट्स में नज़र आते मोटे-मोटे शब्दों में इसका नाम भी दे दिया गया है। बल्कि रास्ते के किनारे कुछ सूचनाओं के साथ नया-नया बना एक साइन बोर्ड भी खड़ा कर दिया गया है।

"धरमा, जरा पढ़के तो बता सामने बोर्ड पर क्या-क्या लिक्खा हुआ है?"

धरमा ने कार थोड़ी आगे की और एक-एक शब्द को पढ़कर सुनाने लगा, "दीदी, सबसे ऊपर मोटे-मोटे अक्षरों में लिखा हुआ है—दरगाह-ए-बाबा भूरा पीर।"

"अच्छा, तो अब यह मजार से दरगाहे बाबा भूरा पीर हो गया।" रुक्मिणी ने मुस्कराते हुए धरमा ड्राइवर को सुनाते हुए कहा।

"इसके नीचे लिखा है :

सालाना उर्स	:	रबीउल अव्वल (जून की 25 तारीख)।
बारह वफ़ात	:	दस तारीख़।
भंडारा	:	हर महीने के अन्तिम दिन।
ख़ादिम	:	मोहम्मद आमीन (मिलने का समय : सुबह 8 से 9 बजे शाम 5 से 6.30 बजे)।"

"और सबसे नीचे मटमैले रंग में?"

"लिखा है—यहाँ मर्द और औरत दोनों का शर्तिया इलाज होता है।" धरमा ने साइन बोर्ड पर लिखी पूरी इबारत पढ़कर सुना दी।

समझ गई रुक्मिणी कि यहाँ मर्द और औरत का कैसा इलाज होता होगा।

"धरमा, लगता है यहाँ अब कोई परमानेंट रहने लगा है!"

"ऐसा ही लगता है दीदी।"

"दो मिनट रुक, मैं अभी आई।" कार का दरवाज़ा खोल रुक्मिणी मज़ार यानी दरगाह-ए-बाबा भूरा पीर की ओर बढ़ गई।

जलते हुए दीयों की रोशनी में रुक्मिणी देर तक दरगाह के सामने खड़ी बड़े ध्यान और बारीकी से एक-एक चीज़ को देखती रही। मिट्टी के अनगिनत दीयों, धूप-अगरबत्तियों की राख की छोटी-सी ढेरी, प्रसाद के रूप में जगह-जगह बिखरे हुए बताशे व मीठी खील तथा क़ब्र के ऊपर बिछी हरे साटन की गोटे लगी चादर और उसके ऊपर पड़े फूलों व गुलाब की ताज़ा पंखुड़ियों को देखकर रुक्मिणी को भूरा पीर की शोहरत का सहज ही अन्दाजा हो गया। मगर सबसे ज़्यादा उसे हैरानी दरगाह के चारों ओर बनी दीवार में छोड़ी गई ईंटों की मोखियों में बँधे विभिन्न प्रकार के चुटीलों और रिबन के रंग-बिरंगे टुकड़ों को देखकर हुई। एक बार तो उसे अपनी उस नास्तिकता पर क्रोध-सा आया जिसके चलते इससे पहले मज़ार को उसने कभी ध्यान से देखा तो हो।

मज़ार के पीछे गई तो अनुमान सही निकला। पिछवाड़े बनी कुटिया में झाँककर देखा, तो लालटेन की मद्धिम रोशनी में से एक काँपती हुई आवाज़ आई, "आओ बेटी!"

रुक्मिणी अन्दर घुस गई। लगता है बिजली गए काफ़ी देर हो गई है।

"हाँ बेटी बोल, क्या दुःख है?" लेटे-लेटे ही दरगाह के ख़ादिम ने पूछा।

रुक्मिणी ने ग़ौर से देखा ख़ादिम को। लगता है कहीं बाहर से नया-नया आया है!

"दुःख क्या बाबा मैं तो..."

"खुलके बोल बेटी...औलाद ना होती हो या कोई हारी-बीमारी हो।"

"बाबा, बड़ी आस लेकर आई हूँ।" रुक्मिणी ने यूँ ही चुहल करने के इरादे से कहा।

"अब तू भूरा पीर की दरगाह पर आई है बेटी तो पीर बाबा तेरी मुराद जरूर पूरी करेंगे। आज बुधवार है। ऐसा कर कल जुमेरात है दिन भी अच्छा है...चादर चढ़ा दे, भूरा पीर तेरी गोद जरूर भरेंगे। बाबा के दर पे जो भी आया है खाली हाथ नहीं गया है।"

"बाबा, कुछ और तो नहीं चढ़ाना है?"

"यह तो तेरी मरजी है बेटी। अगर दे सके तो एक पंखा दे देना। मारे गरमी के दम निकला जा रहा है...और हाँ, दरगाह पर चुटीला बाँधना मत भूलना।"

"ठीक है बाबा।"

इतना कह रुक्मिणी उठकर जाने लगी कि ख़ादिम की आवाज़ फिर आई, "ला हाथ आगे कर!"

साधिकार किए गए इस आदेश की अवहेलना नहीं कर पाई रुक्मिणी। हाथ स्वयं ही आगे बढ़ गया।

"ले, परसाद लेती जा।" सिरहाने रखी एल्यूमीनियम की थाली से बताशे और खील लेकर रुक्मिणी की हथेली पर रख दिए।

तेज़ी से निकली कुटिया से बाहर रुक्मिणी। कार तक आते-आते नहीं रोक पाई अपनी हँसी।

"क्या हुआ दीदी?" धरमा ने मुस्कराते हुए पूछा।

"भूरा पीर मेरी गोद भरेंगे।" न चाहते हुए भी रुक्मिणी ज़ोर-से हँस पड़ी। रात की नीरवता में यह हँसी दूर तक आसानी से सुनी गई होगी।

मज़ार को पार कर कार आगे बढ़ गई। पचासेक क़दम आगे बढ़ते-बढ़ते रुक्मिणी की हँसी एकाएक नैराश्य में बदल गई। धरमा को एक बार फिर कार रोकने का आदेश दे, कार से उतर गई तथा दाईं ओर छाए घने धुँधलके में गुम हो गई।

थोड़ी दूर जाकर चप्पल उतार हाथ जोड़कर खड़ी हो गई। मन ही मन अरदास करते हुए घुटनों के बल चबूतरे पर बनी छोटी-छोटी उनींदी, अनगढ़ दो मूर्तियों के सामने माथा टेकने के बाद रुक्मिणी लौटने को हुई कि एक क्षण के लिए ठिठकते हुए उसने मुड़कर देखा और गहरा साँस लेते हुए मन-ही-मन बोली, 'हे माना गुरु...हे नलिन्या माँ, आगे से तुम्हें इस मढ़ी पर नहीं बैठना पड़ेगा!'

लौटते हुए रुक्मिणी के पाँवों की गति में एकाएक तेज़ी आ गई। कार में बैठ रुक्मिणी गाजूकी की ओर बढ़ गई।

गाजूकी में प्रवेश करते हुए रुक्मिणी को एक बार ऐसा लगा जैसे वह ग़लती से किसी अपरिचित टापू पर आ गई है। जिस गाजूकी के रास्ते और गलियाँ मारुति, मोटर साइकिल और दूसरे वाहनों से आबाद रहती थीं, उनमें एक सूनापन पसरा हुआ है। अन्दर तक सिहरती चली गई वह। उसका एक-एक रोआँ किसी अकल्पनीय अनिष्टता के भय से काँपता चला गया। बीच-बीच में घरों-मकानों के खिड़की-रोशनदानों से छनकर आती रोशनी में नहाती हुई कार धीरे-धीरे कमला सदन की ओर बढ़ती रही। रुक्मिणी का दिल ज़ोर-ज़ोर से इस तरह धड़कने लगा, मानो किसी भी पल वह उछलकर बाहर आ जाएगा।

कमला सदन के पास जाने पर रुक्मिणी की कार की हैड लाइट्स की तेज़

रोशनी ने जैसे ही वहाँ पहले से खड़ी एक अपरिचित मारुति वैन को भिगोया कि रुक्मिणी की धमनियों में बहता ख़ून जम-सा गया। लगा पूरा जिस्म ठंडा पड़ने लगा है। इस बीच रुक्मिणी की कार के ड्राइवर धरमा से बेख़्याली में अनायास ही बज गए हॉर्न ने कमला सदन को जैसे सूचित कर दिया। कार से उतर रुक्मिणी तेज़ी से कमला सदन में प्रवेश करती कि मटमैले-मख़मली अँधेरे में एक आकृति उससे इस तरह टकराई कि वह गिरते-गिरते बची। जब तक उसकी समझ में कुछ आता, तेज़ी से स्टार्ट हो एक झटके से अँधेरे में ग़ायब हो गई वह कार।

रुक्मिणी द्वारा बिना सूचित किए औचक आ धमकने से कमला सदन में हड़कंप मच गया। जब तक कमला बुआ, माँ, मौसी सहित दूसरे सदस्य कुछ समझ पाते, वह सीधे एक कमरे में जा घुसी। अन्दाज़ा एकदम ठीक निकला। अचानक अपने सामने अपनी बड़ी बहन को खड़ा देख, अपने अन्तःवस्त्रों को दुरुस्त करते हुए अकबका गई वंदना। शब्द हलक़ में ही उलझकर रह गए। रुक्मिणी ने कुछ नहीं कहा बल्कि दरवाज़े से उलटे पाँव लौट आई। वापस आ पूरे कमला सदन को ऐसे खँगालने लगी जैसे उसे किसी ऐसी चीज़ की दरकार है, जिसे वह किसी कमरे में सहेजते हुए छिपाकर गई थी।

सारा कमला सदन इकट्ठा हो गया।

''मौसी, पूनम और पिंकी कहाँ हैं?'' माया के बहाने पूरे सदन को सुनाते हुए पूछा रुक्मिणी ने।

सबको जैसे साँप सूँघ गया। किसी से जब जवाब देते नहीं बना तो बात बुआ ने ही सँभालने की कोशिश की, ''हैं कहाँ, गई हैं तेरी बाईजी के संग माल लेकर।''

''कल आ जाएँगी।'' बमुश्किल माया के मुँह से शब्द फूटे।

''कौन-सा माल?'' बिना संयम खोए रुक्मिणी ने निर्विकार भाव से पूछा।

''वही तेरी धूप-अगरबत्ती और कौन-सा।'' बुआ ने अपने आत्म-विश्वास को दरकने नहीं दिया।

''अच्छाऽऽऽ मेरी धूप-अगरबत्ती...मैं अभी पूछ लेती हूँ बाईजी से कि कितने की बिक्री हुई है।'' इतना कह रुक्मिणी के पोर मोबाइल पर क़दमताल करने लगे।

घबरा गई बुआ परन्तु उसने अपनी घबराहट प्रकट नहीं होने दी।

''रुक्मिणी छोड़, बिके होंगे कित्ते-वित्ते में। कल आ जाएँगी तो पूछ लीजो।''

इसके बाद रुक्मिणी बादलों से घिरे आसमान में छिपी बिजली की मानिन्द फूट पड़ी, ''नानी, कल आएँगी तो तब जब वे बाईजी के संग गई हों...और फिर बाईजी, उससे तो मैं तिबारे पर मिलकर आ रही हूँ।''

सब हतप्रभ। मुँह खुला का खुला रह गया सबका। एक-दूसरे का मुँह ताकने लगीं। रुक्मिणी से आँखें तक मिलाने की हिम्मत नहीं जुटा पाईं। इसी बीच पूनम को सामने से आता देख व्यंग्य किया रुक्मिणी ने, ''ले नानी, एक तो आ गई माल बेचकर...दूसरी भी आती होगी।''

कुछ नहीं बचा कमला सदन के पास अपनी सफ़ाई में कहने के लिए। इधर रुक्मिणी के पास भी कुछ नहीं बचा पूछने को। अब इसकी ज़रूरत भी नहीं थी क्योंकि पूनम के थोड़ी देर बाद पिंकी जो आ गई। इन दोनों के बाहर से आने और उनकी आकस्मिक उपस्थिति ने सारी गाँठों और रहस्यों को सुलझा दिया। रुक्मिणी यानी 'जनजाति महिला उद्धार सभा' की अध्यक्ष और 'राज्य युवा जनजाति महिला प्रकोष्ठ' की प्रमुख अपने ही बनाए पहले मोर्चे पर विफल हो चारपाई में धँस गई।

कमला सदन में ऐसी ख़ामोशी पहले कभी नहीं छाई, जो बीच-बीच में या तो किसी बच्चे के रोने से टूटती, या फिर दूर नेशनल हाईवे से अपने-आपको जोड़नेवाली सड़क से यदा-कदा गुज़रते भारी वाहनों के प्रेशर हॉर्न से टूटती। हाँ, कभी-कभी एक झुँझलाहट भरा शोर इसे भेदने की ज़रूर कोशिश करता, जो रह-रहकर गौनावली बहू यानी दिलबर की पत्नी अर्थात् नई भाभी द्वारा माँजते जूठे बर्तनों के ढेर से उठता। बर्तनों के ढेर से जद्दोज़हद करती अनिता भाभी की कलाइयों की चूड़ियाँ और बर्तनों की यह झुँझलाहट मानो पूरे सदन से अपनी कोई शिकायत दर्ज़ करना चाहती है, परन्तु किसी को उसकी इस चकल्लस को सुनने की फ़ुरसत नहीं है। इसीलिए थोड़ी देर बाद यह झुँझलाहट अपने आप चुप्पी साध गई—ठीक पिछले अन्य दिनों की तरह।

सभा द्वारा उत्पादित घटते उत्पादों के कारणों की सारी रामकथा रुक्मिणी की समझ में आ गई। निराश रुक्मिणी ने एक बार सोचा भी कि वह चुपचाप गाजूकी से वापस चली जाए। यहाँ से जाना ही उचित है परन्तु तुरन्त ही उसे याद आया कि कल यहाँ आने के लिए उसने सावित्री बाईजी से भी कह दिया है। यदि वह बाईजी को कल यहाँ नहीं मिली, तब उसे क्या जवाब देगी? वैसे भी इतनी दूर से वह वापस लौटने के लिए आई भी नहीं है।

रातभर रुक्मिणी अंतर्द्वन्द्व की ऐसी खाई में भटकती रही, जिसमें से बाहर आने के सभी रास्ते लगभग बंद हो चुके हैं। वैद्यजी से भी सम्पर्क करना मुश्किल है। एक वही है जो उसे हाथ पकड़कर इस खाई से ऊपर खींच सकता है किन्तु उसके बारे में सोचना इस समय दूसरे विकल्पों से जानबूझकर हाथ धोना जैसा है। 'जनजाति महिला उद्धार सभा' का गठन कहीं उसकी कोई भूल तो नहीं थी?

कहीं बाईजी ने उसे समाज सेवा और पतितों के उद्धार रूपी दलदल में जानबूझकर तो नहीं फँसा दिया है? कहीं यह सभा उसकी सफलता के लिए कोई चक्रव्यूह तो साबित नहीं होगा?

बहुत मनन किया रुक्मिणी ने और अंततः वह इस निष्कर्ष पर पहुँची कि नहीं वह इतनी जल्दी हार नहीं मानेगी। हताश होकर ऐसे खाली नहीं लौटेगी। कमरे में ठसाठस भरे अँधेरे में रुक्मिणी ने फेफड़ों में भरी सारी हवा छोड़ी, तो उसे लगा जैसे उसकी पूरी देह कपास का गोला बन गई है। पूरे शरीर को उसने आसमान में उड़ती पतंग की तरह ऐसे ढीला छोड़ दिया कि उसे पता ही नहीं चला कब उसकी आँखें लग गईं।

24

सावित्री बहन ठीक दस बजे गाजूकी पहुँच गई।

मगर यह क्या?

हैरानी हुई यह देखकर कि जो कमला सदन उल्लसित, आह्लादित परिन्दों की चुहलबाज़ी से हमेशा पुराने दरख़्त की तरह चहकता रहता, आज वह एकदम किसी ताल की तरह शान्त है। अन्य दिन जिस कमला बुआ के कान नाती-नातिनों की चिल्ल-पों से पके रहते और जो माया, सुशीला से घिरी रहती, वही अकेली बैठी 'हुस्न बाग' के मुँह में अठखेलियाँ करते किणकों से खेल रही है। अचरज तो सबसे ज़्यादा उसे इस पर हुआ कि इससे पूर्व उसे देखते ही जो पूनम, पिंकी उसे घेर लेती थीं, आज वे ही ऐसा दर्शा रही हैं मानो उन्होंने उसे देखा तक नहीं है। और तो और जिस कमला बुआ के जो आत्मीय स्नेहिल स्वर कमला सदन में घुसते ही अपने कानों में सुनाई देते थे, वही कमला बुआ ऐसे देख रही है जैसे उसकी आँखों में मोतियाबिन्द उतर आया है।

सावित्री ने ठिठकते हुए पूरे सदन को देखा। इस सन्नाटे से उसका मन बैठने लगा। समझ गई वह कि कल शाम को उसके बाद कुछ न कुछ यहाँ हुआ ज़रूर है, वरना तेज़ आँधी के बाद इधर-उधर बिखरे ख़ामोश पत्ते उसे आपस में बतियाते अवश्य नज़र आते।

इससे पहले कि वह कुछ तय कर पाती, पीछे से रुक्मिणी का महीन स्वर

उसके कानों से टकराया, "बाईजी, आओ न! कैसे खड़ी हो?"

ग़नीमत है रुक्मिणी ने मुस्कराते हुए उसका स्वागत किया। क्षणभर पहले जो गला सूखा-सा लग रहा था, उसे उसने थूक निगलते हुए तर किया।

"कौऽऽन, सावित्री आई दीखे है?" बुआ ने आँखों के ऊपर हथेली की ओट करते हुए ऐसे पूछा जैसे तेज़ चौंधे से वह सावित्री को पहचान नहीं पाई है।

"बाईजी, यहीं नानी के पास आ जाओ!" बुआ की चारपाई के बग़ल में दूसरी चारपाई डालते हुए कहा रुक्मिणी ने।

सावित्री ने पूरे कमला सदन को पुनः निरखा।

"अनिता, नीखड़ू दूध में दो-तीन चाय बना। बाईजी बहुत दिन बाद आई है गाजूकी।" सामने चूल्हे पर रोटी बना रही अपनी छोटी भाभी को लगभग आदेश दिया रुक्मिणी ने।

सावित्री को इस अधढके चेहरे को देखकर लगा मानो स्मृतियों का धुँधला परदा धीरे-से थर्राया है। ध्यान से देखा उसने तो पाया उसकी स्मृति में बसा यह चित्र वह नहीं है, जिसे वह एकाध बार पहले देख चुकी है।

चाय बनकर तैयार हो गई।

"लो बाईजी, चाय पिओ!" एक कप सावित्री की ओर बढ़ाते हुए कहा रुक्मिणी ने।

"रुक्मिणी, क्या सोचा?" कप लेते हुए बिना किसी भूमिका के सीधे विषय पर आ गई सावित्री।

"बाईजी, बात करते हैं...पहले थोड़ा साँस तो ले लो! बुलवाया है सबको।"

चाय ख़त्म होते-होते एक-एक कर सब आ गईं। रुक्मिणी ने सब पर नज़र डालते हुए ऐसे देखा, जैसे देख रही है कोई छूटी तो नहीं है। लगभग सब आ चुकी हैं। बात रुक्मिणी ने ही शुरू की, वह भी सबको सुनाते हुए।

"नानी, सब आ गई हैं। इनसे पूछकर बता कि अगर संस्था ऐसे ही चलनी है, तो इससे अच्छा है इसे बंद कर दें। अभी कुछ नहीं बिगड़ा है।"

"मैं क्या पूछूँ। सब तेरे सामने हैं। तू ही पूछ ले!" बुआ ने अपने-आपको विवाद से अलग करते हुए कहा।

"हाँ मौसी, बता न! तब तो सब बड़ी-बड़ी बातें कर रही थीं...कोई कह रही थी मैं तिबारे पर खोखा डाल लूँगी और कोई कुछ कह रही थी। अब क्या हुआ?"

"रुक्मिणी, मैं अपनी ही तो गारंटी ले सकती हूँ। दूसरे का मैंने कोई

ठेका थोड़े ही ले रक्खा है।'' माया भी अपने सिर से बला उतार, एक तरफ़ हट गई।

समझ गई रुक्मिणी कि ऐसे काम नहीं चलेगा। इसलिए उसने और ज़्यादा समय न गँवाते हुए इस बार पिंकी से पूछा परन्तु पिंकी ने कोई जवाब नहीं दिया। रुक्मिणी अब पूनम की ओर पलटी, तो पूनम भी वंदना की तरफ़ देखकर मौन साध गई। रुक्मिणी को अपने आप पर क़ाबू रखना मुश्किल हो गया। कहने को तो उसे गुस्सा बहुत आया किन्तु चाहकर भी कुछ नहीं कह पाई। बुआ, माँ, मौसी सबके होंठ सिल गए।

अब बची वंदना। सबसे अंत में रुक्मिणी वंदना की ओर मुख़ातिब हुई और बेहद विनम्रता के साथ संयम बरतते हुए पूछा, ''वंदना, कर दें संस्था को बंद?''

''मुझसे क्या पूछती है...मैंने थोड़े ही कहा था इसे खोलने के लिए।''

''क्यों, सबसे नहीं पूछा था?''

''ठीक है, पूछा था पर हमें क्या पता था कि तेरी इस संस्था के चक्कर में भूखा मरने की नौबत आ जाएगी।''

''कहाँ आ रही है भूखा मरने की नौबत? चार हजार रुपए महीने कम हैं?''

''हुँ, चार हजार...इनसे कट जाएगी जिन्दगी!''

''अच्छाऽऽऽ तो तू है इनकी लीडर।'' रुक्मिणी ने जैसे बात पकड़ ली।

''इसमें लीडर की कौन-सी बात है...तू तो नेता बनी मजे से कार में घूमती रहे, और हम तेरे इन चार हजार रुपल्लियों के लिए महीनेभर खटती रहें। कहाँ एक-एक दिन में छह-सात सौ रुपए और कहाँ महीने में चार हजार रुपए। तेरी इन धूप-अगरबत्तियों को बेलते-बेलते मेरी तो हथेलियों में गाँठ पड़ गई। देख रुक्मिणी, बहन बुरा मान या भला, मैं तो तेरी इस संस्था से दूर ही भली। रही बात पूनम और पिंकी की, इनकी ये जानें।''

टका-सा जवाब देकर वंदना को जाता देख, पूनम भी उठकर पीछे-पीछे चल दी।

''अब तू कहाँ चल दी?'' रुक्मिणी ने डाँटते हुए पूनम को टोका।

पूनम के पाँव वहीं ज़मीन से चिपक गए, ''दीदी, वंदना ठीक कह रही है। हम तो अपने धंधे में ही ठीक हैं।'' इसके बाद पूनम भी चली गई।

पूनम के जवाब के बाद रुक्मिणी की पिंकी से दोबारा पूछने की हिम्मत नहीं हुई।

''ठीक है बाईजी, कर दे बंद। जब कोई तैयार ही नहीं है, तब क्या फायदा।'' रुक्मिणी का सुर्ख़ चेहरा पीला पड़ता चला गया।

''रुक्मिणी, ऐसे काम नहीं चलेगा। कोई न कोई रास्ता तो ढूँढ़ना ही पड़ेगा।

शायद ये सब ठीक कह रही हैं। पिंकी, जा वंदना और पूनम को बुलाकर ला!'' सावित्री ने उम्मीद नहीं छोड़ी।

''छोड़ सावित्री, जब कोई राजी ही नहीं है तो क्या फायदा।''

''माँ, फायदा हो या ना हो...पर एक बात साफ-साफ कहे देती हूँ कि गाजूकी में अब मैं खिलावड़ीपना नहीं होने दूँगी, चाहे मुझे रोज पुलिस से छापा भले ही मरवाना पड़ जाए!''

''यह कौन-सी नई बात है। यह तो तेरा पुराना धंधा है कि जहाँ कोई मोटा इज़्ज़तदार आया नहीं, वहाँ तूने पुलिस को खबर की नहीं।'' वापस आते हुए वंदना ने रुक्मिणी की बात सुन ली थी।

''मरी, क्यों आपस में एक-दूसरे का सिर फोड़ने पे तुली हुई हो। आराम से बात कर लो।'' बुआ ने बीच में हस्तक्षेप करते हुए कहा।

इस बीच अनिता बिना कहे सबके लिए चाय बनाकर ले आई। सबको चाय देता देख सावित्री ने तनाव को थोड़ा हल्का करने की कोशिश करते हुए, सबको सुनाया, ''बहू तो तुम्हारी बहुत समझदार है।''

अनिता ने कुछ नहीं कहा। केवल मुस्कराकर रह गई।

''रुक्मिणी, ऐसा करते हैं कि बीच-बीच में इन्हें भी ले जाती हूँ खादी ग्रामोद्योग। थोड़ा इनका भी जी बहल जाएगा। घर में पड़े-पड़े ये भी बोर हो जाती होंगी। क्यों पिंकी, ठीक है न?'' पिंकी के जवाब देने से पहले सावित्री आगे बोली, ''देखो, यह सब रुक्मिणी अपने लिए तो कर नहीं रही है, और फिर ऐसे में इसका साथ घरवाले ही नहीं देंगे, तो दूसरों को क्या पड़ी।''

''बाईजी, इन सबको यही लगता है जैसे यह सब मैं...'' कहते-कहते रुक्मिणी फफककर रो पड़ी।

सावित्री का मंत्र काम कर गया। एकाएक भारी हो गए माहौल को देख सावित्री ने मौक़ा गँवाना ठीक नहीं समझा। लोहा गरम है। यही समय है चोट करने का।

''क्यों वंदना, मैंने गलत तो नहीं कहा?''

''गलत तो नहीं है दीदी परऽऽऽ''

''तुम सब समझने की कोशिश क्यों नहीं कर रही हो... आज रुक्मिणी राज्य की अध्यक्ष बनी है तो हो सकता है कि कल यह एम एल ए फिर एम पी और कभी मंत्री ही बन जाए। सोचो, तुम्हारे बिना यह सब हो सकता है। वैसे भी थोड़े ही दिन की बात है फिर तो तुम भी रुक्मिणी के साथ बत्तीवाली कार में घूमती फिरोगी।''

वंदना ने मुस्कराते हुए पूनम की आँखों में ऐसे देखा जैसे वह उससे कह रही है कि यह सावित्री की बच्ची, उन्हें बिलकुल ही ना-समझ समझे बैठी है क्या?

"सावित्री, बेटी तेरे इन एमेले-फमेले के बारे में मुझे तो कुछ पता है ना पर इत्ता जरूर है कि बात तू सोलह आने सही कह रही है।" कमला बुआ ने विषाद की धुंध को छाँटने का प्रयास किया।

"रुक्मिणी ले, अब तो खुश! चलो इसी खुशी में मैं तुम सबको मिठाई खिलाती हूँ!" सावित्री ने राहत की साँस लेते हुए कहा।

"दीदी, आप क्यों...मिठाई तो हमें खिलानी चाहिए।"

"वंदना, कहते हैं कि सुबह का भूला अगर शाम को घर आ जाए तो उसे भूला नहीं कहते हैं। तुम सबको अपनी गलती का अहसास हो गया, यही मेरे लिए मिठाई है। अब सारे मन-मुटाव भुलाकर संस्था को जो नुकसान हुआ है उसे पूरा करो, क्यों रुक्मिणी?"

"बाईजी, मैं यह सब इन्हीं के लिए तो कर रही हूँ।" कहते-कहते एक बार फिर रुक्मिणी का गला भर्रा उठा।

"रुक्मिणी छोड़, जो हो गया मरी उसे भूल जा!" कमला बुआ ने अंततः बात समाप्त करते हुए कहा।

पता नहीं यह सावित्री बहन द्वारा रुक्मिणी के बारे में उसके एम एल ए, एम पी, या फिर मंत्री बनने को लेकर की गई भविष्यवाणी का असर था, या खादी ग्रामोद्योग माल ले जाने के बहाने शहर घूमने का प्रलोभन कि 'जनजाति महिला उद्धार सभा' द्वारा निर्मित वस्तुओं का उत्पादन देखते ही देखते, जैसे दो माह पूर्व था, फिर से वैसे ही होने लगा। अपने वायदे के अनुसार सभा के माल को वह अकेले नहीं बल्कि अपने साथ कभी वह वंदना को ले जाती, तो कभी पूनम को। वैसे इच्छा द्रौपदी की भी बहुत होती और एकाध बार उसने इस इच्छा को प्रकट भी किया, किन्तु सावित्री कोई न कोई बहाना बनाकर उसे टाल जाती। द्रौपदी मन मसोसकर रह जाती। कहती कुछ नहीं। कहने की हिम्मत नहीं होती। हिम्मत हो भी कैसे क्योंकि इस नरक से यदि सबसे ज़्यादा मुक्ति की कामना करती है, तो वह यह द्रौपदी ही है। इसलिए यदि उसे इससे मुक्ति चाहिए तो उसे चुप रहना होगा—इसी में उसकी भलाई है।

देखते ही देखते कमला सदन में पुराने दरख़्त की तरह फिर से कोंपलें फूटने लगीं। सावित्री द्वारा दिखाए गए सपनों में पूरा सदन इस क़दर खो गया कि वह

सारे संतापों को भूल गया। सदन ही क्या ख़ुद रुक्मिणी को भी कहाँ होश है, वह भी जैसे सावित्री द्वारा फूँके गए मंत्र के वशीभूत हो गई। क्यों नहीं होती वशीभूत, भला सपना देखना किसे अच्छा नहीं लगता है। यह सच होते उन्हीं सपनों में से पहला सपना था कि इधर सभा द्वारा निर्मित वस्तुओं की गुणवत्ता और दिनों-दिन बढ़ती उसकी लोकप्रियता ने सभा का नाम कुछ ही दिनों में देश की अग्रणी स्वैच्छिक संगठनों की सूची में शामिल कर दिया, तो दूसरी तरफ़ रुक्मिणी का नाम एक जानी-मानी समाज सेविका के रूप में सम्मान से लिया जाने लगा। यह बात दीगर है कि सावित्री अभी भी सावित्री बहन बनी हुई, बावजूद इतना कुछ करने के। सच तो यह है कि सभा और रुक्मिणी दोनों आज जिस मक़ाम पर हैं, वे इसी सावित्री की बदौलत हैं। इसीलिए रुक्मिणी सभा की गतिविधियों में कोई दख़ल नहीं देती है—सब सावित्री बहन यानी अपनी बाईजी पर छोड़ा हुआ है।

मगर न जाने इस 'जनजाति महिला उद्धार सभा' का गठन किस अशुभ घड़ी में हुआ है कि जैसे ही सभा अपनी कामयाबी के अगले पायदान की ओर क़दम बढ़ाती, तभी कोई न कोई असन्तोष या कहिए विद्रोह का अंकुर फूट तनकर खड़ा हो जाता। पहले पिंकी को शान्त किया, तो अब दूसरा अंकुरित हो गया। हैरानी तो सबसे बड़ी यह है कि इस बार किसी ने इसके बारे में कल्पना तक नहीं की थी परन्तु सामने जो है, उसे कौन झुठला सकता है।

सभा की एक सदस्या और कमला सदन की छोटी बहू यानी अनिता भाभी, जिसकी समझदारी के झंडे सावित्री बहन सार्वजनिक रूप से पूरे सदन के सामने गाड़ चुकी है, उसी अनिता भाभी ने जैसे ही यह इच्छा प्रकट की कि वह भी वंदना और पूनम की तरह सावित्री दीदी के साथ खादी ग्रामोद्योग जाएगी, तो सब बेचैन हो उठीं। सावित्री और वंदना ने उसे खूब समझाने की कोशिश की कि कुछ नहीं रखा है खादी ग्रामोद्योग में लेकिन अनिता अपने फ़ैसले से टस से मस नहीं हुई। अनिता की हठ सबके लिए अंगद का पाँव ही साबित हुआ।

अंततः वंदना ने एक बार फिर से उसी पुराने, भोंथरे हो चुके अस्त्र का इस्तेमाल कर समझाते हुए कहा, "भाभी, भले घरों की बहुएँ ऐसे हाट-बाजारों में नहीं घूमती हैं।"

"क्या बुराई है बाईजी बहुओं के घूमने में? जब भले घरों की बेटियाँ घूम सकती हैं तो..."

"हमारी बात छोड़।" बीच में बात काटते हुए झल्लाई वंदना।

"क्यों छोड़ूँ, तुम सबकी तरह मेरा मन नहीं करता है घूमने-फिरने का...अच्छा

ओढ़ने-पहनने का?''

''ठीक है बाबा, जैसी तेरी मरजी...मेरे मत्थे मत लग। सावित्री दीदी सामने खड़ी है, इससे बात कर।'' झल्लाते हुए वंदना ने पीछा छुड़ाने की कोशिश की।

''सावित्री दीदी से क्यों, मैं तो रुक्मिणी बाईजी से बात करूँगी...हुँ, यह क्या मतलब हुआ कि ननद तो करती फिरें मौज, और भाभी इनकी सेवा-टहल। भाभी तो जैसे सदामदा की गुलाम हो गई।''

वंदना भौंचक्क रह गई। एक पल के लिए लगा जैसे अनिता नहीं संतो भाभी बोल रही है किसी गहरे कुएँ से। नहीं रुका गया कहे बिना, ''बड़े गरम तेवर हैं तेरे तो अभी से भाभी। तू तो उस संतो भाभी से भी कोसभर आगे निकली!''

''क्यों ना निकलूँ बाईजी, मैं कोई संतो थोड़े ही हूँ।''

वंदना देखती रह गई अपनी इस छोटी भाभी के तेवर।

सावित्री बहन ने पहले तो समझाने की कोशिश की किन्तु अनिता जब नहीं मानी, तो वह यह सोचकर राज़ी हो गई कि ऐसा न हो यह अनिता की बच्ची सारे किए-कराए पर पानी फेर दे। जँच गया उसे कि यह माननेवाली नहीं है। एक बार तो सावित्री भी विचलित हो उठी। हारकर अनिता की ज़िद के आगे उसने हथियार डाल तो दिए मगर कुछ शर्तों के साथ।

''देख अनिता, तुझे साथ ले जाने में मुझे कोई परेशानी नहीं है पर एक बात कहे देती हूँ कि एकाध बार की तो कोई बात नहीं है...अगर तू चाहेगी कि मैं तुझे वंदना-पूनम की तरह रोज-रोज ढोती फिरूँ, यह मेरे बसकी नहीं है।''

''मैं कौन-सा रोजाना जानेवाली हूँ...मैं भी एक बार ही जाना चाहती हूँ, कम से कम मैं भी तो देख लूँ कि शहर कैसा होता है।''

''दीदी, यह कह तो ऐसे रही है जैसे हम आपके साथ घूमने-फिरने जाती हैं।'' पूनम ने तल्ख़ी के साथ उलाहना देते हुए कहा।

''सावित्री, ले जा बेटी इसे भी एक बार...इसका भी जी रह जाएगा!'' कमला बुआ ने उन तीनों में बहस होती देख, पास आते हुए आग्रह किया सावित्री बहन से।

''बुआ, मैंने भर तो दी है हामी।'' सावित्री ने अनिता को साथ ले जाने पर अपनी स्वीकृति देते हुए कहा।

''ठीक है, बहू अब तो राजी...और हाँ, फिर मत करियो जिद।'' बुआ ने साध्य-सी व्याधि का चुपचाप निदान कर दिया।

सावित्री गहरा साँस लेते हुए मन ही मन कहने लगी कि चलो अच्छा हुआ, जो सस्ते में छूट गई। यदि अनिता बार-बार जाने का हठ करती तब...!

25

वैद्यजी की आँखें धोखा नहीं खा सकतीं।

गांधी सर्किल के पूर्वी मोड़ पर किंकर्त्तव्यविमूढ़ खड़ा वैद्यजी देर तक इसी ऊहापोह में उलझा, रह-रहकर अपने आपसे पूछता रहा कि क्या सचमुच उसकी आँखों ने कोई धोखा खाया है? यदि ऐसा है, तब वह क्या था जो थोड़ी देर पहले वैद्यजी उर्फ़ घनश्याम 'कृष्ण', या कहिए घनश्याम 'कृष्ण' उर्फ़ वैद्यजी ने ख़ुद अपनी आँखों से देखा था? वैद्यजी ने तय किया कि नहीं, वह एक बार उसी जगह जाकर अपने संदेह की पुष्टि करेगा और उसके बाद वह किसी निष्कर्ष पर पहुँचेगा।

वह वापस मुड़ा और दक्षिणी मार्ग की ओर बढ़ गया।

गांधी सर्किल से लगभग सौ गज़ आगे दक्षिणी मार्ग पर जाकर वह ठिठक गया। कुछेक क्षण न जाने क्या सोचकर, सड़क पार कर वह ठीक उसी जगह पर आकर रुक गया, जहाँ से कुछ देर पहले उसने सबकुछ और बहुत साफ़-साफ़ देखा था। लकड़ी की पट्टिका पर लिखी इबारत को उसने एक बार नहीं, कई बार पढ़ते हुए दोहराया। इससे ज़्यादा बार उसने उस पते को दोहराया, जो नाम की अपेक्षा कम छोटे अक्षरों में लिखा था यानी--5ब, दक्षिणी मार्ग,...। पूरी तरह इत्मीनान के बाद वैद्यजी सड़क पार कर अब वह 5ब के सामने था। यहीं से उसने उन दोनों को ऑटो रिक्शा में बैठकर अपनी आँखों से जाते हुए देखा था। दरअस्ल, सब इतनी तेज़ी से हुआ कि जब तक वह कुछ समझ पाता, ऑटो रिक्शा धुआँ उड़ाता हुआ उसकी पहुँच से दूर होता हुआ भीड़ में खो चुका था।

अपने संदेह की पुष्टि के बाद अब दूसरा सवाल उसके सामने यह था कि सुबह दस बजे गाजूकी से दो सौ किलोमीटर दूर यहाँ पहुँचना कैसे सम्भव है? बहुत मग़ज़मारी के बाद वैद्यजी इस निष्कर्ष पर पहुँचा कि रात में वे दोनों ज़रूर इसी शहर में कहींऽऽऽ नहीं-नहीं 5ब, दक्षिणी मार्ग के आसपास या इसी में रही होंगी।

सबकुछ शीशे की तरह साफ़-शफ़्फ़ाफ़ हो गया। जिस शीशे पर भाप की

धुँधली परत चढ़ी हुई थी, वह अपने आप सूखकर साफ़ हो गई। मगर घनश्याम 'कृष्ण' उर्फ़ वैद्यजी के सामने अब एक दूसरा ही धर्मसंकट पैदा हो गया कि क्या यह सब गाजूकी जाकर बताना उचित होगा? वैद्यजी को न जाने क्यों ऐसा लगने लगा है कि वह जानबूझकर अपने-आपको किसी दलदल में धँसाता जा रहा है। बहुत मनन किया वैद्यजी ने और अंततः वह इस नतीजे पर पहुँचा कि इसके बारे में उसे बताना तो चाहिए परन्तु केवल रुक्मिणी को।

इसके बाद वैद्यजी के पाँवों में ऐसी तेज़ी आ गई मानो उनमें किसी ने पहिए बाँध दिए हों।

रुक्मिणी को वैद्यजी पर गुस्सा तो बहुत आया मगर घर का-सा आदमी होने के कारण कुछ नहीं कह पाई। नानी ने पता नहीं इस आदमी को इतना मुँह क्यों लगाया हुआ है? कभी-कभी यह अपनी हदें तक भूल जाता है। छोटी-सी बात का वितंडा खड़ा करना तो कोई इस शख़्स से सीखे। फटे में बेमतलब पाँव देने से यह बाज नहीं आता है। रुक्मिणी को याद है कि सभा के मामले में भी इस आदमी ने कैसा फच्चर फँसाया था। यह तो भला हो इसी बाईजी का जिसने अपनी समझदारी का परिचय देते हुए बात सँभाल ली, वरना इस भले आदमी ने तो कर ही दिया था बंटाधार।

रुक्मिणी को अब लगने लगा है कि बाईजी इस व्यक्ति को ठीक ही ना-पसन्द करती है। पसन्द तो वह ख़ुद भी उसे कौन-सा करती है परन्तु नानी के सामने उसकी चल नहीं पाती है। उसका बस चले तो वह इस आदमी को कमला सदन में फटकने न दे। इसीलिए उसने तय कर लिया कि आज वह इसकी बातों में नहीं आएगी। साथ में उसने चेतावनी देते हुए वैद्यजी से साफ़ कह दिया कि अगर उसने इस बात की चर्चा बाहर या इस घर में किसी से कर दी, तो उससे बुरा कोई नहीं होगा। इसलिए वह सारे प्रमाणों, सारी स्थितियों तथा उनसे पैदा होनेवाली किसी भी सम्भावित आहट को अनसुना करते हुए उन्हें बेमानी साबित करती रही।

"बैद्‌जी, आप बेमतलब परेशान हो रहे हो। मुरली बाबू सा' के यहाँ तो बाईजी का घर जैसा आना-जाना है। आप मुझे कौन-सी नई बात बता रहे हो।"

"ठीक है, पर खुद का। उसे साथ ले जाने का मतलब है?"

"मतलब क्या, दिमाग तो सही है न बैद्‌जी! सोच-समझकर बोलो!" रुक्मिणी आपे से बाहर होते हुए बोली।

"मेरा फ़र्ज था बताना। अब तू जाने और तेरा काम।" इतना कहकर वैद्यजी

तेज़ी के साथ कमला सदन से बाहर निकल गया।

तेज़ी से जाते हुए वैद्यजी को कमला बुआ ने देख लिया और जब तक वह उसे पीछे से टोकती, वैद्यजी कमला सदन से बाहर था। हैरानी हुई बुआ को कि जब वह आया था तो ठीकठाक था और गया तो? शायद यह पहला अवसर होगा जब वैद्यजी बुआ के होते हुए उससे मिलकर नहीं गया।

रुक्मिणी भी भनभनाती हुई पीछे-पीछे अपने कमरे से बाहर आई, तो बुआ से नहीं रहा गया बिना पूछे। रुक्मिणी ने सीधा जवाब देने के बजाय सारी झुंझलाहट बुआ पर उँडेल दी, ''नानी, पता ना तेरा यह बैद्जी भी कहाँ-कहाँ से तुक्का घड़कर लाता है।''

''पर मरी, हुआ क्या?'' 'हुस्न बाग' के पॉऊच के साथ ज़बरदस्ती करते हुए पूछा बुआ ने।

''नानी, तूने इस आदमी को कुछ ज्यादा ही मुँह लगाया हुआ है। ग्राहक को ग्राहक समंझना पता नहीं तू कब सीखेगी। इसने तो यह बात कर दी कि मुँह लगाई डोमनी और गाए ताल बेताल।''

बुआ ने कुछ नहीं कहा। किणकों को चुबलाती हुई रुक्मिणी को देखती रही। उसे जब लगा कि रुक्मिणी का सारा मैल निकल गया है, तब उसने पहले पिच्च से थूका और फिर बड़े प्यार से आँखों में आँखें डालते हुए बोली, ''पर यह तो बता आखिर हुआ क्या?''

''पता ना नानी तू भी हर किसी पर आँख मूँदकर यकीन करने लग जाती है। मेरी तो अच्छी जान आफत में आई कि बताऊँ तो परेशानी, ना बताऊँ तो उससे भी ज्यादा।''

''ठीक है मत बता! ना है अपनी नानी पे भरोसा तो घुटती रह भीतर-ही-भीतर।'' बुआ ने रुक्मिणी की दुखती रग पर हाथ रख दिया जैसे।

टूट गई रुक्मिणी। बता दिया सबकुछ, जो वैद्यजी ने अपनी आँखों से देखा था।

''रुक्मिणी, बेटी बैद्जी ने यह बात ऐसे ही ना कही होगी। उस मरे ने कुछ देखा होगा जभी कही है। देख, इस पर ठंडे मन से बिचार कर। जल्दबाजी मत करियो इस बारे में।''

''नानी, मुझे पता है बैद्जी झूठ बोलनेवाला आदमी नहीं है, पर क्या करूँ मजबूर हूँ।''

पता नहीं बुआ रुक्मिणी की किस नब्ज़ पर अपनी अँगुली का पोर टिका दिया कि रुक्मिणी की आवाज़ नहीं निकली।

"मजबूरी, किस बात की मजबूरी?...अगर तुझे डर लग रहा है तो मैं पूछ लेती हूँ तेरी बाईजी से।"

"है नानी मजबूरी। छह महीने पीछे चुनाव होने हैं। ऐसे में यह बात फूट गई तो मुरली बाबू सा' की बदनामी तो होगी ही, पार्टी की भी होगी। तुझे नहीं पता है नानी इन इज़्ज़तदारों की ताकत का। खैर, तुझे पूछने की जरूरत नहीं है। बाईजी से मैं खुद ही पूछ लूँगी।"

"ठीक है, पर बैदजी पे ऐसी तोहमत मत लगा। हो सके उसके बताने में भी हमारी कोई भलाई हो।"

"वो तो नानी मैंने गुस्से में ऐसे ही कह दिया। वैसे में अपनी तसल्ली कर लेती हूँ....और हाँ नानी, तुझे मेरी सौं है जो तूने बैदजी वाली बात किसी को बताई तो।"

"क्यों, बड़ी जल्दी तरस आ गया...अभी तो कह रही थी कि..."

"तू भी नानीऽऽऽ।" नानी-नातिन में नज़रें परस्पर ऐसे मिलीं कि रुक्मिणी की लवें सुर्ख़ हो उठीं। दोनों गाल लालिमा से ऐसे भर आए मानो सारे जिस्म का ख़ून निचुड़कर गालों पर ही आकर जमा हो गया।

पढ़ गई कमला बुआ रुक्मिणी की पूरी देह-भाषा को। ज़्यादा कोंचना बुआ को अच्छा नहीं लगा। जितना कहना था एक ही आधे-अधूरे वाक्य में कह दिया।

वैद्यजी के प्रति कमला बुआ के विश्वास और ख़ुद वैद्यजी के आत्मविश्वास ने रुक्मिणी को नए सिरे से सोचने पर विवश कर दिया। वैद्यजी के कहे पर थोड़ा-सा यकीन तो उसे तभी हो गया था किन्तु चाहकर भी उसके सामने उस समय आसानी से उसकी बात को स्वीकार न करना जरूरी था। रुक्मिणी ने एक-एक कर वैद्यजी के सारे तर्कों, सूत्रों और स्थितियों का आपस में मिलान किया, तो वैद्यजी की शंका उसे निरर्थक नहीं जान पड़ी। पहली बार वंदना से लेकर पूनम और पूनम से लेकर पिंकी में सावित्री के अधिक से अधिक सामीप्य पाने की स्पर्धा तथा उन्हें खादी ग्रामोद्योग ले जाने का प्रयोजन उसकी समझ में अब आ रहा है।

रुक्मिणी ने बहुत सोचा, खूब तरकीबें खोजीं कि सावित्री से वैद्यजी के कहे की कैसे पुष्टि की जाए? वह जानती है कि सावित्री इतनी आसानी से इसे स्वीकारने वाली नहीं है जबकि वंदना-पूनम से पूछना, जान-बूझकर बने-बनाए खेल को बिगाड़ना है। उसने चहुँ दिशाओं में दृष्टि डाली तो हर तरफ़ उसे सावित्री ही दिखाई दी। हारकर रुक्मिणी ने सावित्री से ही पूछने का मन बनाया।

रुक्मिणी ने जितने कौशल और चतुराई से बारीक फंदे बुनकर, सावित्री को

फँसाने के लिए उसके चारों ओर डाले, उससे कहीं ज़्यादा चतुराई के साथ रुक्मिणी की बाईजी यानी सावित्री बहन अर्थात् सावित्री मल्होत्रा इनसे साफ़ बच निकली। उसे जैसे इन फंदों की एक-एक गिरह का पहले से इल्म था। भाँप गई वह कि झूठ बोलने से अच्छा है, पहले ही सच बोल दो। इसलिए बे-झिझक सावित्री ने स्वीकार लिया कि हाँ, वह मुरली भाई साब की कोठी पर गई थी। रुक्मिणी को रत्ती भर भी इसका एहसास नहीं था कि सावित्री इतनी आसानी से इसे स्वीकार लेगी। लगा जैसे उसके सारे पासे उलटे पड़ गए हैं।

रुक्मिणी ने इससे आगे कुछ नहीं कहा। शायद अब पूछने के लिए कुछ बचा भी नहीं।

एक दिन कमला सदन में बुआ के सामने ही माँ और मौसी माया की उपस्थिति में रुक्मिणी ने कह भी दिया वैद्यजी से, ''बैद्जी, मैंने पूछा था बाईजी से पर ऐसा कुछ भी नहीं है जैसा आप सोच रहे हैं।'' फिर वह बुआ की ओर पलटते हुए बोली, ''नानी, अगर ऐसी छोटी-छोटी बातों पर ध्यान देने लगे, तो जरूर एक दिन यह सभा बंद हो जानी है। पता नहीं इज़्ज़तदारों की तरह सोचना हम कब शुरू करेंगे।''

ख़ुशी हुई कमला बुआ को रुक्मिणी का यह रूप और भंगिमा देखकर। यह भाषा और तेवर रुक्मिणी के नहीं, बल्कि राज्य युवा जनजाति महिला प्रकोष्ठ की प्रमुख और उससे अधिक इज़्ज़तदारों के बीच उठने-बैठनेवाली रुक्मिणी के हैं। वंदना की नज़रें पूनम से मिलीं, तो दोनों के होंठों पर एक रहस्यमयी-कुटिल मुस्कान तैर कर ग़ायब हो गई। रुक्मिणी के इस भोलेपन पर उनकी नज़रें आपस में एक बार फिर से टकराईं और एक ऊँची उड़ान की चाह में, उनकी कल्पनाएँ अनन्त आकाश की ऊँचाइयाँ नापने लगीं।

'जनजाति महिला उद्धार सभा' और रुक्मिणी अब एक-दूसरे के पर्याय बन गए। दूसरे शब्दों में कहें तो रुक्मिणी अपने आपमें एक संस्था बन गई। राज्य सरकार से लेकर केन्द्र सरकार के मंत्रालयों और उनके अंतर्गत काम करनेवाले विभागों द्वारा प्रायोजित कार्यक्रमों/परियोजनाओं के अनुदान के लिए सभा का कोई प्रस्ताव आए और वह अस्वीकृत हो जाए, असम्भव है। सावित्री बहन अपनी लगन और मेहनत से सभा को उस मक़ाम पर ले आई कि यदि वह यहाँ से वापस लौटना भी चाहे, तो उसकी प्रतिष्ठा और अस्तित्व पर शायद ही कोई प्रभाव पड़े।

मगर इससे पहले कि रुक्मिणी की महत्त्वाकांक्षाओं के पर विस्तृत नभ में और

उड़ान भरते, वह ज़मीन पर जैसे औंधे मुँह थी। पिंकी द्वारा पढ़ा गया एक-एक शब्द उसे अपने कानों में ऐसे सुनाई दे रहा है जैसे विशाल नगाड़े पर थाप पड़ रही है। वह बार-बार उस पुर्ज़े को उलट-पुलटकर देखती। उसे अभी भी अपने कानों पर विश्वास नहीं हो रहा है। लग रहा है जैसे पिंकी द्वारा उसे वापस कर दिए गए इस पुर्ज़े पर लिखी हर इबारत उससे झूठ बोल रही है। अँगुलियों के बीच कसमसाते काग़ज़ को वह रह-रह देखती है। किन्तु अगले ही पल वह सोचती है क्यों बोलेगा यह झूठ, यह तो वही बयान कर रहा है जो उस पर उकेरा गया है।

सावित्री को बार-बार मोबाइल मिला रही है रुक्मिणी किन्तु मोबाइल तोते की तरह रटे हुए एक ही वाक्य को दोहरा रहा है—आपके द्वारा डायल किए गए फ़ोन से सम्पर्क नहीं हो पा रहा है। कृपया कुछ देर बाद डायल कीजिए। सावित्री का नम्बर डायल करते-करते रुक्मिणी की तर्जनी का पोर भी पस्त-सा हो गया। सभा भी उसने न जाने कितनी बार नम्बर मिलाया, परन्तु वहाँ भी देर तक घंटी बजने के बाद फ़ोन ख़ामोश हो जाता। समझ नहीं पा रही है रुक्मिणी कि वह बाईजी को कहाँ ढूँढ़े? कहाँ होगी वह इस समय?

हारकर उसने गाजूकी फ़ोन किया। शुक्र है माना गुरु का कि फ़ोन वंदना ने उठाया।

"हैलो! हाँ वंदना बाईजी कहाँ है?"

"..."

"क्या, तीन-चार दिन से नहीं आ रही है?"

"..."

"कुछ कहकर गई है?"

"..."

"ठीक है।" इतना कहकर फ़ोन काट दिया रुक्मिणी ने।

रुक्मिणी को घबराहट होने लगी अब लेकिन क्या करे? कहाँ ढूँढ़े उसे? उद्विग्नता और खीज के चलते एक बार मन में आया भी कि इस पुर्ज़े की धज्जियाँ कर हवा में उड़ा दे। देखती हूँ कैसे देती है इस्तीफ़ा। इस्तीफ़ा तो वह तब देगी जब मैं इसे स्वीकार करूँगी। इसी द्वंद्व ने फिर से रुक्मिणी के पोरों की नीयत ख़राब कर दी, किन्तु भीतर आलोड़ित ऊहापोह ने उनका रास्ता रोक दिया। पोरों ने अपना फ़ैसला बदल दिया।

असमंजस के भँवर में फँसी रुक्मिणी सोचती है सावित्री द्वारा सभा से दिए गए इस्तीफ़े के कारणों के बारे में। आख़िर इस्तीफ़े के ऐसे कौन-कौन से कारण हो सकते हैं जिन्होंने उसे एकाएक बिना किसी पूर्व सूचना और भूमिका के

इस्तीफ़ा देने पर विवश कर दिया—वह भी तब जब दो महीने बाद विधान सभा चुनाव होने की पूरी-पूरी सम्भावना है? कोई सूत्र हाथ नहीं लगा। लगा भी तो ऐसा जिसे सिवाय उसकी कपोल-कल्पना के और कुछ नहीं कहा जा सकता, यानी बक़ौल रुक्मिणी की इस कल्पना के—कहीं सावित्री बाईजी कहीं से कोई टिकट पाने की जुगत में तो नहीं है? इस कल्पना ने रुक्मिणी को ऐसा कर दिया जैसे उसे अधरंग हो गया है। हारकर उसने सब नियति पर छोड़ दिया और पस्त होते हुए बिस्तर पर आ पड़ी। अँगुलियों के बीच फँसे इस्तीफ़े को उसने धीरे-धीरे मुक्त कर, उसकी तह बना एक तरफ़ रख दिया। 'जनजाति महिला उद्धार सभा' का भविष्य एक बार फिर उसे किसी चौराहे पर अनाथ-सा खड़ा दिखाई दे रहा है। सभा से बाईजी का अलग होना शरीर से आत्मा का अलग होना जैसा है।

सवेरे-सवेरे घनघना उठे मोबाइल को अलसाते हुए रुक्मिणी ने उठाकर देखा और नम्बरों को ध्यान से पढ़ा तो पढ़ते ही बिजली-सी दौड़ गई पूरे शरीर में। एक पल के लिए भूल गई कि उसे क्या करना है। हड़बड़ाहट और भावावेश में अँगुलियाँ काँपने लगीं। लगातार बजते मोबाइल ने उसे याद दिलाया कि उसे बात भी करनी है।

"हैलो! कौन...बाईजी...हाँ, कहाँ हो?" शब्द गड्डमड्ड हो गए रुक्मिणी के।

"..."

"हाँ मिल गया...कम से कम देने से पहले मुझे बताना तो था।"

"..."

"यह तो ठीक है, पर बाईजी ऐसे काम चिट्ठी-पत्री से थोड़े ही होते हैं।"

"..."

"अच्छा, आप पहुँचो। मैं भी पहुँच रही हूँ।"

"..."

"यही कोई ग्यारह-साढ़े ग्यारह बजे तक।"

रुक्मिणी उसी समय उठी और फटाफट तैयार होने में जुट गई। पता ही नहीं चला उसे कि वह कब तैयार हो गई। चलने से पहले उसने धरमा को निर्देश देते हुए कहा कि जितनी जल्दी हो सके, उसे तिबारे पर पहुँचा दे।

धरमा ने अपने वायदे के अनुसार कार ठीक पौने ग्यारह बजे तिबारे पर लगा दी। सावित्री पहले से मौजूद थी।

"बाईजी, यह सब क्या है...ऐसी क्या गल्ती हो गई जो आपने मुझे बीच

मँझधार में छोड़ दिया?'' रुक्मिणी ने दफ़्तर में घुसते ही बिना किसी भूमिका के पूछा सावित्री से।

''रुक्मिणी, ऐसी कोई बात नहीं है। सभा अपने पैरों पर खड़ी हो गई है तो सोचा अब दूसरों को भी अवसर मिलना चाहिए।'' सावित्री ने हँसते हुए जवाब दिया।

''कहीं बाईजी आप मेरी उस दिनवाली बात पर तो नाराज नहीं हो गई हो?''

''कौन-सी उस दिनवाली बात?'' हैरान होते हुए सावित्री ने पलटकर प्रतिप्रश्न किया।

''वही मुरली बाबू सा' की कोठी पर जानेवाली बात का?''

''क्याऽऽऽ रुक्मिणी, ऐसी बातों से भी कहीं नाराज हुआ जाता है।'' ज़ोर से हँसी सावित्री।

''ना बाईजी, बात तो है कुछ-न-कुछ?''

''ऐसा कुछ भी नहीं है। बस, मन में आया कि अब थोड़ा आराम किया जाए।''

''वाह बाईजी, आराम तो आप ऐसे कह रही हो जैसे पचास-पचपन की हो गई हो।''

''रुक्मिणी, अब भागदौड़ बसकी नहीं रही।''

''कौन कह रहा है भागदौड़ करने की...आराम से बैठी रहो। रही बात माल लाने-ले जाने की, सो यह काम बैदूजी को थमा देते हैं।''

''वैद्यजी तो मेरे बिना भी सँभाल लेंगे यह काम...पर असल बात यह है रुक्मिणी कि अब इच्छा नहीं है।''

''ठीक है, जब आपकी ही इच्छा नहीं है तो बंद कर देते हैं सभा। जब सावित्री बाईजी ही नहीं रहेगी तो सभा का क्या मतलब है।''

''मैंने कह दिया न रुक्मिणी कि...''

''अगर आपने फैसला कर ही लिया है तो भला मैं कौन होती हूँ...पर मेरी एक अरज है छोटी-सी कि इलेक्शन तक रुक जाओ। इलेक्शन पीछे मैं आपसे नहीं कहूँगी।''

''ठीक है, अगर तू कह रही है तो मान जाती हूँ पर इसके पीछे मत कहियो रुकने के लिए!''

''मंजूर है बाईजी, ना कहूँगी।'' रुक्मिणी ने पूरे आत्मविश्वास और भरोसे के साथ कहा।

देर तक सभा की गतिविधियों से लेकर राजनीतिक मुद्दों पर बातें होती रहीं। रुक्मिणी और सावित्री कार्यालय से वापस लौटने लगीं, तो लौटते हुए सभा के कार्यालय में आए परिवर्तन को देखकर रुक्मिणी को हैरानी-सी हुई। पिछली बार जब आई थी, तब ऐसा कुछ भी नहीं था। दीवारों पर टँगी पार्टी के कर्णधारों की तस्वीरों और पार्टी के चिह्न ने उसका ध्यान बरबस ही खींचा।

मुस्कराकर रह गई रुक्मिणी। कोई प्रतिक्रिया व्यक्त नहीं की। चुपचाप कार में बैठ उसने धरमा को सीधे गाजूकी चलने को कहा।

गाजूकी पहुँचते ही रुक्मिणी ने सबसे पहले वैद्यजी के बारे में पूछा, तो पता चला वह कल यानी एक दिन पहले ही होकर गया है। रुक्मिणी ने उसी समय दिलबर को बुलवाया और उसे लगभग आदेश देते हुए कहा, "दिलबर, कार ले जा और बैद्जी को ढूँढ़कर ला! भले वो पाताल में क्यों ना हो।"

बहन के आदेश की अवहेलना कैसे करता दिलबर।

चार बजते-बजते वैद्यजी को साथ ले दिलबर रुक्मिणी के सामने हाज़िर था कमला सदन में।

रुक्मिणी को जैसा अंदेशा था वैद्यजी ने उसकी पुष्टि कर दी। लग तो रुक्मिणी को पहले ही रहा था परन्तु यक़ीन उसे पूरा अब हो गया।

"बैद्जी, फिर अब करा क्या जाए? हमें तो यह भी पता नहीं है कि माल की बिक्री कैसे होती है। तौर-तरीके तो सारे बाईजी को ही पता हैं। इसने सभा को बीच मँझधार में छोड़कर अच्छा नहीं किया।"

"अभी चुनावों तक तो वह मान गई है न। कोई बात नहीं, जो होगा देखा जाएगा। चुनावों तक तो काम चलवाओ।"

"पर बैद्जी, जो आदमी अपनी अलग संस्था बना चुका हो वह अपने तरीकों को क्यों बताएगा?"

"हम सावित्री से क्यों पूछें...ऐसा करते हैं वंदना और पूनम से पूछ लेते हैं क्योंकि ये दोनों तो बराबर जाती रही हैं उसके साथ खादी ग्रामोद्योग।"

"मेरी एक सलाह है बैद्जी, क्यों न आगे से हम पिंकी को बाईजी के साथ भेजना शुरू कर दें?"

"पिंकी को?" पिंकी का नाम सुनते ही वैद्यजी के माथे पर बल पड़ते चले गए। मन ही मन सोचने लगा वह कि रुक्मिणी यह क्या अनर्थ करने जा रही है?

"हाँ बैद्जी, पिंकी इन दोनों से तेज है। यह आसानी से चीजों को समझ लेती है।"

"परऽऽऽ रुक्मिणी..."

"मैं समझ रही हूँ आपकी परेशानी, पर हमारे पास और कोई दूसरा रास्ता भी तो नहीं है। हमें इन डेढ़-दो महीनों में ही लेने हैं सारे भेद। इन्हीं में ही समझनी हैं सारी बातें।"

"जैसी तेरी मरजी।" बेमन से वैद्यजी ने अपनी सहमति देते हुए कहा।

"बैदूजी, जो होगा देखा जाएगा। इस बाईजी को भी बनने दो रुक्मिणी।" कहते-कहते रुक्मिणी के होंठ टेढ़े होते चले गए।

"अब किसको फोन मिला रही है?" इस बीच रुक्मिणी की अँगुलियों को मोबाइल से खेलता देख पूछा वैद्यजी ने।

"बाईजी को, कम से कम उसे पिंकी के बारे में बता तो दूँ...हैलो, हाँ बाईजी, मैं रुक्मिणी...अच्छा यह बताओ अब माल किस दिन जाना है खादी भंडार?"

"..."

"मैं सोच रही हूँ कि पिंकी को ले जाती इस बार?"

"..."

"ठीक है बाईजी, मैं पिंकी से कह दूँगी कि वह जाने के लिए तैयार रहे।"

ख़बर सुनते ही पिंकी तो जैसे आसमान में उड़ने लगी। जाने से पहले उसने शहर से लाए जानेवाले सामान तक की मन ही मन एक लम्बी फ़ेहरिस्त तैयार कर ली। मगर इस ख़बर से सुशीला बिलकुल भी ख़ुश नहीं हुई। कमसिन पोती की भाव-भंगिमा और इस तरह उसे प्रसन्न देखकर भीतर ही भीतर बैठने लगी सुशीला। अधपकी, कच्ची अमिया-सी पोती को सावित्री के साथ भेजने को लेकर वह तरह-तरह की आशंकाओं से सिहरती चली गई। सिहरना उचित भी है क्योंकि क़ायदे से अभी यह पूरी तरह लाइन में भी नहीं डली है। पिछले साल ही तो हुई है इसकी 'मत्था ढकाई'। अभी तो इसे लाइन के पूरे दस्तूर भी पता नहीं हैं और फिर इन इज़्ज़तदारों का क्या भरोसा। मन ही मन सुशीला अपने कुल देवता माना गुरु से सबकुछ सही-सलामत रहने की प्रार्थना करती रही।

उधर वंदना और पूनम सभा में लिए गए इस नए फ़ैसले से लू के थपेड़ों से झुलस गई पत्तियों-सी मुरझा गईं। ज़रूर यह सावित्री दीदी की माँग रही होगी। हालाँकि इस फ़ैसले से कमला सदन में कोई ख़ुश नहीं है तथा सबने अपने-अपने तर्क और दलीलें दीं परन्तु रुक्मिणी ने सबको नए सिरे से ख़ारिज कर दिया। हारकर जिन्हें इस निर्णय पर कुछ आपत्ति थी, उन्होंने मन को यह कहकर समझा लिया कि महीने-दो महीने की ही तो बात है। वैसे भी खादी ग्रामोद्योग कौन-सा

रोज़-रोज़ जाना होता है। ज़्यादा से ज़्यादा महीने में तीन बार। इनमें क्या बिगड़ जाएगा पिंकी का। रुक्मिणी ने सही तो कहा है कि पता नहीं हम इन इज़्ज़तदारों की तरह कब सोचना शुरू करेंगे। चुनाव तो ये आए और ये गए। इसके बाद किसी को क्या तो लेना 'जनजाति महिला उद्धार सभा' से, और क्या देना रुक्मिणी से। इस देश में हज़ारों-हज़ार ऐसी रुक्मिणियाँ और सभाएँ हैं। किसी को किसी से क्या वास्ता।

5ब, दक्षिणी मार्ग के बाहर तरह-तरह के मॉडल्स की क़तारबद्ध डेढ़ दर्जन से अधिक खड़ी कारों और दूसरे अन्य वाहनों को देखते ही भाँप गई सावित्री कि इतने वाहनों का एकसाथ खड़े होने का प्रयोजन क्या हो सकता है। गीली रेत में मिले बारूद को उसने जो तीली दिखाई थी, उसी का यह नतीजा है कि उस छोटी-सी लौ ने आग का रूप ले लिया लगता है आज।

उत्सुकता और जिज्ञासा ने सावित्री के क़दमों की गति बढ़ा दी। मुख्य द्वार से बरामदे तक की महज़ कुछ गज़ की दूरी मानो मीलों में बदल गई। छोटे-से इस फ़ासले को जल्दी तय करने की ललक में वह यह भी भूल गई कि उसके साथ कोई और भी है। बरामदे में बिछी बेंत और प्लास्टिक की कुर्सियों में धँसे अधिकतर अपरिचितों पर सरसरी निगाह मारते हुए जिसे उसकी आँखें तलाश रही थीं, वह बग़ल के कमरे से बाहर आता दिखाई दे गया। सावित्री तेज़ी से लपकी उसकी ओर तथा इससे पहले कि वह कुछ कह पाती, हाथ में चाय की ट्रे थामे उसी ने उसका स्वागत किया, "दीदी प्रणाम!"

"मुन्ना, कोई जरूरी मीटिंग चल रही है क्या?" मुन्ना को उसके प्रणाम का उत्तर देने के बजाय सावित्री ने पास आते हुए उससे फुसफुसाते हुए पूछा।

"हाँ दीदी।" इतना कह चौदह-पन्द्रहवर्षीय वह किशोर दूसरे कमरे में प्रवेश करता, पुनः वापस मुड़ते हुए बोला, "दीदी, आप साहब के कमरे में बैठ जाइए। मैं उन्हें बता दूँगा कि आप आई हैं।"

सावित्री ने इससे आगे कुछ कहने या पूछने की ज़रूरत नहीं समझी। चुपचाप मुन्ना द्वारा बताए गए साहब के कमरे की ओर बढ़ गई।

सावित्री को अधिक इन्तज़ार नहीं करना पड़ा।

"दीदी, साहब ने आपको अन्दर बुलाया है!" मुन्ना ने साहब के कमरे में आकर सावित्री को सूचना दी।

अनुमान बिलकुल सही निकला सावित्री का। जैसा वह सोच रही थी चर्चा

वास्तव में उसी विषय पर चल रही है। ख़ुशी तो सबसे ज़्यादा सावित्री को यह सुनकर हुई कि सबका एकमत से वही कहना था, जो वह बहुत पहले कह चुकी थी। चलती हुई बैठक के बीच में अपने-आपको शामिल करने का अर्थ और तर्क उसकी समझ में तब आया, जब बैठक की समाप्ति से पूर्व अपनी सहर्ष स्वीकृति देते हुए मुरली ने उसका परिचय एक समर्पित कार्यकर्त्ता के रूप में देते हुए सबके सम्मुख यह रहस्योद्‌घाटन किया, "प्रकाश जी, सावित्री जी ने तो मुझे बहुत पहले ही सलाह दी थी।"

प्रकाश जी सहित वहाँ उपस्थित सबकी गर्दन सावित्री की इस राजनीतिक परिपक्वता के सम्मान में हल्की-सी झुकती चली गई। सावित्री की दूरदर्शिता को एक तरह से सार्वजनिक रूप से स्वीकारते हुए मुरली ने उसे जो सम्मान दिया, सावित्री का सीना गर्व से चौड़ा होता चला गया। आँखों में अपने भाई साब के प्रति कृतज्ञता, और मारे ख़ुशी के पानी तैर आया। सावित्री सोचने लगी कि उसने भाई साब की सलाह पर, सही समय पर 'जनजाति महिला उद्धार सभा' से ख़ुद को अलग करने का निर्णय लेने में कोई ग़लती नहीं की है। रही बात चुनावों तक सभा से जुड़े रहने की, तो वह भाई साब को अपने आप समझा लेगी।

"ठीक है प्रकाश जी, सम्पर्क बनाए रखिएगा...जो भी डेवलपमेंट होगी उससे आपको अवगत कराता रहूँगा...अच्छा नमस्कार!"

इसके साथ ही मुरली ने बैठक विसर्जित करने की घोषणा करते हुए मुन्ना को आवाज़ दी। जब तक मुन्ना आता भावी योजना को लेकर मंत्रणा होती रही दोनों में तथा जो निष्कर्ष निकला उससे दोनों पूर्णतया सहमत थे।

"भाई साब, इसीलिए मैं चुनावों तक सभा से जुड़े रहने के लिए मान गई। इतनी पागल नहीं हूँ मैं। पता था मुझे कि रुक्मिणी को हमें साथ लेकर चलना ही पड़ेगा। कंजरों के कम से कम छह-साढ़े छह हजार वोट तो होंगे ही पूरे धरमपुरा विधान सभा में और रुक्मिणी की अच्छी पकड़ है उन पर।"

"यह बात है!" आश्चर्य हुआ मुरली को।

"हाँ भाई साब, छह-साढ़े छह हजार का मतलब है एक तरह से जीत पक्की।"

"एकदम सही कह रही है तू। इतनी वोटों का अपने आपमें बहुत मायने है। इसलिए तेरा उस कंजर सभा से...मेरा मतलब है उद्धार सभा से जुड़े रहना बिलकुल जरूरी है।"

"जी भाई साब।"

"अच्छा चल छोड़, यह रामायण तो चलती रहेगी। पहले यह बता कैसी चल

रही है तेरी जनजाति महिला उद्धार सभा?''

''मैंने तो आपकी सलाह पर रिजाइन कर दिया था भाई साब, पर कहने लगी चुनावों तक रुक जाओ बाईजी।''

''चुनावों तक क्यों?'' मुरली को झटका-सा लगा।

''उसे भी तो इस देश की चिन्ता होगी भाई साब...और फिर रिजाईन कर उससे अलग हो जाती तो इन छह-साढ़े छह हजार वोटों का क्या होता।''

''यह तो सचमुच तूने समझदारी भरा निर्णय लिया। वैसे भी रुक्मिणी की हमें असली जरूरत अब पड़ेगी।''

''हाँ भाई साब।''

''औऽऽऽर तेरी बाकी की समाज सेवियों का क्या हाल है।''

''भाई साब, आप भले ही इस सावित्री को भूल जाएँ, पर यह नहीं भूलती है। एक बार जिसकी हो गई उसके लिए यह कुछ भी करने को तैयार है। इस सभा से जुड़े रहने का एक मकसद भाई साब आपका ख्याल रखना भी है।'' समझ गई सावित्री अपने भाई साब का इशारा। इसीलिए एक रहस्यमयी मुस्कान बिख़ेरते हुए उसने मुरली की ओर देखा तथा इससे पहले कि वह आगे कुछ कहती दरवाज़े पर हल्की-सी थाप हुई। मुन्ना चाय लेकर कमरे में आ चुका था।

''मुन्ना, मेरे साथ जो लड़की आई है न, उसे अन्दर ले आ!''

''जी दीदी।'' इतना कह मुन्ना कमरे से बाहर निकल गया।

''सभा का माल लेकर आई लगती है?'' मुरली की शिराओं में दौड़ता ख़ून एकाएक ठहाठे मारने लगा।

''रुकिए तो सही भाई साब। देखोगे तो कहोगे सचमुच सभा का माल लेकर आई हूँ।'' इतना कह सावित्री ने मुस्कराते हुए मुरली की आँखों में झाँका।

सावित्री की इस मुस्कराहट में रहस्य का गाढ़ापन पहले से कहीं अधिक था। मुरली सावित्री बहन यानी सावित्री मल्होत्रा की इन सारी महीन, गाढ़ी, गहरी, पतली, खड़ी, तिरछी मुस्कराहटों का अर्थ समझता है। उदाहरण के लिए सावित्री मल्होत्रा को अपने भाई साब को जब कोई 'सरप्राइज़' या कहिए चकित करना होता है, तब उसकी मुस्कान में गाढ़ापन होता है। ऐसे जैसे अभी थोड़ी देर पहले था। जब भाई साब से कोई शिकायत करनी होती है, तब उसकी मुस्कान में खड़ेपन की मात्रा अधिक होती है। जबकि उसे जब व्यंग्य करना होता है तब उसमें पतलापन होता है। भाई साब से उसे जब कोई काम निकालना होता है, या फिर अपनी मुस्कान से कभी-कभार घायल करना होता है, तो उसमें तिरछेपन का मिश्रण होता है। मगर इन सारी मुस्कानों या

मुस्कराहटों के बारे में बिना कुटिलता के छींटों के सोचना, किसी बेवा द्वारा शृंगार करने जैसी कल्पना करना है।

पलभर के लिए लगा जैसे पूरा कमरा किसी अप्रत्याशित चौंधे से भर उठा है। आँखें एक जगह आकर ऐसे ठहर गईं मानो मुरली किसी प्रागैतिहासिक काल की किसी अनगढ़ अनुकृति के सामने खड़ा है। एक ऐसी भूल-भुलैया में खो गया वह, जिसमें केवल प्रवेश करने का रास्ता पता है। लगा जैसे बीच रास्ते में यह अनुकृति उसका रास्ता रोककर खड़ी हो गई है।

"पिंकी, साहब को नमस्ते कर!"

सावित्री के आदेश पर पिंकी के दोनों हाथ जुड़ते चले गए।

"भाई साब, यह रुक्मिणी की भतीजी है पिंकी। हमारी उद्धार सभा की सबसे उत्साही मैम्बर।" सावित्री ने पिंकी का एकदम संक्षिप्त-सा परिचय दिया।

कच्चे करौंदे को देखते ही जैसे मुँह में पानी भर आता है, मुरली के मुँह में उसकी खटास भर से पानी भर आया। पता नहीं सावित्री इस कच्चे करौंदे को किस ढेरी से चुराकर लाई है। अभी तो पूरी तरह इसकी खटास भी नहीं गई है। ग़ौर से देखते हुए सोचने लगा मुरली कि रंग बेशक इन्दौरी गेहुंआँ है किन्तु एक-एक अंग ऐसा तराशा हुआ है कि एक बार तो बनानेवाले को भी इसे बनाने के बाद अपनी कल्पना और कारीगरी पर ईर्ष्या हुई होगी।

"लगता है तू सारी सभा का उद्धार करके मानेगी!" मुरली ने कनखियों से देखते हुए कहा।

"कहाँ भाई साब, मुझसे तो जो सेवा बन पड़ती है कर देती हूँ। असली उद्धार तो इनका आपके ही कर-कमलों द्वारा होना है।"

"आओ, मेरे पास आओ!" मुरली पलंग पर एक ओर सरकते हुए बेहद मीठेपन के साथ बोला।

पिंकी चुपचाप मुरली के बग़ल में जाकर बैठ गई।

"सावित्री, पिंकी को कुछ खिलाया भी है या नहीं?" पिंकी की पीठ धीरे-धीरे सहलाते हुए पूछा मुरली ने।

"फुरसत कहाँ मिली भाई साब। माल देकर सीधे आपके पास चली आई। सोचा पिंकी भी मिल लेगी आपसे।"

"तू भी सावित्री...अच्छा ऐसा कर..." वाक्य को अधूरा छोड़ मुरली ने कुर्ते की जेब में हाथ डाला और हाथ में जितने भी पचास से लेकर पाँच सौ तक के

नोट आए उन्हें बाहर निकाल, सावित्री की ओर बढ़ाते हुए बोला, "ये पकड़, पहले इसे कुछ बढ़िया-से कपड़े दिलवाकर आ! मैं ड्राइवर से कह देता हूँ, गाड़ी ले जाना...यह कौन-सा हमारे यहाँ रोज-रोज आएगी।"

"ठीक है भाई साब। चल पिंकी।"

पिंकी को साथ लेकर सावित्री जाने लगी कि पीछे से मुरली ने टोकते हुए हिदायत भरे अन्दाज़ में कहा, "अच्छा सुन, मुझे शाम को लौटने में शायद देर हो जाए। एक मीटिंग में जाना है। ऐसा करना अगर मुझे देर हो जाए तो इसे लेकर हाईवे पर चली जाना। ज्यादा इन्तजार मत करना। यही ड्राइवर छोड़ आएगा।"

"अच्छा भाई साब।" इतना कह सावित्री पिंकी को लेकर चली गई।

सचमुच मुरली को लौटने में देर हो गई। लगता है किसी लम्बी चलनेवाली मीटिंग में फँस गए हैं। हो सकता है जिस मुद्दे को लेकर दिन में बैठक हो रही थी, उसी के चक्कर में अटक गए हैं कहीं। अब अधिक इन्तज़ार करना ठीक नहीं है। वैसे भी उन दोनों को कम से कम दस किलोमीटर दूर जाना है। क्या लाभ अधिक देर करने से। वहाँ जाकर नहाना भी है। भादो की उमस में बुरा हाल जो हो गया।

"पिंकी, भाई साब का तो कोई भरोसा है नहीं, कब आएँ। चल उधर ही चलते हैं। कल जाते समय मिल चलेंगे उनसे।"

हाईवे पहुँचने में ज़्यादा समय नहीं लगा उन्हें। मुश्किल से बीस मिनट लगे।

थोड़ी देर के लिए पिंकी को लगा जैसे वह किसी स्वप्न-लोक में आ गई है। बाहर से ऊबड़खाबड़ किले की-सी दीवारों से घिरे छोटे-छोटे हरे टीलों के नीचे इतनी सुन्दर जगह हो सकती है, उसने कल्पना भी नहीं की थी। जहाँ भी उसकी नज़र जाती, वह वहीं की होकर रह जाती। पहले से चालू ए सी ने पूरा कमरा इतना ठंडा कर दिया, मानो वह किसी बर्फ़ीले रेगिस्तान में खड़ी है। जिस्म को काटनेवाली उमस और गरमी को भूल गई वह। अब समझ में आया उसके कि वंदना और पूनम बुआ इस दीदी के पीछे हमेशा क्यों लगी रहती हैं?

"पिंकी, ऐसा कर, पहले नहा ले। कम से कम दिनभर का पसीना तो धुल जाएगा।"

सावित्री का सुझाव सही लगा। अगर वह इस ठंडक में थोड़ी देर और रह गई तो शायद नहाने से मन ही मुकर जाए, क्या पता।

"ठीक है दीदी।" कहते हुए पिंकी बाथरूम में घुस गई।

पिंकी का मन बाथरूम से बाहर निकलने को ना करे। उतरते भादो में हरहरा

कर आनेवाली अन्तिम बारिश की तरह, देर तक शॉवर के नीचे नहाती रही। दो-तीन क़िस्म के साबुनों से वह खूब मल-मलकर नहाई, और शैम्पू वह भी उसने जी भर कर किया।

नहाकर पिंकी बाथरूम से निकली तो लगा दिनभर की थकान का दूर-दूर तक अता-पता नहीं है। पिंकी की देह से फूटती भिन्न प्रकार की मिश्रित गंध से सावित्री को लगा जैसे वह किसी महकते उपवन में आ गई है। समझ गई सावित्री कि पिंकी ने जी भरकर स्नान किया है।

''अच्छा मैं भी नहा लेती हूँ। नहाने के बाद खाते हैं खाना।''

इतना कह सावित्री बाथरूम में घुसती कि उसका मोबाइल बज उठा। अनुमान ठीक था। फोन मुरली भाई साब का ही है।

''हाँ भाई साब लेट हो गए थे...हाँ-हाँ, दो जोड़े...पिंकी ने ही पसन्द किए हैं...नहीं-नहीं, कोई परेशानी नहीं है...पिंकी तो बहुत खुश है इस जगह को देखकर...ठीक है, खा लेंगे...अच्छा भाई साब।'' मोबाइल ऑफ़ करते हुए मुस्कराई सावित्री, ''भाई साब का फोन था...। पूछ रहे थे तेरे बारे में।''

सावित्री ने नहाने में देर नहीं लगाई। नहाने के नाम पर जैसे महज शरीर पर पानी भर उँडेलना था। सच कहा जाए तो आज पहली बार इस कहावत को लज्जित-सा होना पड़ा कि पुरुष का खाना और स्त्री का नहाना, बराबर होते हैं। बाथरूम से बाहर आई तो क्षण भर के लिए जैसे उसकी आँखें धोखा खा गईं।

''पिंकीऽऽ तू तो एकदम हीरोइन लग रही है इस ड्रेस में!'' विस्फारित नेत्रों से देखते हुए सावित्री ने ऐसे कहा जैसे उसने इससे पहले किसी लड़की को इस रूप में नहीं देखा।

यक़ीन तो ख़ुद पिंकी को भी नहीं हो रहा है अपने इस रूप को देखकर। इसलिए वह किसी न किसी बहाने सावित्री से नज़रें बचाकर आदमक़द आईने के सामने आकर, अलग-अलग कोणों से निरखने लगती है अपने आपको।

''काश, भाई साब होते तो कितना खुश होते तुझे देखकर।''

''हाँ दीदी।'' एक बार फिर सावित्री से नज़रें चुरा चुपके से निहारा अपने-आपको तथा मन ही मन कामना करने लगी कि काश, उसकी दीदी की इच्छा पूरी हो जाए और इनके भाई साब सचमुच आ जाएँ। आकर अपनी आँखों देखें कि कहीं यह दीदी झूठ तो नहीं बोल रही है।

''अच्छा-अच्छा, अब रहने दे। चल पहले खाना खा लेते हैं। इसके बाद देख लेना जितना देखना है। पागल कहीं की, शीशे के सामने से हटने का नाम ही नहीं

ले रही है!" सावित्री ने हल्की-सी, मुलायम-सी झिड़की मारते हुए पिंकी की मानो चोरी पकड़ ली।

पिंकी सम्मोहित-सी सावित्री के पीछे-पीछे चल पड़ी डाइनिंग हॉल की ओर।

पिंकी का मन नहीं कर रहा है सावित्री दीदी द्वारा दिलाई गई ड्रेस को उतारने का। भला यह भी कोई बात हुई कि जंगल में मोर नाचे और उसे कोई न देखे। क्या फ़ायदा ऐसे मोर के नाचने का। हो सकता है सावित्री दीदी द्वारा की गई तारीफ़ सिर्फ़ उसका मन रखने के लिए की गई हो। काश, कोई होता जो उसे इस लिबास में देखकर उसकी सचमुच की प्रशंसा करे। बेशक वह सावित्री दीदी का भाई साब ही क्यों न हो।

पिंकी अभी इससे आगे की कल्पना में डूबती-उतरती कि तभी दरवाज़े पर दस्तक हुई।

"पिंकी, देखना जरा...पता नहीं मेरा तो सिर क्यों फटा जा रहा है!" माथे को ख़ुद ही मसलते हुए बोली सावित्री।

"ठीक है दीदी।" इतना कहकर पिंकी दरवाज़ा खोलने चली गई।

पंजों के बल उचकते हुए पिंकी ने दरवाज़े की सिटकनी नीचे कर जैसे ही दरवाज़ा खोला कि उसे अपनी आँखों पर विश्वास नहीं हुआ। लगा जैसे वह कोई सपना देख रही है। हतप्रभ वह ठिठकी-सी रह गई दरवाज़े के बीचों-बीच। थोड़ी देर के लिए वह भूल गई कि उसे बीच से हटना भी है।

"अरे भाई साब आऽऽप! आइए!" पलंग से उठते हुए पूछा सावित्री ने, "इस समय कैसे?"

"मीटिंग से लौट रहा था तो सोचा, क्यों न फार्म हाउस से होता चलूँ। पूछता चलूँ तुम लोगों को कोई परेशानी तो नहीं है...।" फिर एकाएक सामने खड़ी पिंकी को देखकर हैरान होते हुए बोला, "सावित्री, तूने तो इस लड़की का हुलिया ही बदल दिया...यह तो बहुत स्मार्ट लग रही है...है ना!"

सावित्री दीदी के भाई साब के मुँह से अपनी प्रशंसा सुन पिंकी के गाल सुर्ख़ और गालों में पड़े गड्ढे गहरे होते चले गए। पिंकी का एक-एक रोआँ मारे ख़ुशी के थिरकने लगा। उसने दोनों से नज़रें बचाने का प्रयास करते हुए पुनः चुपके से अपने-आपको शीशे में देखा, तो इस बार जैसे वह पकड़ ली गई। सामने आईने में भाई साब के अक्स से निगाहें क्या मिलीं कि पिंकी जैसे ज्वर से तप उठी। चुपके से उसने ख़ुद ही अपने बदन को छूकर देखा, तो पाया बदन तो पूरा ठीक

है। फिर यह ताप? सोचते हुए धड़कनें बढ़ने लगीं पिंकी की।

देर तक सावित्री और मुरली में बातें होती रहीं। आख़िर सावित्री को ही कहना पड़ा, "भाई साब, मेरा तो सिर मारे दर्द के फटा जा रहा है...पूरे दिन की भागदौड़..."

"ठीक है, तुम लोग आराम करो, मैं चलता हूँ।" सावित्री की बात काट उठने का उपक्रम बनाते हुए बोला मुरली।

"नहीं भाई साब, आप पिंकी से बातें करिए। दरअसल मुझे जल्दी सोने की आदत है। इसलिए कह रही थी।"

"दीदी, आप सो जाओ। मुझे नींद नहीं आ रही है।"

"अच्छा। भाई साब चले जाएँ तो लाईट बन्द कर देना।" इतना कहकर सावित्री ने अपने-आपको कम्बल में समेटा और दूसरी ओर करवट ले, पिंकी को साथ लाने के प्रयोजन की सफलता की कामना करने लगी।

रह-रहकर कानों में पड़ती पिंकी की छोटी-छोटी चंचल, मासूम झरनों-सी खिलखिलाहट धीरे-धीरे मैदान में फैली शान्त नदी का रूप लेने लगी। जैसे-जैसे संवादों की जगह फुसफुसाहटों और फुसफुसाहटों का स्थान संकेतों व मुद्राओं ने लेना शुरू किया, वैसे-वैसे पिंकी की दीदी अर्थात सावित्री मल्होत्रा की आँखों में निश्चिन्तता का भारीपन उतरने लगा।

शायद कोई डरावना सपना था जिसके डर से सावित्री ने हड़बड़ाते हुए बग़लवाले बिस्तर पर हाथ मारकर देखा। नाइट लैम्प भी नहीं जल रहा है। पता नहीं रात कितनी हो चुकी है। घुप्प अँधेरे में दिशा भ्रमित हो वह कुछ पलों के लिए भूल गई कि कमरे में स्विच बोर्ड कहाँ है। मुश्किल से मिला स्विच बोर्ड। स्विच ऑन कर अपने बग़लवाले बिस्तर को देखा, तो देखते ही पूरे जिस्म में बिजली-सी कौंध गई। सावित्री का मनोरथ जैसे पूरा हो गया।

उसने स्विच ऑफ़ किया और वापस अपने बिस्तर पर आ लेटी। स्याह अँधेरे ने एक बार फिर पूरे कमरे को अपने वश में कर लिया। धीरे-धीरे बढ़ती हुई धड़कनें और तेज़-तेज़ चल रही अपनी साँसों पर नियन्त्रण करना कठिन हो गया। रात की निस्तब्धता में उसे अपने ही कानों में अपनी साँसें साफ़ सुनाई देने लगीं। घुप्प अँधेरे में सावित्री की खुली आँखों के सामने कल्पनाओं के विशाल परदे पर, एक के बाद एक सम्भावित दृश्य उभरने लगे। आख़िरी नींद से पहले सावित्री ने मन के काग़ज़ पर अपनी आगामी योजनाओं और परिकल्पनाओं का पूरा ख़ाका

तैयार कर लिया—अर्थात् भाई साब के चुनाव जीतने और जीतने के बाद मंत्री बनने पर उसका यानी सावित्री मल्होत्रा का खादी ग्रामोद्योग बोर्ड का अध्यक्ष बनना ठीक रहेगा, या फिर राज्य समाज कल्याण परिषद् का अध्यक्ष बनना वह तय नहीं कर पा रही है।

अनिश्चितताओं के कैनवास पर अनिर्णय की कूँची से रह-रहकर पड़ते छींटों ने एक ऐसा अमूर्त चित्र बना दिया कि सावित्री उसे जितनी बार देखती, उतनी बार वह अपना अलग अर्थ देता। इसी बीच उसे लगा जैसे कोई दबे पाँव बाहर से बन्द दरवाज़े को खोल, अँधेरे को बींधता हुआ कमरे में आया है तथा चुपचाप बग़लवाले ख़ाली बिस्तर पर आ लेटा है। सावित्री को इस ख़ामोश भरी आहट से अन्दाज़ा हो गया कि सुबह होने में अभी इतनी देर है कि वह एक बेफ़िक्र गहरी नींद तो ले ही सकती है।

26

जब से 'जनजाति महिला उद्धार सभा' को रुक्मिणी ने सावित्री के भरोसे छोड़ा है, तब से रुक्मिणी जैसे गाजूकी का रास्ता ही भूल गई। पता लगाने की कोशिश करो तो मालूम होगा कुछ अता-पता नहीं है। जब भी मोबाइल मिलाओ तो एक ही रटा-रटाया उत्तर मिलता है—द नम्बर यू हैव डायल्ड इज़ ईदर स्विच्ड ऑफ़, ऑर आउट ऑफ़ कवरेज एरिया! प्लीज़ काल अगैन लेटर! यह तो ग़नीमत है कि सावित्री बहन की वजह से सभा की गाड़ी खिंच भी रही है, वरना अब तक तो सभा का हो चुका होता उद्धार। अकेले रुक्मिणी के बूते की बात नहीं थी सभा को चलाना। रुक्मिणी और सभा को तो इस भली औरत का कृतज्ञ होना चाहिए। सावित्री के गीत गाने चाहिए पर गीत गाए कौन? जिसे गाने चाहिए उसी का अता-पता नहीं है।

सावित्री भी पहले की अपेक्षा सभा को ज़्यादा समय और उस पर ध्यान देने लगी है। गाजूकी और तिबारे के बीच का फ़ासला तो अब फ़ासला ही नहीं रहा। सावित्री कब गाजूकी में दिखाई देती है और कब तिबारे पर, कहना मुश्किल है। इसीलिए कमला सदन को सावित्री बहन का बेसब्री से इन्तज़ार रहता है। कभी उसे गाजूकी आए एकाध दिन हुआ नहीं, तो सदन बेचैन हो उठता है। सावित्री

के प्रति जो संशय, आग्रह और दुविधा थी अब कच्चे रंग-सी धूप की तपिस से उड़ गयी। कमला सदन को इसकी भनक तक नहीं लगी कि वैद्यजी की तरह इतनी जल्दी सावित्री कब, क्यों और कैसे इस घर की सदस्य हो गई। कोई हो या ना हो, सावित्री निर्बाध रूप से, बिना रोक-टोक जब चाहे, समय-असमय चली आती है—ठीक घनश्याम 'कृष्ण, यानी वैद्यजी की तरह। वैद्यजी की तो फिर भी कुछ सीमाएँ हैं, कुछ वर्जनाएँ हैं जिनका अतिक्रमण करते हुए कई बार सोचना पड़ता है परन्तु सावित्री—उसके लिए ऐसा कुछ नहीं है। इन वर्जनाओं के कोई मायने नहीं हैं। अब तो उसे कमला सदन में किसी से इजाज़त लेने की ज़रूरत भी नहीं पड़ती है। जब चाहे सभा की किसी भी सदस्या को अपने साथ लेकर जा सकती है। इतना भरोसा है कमला सदन को अपने इस घर--जैसे सदस्य सावित्री पर। शायद इसी भरोसे के कारण बुआ को रात-दिन यही चिन्ता खाए रहती है कि चुनावों के बाद इस सभा का क्या होगा? जबकि वंदना, पूनम और पिंकी इस फ़िक्र में दुबली हुई जा रही हैं कि चुनावों के बाद वे क्या करेंगी? इस रुक्मिणी का बस चले तो उनके हाथ में पकड़ा दे कटोरा, और कह दे कि जाओ बैठ जाओ भूरा की मज़ार पर तथा जो प्रसाद मिले, करो उससे गुज़ारा—लो, हो गया उद्धार।

मगर वैद्यजी का मत इन सबसे अलग है। बार-बार उसका मन कहता है कि पूरा कमला सदन जैसा सोच रहा है, वैसा है नहीं। रुक्मिणी ज़रूर किसी घने जंगल में अपने किसी कल्पित द्रौण-प्रतिमा के सम्मुख किसी साधना में लीन होगी। किस साधना में लीन होगी, उसकी तह तक पहुँचना उसके लिए भी एक चुनौती-सी बनी हुई है। यह भी हो सकता है कि वैद्यजी की यह चुनौती मात्र कल्पना बनकर ही रह जाए। हाँ, सावित्री की गाजूकी में इस तरह निर्विघ्न, निर्बाध आवाजाही अच्छी उसे भी नहीं लग रही है।

वैद्यजी ने अपनी कल्पनाओं और अनुमानों के अश्व चहुँ दिशाओं में खूब दौड़ा कर देख लिए कि आख़िर रुक्मिणी कहाँ, किस जंगल में अपनी साधना में लीन है? और यह सावित्री किस प्रयोजन के तहत धूल-धूप में कटोरीवालों के तिबारे से लेकर गाजूकी, तथा गाजूकी से तिबारे के बीच चप्पल चकटाती फिर रही है? मगर वैद्यजी के सारे अश्व थक-हारकर खाली हाथ लौट आए। हारकर वैद्यजी ने भी अपनी अटकलों के सारे अश्वों की रास यह सोचते हुए ढीली छोड़ दी कि इन्हें ही जब कुछ हासिल नहीं हुआ, तब वह क्यों बेचैन और परेशान है? इस बेचैनी से बचने के लिए वैद्यजी को एक ही उपाय सूझा कि रुक्मिणी की तरह क्यों न वह भी गाजूकी का रास्ता भूल जाए। जब अपने ही अपना रास्ता भूल सकते हैं, तो उसके लिए कौन-सी बड़ी बात है।

रुक्मिणी का इस तरह गाजूकी का रास्ता भूलना बल्कि कहिए एकाएक परिदृश्य से ग़ायब हो जाना सावित्री के लिए भी एक पहेली बन गई। उसने जब बातों-बातों में इस पहेली से अपने भाई साब को अवगत कराया, तब उसे भी थोड़ी देर के लिए विश्वास नहीं हुआ। हैरानी हुई मुरली को।

''सावित्री, मैं तो समझ रहा था कि वह तुम्हारी सभा में लगी हुई है, पर तू बता रही है कि...''

''और मैं समझ रही थी कि वह पार्टी के कार्यों में व्यस्त होगी!''

''पार्टी क्या उसे तो मैंने काफी दिनों से अध्यक्षजी या पार्टी कार्यालय में भी नहीं देखा।'' मुरली के माथे पर चिन्ता की रेखाएँ खिंच आईं।

''फिर क्या करा जाए भाई साब?''

''मेरी एक सलाह है। जब तक रुक्मिणी कहीं से अवतरित नहीं हो जाती, तब तक तू मेरे यहाँ आने से बचने की कोशिश कर।''

''और उद्धार सभा के माल का क्या होगा?'' सावित्री ने मुरली के चेहरे पर आँखें गड़ाते हुए पूछा।

''क्या होगा, थोड़े दिन और इकट्ठा कर ले। वैसे यह भी तो हो सकता है कि वह अपने किसी रिश्तेदार के यहाँ चली गई हो!''

''हाँ, यह हो सकता है भाई साब। कुछ रिश्तेदार उसकी हैं भी तो दूर। कोई बम्बई रहती है तो कोई गोआ।''

मुरली भाई साब के अनुमान ने उसका तनाव दूर कर दिया। पूरी देह की जो मांसपेशियाँ अनिष्टता और दुश्चिन्ताओं के ताप से ऐंठी जा रही थीं, वे एकाएक ढीली पड़ती चली गईं। भाई साब के तर्क में वज़न है। वैसे भी सावित्री के पास खादी ग्रामोद्योग न जाने के अनगिनत बहाने हैं।

सप्ताह बीतते-बीतते वंदना, पूनम और पिंकी रोज़ाना पूछने लगीं कि सभा का माल लेकर ग्रामोद्योग कब चलना है परन्तु सावित्री कुछ-न-कुछ बहाना बनाकर टाल देती। तीनों को हैरानी हुई कि कहाँ तो उनकी दीदी सप्ताह में दो-दो बार माल लेकर चल पड़ती और कहाँ तिबारे का एक कोना माल से अटा पड़ा है मगर उनकी यह दीदी है, उसे देखती है और चुप्पी साध लेती है। बल्कि एक दिन तो उसने पूनम को डाँट ही दिया, ''आग लगी हुई है तुमको वहाँ जाने की! अपना माल भी देखा है। कोई इसे कूड़े के भाव भी नहीं ले रहा है।''

पूनम तो जैसे तड़ाक् से ज़मीन पर आकर गिरी। जँच गया उसे कि वह दिन अब दूर नहीं जब इसी गाजूकी में फिर से सौ-सौ रुपए के लिए कज्जाओं से मग़ज़मारी करनी पड़ेगी। वंदना को उसने इसके बारे में बताया तो वंदना भी एक

सम्भावित डर से सहम गई। लक्षण एकदम सभा के बन्द होने के साफ़-साफ़ नज़र आ रहे हैं।

आख़िर उस दुंदुभि का शोर चारों ओर गूँज ही उठा, जिसका सबको बेसब्री से इन्तज़ार था।

चुनाव आयोग ने अंततः राज्य में आगामी विधानसभा के चुनावों की तिथियों की घोषणा कर दी। जैसी चर्चा और अनुमान था ठीक उसके अनुरूप पार्टी ने धरमपुरा से मुरली को अपना उम्मीदवार घोषित कर दिया।

इधर राष्ट्रीय और राज्य के क्षेत्रीय संस्करणों में विभिन्न पार्टी के उम्मीदवारों का फोटो सहित परिचय प्रकाशित हुआ, उधर शाम को गाजूकी में रुक्मिणी देखी गई। वंदना ने चुपचाप सबसे पहले मोर्चा मारते हुए अपनी दीदी को इसकी सूचना दी, जो वाया दीदी तुरन्त मुरली को पहुँचा दी गई। इस सुखद सूचना के मिलते ही मुरली की मानो साँसें लौट आईं। लगा जैसे कोई बड़ा हादसा होते-होते बच गया। एक ऐसी चिन्ता से मुक्त हो गया मुरली कि वह जितना इससे उबरने का प्रयास करता, उलटा किसी गहरे दलदल की तरह उसमें धँसता जाता। रुक्मिणी सचमुच उसके लिए एक पहेली बन गई। सच तो यह है कि न जाने क्यों उसके अवचेतन में रुक्मिणी जले हुए रबड़ के थक्के की तरह जमकर बैठ गई। लेकिन रुक्मिणी के अचानक अवतरित होने से सबसे अधिक प्रसन्नता सावित्री को हुई। मोबाइल से इसकी सुखद सूचना देते हुए चहकी, "तो भाई साब, इस खुशी को अकेले ही मनाओगे!"

"..."

"और इधर सभा का जो माल गोदाम में आने के लिए तड़प रहा है, उसका क्या होगा?"

"..."

"ठीक है भाई साब, मैं परसों आ रही हूँ।"

"..."

"यह भी कोई कहने की बात है भाई साब।" इतना कह सावित्री ने फ़ोन काट दिया।

इतनी अच्छी ख़बर की सूचना मोबाइल से देना सावित्री बहन को कुछ जँचा नहीं।

ऐसी सूचनाएँ तो अचानक देनी चाहिए। हालाँकि इस सूचना का हक़ बनता तो अभी है परन्तु समय जैसे बाधा बन बीच में आ खड़ा हुआ। परसों का मतलब हुआ शनिवार और आज है बृहस्पतिवार। बृहस्पतिवार! चौंक-सी गई सावित्री। कलाई में बँधी घड़ी की ओर देखा। अभी पाँच बजे हैं शाम के यानी वह इसी समय यहाँ से रवाना हो तो साढ़े पाँच, ज़्यादा से ज़्यादा पौने छह बजे तक गाजूकी पहुँच जाएगी। बहाना तो इतना अच्छा है कि किसी को ज़रा भी शक नहीं होगा। एकसाथ कई काम सध जाएँगे। इसीलिए उसने रुक्मिणी को भी सूचना नहीं दी। सावित्री उसी समय बिना एक पल गँवाए रवाना हो गई गाजूकी।

भूरा की मज़ार पर पहुँचते ही असमंजस में पड़ गई सावित्री। एक तो जुम्मेरात होने की वजह से श्रद्धालुओं की भीड़ और दूसरा यदि रुक्मिणी ने भाई साब को बता दिया कि वह मज़ार पर आती जाती है, तो भाई साब क्या कहेंगे। मगर इसके अलावा दूसरा कोई पुख़्ता बहाना है भी तो नहीं। एक बार सोचा कि साफ़-साफ़ कह देगी वह कि मज़ार पर आई थी इसलिए इधर भी चली आई। अगर वह मान गई तो ठीक, अन्यथा मुँह फोड़कर कह देगी कि यह व्यक्ति की निजी आस्था का मामला है, पार्टी को इससे क्या लेना-देना। यही सोचते हुए सावित्री ने कार एक तरफ़ पार्क की और चादर, धूप, अगरबत्ती व अन्य नैवेद्य सामग्री से लदी एक रहड़ी की ओर बढ़ गई।

"आओ बहिन जी!" रहड़ी पर बैठी अधेड़ महिला ने कहा।

"थोड़े-से फूल देना।" सावित्री ने बे-मन से कहा।

"बहिन जी फूलों से क्या होगा...भूरा की मजार पर आई हो...कम से कम चादर तो चढ़ाके जाओ। चादर चढ़ेगी तभी तो मन्नत पूरी होगी।"

"मन्नत, कैसी मन्नत?" थोड़ी देर के लिए सावित्री भूल गई कि वह मजार पर थोड़े ही आई है।

"वाह बहिन जी, यह भली कही। भूरा पीर के दरबार में भला बिना मन्नत कोई आता भी है।"

'मन्नत!' एक पल के लिए सोचा सावित्री ने तो सोचते ही अगले पल उसकी आँखों में चमक लौट आई।

"बहिन जी, बाबा के दरबार से कोई खाली नहीं गया है...माँग लो, जो कुछ माँगना है।"

"ऐं।" सावित्री को जैसे किसी गहरी गुफ़ा से बाहर खींच लिया रहड़ीवाली महिला ने। लेकिन पूछे बिना फिर भी नहीं रहा गया उससे, "तो क्या ये सारी मुराद पूरी कर देते हैं?"

“बहिन जी, लगता है आप कहीं बाहर से आई हैं।” महिला ने सावित्री की अज्ञानता पर सवाल करते हुए कहा।

“हाँ-हाँ, बाहर से आई हूँ।” साफ़ झूठ बोल गई सावित्री।

इससे पहले कि वह महिला सावित्री की श्रद्धा को लेकर कोई सवाल खड़ा करती, सामग्री ले मज़ार की ओर बढ़ गई वह।

सावित्री मल्होत्रा ने भूरा पीर से क्या मन्नत माँगी, यह तो शायद उसे भी पता नहीं। उसने कार स्टार्ट की और बढ़ गई कमला सदन की ओर।

रास्तेभर रह-रहकर कचोटनेवाला सन्नाटा पीछा करता रहा सावित्री का। कमला सदन में भी इसने सावित्री का पीछा नहीं छोड़ा। कार चौक से थोड़ा पहले खड़ा कर लगभग दबे पाँव पहुँची कमला सदन। क्षणभर के लिए ठिठक गई सावित्री। लगा जैसे सदन पर ख़ामोशी का पहरा बिठा रखा है। अभी वह सदन को और टोहती कि वह सकपकाते हुए वर्तमान में लौटी।

“दीदी आऽऽप!” सामने पिंकी थी। पिंकी ने सावित्री के जवाब का भी इन्तज़ार नहीं किया और चहकती हुई मारे ख़ुशी के उलटे पाँव दौड़ पड़ी अन्दर की ओर।

सावित्री के आने की सूचना-भर से पूरा सदन रात की रानी-सा महक उठा। सहमा-सहमा-सा सन्नाटा एकाएक आह्लाद में बदल गया। सुशीला, माया, वंदना, पूनम, अनिता भाभी सब मानो उसके स्वागत के लिए उमड़ पड़ीं। सावित्री ने ध्यान से देखा इस छोटे-से हुजूम को किन्तु रह-रहकर सावित्री की नज़रें उदास हो वापस लौट आतीं।

“सावित्री, अच्छा मालिक बनाया तुझे सभा का...मरी तू तो गाजूकी को भूल ही गई?” बुआ ने पहली शिकायत दर्ज करते हुए कहा।

कुछ नहीं बोली सावित्री। रह-रहकर टटोलती रही उसकी आँखें किसी को। सावित्री की बेचैनी बढ़ गई। जब नहीं रहा गया तब पूछ ही लिया उसने, “बुआ, रुक्मिणी नहीं दिखाई दे रही है?”

“अभी तो थी। पिंकी कहाँ है तेरी बड़ी बुआ?” कमला बुआ ने पिंकी से पूछा।

“दीदी, बुआ तो नहा रही है।” पिंकी ने बताया।

गहरा साँस लिया सावित्री ने।

“मरी, तूने जवाब नहीं दिया मेरी बात का?” बुआ ने सावित्री को पुनः याद दिलाते हुए कहा।

“कौन-सी बात बुआ?” सावित्री सचमुच भूल गई कि कमला बुआ ने उससे

क्या पूछा था।

"ले, इत्ती जल्दी भूल भी गई!" इसके बाद बुआ हँसते हुए बोली, "तुम दोनों आजकल कौन-से जहान में खोई रहती हो? रुक्मिणी से कुछ पूछो तो वह भी ऐसा ही जवाब देती है।"

सावित्री के भीतर जैसे कुछ चटका।

"जवाब दें तो एक जैसा...गायब हों तो एकसाथ। पता ना तुम दोनों में क्या घसड़पसड़ चल रही है आजकल।"

"ऐसी कोई बात ना है बुआ। दरअसल मार्कीट में इतनी मंदी चल रही थी कि दिमाग खराब हो गया। माल भी दुनियाभर का इकट्ठा हो गया।" बड़ी चतुराई से विषय बदल गई सावित्री।

"पर यह मंदी रहेगी कब तक?"

"अब तो सब ठीक हो गया है बुआ इसीलिए चली आई। सोचा, इस बहाने मिल भी आऊँगी..."

"बाईजी, आऽऽऽप और इस समय!"

"ले, आ गई तेरी रुक्मिणी।" सामने से रुक्मिणी को आया देख चहकते हुए बोली बुआ।

"क्या रुक्मिणी, तूने तो हमारी जान ही सुखा दी...न कोई खैर, न खबर।" सावित्री लपककर गले से लिपट गई रुक्मिणी के।

"क्या बताऊँ बाईजी, मैं तो भली फँसी आपकी इस राजनीति में। अध्यक्षजी का तुरन्त हुकम हुआ कि रुक्मिणी तुझे अभी धौलपुर जाना है...।"

"धौलपुर?" सावित्री को रुक्मिणी के कहे पर विश्वास-सा नहीं हुआ।

"हाँ बाईजी, बोले कि बेड़ियों पर एक रिपोर्ट तैयार करनी है।"

"रिपोर्ट और तुझे?"

"सुनो तो सही बाईजी...कहा कि वहाँ के कलक्टर से जाकर मिल। उससे बात हो गई है..." रुक्मिणी ने अगले ही पल विषयान्तर करते हुए उलटा सावित्री से पूछा, "पर बाईजी, आप इस समय गाजूकी में?"

"मैं यही तो बात कर रही थी कि लगे हाथ एकसाथ दो काम हो जाएँगे। एक तो पिंकी को बता दूँगी कि परसों खादी ग्रामोद्योग माल लेकर चलना है, और दूसरा भूरा पीर की मजार पर भाई साब के लिए मन्नत भी माँग आऊँगी।"

"अरे बाईजी, मैं तो भूल ही गई कि मुरली बाबू सा' को तो हमारे धरमपुरा से टिकट मिला है। बधाई हो! कहाँ है हमारी मिठाई?" रुक्मिणी ने हुलसते हुए कहा।

''कहाँ जानी है तेरी मिठाई। थोड़ा सब्र कर। भाई साब को जीतने तो दे एक बार, पूरी हलवाई की दुकान कर दूँगी तेरे नाम...पर पहला काम यह करना है कि तिबारे पर दफ्तर में जो माल भरा पड़ा है उसे परसों ले जाना है...पिंकी, तैयारी कर ले परसों की।''

वंदना और पूनम के चेहरे मुरझाते चले गए। सारे उत्साह पर सावित्री दीदी ने एकदम बर्फ़-सा पानी डाल दिया।

''रुक्मिणी, हमारी सभा के माल की इतनी डिमांड है कि रोज ले जाओ तो भी कम पड़ जाए।''

''पता ना बाईजी, पूनम और पिंकी पर आपने ऐसा क्या जादू कर दिया कि सारे दिन बस एक ही राग गाती रहती हैं—हमारी दीदी ऐसी है...हमारी दीदी वैसी है।''

''मैं भला इन पर क्या जादू करूँगी रुक्मिणी। महिला उद्धार सभा को जब इन्हीं को सँभालना है तो सोचा थोड़ी ट्रेनिंग इन्हें भी दे दूँ।'' इतना कह सावित्री ने न जाने कब रुक्मिणी से नज़रें बचा, मुस्कराते हुए बारी-बारी से पूनम और पिंकी की ओर कनखियों से देखा।

''मुझे कौन-सी ट्रेनिंग दे रही हो दीदी। आजकल तो आप सारी ट्रेनिंग पिंकी को ही दे रही हो।''

''क्यों, जब खुद जाती थी मैंने तब कुछ कहा था!''

''अच्छा बाबा, तुम लड़ो मत। बाईजी, अगली बार पूनम को ले जाना...अब तो खुश।'' रुक्मिणी ने पूनम-पिंकी के बीच हस्तक्षेप करते हुए विवाद वहीं ख़त्म कर दिया।

''फिर अब पार्टी ऑफिस कब जा रही है वापस?''

''वापस क्या बाईजी, बहुत दिनों से एक जरूरी काम का सलीका बना रही थी पर क्या करूँ फुरसत मिले जब न। इसलिए सोच रही हूँ कि इस बार उसे पूरा कर ही लूँ...ऐसे तो फुरसत मिलने से रही।''

''इसका मतलब है नामांकन के समय भाई साब के साथ नहीं रहेगी।''

''हो सके जब तक पूरा हो जाए और अगर ना हुआ तो वोट माँगने के लिए साथ रहूँगी ही...वैसे बाईजी, नाम जमा करने की आखिरी तारीख है क्या?''

''अगले महीने की पन्द्रह।''

''फिर तो बाईजी अभी बहुत टैम है। जब तक तो पूरा हो ही जाएगा।''

''ठीक है, मैं चलती हूँ। अच्छा वंदना, तू कल पूनम को लेकर तिबारे पर आ जाना। सारा माल चैक करना है...और हाँ पिंकी, परसों दस बजे तक आ जाना।

तिबारे से जितनी जल्दी निकलेंगे, उतना ही अच्छा है।'' जाने से पहले सावित्री ने निर्देश देते हुए सबको याद दिलाते हुए कहा।

''बाईजी, आप बेफिकर होकर जाओ। अब तो मैं हूँ, सब सँभाल लूँगी।'' रुक्मिणी ने निश्चिन्तता के साथ कहा।

सावित्री को पीछे से जाते हुए रुक्मिणी तब तक देखती रही, जब तक वह कमला सदन से बाहर निकल आँखों से ओझल नहीं हो गई। सावित्री के ओझल होते ही एकाएक उसकी धड़कनें तेज़ हो उठीं। पता नहीं पिछले कुछ दिनों से रुक्मिणी यह महसूस करने लगी है कि समय-असमय उसकी कनपटियों की मांसपेशियाँ बिना किसी कारण खिंचनी शुरू हो जाती हैं, जबड़े कसने लगते हैं और साँसों पर नियन्त्रण मुश्किल हो जाता है। कई बार कोशिश की है उसने अपने आपसे इसका कारण जानने की परन्तु उसे इसका कोई ठोस कारण नज़र नहीं आया। लम्बा, गहरा साँस लेते हुए रुक्मिणी चारपाई पर लेट गई। मन ही मन बतियाने लगी अपने से कि नामांकन दाख़िल करने में तो अभी बहुत समय है। पहले यह काम ज़रूरी है। क्या पता तब तक उन सारे कारणों का पता ही चल जाए। मुरली बाबू सा' के साथ नामांकन के समय वह ना भी रहेगी तो क्या फ़र्क पड़ता है। प्रचार के दौरान तो रहेगी ही। सोचते हुए रुक्मिणी अपने आप मुस्करा दी। मुस्करा क्या हँस पड़ी और देर तक हँसती रही। अकेले में देर तक हँसते रहने के कारण रुक्मिणी को अचानक लगा जैसे हँसते-हँसते उसके जबड़ों और मांसपेशियों का कसाब ढीला पड़ गया। छाती के बाएँ ओर हाथ रखकर देखा, तो उसे आश्चर्य हुआ कि धड़कनें भी पहले की तरह सामान्य हो चुकी हैं।

27

नामांकन से पूर्व मुरली ने अपनी सफलता के लिए अवश्मेध जैसा भव्य यज्ञ और ब्राह्मणों को छप्पन भोग कराया। ग़रीबों में कम्बल और साड़ियाँ बाँटी गईं। चुनाव जीतने के बाद अपने विधानसभा क्षेत्र धरमपुरा का काया-कल्प की क़समें खाई गईं। सारे विश्वासपात्रों को हिदायत दी गई कि कार्यकर्त्ताओं को किसी तरह की कमी न होने पाए। यहाँ तक कि अपने पारिवारिक ज्योतिषी से नामांकन दाख़िल करने का दिन और समय यानी शुभ मुहूर्त भी निकलवा लिया गया। ढोल-ताशों

के साथ-साथ फूलमालाओं तथा आधा क्विंटल गुलाब की पंखुड़ियों का विशेष रूप से ऑर्डर किया गया। मुरली को फूलमालाओं की बात तो समझ में आ गई किन्तु इस आधे क्विंटल गुलाब की पंखुड़ियों का रहस्य समझ में नहीं आया। मुरली ने अपनी विशेष सलाहकार सावित्री मल्होत्रा से इस बारे में लगभग झिझकते हुए पूछा, "सावित्री, इस आधे क्विंटल गुलाब का क्या करेगी?"

"भाई साब, रेस्ट हाऊस से निर्वाचन कार्यालय तक के इस दो फर्लांग लम्बे रास्ते में आप पर पुष्प वर्षा नहीं होनी है।"

"इसके लिए दस-बारह किलो में काम नहीं चल जाता?"

"कैसी बातें कर रहे हो भाई साब! राजनीति में लोकप्रियता का अनुमान फूलों से भी लगाया जाता है। अब देखिए, कार्यकर्त्ता अपने नेता का स्वागत गेंदे की एक मामूली-सी माला से भी कर सकते हैं...पर ना, जब तक उसके गले में कम से कम क्विंटल भर की माला न पड़े, वह काहे का नेता।"

"यह बात तो सावित्री तू सही कह रही है।" एकाएक मुरली को वर्तमान पार्टी अध्यक्ष की नियुक्ति के बाद आयोजित स्वागत समारोह की याद आ गई।

"मैंने इतनी गुलाब की पंखुड़ियों का ऑर्डर इसलिए दिलवाया है भाई साब ताकि जहाँ-जहाँ से नामांकन के दौरान आपका काफिला गुजरे, वहाँ का रास्ता पंखुड़ियों से पटता चला जाए।"

सावित्री की इस परिकल्पना पर मुरली निहाल होता चला गया।

"एक बात और भाई साब, मैंने पार्टी ध्वजों का भी अलग से ऑर्डर दे दिया है।"

"पार्टी ध्वजों का?"

"हाँ भाई साब, पार्टी में किसकी कितनी पैठ और पकड़ है इसका अनुमान चुनावों के दौरान विभिन्न आकार के टँगनेवाले पार्टी ध्वजों से ही लगाया जाता है। मेरा तो साफ मानना है भाई साब कि अगर आदमी को असली जन-प्रतिनिधि दीखना है, तो इन चोचलों-टोटकों का सहारा लेना बहुत आवश्यक है वरना..."

"सावित्री, पार्टी ने गलती की। टिकट मुझे नहीं, तुझे देना चाहिए था।" इतना कहकर मुरली ने ज़ोर से ठहाका लगाया।

"भाई साब, बस एक चीज की कमी रह गई। अगर रुक्मिणी भी साथ रहती उस दिन तो मजा आ जाता।" ध्यान नहीं दिया सावित्री ने अपने भाई साब की बात पर।

"अगर ऐसी बात थी तो तुझे पहले बताना चाहिए था, पर अब काफी देर

हो चुकी है। अच्छा ऐसा कर एक बार उसे फोन तो लगा!''

मुरली भाई साब का आदेश पाते ही सावित्री रुक्मिणी को मोबाइल से फ़ोन करने लगी। मगर देर तक नम्बर मिलाने पर हर बार यही सुनना पड़ा—आपके द्वारा डायल किए गए फ़ोन से सम्पर्क नहीं हो पा रहा है। कृपया कुछ देर बाद डायल कीजिए।

''रहने दे। अभी समय है। वैसे भी उसकी असली जरूरत तो प्रचार के दौरान ही पड़ेगी!''

''हाँ भाई साब, यह तो है परऽऽऽ''

''क्या हुआ, कैसे रुक गई कहते-कहते?'' मुरली ने पूछा।

''मुझे लगता है भाई साब कि रुक्मिणी जानबूझकर नामांकन से अलग रख रही है अपने-आपको! उसे कोई काम-वाम नहीं है...बहाना बना रही है वह।''

''फिर क्या करें?''

''किसी और को साथ रखने की व्यवस्था करनी पड़ेगी क्योंकि कंजरों का समर्थन जो लेना है।''

''यही गलती नहीं करनी है सावित्री। रुक्मिणी के साथ रहने में जो वजन है, वह किसी और में नहीं है। रुक्मिणी केवल कंजरों का प्रतिनिधित्व नहीं करती है बल्कि उसके होने का एक राजनीतिक महत्त्व और अर्थ भी है।''

''पर उसका तो कुछ अता-पता नहीं है भाई साब।''

''अब नहीं है तो क्या किया जाए? प्रचार के दौरान तो वह साथ रहेगी?''

''इन लक्षणों से तो कुछ भी कहना मुश्किल है। मुझे नहीं है उस पर भरोसा।''

''चल छोड़, अभी इस पर सोचना बन्द कर और नामांकन की तैयारी कर। वैसे सारी तैयारियाँ तो हो ही चुकी हैं?'' कमरे में फैल गई दुश्चिन्ताओं और बेचैनी के कुहासे को छाँटने की कोशिश करते हुए पूछा मुरली ने।

''हाँ भाई साब, लगभग सारी हो चुकी हैं। ज्योतिष के अनुसार दस तारीख को पूर्वाह्न ग्यारह बजकर बीस मिनट का मुहूर्त निकला है। इसलिए निर्वाचन कार्यालय ग्यारह बजे तक हर हालत में पहुँच जाना है...और हाँ भाई साब, उस दिन आपको निर्जल उपवास भी रखना है...''

''निर्जल उपवास, वह किस खुशी में?''

''ज्येष्ठ शुक्ल एकादशी है, इस खुशी में।''

''वाह री राजनीति, जो न कराए।'' कहते हुए ज़ोर से हँसा मुरली।

''एक ही दिन का कष्ट है भाई साब।'' सावित्री ने धीरज बँधाते हुए कहा।

"ठीक है, जो कमोबेशी रह गई है उसे भी देख ले! कहीं ऐसा ना हो कि ऐन मौके पर बीच में कोई सूतक आ जाए..."

"शुभ-शुभ बोलो भाई साब!" एक मुलायम-सी डाँट मार सावित्री इठलाती हुई तैयारियों का जायज़ा लेने चली गई।

धरमपुरा पी डब्ल्यू डी रेस्ट हाउस में पाँव रखने की जगह नहीं है। रेस्ट हाउस के परिसर में कार, जीप, टैम्पो व मोटरसाइकिलों की संख्या को देखकर ही मुरली की लोकप्रियता का सहज अन्दाज़ा लगाया जा सकता है। कार्यकर्त्ताओं का उत्साह देखते बन रहा है। सावित्री की देखरेख में ज्योतिष के अनुसार नामांकन भरने से पूर्व की सारी तैयारी हो चुकी हैं। फूल-मालाओं से लेकर गुलाब की पंखुड़ियों और पार्टी द्वारा उपलब्ध कराए गए ध्वजों के अलावा, अलग से मँगाए गए भिन्न आकार के पार्टी ध्वजों के बंडलों का अवलोकन कर, रातभर में इन ध्वजों से पूरे धरमपुरा को पाटने की कार्रवाई को अन्तिम रूप दिया जा रहा है।

कल दस तारीख़ यानी ज्येष्ठ शुक्ल एकादशी को ज्योतिष के अनुसार नामांकन दाख़िल करना है। कमरा नम्बर दस जिसमें मुरली ठहरा हुआ है, अपने आदिगुरु और कुछ अति विश्वसनियों के साथ, नामांकन की तैयारियों को अन्तिम रूप देने में जुटा हुआ है। जुलूस के रूप में निकलनेवाली शोभायात्रा का रेस्ट हाउस से प्रस्थान कब होना है तथा कब निर्वाचन कार्यालय यानी एस डी एम जिसे प्रायः निर्वाचन अधिकारी नियुक्त किया जाता है, के सम्मुख उपस्थित होना है, को भी अन्तिम रूप दिया जा रहा है। यहाँ तक कि अपने आदिगुरु तिवारी जी अर्थात् मुरली के प्रस्तावक की उपस्थिति में एकाध बार नामांकन भरने का अभ्यास भी किया जा चुका है, यह इसलिए कि कहीं ऐसा न हो कि थोड़ी-सी असावधानी और तकनीकी जानकारी के अभाव में बंटाधार हो जाए अर्थात् नामांकन ही रद्द हो जाए। हालाँकि इसकी दूर-दूर तक कोई सम्भावना नज़र नहीं आती है, क्योंकि तिवारी जी जो साथ हैं हालाँकि गुनीजनों के इस कथन को भी याद रखना जरूरी है कि पुरुष का भाग्य कब बदल जाए, कोई नहीं जानता।

बीच-बीच में सावित्री अपनी भूमिका का सफल निर्वाह करते हुए कुछ, ज़रूरी हिदायतों को देना नहीं भूलती है।

"भाई साब, जरा हल्का खाना खाने की कोशिश करना। जितना हल्का खाओगे, उपवास के दौरान कल उतनी ही कम प्यास लगेगी।"

मुरली को सावित्री के तर्क में दम दिखाई दिया।

देर रात तक नामांकन भरने की प्रक्रियाओं और आगामी योजनाओं को लेकर वरिष्ठ और अनुभवी कार्यकर्त्ताओं के बीच विमर्श होता रहा। हालाँकि इस बीच कुछ वरिष्ठों को यह देखकर बेहद हैरानी हुई कि राज्य युवा जनजाति महिला प्रकोष्ठ की प्रमुख रुक्मिणी नज़र नहीं आ रही है, जबकि स्थानीय होने के नाते उसकी उपस्थिति बेहद ज़रूरी है। तिवारी जी ने जब इस बारे में पूछा तो सावित्री ने वह सब बता दिया, जैसा उससे रुक्मिणी ने कहा था।

जेठ की कुनमुनाती अलसायी सुबह इससे पहले कि अपनी पाँखें खोलती, धरमपुरा रेस्ट हाउस में मानो भूचाल आ गया। वातानुकूलित कमरों की ठिठुरन में नामांकन के लिए प्रस्थान करनेवाले चेहरों पर पसीना छलक आया। अफ़रा-तफ़री मच गई। एक-दूसरे से टकराती बदहवास आँखों में अचानक कोई सवाल उठता और बिना उसका जवाब पाए ग़ायब हो जाता। तिवारी जी दोनों हाथों में सिर थामे एकटक सामने पड़े अख़बारों को घूरे जा रहे हैं। किसी को अपनी आँखों पर यक़ीन नहीं हो रहा है। सावित्री मल्होत्रा उसका तो शरीर ही सुन्न पड़ गया। लगा जैसे उसे अधरंग हो गया है। एक अजीब-सी बेचैनी और ख़ामोशी से इठलाते, चुहलबाज़ी करते और कुछ देर पहले तक अपने आपसे अठखेलियाँ करते रेस्ट हाउस में मातम-सा छा गया। रेस्ट हाउस के कमरों से रह-रहकर गूँजनेवाले ठहाकों पर बर्फ़-सी जम गई।

ज्योतिष की सारी गणनाएँ उलटी पड़ गईं। मुरली की रह-रहकर साँसें उखड़ने लगीं। मुट्ठियाँ बार-बार खुल और बंद हो रही हैं जबकि चेहरे से जैसे सारा रक्त निचोड़ लिया किसी ने।

"तिवारीजी, जरूर यह किसी ने मेरे विरुद्ध कोई षड्यंत्र रचा है!" लगभग चीख़ते हुए मुरली ने एक अख़बार की गर्दन थामे सफ़ाई देने का प्रयास किया।

तिवारीजी ने धीरे-से सिर उठाया और सामने पड़े अख़बारों में छपे चित्रों की ओर इशारा करते हुए कहा, "मुरली बाबू, मैं तो विश्वास कर लूँगा किन्तु इन चित्रों का क्या करोगे?"

मुरली चुप। कोई जवाब देते नहीं बना उससे। हाँ, एक बार उसने धीरे-से तिवारीजी से नज़र बचाते हुए सावित्री की ओर देखा, तो भीतर तक सिहरती चली गई सावित्री। एक सम्भावित डर से एक-एक रोआँ खड़ा हो गया। मुरली की आँखों से फूटती छोटी-छोटी अदृश्य चिंगारियों की लौ उसे साफ़ दिखाई देने लगी।

इसी बीच तिवारीजी का मोबाइल बज उठा। मोबाइल कान तक पहुँचता, उससे पहले तिवारीजी ने धीरे-से मुरली की ओर देखा। मोबाइल पर बातें करने के दौरान ही तेज़ी से चेहरे के बदलते भावों को देखकर भाँप गया मुरली कि अनर्थ की अन्तिम चोट पड़नेवाली है उसके राजनीतिक भविष्य पर। अनिश्चितताओं के गहरे, स्याह धब्बों को लगने से अब उसे कोई नहीं बचा सकता।

"ति....तिवारीजी क्या हुआ...आऽऽऽप अचानक चुप कैसे हो गए?" मुरली के शब्द टूटने लगे।

"राज्य प्रभारी का फोन था। पार्टी हाई कमान के यहाँ से आदेश हुआ है कि आपसे..."

"ति...तिवारीजी...क...क्या आपसे....?" स्वर डूबने-तिरने लगा मुरली का।

"नामांकन न भरवाया जाए।" बीच में मुरली द्वारा लपक लिए गए वाक्य को पूरा कर तिवारीजी ने सूचना दी।

"तिवारी जीऽऽऽ!" आगे के शब्द गले में कंचे बन अटक गए मुरली के।

"सावित्रीजी, सारे कार्यकर्त्ताओं को सूचित कर दीजिए कि मुरली बाबू का नामांकन फिलहाल स्थगित कर दिया गया है।" इतना कहकर तिवारीजी कमरे से बाहर निकल गए।

बाहर खड़े कार्यकर्त्ताओं के विभिन्न आकार के समूहों को कुछ कहने की ज़रूरत नहीं पड़ी सावित्री को। सबने पार्टी के वरिष्ठ नेता तिवारीजी को मुरली के कमरे से बाहर निकल, अपनी गाड़ी में जाते हुए जो देख लिया। गाड़ी जितनी तेज़ी से रेस्ट हाउस के परिसर से बाहर निकली, उसने सब बयान कर दिया। एक अनिश्चितता भरी फुसफुसाहट और कानाफूसी रेस्ट हाउस के परिसर में तैरने लगी जो परिसर के खाली होने तक, अपने आप कमज़ोर पड़ती चली गई।

कुछ देर पहले तक जिस रेस्ट हाउस को दम मारने की फ़ुरसत नहीं थी, अब जैसे भाँय-भाँय करते निर्जन खँडहर में तब्दील हो गया। दस नम्बर कमरे में बिस्तर पर लगभग अचेत पड़ा मुरली एकटक छत को निहारे जा रहा है। दाएँ हाथ की अँगुलियों में फँसी नामांकन फॉर्म की वह प्रति जिसे अभ्यास के तौर पर अन्तिम बार भरा गया था, अँगुलियों की गिरफ़्त से मुक्त हो धीरे-से कब फ़र्श पर आ गिरी, अँगुलियों को ही पता नहीं चला। पूरे कमरे में जगह-जगह राष्ट्रीय और क्षेत्रीय दैनिकों की इधर-उधर पड़ी हुई प्रतियाँ, अपना-अपना सीना ताने अपनी भूमिका और सफलता पर मंद-मंद मुस्कराते हुए मुरली को चिढ़ा रही हैं। बाहर परिसर में अलग-अलग आकारों के बिखरे पार्टी ध्वज अपनी ही पार्टी की नैतिकता पर खींसें निपोर रहे हैं। जगह-जगह पड़े छोटी-बड़ी फूलमालाओं में पिरोए गए फूल

और उनसे नुचीं पंखुड़ियाँ, मारे शर्म व अपमान के एक-दूसरे से नज़रें नहीं मिला पा रही हैं, तो आधा क्विंटल गुलाब की पंखुड़ियाँ जिनकी ख़ुशबू से पूरा रेस्ट हाउस सराबोर था, एक कोने में पड़ी धीरे-धीरे सिसक रही हैं।

एकादशी।

ज्येष्ठ शुक्ल एकादशी अर्थात् जिस दिन उपवासी जल तक ग्रहण नहीं करता है—यानी शारीरिक परीक्षा का एक कठिन दिन। न जल ग्रहण करना, न अन्न। मगर यह दिन मुरली की इतनी कठिन परीक्षा लेगा, किसी ने सपने में भी नहीं सोचा था। होंठ पपड़ा गए, जिस्म ऐंठने लगा मुरली का। एक झटके में सारे सपने, सारी इच्छाएँ, सारी आकांक्षाएँ सूखी रेत की तरह ऐसे बिखर गईं कि जब तक वह उन्हें समेटने के बारे में सोचता हवा का झोंका अपने साथ उड़ाकर ले गया।

मुरली सामने पड़े अख़बारों में क्रमशः छपी तस्वीरों को ध्यान से देखते हुए, याद करने की कोशिश करता है कि ये दृश्य किस दिन के हो सकते हैं? तस्वीरों को देखकर इतना तो साफ़ कहा जा सकता है कि इन्हें किसी सी डी से लिया गया है। सावित्री के तो होंठ ही सूख गए। चेहरा ज़र्द पत्ते-सा हो गया। उसने तस्वीरों को देखते ही पहचान लिया कि भाई साब के साथ, बकौल अधिकतर समाचार पत्रों के शीर्षकों के रंगरेलियाँ मना रही लड़की कौन है।

सामने रखा मोबाइल बीच-बीच में जैसे ही घनघनाता, मुरली के शरीर में करंट-सा दौड़ने लगता। हर कोई यह जानना चाहता है कि आख़िर सच्चाई है क्या किन्तु मुरली क्या जवाब दे। मुरली की आँखों में जैसे अंगारे दहक रहे हैं। बावजूद इसके उसका उसी सावित्री से आँखें मिलाना मुश्किल हो रहा है, जिस सावित्री की आँखों में न जाने कितनी बार उतरकर मुरली ने अपने ऐकांतिक क्षणों को जिया है। एक बार धीरे-से बे-ख़्याली में मिलीं भी तो मिलते ही घबरा गई सावित्री। मुरली के पूछे बिना सफाई देने लगी।

"भाई साब, मैं अपने दोनों बच्चों की सौगंध खाकर कहती हूँ कि मुझे नहीं पता कुछ। मैं...मैं भला आपके साथ ऐसा क्यों करूँगी!"

मुरली ने पैनी निगाह से ऐसे देखा, जैसे उसके हाथ कोई सूत्र लग गया हो।

"ठीक है, तू ऐसा नहीं कर सकती पर दूसरा क्यों करेगा? अगर करेगा तो वह कौन है? वैसे भी इस राज के बारे में हम दो ही जानते हैं।"

"यही तो समझ में नहीं आ रहा है भाई साब कि..."

"समझ में नहीं आ रहा है याऽऽऽ...." जबड़ा सख़्त होने लगा मुरली का।

"भाई साब, आपको मेरे ऊपर भरोसा नहीं है!" घिघियाते हुए बोली सावित्री।

'फिर कौन हो सकता है?' अपने आपसे पूछा मुरली ने।

"कहीं यह काम अपने रघुरामजी का तो नहीं है? कहीं उन्होंने टिकट न मिलने की वजह से रुक्मिणी से मिलकर..."

"नहीं, रघुरामजी को मैं अच्छी तरह जानता हूँ। वे सिद्धान्तों की राजनीति करते हैं। वे पार्टी के पुराने और कमिटिड नेता हैं...वैसे भी पार्टी ने उनसे पूछा था किन्तु उन्होंने स्वयं मना कर दिया। बल्कि उन्होंने तो मुझसे भाव-विह्वल होते हुए कहा था कि मुरली बाबू पार्टी में युवाओं को समुचित प्रतिनिधित्व मिलना चाहिए। अब बता, रघुरामजी ऐसा काम कर सकते हैं?"

"फिर तो भाई साब जरूर यह काम रुक्मिणीऽऽऽ!"

"दिमाग खराब हो गया है तेरा...पागल हो गई है। वह कंजरी करेगी यह काम! इतनी अकल है उसमें...और फिर, पिंकी को तू लाती थी या वह? सावित्री, मैं पूरे विश्वास के साथ कह सकता हूँ कि सिवाय तेरे यह काम और कोई नहीं कर सकता।"

"ठीक है भाई साब, अगर आपको मेरे ऊपर विश्वास नहीं है तो लो, और घोंट दो अपने हाथों से मेरा गला!" मुरली के दोनों हाथों को साधिकार पकड़ उनसे अपनी गर्दन को दबाने की बे-मानी कोशिश करते हुए, सावित्री ने ऐसा प्रपंच रचा कि थोड़ी देर के लिए उसका भाई साब अपने संताप को भूल उसके दुःख में डूब गया।

मुरली दूर-दूर तक फैली तपती रेत में अकेला रह गया। साँसें ऐसे उखड़ने लगीं जैसे मीलों दौड़कर आया है। रेस्ट हाउस के वातानुकूलित कमरे में जैसे जेठ के गरम थपेड़े घुस आए हैं। मुरली धीरे-से कुर्सी से उठा और ए सी बंद कर, वापस कुर्सी में आ धँसा। धीरे-धीरे अपनी समान गति से चलते हुए पंखे पर जाकर ठहर गई मुरली की नज़र। बाहर की चिल्ल-पों भी अब एक हद तक ख़ामोश हो गई।

इसी बीच हल्की-सी जुम्बिश हुई मुरली के जिस्म में। उसने कराहते हुए कुर्सी से लगी पीठ को ऐसे सीधा किया जैसे कोई वर्षों पुराना कमर दर्द उभर आया हो।

"चलो, अब जब सब खत्म हो गया, तब उस पर क्या रोना..." कहते-कहते मुरली फफककर रो पड़ा।

सावित्री तेज़ी से लपकी मुरली की तरफ़, ''नहीं भाई साब, क्या खत्म हुआ है अभी...इतना लम्बा जीवन है।'' कहते-कहते सावित्री का गला भी भर आया।

''सही कह रही है तू सावित्री लेकिन यह नहीं भूलना चाहिए कि धन की भरपाई हो सकती है...हत्या-मर्डर में भी आदमी बच जाता है किन्तु चरित्र एक ऐसी चीज है कि अगर वह है तो सबकुछ है। वह नहीं है तो कुछ भी नहीं है।''

सावित्री मल्होत्रा अनुत्तरित। मुरली अर्थात् मुरली भाई साब से आँखें मिलाने की हिम्मत नहीं कर पाई वह।

''लेकिन इतना जरूर कहूँगा सावित्री कि मुझे इस हाल में पहुँचानेवाला कोई और नहीं, तू है।'' मुरली के होंठ वक्र होते चले गए।

''मैं...मैं कैसे हूँ भाई साब?'' अवाक् सावित्री ने पूछा।

''इसलिए कि ना तू मुझे इस कंजरखाने में पड़ने के लिए उकसाती और न मेरी यह दुर्दशा होती। इससे तो पहले ही अच्छा था।'' दीर्घ निःश्वास लेते हुए मुरली ने पूरे शरीर को एकदम ढीला छोड़ दिया।

''मुझे क्या पता था भाई साब कि आपके विरोधी यहाँ तक गिर सकते हैं।'' सावित्री ने एक और तीर छोड़ा अँधेरे में।

''राजनीति में सब सम्भव है। इसीलिए अपनी छाया पर भी विश्वास नहीं करना चाहिए राजनीति में...और एक मैं हूँ जिसने जो मिला उसी पर भरोसा कर लिया।''

सावित्री नहीं समझ पाई कि भाई साब का इशारा किसकी तरफ़ है--रुक्मिणी की तरफ़...उसकी तरफ़, या फिर उसकी तरफ़ जिसे वे दोनों नहीं जानते हैं और जो उनकी सोच की परिधि से बाहर है?

''अच्छा अब तू जा, मुझे अकेला छोड़ दे...और हाँ, एक गिलास पानी दे जा! मारे प्यास के गला सूखा जा रहा है।''

सावित्री ने फ्रिज़ से बोतल निकाली और एक गिलास भरकर काँपते हाथों से मुरली की ओर बढ़ा दिया। इस तरह अपने ही हाथों ज्येष्ठ शुक्ल एकादशी को एक उपवासी के उपवास को अधबीच तोड़ने पर सावित्री नहीं रोक पाई। एक ही साँस में मुरली पूरा गिलास पी गया।

कमरे से बाहर आते हुए सावित्री को लगने लगा जैसे पिंडलियों से लेकर तलुओं में अनगिनत छोटी-छोटी सूइयाँ चुभ रही हैं। लौटते हुए एक बार सोचा भी कि भाई साब को इस तरह अकेला छोड़ना उचित नहीं है। वापस लौट जाए

रेस्ट हाउस किन्तु वह ऐसा नहीं कर पाई।

'आज वह अपने संशय की पुष्टि करके ही मानेगी।' यही सोचते हुए उसने कार की गति बढ़ा दी।

28

पूरी रफ़्तार से दौड़ती कार को देखकर कहना मुश्किल है कि वह सड़क पर दौड़ रही है अथवा हवा में उड़ी जा रही है। यह तो बस नहीं चला उसका वरना वह अब तक वहाँ उड़कर पहुँच चुकी होती। हाँफती हुई कार ने सीधे तिबारे पर ही जाकर दम लिया। शायद कोई कार्यालय पर मिल जाए। मगर तिबारे पर उसे ताला लगा मिला। समझ गई वह कि किसी की दिलचस्पी नहीं है यहाँ आने में। यहाँ उसने समय नष्ट करना उचित नहीं समझा और कार को गाजूकी पुल की ओर मोड़ दिया। गर्द उड़ाता कोस भर लम्बा रास्ता मीलों लम्बा हो गया। बमुश्किल आसमान में छाई रेतीली धुंध के बीच भूरा की मज़ार दिखाई दी। चैन की साँस ली सावित्री ने।

मगर यह क्या? मज़ार के सामने पहुँचते ही लगा मानो किसी ने कार को पीछे से थाम लिया। क्या यह उसका वहम है? इससे पहले तो ऐसा कभी नहीं हुआ? उसने मज़ार की ओर देखा। कार रोककर वह उसमें से बाहर निकली तो स्वतः ही उसके क़दम मज़ार की ओर बढ़ गए। लगा जैसे कोई उसकी अँगुली पकड़ उसके आगे-आगे चल रहा है। हैरानी हुई उसे कि जिस मज़ार की अनदेखी कर वह प्रायः उसके सामने से निकल जाती थी, आज वह मज़ार तक गई ही नहीं बल्कि सिजदा भी किया। मज़ार ही क्यों, आगे बढ़ी, तो एक चबूतरे पर मढ़ी में बने छोटे-छोटे उनींदे आलों में प्रस्थापित मूर्तियों के सम्मुख भूरा पीर की तरह यह जानते हुए कि इन्हें भी वह अपना आराध्य नहीं मानती है, सीस नवाया। अचानक अपने भीतर उपजी इस श्रद्धा को देखकर एक बार तो सावित्री को अपने प्रति आत्मग्लानि-सी हुई कि यहाँ तक आते-आते वह आत्मबोध के किस प्रपंच में उलझती जा रही है?

इस बीच कार गाजूकी में प्रवेश कर गई।

कार को कमला सदन के सामने खुले चौक में खड़ी कर, वह तेज़-तेज़ क़दमों

से अन्दर गई कि उसे देखते ही परिन्दों-सी चहक उठीं सब। आज सावित्री अपने धीरज की परीक्षा नहीं लेगी। इसीलिए उसने जाते ही पूछा, "बुआ, रुक्मिणी नहीं दिखाई दे रही है?"

"मरी दिखाई तो तब दे जब वो हो।" कमला बुआ 'हुस्न बाग' के पॉऊच को दाँतों से काटते हुए बोली।

"और उसका मोबाइल, वह भी नहीं लग रहा है?"

"लगेगा कहाँ से वो तो यह पड़ा।" इतना कह बुआ मोबाइल को ढूँढ़ते हुए बड़बड़ाने लगी, "जब से इसे छोड़के गई है यह भी मरा कुछ बोलता नहीं है... कहाँ गया...ले, मिल गया।"

"पर वह है कहाँ?" चारों तरफ़ नज़र दौड़ाते हुए फिर पूछा सावित्री ने।

"कहाँ है, गई है चारों धाम की तीरथ पर। मैंने तो कहा था कि अपने देवी-देवता कौन-से कम हैं, जो तू इन इज़्ज़तदारों के देवी-देवताओं को मनाने जा रही है...और जब जाना ही है तो अपने तीरथों पर जा। हमारे लिए तो कड़ा[1] और विजयगढ़[2] ही हमारे चारों धाम हैं...पर ना, बोली कि मैं तो इनके ही धामों पर जाऊँगी।"

"सही तो कहा है बुआ! देवी-देवता भी कहीं अपने-पराए होते हैं।" आज मुस्कराया भी नहीं गया सावित्री से।

"मैंने तो बहुत समझाया था पर मरी ने तमकते हुए मेरी बात का ऐसा जवाब दिया कि मेरा मगज ही घूम गया।"

"क्या जवाब दिया?"

"बोली, नानी जब अपने देवी-देवताओं से बात नहीं बनती है, तो दूसरों के देवी-देवताओं को साधना पड़ता है। पता ना, ऐसी क्या जरूरत आ पड़ी जो तुम्हारे देवी-देवताओं के चरणों में जाना पड़ गया।"

सुनते ही सावित्री को लगा जैसे किसी ने ऊँची चोटी से धकेल दिया। कमला बुआ की तरह उसका भी सिर घूम गया। माथे पर पसीना चू आया इस उलटबाँसी को सुन। आख़िर रुक्मिणी के इस कहे का अर्थ क्या हो सकता है? सन्देह तो उसे पहले ही था परन्तु मुरली भाई साब को विश्वास हो तब न।

सावित्री देर तक मन्थन और मनन करती रही कि यदि इस खेल में रुक्मिणी

---

1. कड़ा : इलाहाबाद (उत्तर प्रदेश) जिले का एक गाँव, जहाँ माना गुरु का शव दफ़नाया गया था।
2. विजयगढ़ : अलीगढ़ (उत्तर प्रदेश) जिले का एक गाँव, जहाँ अपने कुल देवी-देवताओं की स्मृति में एक चबूतरा बनाया गया था। यहाँ भादो के महीने में नौवें दशक के प्रारम्भ तक मेला लगता था। ये दोनों कंजरों के पवित्र स्थान हैं।

शामिल है, तब इस समय उसका तीरथ पर जाने का औचित्य क्या है? नहीं, रुक्मिणी के बूते का नहीं है इतना जोख़िम भरा खेल खेलना। मुरली भाई साब का कहना एकदम सही था। फिर ज़रूर यह किसी चैनलवाले का खेल है जो भाई साब को ब्लैक मेल करना चाहता है। इससे पहले कि वंदना, पूनम या पिंकी में से कोई माल के बारे में कुछ बात करती, सावित्री वापस जाने के लिए उठ खड़ी हुई।

पूरा कमला सदन हैरान-परेशान। सावित्री दीदी का यह कैसा आगमन है कि कुत्ते की चाल आई और बिल्ली की चाल चल दी?

"अच्छा बुआ चलती हूँ।" जाने की इजाज़त माँगते हुए बोली सावित्री।

"यह क्या बात हुई सावित्री कि आई और चल दी।"

"बुआ, जी जरा ठिकाने नहीं है। तबियत-सी खराब है।" एकदम झूठ बोल गई सावित्री।

"ठीक है, तुम इज़्ज़तदारों की माया इज़्ज़तदार ही जानो।" मुँह में घुले 'हुस्न बाग' के किणकों को ज़मीन पर थूकते हुए कहा कमला बुआ ने।

विश्वास तो पहले भी नहीं था वैद्यजी को किन्तु इस प्रकरण ने उसके इस विश्वास की जैसे पुष्टि कर दी। कितना समझाया था उसने रुक्मिणी को परन्तु मानी हो तब न। ले, और कर ले हम इज़्ज़तदारों पर आँख मूँदकर विश्वास। उस दिन कैसे टूट कर पड़ी थी घायल शेरनी की तरह। सारे प्रमाणों, सारे तर्कों और सारी स्थितियों को बे-मानी बताते हुए कैसे तमतमाते हुए बोली थी कि मुरली बाबू सा' के यहाँ तो बाईजी का घर जैसा आना-जाना है। धीरे-से वैद्यजी ने अपने चारों ओर व्याप्त फैले सन्नाटे में एक विद्रूप मुस्कान उछाली, 'हूँ! घर जैसा आना-जाना है। ले, अब तो राजी। बना दिया न घर का घरुआ तेरी बाईजी ने।'

वैद्यजी ने घड़ी देखी। अभी चार बजे हैं। अगर वह अभी चला तो साढ़े चार तक पहुँच जाएगा गाजूकी। शाम के झुटपुटे तक आसानी से वापस भी लौट आएगा। वैद्यजी ने साइकिल के दोनों टायरों का जायज़ा लिया और फिर साइकिल उठा चल पड़ा गाजूकी की ओर। जो साइकिल इससे पहले गाजूकी जाने के लिए ना-नुकर करती थी, आज बिना पैडल मारे इशारे भर से चली जा रही है। इसीलिए जेठ की तपती गरमी के बावजूद वैद्यजी को पता ही नहीं चला कि कब उसने कटोरीवालों का तिबारा पार किया, कब गाजूकी पुल पार हुआ और वह कब भूरा की मज़ार पर पहुँच गया तथा कब माना गुरु के मन्दिर के सामने से होता हुआ

कमला सदन के सामने पहुँच गया।

सावित्री के बाद वैद्यजी को इस तरह अचानक जेठ की झुलसती गरमी और लू की परवाह किए बिना गाजूकी आने पर सबसे ज़्यादा अचम्भा कमला बुआ को हुआ। रुक्मिणी ने जिस तरह उस दिन वैद्यजी से भला-बुरा कहा था उसे सुनने के बाद और कोई भला आदमी होता, तो अपने जीते जी वह कमला सदन में झाँकता भी नहीं। मगर यह आदमी...बुआ इसीलिए इसकी क़द्र करती है। किसी बात को दिल से नहीं लगाता है। भले आदमी की यही पहचान होती है।

"आ जा मरे। बहूऽऽऽ, जरा जल्दी से ठंडा-वंडा तो ला! देख, बैद्जी आए हैं!" बुआ की खनकती आवाज़ से साफ़ था कि वैद्यजी के आने पर उसे कितनी ख़ुशी हुई है। फिर चारपाई का सिरहाना खाली कर, पाँयते की ओर सरकते हुए बोली, "बैद्जी, यहाँ बैठ!" अपनत्व और स्नेह से वैद्यजी को मानो बुआ ने पूरा भिगो दिया। वैसे भी यह बुआ की अपनी शैली है कि जब उसे किसी को मन से सम्मान देना होता है, तब वह आगन्तुक को सिरहाने की ओर बैठने के लिए कहती है।

मगर वैद्यजी ने ऐसा कोई बचपना नहीं दिखाया, जो उसकी परिपक्वता को सन्देहास्पद बनाती हो। सिरहाने की ओर या चारपाई पर बैठने के बजाय उसने चारपाई के नीचे से मूढ़ी खींची और उस पर बैठ गया। वैद्यजी ने चुपके से चारों तरफ़ ध्यान से देखने के बाद महसूस किया कि पूरा कमला सदन पूरी तरह शान्त, निरपेक्ष और बेफ़िक्र-सा है।

"और बुआ, सब ठीक-ठाक है?" वैद्यजी ने हल्के-से टटोला।

"सब ठीक है। वैसे भी यहाँ कौन-सी आफत टूट रही है जो ठीक ना होता।"

इस बीच अनिता शीतल पेय की एकदम ठंडी बोतल ले आई।

"पहले इसे पी ले! बात तो होती रहेंगी।" अनिता के हाथ से बोतल ले, उसे वैद्यजी की ओर बढ़ाते हुए हल्के-से अनिता को डाँटते हुए बोली, "बहू, कुछ सलीका सीख ले। इत्ते दिन बाद तो बैद्जी आए हैं और तू चली आई खाली बोतल लेके!"

अनुमान लगा लिया वैद्यजी ने कि जैसा वह सोच रहा था, दरअसल वैसा कुछ भी नहीं है। लगता है इन्हें भी कुछ पता नहीं है। वैसे एक लिहाज़ से अच्छा भी है कि इन्हें पता ही न चले परन्तु कब तक। वैद्यजी अब एक विचित्र दुविधा से घिर गया कि क्या उसे आज के समाचार पत्रों में प्रकाशित उस सनसनीखेज़ समाचार और उसमें छपी तस्वीरों के बारे में इन्हें बताना चाहिए? नहीं, उसे नहीं बताने की ज़रूरत। पता तो एक दिन चलना ही है। यही सोचकर मौन धारण कर

गया वैद्यजी।

"बैदूजी, मरे कुछ परेशान-सा लग रहा है...सब ठीक तो है?" वैद्यजी को अपने आपमें उलझा देख पूछा बुआ ने।

"ऐसी कोई बात नहीं है बुआ।" टालना चाहा वैद्यजी ने बुआ को।

"ना, कोई तो बात है। आज जिसे देखो वही घोड़े पे सवार होके आ रहा है। पहले रुक्मिणी की बाईजी आई थी, तो वह भी परेशान-सी थी...आते ही बोली रुक्मिणी ना दिखाई दे रही है...अब तू आया है तो तू भी मरा-मरा-सा है। मरे, रुक्मिणी तीरथ पर गई है कहीं बिलायत ना गई है। आ जाएगी एकाध दिन में।" हँसते हुए बिना पूछे सब बता दिया बुआ ने।

कमला बुआ की यह सूचना एकदम नई और हैरत में डालनेवाली थी। सावित्री और आज यहाँ! एक अजब-सी पहेली में उलझ गया वैद्यजी—यानी जिसने क़त्ल किया वही आया...और यह रुक्मिणी, क्या बता रही है बुआ उसके बारे में कि वह तीरथ पर गई है? वैद्यजी ने बहुत कोशिश की इन टूटी और उलझी कड़ियों को आपस में जोड़ने की परन्तु हर बार ये और उलझ जातीं। वैद्यजी पहले इन्हें जोड़ते-जोड़ते और अब इन्हें सुलझाते हुए आजिज़ आ गया। वैद्यजी ने अब यहाँ से उठने में ही भलाई समझी। उसे पूरी तरह विश्वास हो गया कि कमला सदन को वास्तव में कुछ पता नहीं है इस बारे में। सच तो यह है कि उसे भी कौन-सा पता चलता यदि वह पिंकी को पहले से नहीं जानता होता। अच्छा हुआ जो रुक्मिणी तीरथ पर गई हुई है वरना यह सब देखकर उसे कितना दुःख होता। रुक्मिणी के अनन्त दुःख की वैद्यजी आसानी से कल्पना कर सकता है।

"अच्छा बुआ चलता हूँ, नहीं देर हो जाएगी।"

"ठीक है। भली तीरथ पर गई मरी। तीरथ ना हो गई जैसे हज्ज हो गई कि हरेक उसकी खैरियत पूछने आ रहा है।" आगे और न जाने क्या कहते हुए बुआ की अँगुलियों के पोरों ने 'हुस्न बाग' के पॉऊच को पूरी निर्ममता से फाड़ा और गप्प से मुँह में डाल गई।

वैद्यजी की समझ में कुछ नहीं आया कि कमला बुआ ने आगे क्या कहा है, क्योंकि आगे के शब्द और 'हुस्न बाग' के किणके आपस में अठखेलियाँ जो करने लगे मुँह में। जिस चाव से आज का अख़बार कमला सदन में हंगामा बरपाने की ग़रज़ से गाजूकी तक चलकर आया था, वह कुर्ते की जेब में पड़ा हुआ बाहर आने का इन्तज़ार ही करता रह गया। जिन चित्रों को देख-देखकर वह उद्वेलित और परेशान हुआ जा रहा था उनकी असली नायिका यानी पिंकी के तो उसे दीदार ही नहीं हुए। कसमसाकर रह गया जेब में पड़ा अख़बार। जैसे वह गाजूकी तक

चलकर आया था, वैसे ही वापस लौट गया—रंगमंच से अपनी किसी भूमिका को अदा किए बिना। भला, क्या बिगड़ जाता इस वैद्यजी के बच्चे का जो मुझे बाहर निकाल मेरी उस नायिका के तो दर्शन करा देता, जिसने सवेरे से मेरा जीना-दूभर कर रखा है। जिसकी तस्वीर भर ने न जाने कितने राष्ट्रवादियों की नैतिकता के निक्कर गीले कर दिए हैं।

इतनी रात गए कौन हो सकता है?

छत से उतरकर वैद्यजी ने बल्ब जला दरवाज़ा खोला कि दरवाज़ा खुलते ही उसकी उनींदी आँखों से नींद ही ग़ायब हो गई। होंठों से फूटे शब्द मुश्किल से बाहर आए, ''रुक्मिणी तूऽऽऽ!''

''हाँ बैदूजी, मैं।'' निर्लिप्त भाव से कहा रुक्मिणी ने।

''पर तू तोऽऽऽ...''

''तीरथ पर गई थी।'' वैद्यजी के वाक्य को इस बार रुक्मिणी ने पूरा किया।

''वह तो ठीक है परऽऽऽ...''

''सबकुछ यहीं खड़े-खड़े पूछ लोगे, या भीतर भी आने दोगे!'' वैद्यजी की प्रतिक्रिया से पहले रुक्मिणी जबरन दरवाज़े को ठेलते हुए अन्दर आ गई।

वैद्यजी एक तरफ़ हो गया दरवाज़े से। दिमाग़ ने जैसे काम करना बन्द कर दिया।

''रुक, पहले मैं पानी लाता हूँ।''

इतना कह वैद्यजी पानी लेने के लिए आगे बढ़ता कि पीछे से रुक्मिणी ने टोकते हुए रोका, ''पानी तो मैं पीछे पी लूँगी पर अभी आपको मेरे साथ चलना है!''

''कहाँ?''

''चलो तो सही!'' इतना कह रुक्मिणी ने साधिकार वैद्यजी की कलाई थामी और उसे अपने साथ ले कार में बैठ गई।

अँधेरे में दौड़ती कार से यह अनुमान लगाना कठिन था कि वह किस गति से दौड़ रही होगी। अँधेरे को चीरती हुई कार जब तक अपने गन्तव्य की ओर दौड़ती रही, तब तक उन दोनों के बीच कोई संवाद नहीं हुआ।

लगभग एक घंटे का सफ़र तय कर कार जिस जगह जाकर रुकी, वह वैद्यजी के लिए बिलकुल अनजान थी। आबादी से दूर इस स्थान को देखकर कहना मुश्किल है कि यहाँ कोई आदमज़ात भी रहता होगा। भाँय-भाँय करते यहाँ के

इस नंगे सूनेपन को देखकर वैद्यजी की समझ में नहीं आ रहा है कि यहाँ सूनापन रहता है, या सूनेपन में यह जगह? गुमसुम बिजली के खम्बों के बल्बों की मटमैली उदास रोशनी में लिपटे एक अधेड़ साए के वैद्यजी को कुछ विशेष दिखाई नहीं दिया। अजीब-सी चुप्पी में एक डरी-डरी सुगबुगाहट को वैद्यजी बार-बार कोशिश करता पकड़ने की। यह तो भला हो इन बुज़ुर्ग दरख़्तों और इन पर बसेरा करनेवाले परिन्दों का, जो बीच-बीच में अपनी पाँखों को खुजलाते हुए यहाँ की नीरवता को झंकृत कर अपनी उपस्थिति का एहसास करा देते वरना आदमी को अपने ही साए से डर लगने लगे।

''रुक्मिणी, यह क्या है...कहाँ ले आई मुझे?'' वैद्यजी ने बेहद धीमे स्वर में पूछा।

ठिठककर चौंक-सी गई रुक्मिणी। चौंकना स्वाभाविक भी था क्योंकि उसके कानों में तो चील का चीत्कार और सियार की हुँआ-हुँआ गूँज रही है।

''बैद्जी, यह सरकारी गेस्ट हाउस है।'' एक कमरे में उसी अधेड़ साए के पीछे-पीछे प्रवेश करते हुए रुक्मिणी ने बताया।

कमरे की साफ़-सफ़ाई देखकर वैद्यजी को यहाँ के सूनेपन का भ्रम दूर हो गया।

''आओ बैद्जी, बैठो!'' अपने सामने बिछी कुर्सी पर वैद्यजी को बैठने के लिए कह, वह ख़ुद भी बैठते हुए बोली, ''हाँ बैद्जी, अब बताओ?''

वैद्यजी हतप्रभ कि लाई उसे वह ख़ुद है उलटा उसी से पूछ रही है कि अब बताओ। क्या बोले वैद्यजी यही वह सोचने लगा।

''क्या हुआ बैद्जी? कैसे चुप्पी साध गए?''

''रुक्मिणी, मेरी तो कुछ समझ में नहीं आ रहा है...क्या है यह सब?'' झल्ला गया इस बार वैद्यजी।

''क्या मतलब?'' ट्यूब लाइट की दूधिया रोशनी में पुते वैद्यजी के चेहरे से टपकते गीलेपन को निरखते हुए पूछा रुक्मिणी ने।

''मतलब यह कि इस वीराने में क्यों लाई है मुझे?''

''सच कहूँ बैद्जीऽऽ!'' रुक्मिणी ने वैद्यजी की आँखों में उतरते हुए कहा, ''बहुत मन कर रहा था कि एक रात अपने बैद्जी के साथ खुलके बिताऊँ।'' कहते हुए ठठाकर हँस पड़ी रुक्मिणी।

''देख, यह मजाक का टाइम नहीं है।'' वैद्यजी ने और भी गम्भीर होते हुए कहा।

''सही कह रहे हो बैद्जी। मजाक का टैम नहीं है यह।'' इसके बाद रुक्मिणी

भी एकाएक गम्भीर हो गई, "बैद्‌जी, अध्यक्षजी ने पार्टी दफ्तर में बुलाया है सवेरे।"

"वह तो बुलाना ही था...करम जो हुआ है ऐसा।"

"कौन-सा करम?"

"पूछ तो ऐसे रही है जैसे कुछ पता ही नहीं है।"

"सब पता है इसीलिए तो सलाह लेने लाई हूँ इतनी दूर।"

वैद्यजी भौंचक्क। उसका अन्दाज़ा एक बार फिर ग़लत साबित हुआ।

"बैद्‌जी, मुझे तो डर लग रहा है कि अगर पार्टी ने पूछ लिया कि मुरली बाबू सा' के साथ जिस लड़की की फोटो छपी है, वह कौन है तो मैं क्या जवाब दूँगी?"

"बता देना मेरी भतीजी है। समझ जाएगी पार्टी कि असली कहानी क्या है। हूँ, जब चेताया था तब तो सुनी नहीं, अब भुगत।" वैद्यजी का चेहरा गुस्से से ताँबई होता चला गया।

"आप सही कह रहे हो बैद्‌जी। मैं तो साफ-साफ कह दूँगी कि पिंकी..."

"दिमाग खराब हो गया है...मरेगी यह कहकर!" ज़ोर से डाँटा इस बार वैद्यजी ने।

"फिर क्या करूँ बैद्‌जी...बताओ न?"

माथे पर वैद्यजी के धारे खिंच आए यह सोचते हुए कि फिर रुक्मिणी इसका क्या जवाब दे। देर तक सोचता रहा वह। अन्ततः उसे एक ही जवाब सूझा रुक्मिणी को बचाने का।

"सुन, साफ-साफ मना कर देना कि मैं नहीं जानती हूँ इसे। इस इलाके में इतनी आबादी है कंजरों की, मैं थोड़े ही जानती हूँ सबको...और फिर मैं तो तीरथ पर गई थी...मुझे नहीं पता कुछ।"

"हाँ बैद्‌जी, यह ठीक रहेगा। आपने मेरा जी हल्का कर दिया वरना पता नहीं मेरे मुँह से क्या ऊँट-पटाँग निकल जाता...अब चलें?"

"हाँ! बेमतलब इतनी दूर खींचकर लाई। इतनी बात तो घर पर भी हो जाती।" वैद्यजी ने किलसते हुए कहा।

जाते-जाते रुक गई रुक्मिणी।

"बैद्‌जी, अभी भी कुछ नहीं बिगड़ा है...पूरी रात पड़ी है!" रुक्मिणी की आँखों में शरारत नाचने लगी।

"धत्।" इससे पहले कि रुक्मिणी वैद्यजी की कलाई को कसकर थामती, वैद्यजी मुस्कराते हुए कमरे से बाहर निकल गया।

जितना समय घर से सरकारी गेस्ट हाउस तक पहुँचने में लगा, उससे कम

वापसी में लगा। वैद्यजी को घर से थोड़ी दूर छोड़, कार अँधेरे में वापस ग़ायब हो गई। कानों से दूर होती कार की आवाज़ को पीछे छोड़ वैद्यजी उदास, अन्यमनस्क सन्नाटे और अँधेरे से ठसाठस भरी एक सुरंग जैसी पतली गली में लुप्त हो गया।

29

सावित्री मल्होत्रा ग़श खाकर लगभग अचेत-सी हो गई। पूरा ब्रह्मांड उसे घूमता हुआ दिखाई देने लगा। शिराओं और धमनियों में दौड़ता ख़ून एकाएक जैसे ठहर गया। धड़कनें इतनी तेज़ हो गईं कि लगा दिल उछलकर बाहर आ जाएगा। शाम के धुँधलके में अपने-अपने आशियानों को लौटते पक्षियों का कलरव चीत्कारों में बदल गया। पूरा कमरा जैसे घुप्प अँधेरे से भर गया। अपने मुरली भाई साब की परिणति का उसे अनुमान तो था परन्तु इस नाटक के इस अंक का समापन इतना लोमहर्षक, स्तब्धकारी और अकल्पनीय होगा, ऐसा उसने सपने में भी नहीं सोचा था। वही क्या किसी के लिए भी कल्पना के उस पाट तक पहुँचना असम्भव था। देर तक उसे लगता रहा कि उसकी अधमुंदी आँखें जो देख रही हैं, वह उस पर छाई मूर्छा के चलते दिखाई दे रहा है लेकिन नहीं, यह कोई सपने जैसी चीज़ नहीं हक़ीक़त है। साँसें अभी भी उखड़ी हुई हैं, जैसे किसी रेतीले रास्ते से दौड़कर आ रही है।

अलग-अलग चैनलों पर अपने-अपने ढंग से एक ही ख़बर को वह एकटक देखे जा रही है। अँगुलियों के पोर रिमोट पर लगातार थिरक रहे हैं। एक ही ख़बर को लगभग सभी चैनलों द्वारा ब्रेकिंग न्यूज़ के रूप में दिखाते रहने से, सावित्री को अपने पूरे शरीर में कनखजूरों के डंक भीतर तक धँसते हुए लग रहे हैं। काफ़ी देर बाद सावित्री इस अचेत अवस्था से बाहर आई। उसने उसी समय मुरली भाई साब को नम्बर लगाया। मगर मोबाइल को भी उससे न जाने क्या बैर हो गया कि 'यह नम्बर अभी उपलब्ध नहीं है बोलकर चुप हो जाता। बहुत कोशिश के बाद लगा भाई साब का नम्बर।

"हाँ हैलो भाई साब, देख रहे हो टीवी....इसे कहते हैं भाई साब कि बिल्ली के भाग का छींका टूटना।"

मुरली की तरफ़ से कोई उत्साहवर्धक उत्तर न मिलने पर सावित्री ने यह कहकर फ़ोन काट दिया, "सऽऽब किस्मत का खेल है भाई साब...ठीक है, मैं बाद में बात करती हूँ।"

सावित्री इसके बाद दूसरा नम्बर लगाने लगी लेकिन सारे प्रयास बेकार रहे। हारकर उसने गाजूकी फ़ोन मिलाया, "हाँ, हैलो वंदना...मैं सावित्री दीदी...क्या हो रहा है?...फिल्म देख रही हो...अरे, चैनल बदलो!...पहले बदल तो सही चैनल... बधाई हो!"

पूरी रात नहीं सो पाई सावित्री।

देर तक सम्पर्क बनाने में जुटी रही लेकिन नहीं हो पाया सम्पर्क। अब क्या किया जाए? जुगत भिड़ाते-भिड़ाते मग़ज खाली हो गया उसका। अब मोबाइल से कोई फ़ायदा नहीं है। गाजूकी ही चला जाए। वहीं निकलेगा कोई-न-कोई रास्ता।

यही तय कर सावित्री टॉयलेट जाने लगी कि मोबाइल घनघना उठा। लपककर उठाया उसने मोबाइल। मोबाइल के स्क्रीन पर किसी अपरिचित-से नम्बर को देख बेमन से उसे कान से लगाया ही था कि एक परिचित स्वर ने उसकी व्याकुलता और बढ़ा दी, "हैलो, रुक्मिणी कहाँ है तू...मैं तो बाबा फोन लगाते-लगाते पागल हो गई...हाँ किया था...कब...अच्छा कल यानी चौदह...ठीक है, मैं वहीं पहुँच जाऊँगी...अच्छा बधाई तो ले ले...ठीक है।" बात ख़त्म होते ही सावित्री ने गहरा साँस लिया। दरवाज़े पर पड़े अख़बार को देखा तो लपककर उठा लिया। टॉयलेट भी जाना भूल गई वह। प्रथम पृष्ठ पर छपी ख़बर के साथ फ़ोटो को देर तक निहारती रही।

पिछले कुछ दिनों से न जाने क्यों वैद्यजी का अपने आप अपनी आँखों से अपना ही विश्वास उठता-सा जा रहा है। बल्कि इधर तो उसे लगने लगा है कि उसकी आँखें बार-बार धोखा खाने जैसी किसी बीमारी से ग्रस्त हो चुकी हैं। क्यों न लगे जो वह देखना चाहता है, आँखें वह नहीं दिखाती हैं। शायद यही कारण है कि सामने फैले अख़बार के प्रथम पृष्ठ के एक शीर्षक से उसकी नज़रें हटने का नाम नहीं ले रही हैं।

इस शीर्षक और इस ख़बर को वह अब तक कितनी बार पढ़ चुका है, उसे ही नहीं मालूम। हर बार इसे पढ़ते हुए उसकी आँखों की पुतलियाँ रह-रहकर

विस्मय से ठहर जाती हैं कि यह कैसे सम्भव है? मगर जो सच्चाई यह शीर्षक बयान कर रहा है, उसे वह कैसे झुठला सकता है? उसने उसी शीर्षक को पढ़ते हुए पूरी ख़बर एक बार फिर पढ़ी पूरे इत्मिनान के साथ—यानी इसके अनुसार नामांकन की अन्तिम तिथि है पन्द्रह अर्थात् परसों और आज है तिथि तेरह। इसका मतलब हुआ रुक्मिणी कभी भी धरमपुरा आ सकती है। अपने ही अनुमान और गणना से वैद्यजी की उत्कंठा ऐसे शान्त हो गई जैसे पूर्णिमा की रात को समुद्र में उठनेवाली ऊँची-ऊँची लहरें, ढलते चन्द्रमा के साथ शान्त हो जाती हैं। उसने अख़बार को तह बनाने से पहले उसे बेहद मुलामियत के साथ धीरे-से सहलाया और एक बार फिर अपने-आपको उस शीर्षक को पढ़ने से नहीं रोक पाया। 'अश्लील सीडी प्रकरण में फँसे मुरली की बंसी रुक्मिणी ने चुराई' शीर्षक के एक-एक शब्द और उसके एक-एक हिज्जे को होंठों-ही-होंठों में किसी मन्त्रोच्चार की तरह बुदबुदाते हुए तथा इनसे ध्वनित अर्थों से देर तक चुहलबाजी करते हुए, वैद्यजी की यह कहते हुए हँसी छूट गई—मुरली की बंसी रुक्मिणी ने चुराई।

एक अनजान, अपरिचित उम्मीदवार जिसका आम जनता में कोई आधार नहीं है बल्कि जिसका नाम लेने भर से जीभ में बल पड़ जाते हैं, उसका नाम सुनते ही धरमपुरा के इज़्ज़तदारों में खलबली मच गई। सबसे बड़ी दुविधा और बेचैनी उनकी यह है कि यदि वे इसे अपना उम्मीदवार मान अपना समर्थन देते हैं, तो इनकी बहू-बेटियों पर क्या असर पड़ेगा। इसलिए अखिल भारतीय परशुराम ब्राह्मण सभा, सनातन युवक मंडल, धरमपुरा व्यापार मंडल, धरमपुरा वैश्य सुधार समिति, अग्रवाल समाज मंडल तथा यूथ फॉर इक्वालिटी की बनी नई-नई शाखा ने पहले तो इस उम्मीदवार का जमकर विरोध किया परन्तु पार्टी हाईकमान के भारी दबाव और पार्टी अध्यक्ष के निर्णय के सामने इनका यह विरोध उफनती कढ़ी की तरह शान्त हो गया। जिन सभा, मंडल, समितियों के प्रतिनिधियों की गुप्त बैठक में धरम-क़सम खाकर अपनी पुरानी पार्टी कांग्रेस के उम्मीदवार को समर्थन देने का फ़ैसला लिया गया था, वह इस दिलासे के साथ वापस ले लिया गया कि बेशक धरमपुरा की यह उम्मीदवार पूरी तरह अनजान, अपरिचित है मगर पार्टी तो अपनी है।

पार्टी द्वारा मुरली के स्थान पर रुक्मिणी को टिकट दिए जाने के फ़ैसले पर

रुक्मिणी ने पार्टी अध्यक्ष और राज्य प्रभारी को स्पष्ट कह दिया था कि वह इस फ़ैसले को तभी स्वीकार करेगी, यदि उसे सभी कार्यकर्त्ताओं का भरपूर सहयोग मिलेगा। रुक्मिणी की इस भावना का सभी ने हृदय से स्वागत किया। रुक्मिणी के प्रति उनका आदर और बढ़ गया कि कहाँ टिकट पाने के लिए लोग क्या-क्या जुगत भिड़ाते हैं, मुँहमाँगा धन पार्टी फंड के नाम पर अपने नेताओं को देने के लिए तैयार रहते हैं, और कहाँ यह टिकट मिलने की ख़ुशी में पगलाने के बजाय ऐसी शर्त रख रही है, जो वास्तव में शर्त नहीं, पार्टी का कर्त्तव्य और धर्म दोनों हैं। तिवारी जी ने रुक्मिणी की भावना को सबसे ज़्यादा सम्मान देते हुए स्वेच्छा से प्रस्तावक के रूप में अपनी स्वीकृति दे दी।

कोई आडम्बर नहीं रचा रुक्मिणी ने।

न कोई जुलूस निकाला, न शोभा-यात्रा निकाली। न फूलों की मालाएँ पहनीं। न माथे पर रौली-तिलक लगाया, न कोई आरती उतरवाई। न अपनी कोई जय-जयकार कराई, न रास्ते में किसी तरह की पुष्प वर्षा कराई। ज़्यादातर कार्यकर्त्ताओं को हिदायत दे दी गई कि उन्हें गाजूकी आने की ज़रूरत नहीं है। निश्चित समय पर सीधे निर्वाचन कार्यालय यानी धरमपुरा में एस डी एम ऑफ़िस पहुँच जाएँ—वह भी बेहद सीमित संख्या में। गाजे-बाजे का तो प्रश्न ही नहीं उठता। गाजूकी से धरमपुरा के लिए निकली भी तो नंगे पाँव।

गाजूकी से धरमपुरा के एस डी एम ऑफ़िस यानी नामांकन दाख़िल करने के लिए जाते समय उसने किसको साथ लिया—किसी को नहीं। वैद्यजी, सावित्री मल्होत्रा तो उसके घर जैसे सदस्य हैं। इनका साथ होना कोई अर्थ नहीं रखता। बाकी कौन है, मुश्किल से एक दर्जन लोग।

गाजूकी से रवाना होते हुए रुक्मिणी रास्ते में पड़नेवाले, भूरा की मज़ार से पहले बने चबूतरे पर उनींदे, अनगढ़ आले में रखीं दो छोटी-छोटी मूर्तियों अर्थात् अपने कुल देवी-देवता माना गुरु और माँ नलिन्या से आशीर्वाद लेना नहीं भूली। अपने इन देवी-देवताओं के सम्मुख सीस नवाते समय भी कोई नहीं था उसके साथ—यहाँ तक न वैद्यजी, न उसकी सावित्री बाईजी।

अपने कुल देवी-देवताओं से आशीर्वाद लेने के बाद मन तो रुक्मिणी का कर रहा था कि सीधा निकला जाए किन्तु मज़ार के सामने पहुँचते ही टोक दिया सावित्री ने, "रुक्मिणी, पीर बाबा का भी तो आशीर्वाद ले ले!"

रुकते हुए पलटकर देखा रुक्मिणी ने सावित्री की ओर। मुस्कराकर ऐसे जैसे वह सावित्री को उलाहना दे रही है कि तूने भी तो अपने भाई साब के लिए माँगी थी पीर बाबा से मन्नत। न चाहते हुए रुक्मिणी मज़ार की ओर बढ़ गई। इस

बार मज़ार पर जाते समय रुक्मिणी अकेली नहीं थी, सावित्री भी थी साथ में।

नामांकन दाख़िले की प्रक्रिया बेहद सादगी के साथ सम्पन्न हो गई।

नामांकन दाख़िल कर रुक्मिणी धरमपुरा से वैद्यजी और सावित्री को अपने साथ गाजूकी ले आई, कुछ ज़रूरी विचार-विमर्श के बहाने। देर तक विचार होता रहा आगामी योजनाओं पर। सावित्री को विदा करते समय रुक्मिणी ने साधिकार हुलसते हुए कह ही दिया, "आप दोनों इलैक्शन तक रहोगे मेरे साथ। समझ लो, आज से तुम दोनों मेरे दो हाथ हो।"

रुक्मिणी के इस एकपक्षीय फ़ैसले पर वैद्यजी का चेहरा खिंचता चला गया। जी में तो आया एक बार कि वह इसी समय अस्वीकार कर दे रुक्मिणी के इस निर्णय को कि एक म्यान में एक ही तलवार समा सकती है किन्तु चुप रह गया। जबकि सावित्री मल्होत्रा के चेहरे पर आब लौट आया।

सावित्री के जाते ही वैद्यजी फट पड़ा।

"रुक्मिणी, यह क्या तमाशा है?"

ज़रा भी देर नहीं लगी रुक्मिणी को समझने में। फिर भी जानबूझकर शब्दों को चुबलाते हुए उलटा पूछा, "कौन-सा बैद्जी?"

"यही, अपनी इस बाईजी को अपने संग चिपकाने का!"

फक्क् से हँसी छूट गई रुक्मिणी की।

"देख रुक्मिणी, मुझसे नहीं होगा इसके साथ काम। एक म्यान में दो-दो तलवारों का समाना मुश्किल है।"

"दो-दो तलवार! कौन-सी हैं दो तलवार?" हैरान होने का अभिनय करते हुए पूछा रुक्मिणी ने।

"मजाक नहीं है। तुझे पता है कि इसे मैं जरा भी पसन्द नहीं करता हूँ और..."

"और वह आपको नहीं करती है?" वैद्यजी को कोंचने में मज़ा आने लगा रुक्मिणी को।

"पता है, इसीलिए कह रहा हूँ।"

"बैद्जी, यह बेचारी बाईजी कहाँ से हो गई तलवार! यह तो एक मामूली-सी भोंथरी छुरी भी नहीं है...वैसे इस तलवार की बगल में घुसड़ने लायक थोड़ी-सी जगह तो बच ही जाएगी।" एक महीन मुस्कान उछालते हुए छेड़ा रुक्मिणी ने।

"सच कहूँ रुक्मिणी, इस सावित्री पर मुझे रत्ती भर यकीन नहीं है और एक तू है जो उस पर मरी रहती है।"

"बैद्जी, भरोसा तो मुझे भी इस पर रत्ती भर नहीं है पर मजबूर हूँ। समय की चाल को समझा करो...वैसे भी यह मुरली बाबू सा' की मुँहलगी है।" एकाएक गम्भीर होती चली गई रुक्मिणी।

"अच्छा, कोई काम न हो तो मैं चलूँ?"

"असली काम तो अभी है बैद्जी।"

वैद्यजी ने घूरकर देखा रुक्मिणी की ओर। समझ गई रुक्मिणी वैद्यजी के इस तरह घूरने का अर्थ।

"घबराओ मत बैद्जी! वो बात नहीं है जो आप समझ रहे हो...काम दरअसल यह है कि यह लिस्ट धरमपुरा विधानसभा में पड़नेवाले कंजरों की है। इसे आप सँभालो!"

रुक्मिणी से मतदाता सूची लेकर वैद्यजी उसे जेब में रखने लगा कि रुक्मिणी ने मुस्कराते हुए टोका, "सँभालकर रखने का मतलब बैद्जी जेब में रखने से नहीं है, इसका इस्तेमाल भी करना है!"

झेंप गया वैद्यजी अपनी ना-समझी पर क्योंकि उसने यह तो पूछा ही नहीं कि इस सूची का करना क्या है। यह तो अच्छा हुआ जो कमरे में उन दोनों के सिवाय और कोई नहीं है वरना क्या सोचा जाता उसके बारे में।

'यह जिम्मेदारी मैं आपको दे रही हूँ बैद्जी। बस, आप इसे सँभाल लो, बाकी मैं देख लूँगी।"

"लेकिन मैं इसका करूँगा क्या?" रुक्मिणी की दुविधा भाँप गया वैद्यजी कि इस जिम्मेदारी के पीछे कोई टेढ़ा पेंच है, जिसे चाहकर भी वह नहीं खोल पा रही है।

"रुक्मिणी, क्या हुआ?"

"समझ में नहीं आ रहा है बैद्जी कि कैसे कहूँ?"

"मतलब, मेरे ऊपर भरोसा नहीं है?"

"वो बात नहीं है बैद्जी। पता नहीं आप क्या सोचोगे कि रुक्मिणी ने कैसा काम दे दिया है। जबकि मेरी नजर में कोई भरोसे का आदमी अगर इस काम को कर सकता है, तो वो आप हो।"

"रुक्मिणी, अगर मेरे ऊपर भरोसा नहीं है तो छोड़।"

"का...काम यह है बैद्जी कि आपको इन कंजरों में कंजर व्हिस्की बाँटनी होगी।"

"कंजर व्हिस्की, मतलब?" वैद्यजी का हलक़ सूखने लगा इस जिम्मेदारी को सुनते ही।

''हाँ बैद्जी, दारू बाँटने का काम। इन्तजाम मैं कर दूँगी। आपको बस इन वोटरों को साधना है।''

''अच्छाऽऽऽ!'' वैद्यजी ने ऐसे गर्दन हिलाई मानो सारा रहस्य उसकी समझ में आ गया।

''बैद्जी, अब आपसे क्या छिपाना। हर हालत में मुझे यह इलैक्शन जीतना है। इसके लिए मुझे जो भी करना होगा, करूँगी। बैद्जी, मुझे तुम्हारे इज़्ज़तदार वोटों की चिन्ता नहीं है। उन्हें तो अपने तिवारी जी और बाईजी सँभाल लेंगे। मेरी सबसे बड़ी चिन्ता उन्हीं वोटों की है जिन्हें दुनिया मेरे वोट मान रही है। मुझे याद है पिछले इलैक्शन में हमारे रघुराम जी ने इसी गाजूकी में कंजरों के बीच दारू के पीपे झोंक दिए थे।''

''इसका मतलब है रघुराम कंजरों की वोटों से जीता था?''

''ना, कंजरों के तो आधे वोट भी नहीं पड़े थे रघुराम जी को।''

''आधे भी नहीं पर क्यों?''

''क्योंकि कांग्रेसी जगतराम ने यहाँ जो जगह-जगह दारू की प्याऊ खोल दी थी।''

''पर यह काम तो वह कांग्रेसी अब भी करेगा।''

''इसीलिए तो...मुझे पता है। हमें थोड़ी-सी मेहनत यह करनी होगी कि हमारी दारू होगी 'पहले तोड़' की। हमारे कंजरों को बस 'पहले तोड़' की मिल जाए तो उनसे कुछ भी करवा लो।''

''ऐसा है रुक्मिणी, जब सारे काम अपने आप सधते जा रहे हैं, तो यह भी सध जाएगा।''

''और हाँ बैद्जी, एक काम और करना है आपको। मजार पर एक बिजली का पंखा खरीदकर पहुँचाना है।'' रुक्मिणी ने वैद्यजी की बात पर ध्यान नहीं दिया।

''पंखा और मजार पर? यह नया चढ़ावा कब से शुरू हो गया?'' वैद्यजी के लहज़े में गम्भीरता कम व्यंग्य अधिक था।

''हाँ चढ़ावा ही है।''

''तुझे ऐसी क्या जरूरत आ पड़ी मजार पर पंखा चढ़ाने की?''

''क्यों, मुझे नहीं है औरों की तरह औलाद की जरूरत!''

वैद्यजी समझ गया कि रुक्मिणी आज अपनी पूरी रौ में है। हर प्रश्न के उत्तर में व्यंग्यात्मकता की चाशनी में डूबा पलटकर जैसा प्रतिप्रश्न वह उछाल रही है, उसका प्रत्युत्तर कम-से-कम आज उसके पास तो है नहीं। कमरे में व्याप्त एकान्त

एकबारगी काँपकर रह गया। लगा जैसे छत पर चलते पंखे की गरम हवा में कुछ चटका है। रुक्मिणी का हाथ धीरे-से कब वैद्यजी के हाथ को छू गया, वैद्यजी को इसका पता ही नहीं चलता, यदि रुक्मिणी की अँगुलियों में जुम्बिश नहीं हुई होती। वैद्यजी ने झटककर खींचा अपना हाथ—ठीक ऐसे जैसे वह किसी धधकते कोयले पर पड़ गया हो।

कटोरीवालों का तिबारा और गाजूकी के बीच का मील भर लम्बा फ़ासला, जो कुछ दिन पहले तक द्विजों और इज़्ज़तदारों के लिए वर्जित था, आज उन्हीं से आबाद हो उठा। देखते-ही-देखते मील भर लम्बी यह दूरी विभिन्न आकारों की पॉलीथीन, कपड़े और केसरिया काग़ज़ी पताकाओं और ध्वजों से पट गई। आते-जाते धूल उड़ाते वाहनों ने इस फ़ासले की नाक में मानो दम कर दिया। भूरा पीर की दरगाह या कहिए भूरा की मज़ार पर अचानक ज़ियारतियों और अक़ीदतमंदों की संख्या में वृद्धि हो गई। मज़ार के आसपास लगनेवाली धूप, लोबान, अगरबत्तियों, खील-बताशों, तरह-तरह के गोटेलगी छोटी-बड़ी हरी-पीली चादर तथा अन्य नैवेद्य सामग्री बेचनेवाली रहड़ियों तथा छोटी-छोटी दुकानों की संख्या में एकाएक उछाल आ गया। स्थिति यह हो गई कि मज़ार के सामने से गुजरनेवालों में कौन श्रद्धालु है और कौन पार्टी कार्यकर्त्ता, फ़र्क़ करना मुश्किल हो गया। जब से रुक्मिणी ने अपना मुख्य चुनाव कार्यालय धरमपुरा के बजाय गाजूकी में बनाया है, तब से दरगाह-ए-भूरा पीर पर बे-औलादों की तादाद के साथ-साथ 'ऊपरी हवा' के मरीज़ों की भी बाढ़-सी आ गई।

मीडिया ने, विशेषकर ख़बरिया चैनलों ने राज्य के एक पिछड़े और उपेक्षित धमरपुरा विधानसभा क्षेत्र को सबसे रोमांचक चुनाव क्षेत्र बना दिया। ऐसा कोई दिन ख़ाली नहीं जाता, जब किसी-न-किसी चैनल की ओ बी वैन गाजूकी में दिखाई न देती हो। गाजूकी सभी चैनलों के चुनावी प्रसारण के अन्तर्गत अलग-अलग शीर्षकों जैसे 'चुनावी जंग', 'चुनावी दंगल', 'राजनीति का लघु संग्राम', 'राज्य का महासंग्राम' से प्रसारित होनेवाले कार्यक्रमों का एक अनिवार्य विज़ुअल बन गया। कुछ चैनलों ने तो लाइव टेलीकास्ट कर अपनी टी आर पी में आश्चर्यजनक रूप से बढ़ोत्तरी कर ली। दर्शक भूल गए अपने पसंदीदा सीरियलों को। धरमपुरा के चुनावी संघर्ष ने 'सास भी कभी बहू थी' और 'घर-घर की कहानी' जैसे धारावाहिकों की लोकप्रियता में ग्रहण-सा लगा दिया। धरमपुरा की तो मानो पहचान ही ख़त्म कर दी गाजूकी ने। धरमपुरा अब धरमपुरा नहीं बल्कि

गाजूकी और बे-औलादों को औलाद देनेवाले भूरा की मज़ार के रूप में जाना जाने लगा। रुक्मिणी की संघर्ष-गाथा और गाजूकी एक-दूसरे का पर्याय बन गए। इसलिए कुछ चुनावी प्रसारणों की शुरुआत भूरा पीर की मज़ार से होती, तो कुछ की गाजूकी पुल के दृश्य से। कुछ की माना गुरु की मढ़ी के दृश्य से होती, तो एकाध तिबारे के दृश्य से शुरू करते।

कंजर ह्विस्की।

हिन्दी के एक ख़बरिया चैनल के उत्साही संवाददाता ने न जाने कहाँ से खोज निकाली यह रिपोर्ट। आधे घंटे की यह रिपोर्ट इतनी मेहनत से तैयार की गई कि देखने वालों ने दाँतों तले अँगुली दबा ली। गाजूकी की 'पहला तोड़' और 'दूसरा तोड़' के बारे में तो बताया ही उस संवाददाता ने, बल्कि अलग-अलग क्षेत्रों और राज्यों में बनने वाली शराबों के बारे में भी बताया। मध्य प्रदेश के राजगढ़ जिले के कंजरों द्वारा महुए और गुड़ से बनाई जानेवाली मदिरा और देश की राजधानी से सटे यमुना खादर में शराब माफ़िया द्वारा जगह-जगह बनाए गए पक्के कमरों व टीन शेड के साथ कई किलोमीटर तक शराब की रेत में दबी टंकियों के दृश्य तक दिखाए गए। इतना ही नहीं इस मदिरा को बनाने के तरीक़े को भी कैमरे में क़ैद किया गया था, कि कैसे टंकियों के नीचे आग जलाकर एक पाइप के जरिए मदिरा एक बरतन में निकाली जाती है। शुरुआती दौर में जो मदिरा पहले बरतन में आती है, गाजूकी की पहला तोड़ की तरह वह 'पहला फूल' कहलाती है। 'पहला तोड़' की तरह 'पहला फूल' में ज़्यादा नशा होता है। इसलिए इसकी कीमत अधिक होती है, जबकि 'दूसरा फूल' जिसमें नशा कम होता है, की कीमत कम होती है। दोनों फूलों की दुर्गंध को कम करने के लिए कैसे इसमें सन्तरा और मौसमी डाला जाता है, उसे भी दिखाया गया। इतना ही नहीं, अलग-अलग क्षेत्रों में अलग-अलग नामों से पुकारी जानेवाली कुछ जनजातीय मदिराओं का भी उल्लेख किया गया, जैसे छत्तीसगढ़ में 'हँडिया', असम में 'पोंग', उत्तर-पूर्वी क्षेत्रों में 'जू', हिमालय में 'तुदगी', आन्ध्र प्रदेश में 'काल्ही' तथा झारखंड में 'पछावे'। ख़बरिया चैनल के सूत्रधार ने यह रिपोर्ट इतनी रोचकता के साथ प्रस्तुत की कि मदिरा प्रेमियों के गले खुश्क होने शुरू हो गए।

इस रिपोर्ट की सबसे बड़ी विशेषता यह थी कि इसके माध्यम से यमुना के खादर में अवैध तरीक़े से इस मदिरा को बनानेवाले माफ़िया, स्थानीय प्रशासन और राजनीतिज्ञों के अन्तर्सम्बन्धों को बख़ूबी उजागर किया गया।

रुक्मिणी ने भी देखी यह रिपोर्ट।

उसी समय वैद्यजी को बुलवाया गया। रुक्मिणी ने वैद्यजी को इस रिपोर्ट के बारे में बताया तो सुनते ही वैद्यजी के पाँवों के नीचे ज़मीन खिसकने लगी।

"बैद्जी, घबराने की जरूरत नहीं है। उस टीवी वाले ने यह खबर दिखाई जरूर है पर इसमें हमारा नाम कहीं नहीं है। फिर भी सचेत रहने की जरूरत है। इन टीवी-शीवी वालों का कोई भरोसा नहीं है। कुछ पूछें तो कोई जरूरत नहीं है बताने की।"

"मैं तो डर ही गया था रुक्मिणी।"

"अब एक काम करना है बैद्जी।"

रुक्मिणी ने जिस तरह 'काम' शब्द पर ज़ोर दिया, उससे वैद्यजी समझ गया कि ज़रूर इसके मन में कुछ और पकने लगा है।

"पहले तोड़ के चौदह-पन्द्रह ब्लैडरों का अलग से इन्तजाम करके रखना पड़ेगा।"

रुक्मिणी का मुँह ताकने लगा वैद्यजी।

"देखो बैद्जी, जिस चीज को हम छुपा रहे थे, वह तो टीवी वालों ने उजागर कर दी। अब बताओ, जो चीज बे-परदा हो गई उसका क्यों न हम फायदा उठाएँ। हमारा तो काम आसान कर दिया इन टीवी वालों ने।"

वैद्यजी की दिमाग़ की नसें तड़कने लगीं।

"नहीं समझे बैद्जी! मैं समझाती हूँ। टीवी पर कंजर ह्विस्की के बारे में सुन उसके चाहनेवालों की अब देखना कैसे लाईन लगती है गाजूकी में...इसलिए बैद्जी, अपने इज़्ज़तदारों की खातिरदारी में कोई कमी नहीं रहनी चाहिए।"

इस बार वैद्यजी ने मुस्कराते हुए रुक्मिणी की ओर देखा, ठीक ऐसे जैसे आँखों ही आँखों में वह रुक्मिणी के कहे के मर्म को पकड़ना चाहता है।

रुक्मिणी ने गाजूकी में ही नहीं बल्कि कलगाँव, कलसाड़ा, पठैपुर, अल्लाहपुर और लावा का बास में कंजर ह्विस्की की जैसे नदी बहा दी। ऐसा कोई नहीं था जिसने इस पेय से अपना गला तर नहीं किया। चाहे वह इसी रुक्मिणी की रात-दिन राष्ट्रवाद, नैतिकता और सिद्धान्तों का रोना रोनेवाली पार्टी का नया-पुराना कार्यकर्त्ता रहा हो, या कोई नौकरशाह। पुलिस महकमे का कप्तान साब हो या अदना-सा सिपाही। चाहे चौथे स्तम्भ का कोई 'वाच डॉग' की भूमिका निभानेवाला

मीडियाकर्मी रहा हो या किसी क्रान्तिकारी एनजीओ का कोई एक्टीविस्ट, जो किसी को पता न चले का भ्रम पाले गाजूकी में देखा गया हो और जिसने इसका रसास्वादन न किया हो।

राज्य की एक वरिष्ठ आई ए एस श्रीमती सुधा यादव और एक वरिष्ठ आईपीएस पुलिस अधिकारी लालजी मिश्रा ने तो वैद्यजी को कंजर ह्विस्की का कोई चिरकुट क़िस्म का स्थानीय शराब माफ़िया समझ यह प्रस्ताव तक दे डाला कि क्यों न चुनावों के बाद तीनों मिलकर संयुक्त रूप से बड़े स्तर पर इसका लाइसेंसी उत्पादन शुरू कर दें। मगर कम्बख़्त वैद्यजी ने उनके इस प्रस्ताव को बड़ी निर्ममता और नृशंसता के साथ लात मार दी।

यह कंजर ह्विस्की के 'पहला तोड़' का ही परताप था कि जो भी गाजूकी से वापस लौटा, बड़े-बड़े सपने लेकर लौटा। रुक्मिणी ने वैद्यजी को जो जिम्मेदारी सौंपी, उसे उसने पूरी निष्ठा, ईमानदारी और संकल्प के साथ पूरा किया। एक बार तो वैद्यजी की इस निष्ठा ने यह तक सोचने पर विवश कर दिया कि वैसे उन दोनों नौकरशाहों के प्रस्ताव पर गम्भीरता से विचार करने में न तो कोई हानि है, न बुराई। रुक्मिणी रह-रहकर मन ही मन कृतज्ञता और आभार व्यक्त करती रही उस ख़बरिया चैनल और उसके उत्साही युवा संवाददाता का, जिसकी रिपोर्ट ने गाजूकी के साथ-साथ प्रतिष्ठा का प्रतीक बन चुके एक स्थानीय पेय को देखते ही देखते राष्ट्रीय पेय बना दिया।

30

तय तो मुरली ने यह किया था कि वह सुबह ही किसी ऐसे अज्ञात स्थान की ओर निकल जाएगा, जहाँ परिणामों की उसके कानों में भनक तक ना पड़े। चाहे कोई हारे या जीते उसकी बला से। वह किसी से कोई सम्पर्क नहीं रखेगा। इसलिए उसे इसके लिए अपनी ऐशगाह अर्थात् फार्म हाउस से उचित जगह दूसरी कोई नहीं लगी। अज्ञातवास के लिए इससे अच्छी जगह भला और कौन-सी हो सकती है। मगर उसका यह सोचना तब औंधे मुँह जाकर गिरता दिखाई दिया, जब फार्म हाउस पर जाकर उसने पाया कि यहाँ तो एक भी ऐसा कमरा नहीं है, जिसमें टेलीविज़न सेट न रखा हुआ हो। एक बार सोचा भी मुरली

ने कि यहाँ से कहीं और चला जाए, परन्तु मन ने इसके लिए गवाही नहीं दी और न चाहते हुए भी, वही हुआ जैसा वह सोचकर तो बिलकुल ही नहीं आया था।

बेईमान तर्जनी के पोर से नहीं रहा गया तथा चुपके से बिना बताए वह कब रिमोट के लाल बटन पर जा टिका, उसे स्वयं ही पता नहीं चला। इसके बाद जैसे-जैसे एक के बाद एक टेलीविज़न स्क्रीन पर ताज़ा नतीजे और स्थिति उभरने लगी, वैसे-वैसे मुरली की धड़कनें बढ़ने लगीं।

मुरली ने सारे ख़बरिया चैनल खंगाल मारे किन्तु दस बजने के बावजूद उसे धरमपुरा का नाम कहीं नज़र नहीं आया। उसी धरमपुरा विधानसभा का नाम जिसे इन्हीं चैनलों ने सबसे रोमांचक चुनाव क्षेत्र बना दिया था। हैरानी हुई मुरली को। उसने चश्मे का शीशा भी साफ़ करके देखा परन्तु हासिल कुछ नहीं हुआ। मुरली को अब बेचैनी होने लगी। अचानक इसी बीच उसे लगा जैसे स्क्रीन पर कोई परिचित इबारत उभरी है। स्क्रीन के सबसे निचले हिस्से में तेज़ी से दौड़ती पट्टी पर दीखी थी यह इबारत। अपनी जिन आँखों पर मुरली को शक-सा होने लगा था, वे ही अब थोड़ी-सी विश्वसनीय हो गईं। एक बार फिर हृदय गति तेज़ हो गई। यह तो भला हो उस इबारत का जिसने अपनी विश्वसनीयता खोई नहीं और जल्द ही निचली पट्टी पर फिर से उभरी—धरमपुरा : तीसरे दौर की गिनती ख़त्म होने के बाद कांग्रेसी प्रत्याशी की मामूली बढ़त जारी।

इस इबारत को पढ़ते ही मुरली को लगा जैसे किसी ऊँचे प्रपात से गिरते ठंडे पानी की तेज़ धार से भीग गया है वह। भीतर तक एक शीतलता से नहा गया। अपनी इस ख़ुशी को बाँटने के लिए बेचैन हो उठा वह। मन से एक बार फिर नहीं रहा गया और कुर्ते की जेब में उपेक्षा और अकेलेपन से कसमसा रहा मोबाइल अंततः उसकी इस ख़ुशी में शामिल हो गया।

"हैलोऽऽ...हाँ सावित्री...कहाँ है...अच्छाऽऽऽ..." मुरली के चेहरे पर खिंचाव-सा आ गया, "क्या स्थिति है...मैं भी परेशान हूँ...समझ में नहीं आ रहा है...ठीक है, कोई अच्छी खबर हो तो मुझे भी बताना...।" फ़ोन काटते हुए अपने आप बड़बड़ाया वह, 'तो उस कंजरी के इर्द-गिर्द ही है यह!'

मुरली को लगने लगा जैसे फिर से उसका रक्तचाप बढ़ने लगा है किन्तु बेहद धीमी गति से। इससे तो अच्छा होता वह इस समय सावित्री से बात ही नहीं करता। अपने इस नादानी भरे जोश पर झुँझला उठा वह। यह तो ग़नीमत है कि काफ़ी देर से कांग्रेसी प्रत्याशी की मामूली बढ़त स्क्रीन की पट्टी पर अटकी हुई है वरना इस सावित्री की बच्ची ने उसके रक्तचाप को बढ़ाने में कसर

तो नहीं छोड़ी थी। मुरली ने बिस्तर पर लेटे हुए जिस्म को पूरी तरह ढीला छोड़ दिया।

अनायास मुरली को लगा जैसे उसकी धमनियों में दौड़ता ख़ून ठिठककर, एकाएक छोटे-छोटे बर्फ़ के टुकड़ों में बदल गया है। पूरा शरीर ठंडा पड़ने लगा है और एक धुँधली झिल्ली आँखों की पुतलियों पर चढ़ने लगी है। दिमाग़ की नसें बढ़ते रक्तचाप से मानो कभी भी फट जाएँगी। जबड़े और कनपटियों की मांसपेशियाँ लोहे की तपती छड़ों की तरह ऐंठने लगीं।

कहीं उसकी आँखें धोखा तो नहीं खा रही हैं। एक बार फिर अपनी ही आँखें सन्देह के घेरे में आ गईं। एक के बाद एक जितने भी चैनल थे सारे बदल डाले अपनी आशंका की पुष्टि में। तभी एक ख़बरिया चैनल पर चल रहे सीधे प्रसारण पर मुरली की नज़र ठहर गई।

यह धोखा नहीं सच्चाई है। उस ख़बरिया चैनल के संवाददाता के बग़ल में साफ़ दीख रहा है कि वह और कोई नहीं रुक्मिणी ही है। रह-रहकर उठते उद्घोषों के बीच से, रुक्मिणी के पीछे कंधे के ऊपर से झाँकते चेहरे को उसने पहली झलक में ही पहचान लिया कि वह सावित्री है।

महज घंटे भर में कैसे बदल सकती है तस्वीर? एकाएक यह चमत्कार कैसे हुआ? मुरली की साँसें उखड़ने लगीं। हाथों की अँगुलियाँ सचमुच ऐंठ गईं। पोरों का रक्त जम गया। पूरी देह ऐसी हो गई मानो उसे बर्फ़ से भरे किसी ताबूत में बंद कर दिया है।

ख़बरिया चैनल के उस संवाददाता के एक-एक प्रश्न का बड़े ही सधे हुए अंदाज़ और चुने हुए शब्दों के साथ उत्तर दे रही है रुक्मिणी। अपने और अपने प्रमुख विपक्षी उम्मीदवार के मतों के बीच तेज़ी से बढ़ते अन्तर का श्रेय वह धरमपुरा विधानसभा क्षेत्र की जनता जनार्दन को देने में कोई कंजूसी नहीं बरत रही है।

सबसे अंत में संवाददाता ने रुक्मिणी से पूछा, "रुक्मिणी जी, अब तो आपकी जीत सुनिश्चित हो चुकी है, ऐसे में आप किस व्यक्ति को श्रेय देना चाहेंगी जिसने आपको इस मुकाम तक पहुँचाया है?"

साँसें रोक मुरली इन्तज़ार करने लगा रुक्मिणी के मुँह से उजागर होनेवाले उस रहस्य का जिसने उसे आज यह एकान्तवास भुगतने पर विवश किया है, अन्यथा इन सवालों का जवाब इस समय रुक्मिणी नहीं वह दे रहा होता। आज इस साज़िश से परदा उठ ही जाएगा। पार्टी सहित धरमपुरा, इस राज्य और देश की पूरी जनता जान जाएगी कि वह कौन है, जिसने मुरली को ज़िल्लत की खाई

में धकेल, इस दो टके की रुक्मिणी को अर्श पर पहुँचाया है। आवेश और उत्तेजना में मुरली की मुट्ठियाँ खुलने और बन्द होने लगीं। अपनी साँसों पर उसे नियन्त्रण रखना मुश्किल हो गया।

"हाँ रुक्मिणी जी, आप इसका श्रेय किसको देना चाहेंगी?" रुक्मिणी की तरफ़ से किसी तरह का उत्तर न पा संवाददाता ने फिर से दोहराया अपना प्रश्न।

रुक्मिणी को जैसे अभी भी नहीं सूझा इस प्रश्न का कोई उत्तर। मुरली की आँखों में सुर्ख़ डोरे तैर आए। नथुनों से टकराती अपनी ही साँसों की आवाज़ें टेलीविज़न के शोर के बावजूद साफ़ सुनाई दे रही हैं मुरली को।

बमुश्किल लरज़े रुक्मिणी के होंठ।

"देखिए, यह तो बताना मुश्किल है कि मुझे इस मुकाम पर किसने पहुँचाया है...फिर भी मैं उन दो लोगों का नाम जरूर लेना चाहूँगी जिनके दिखाए रास्ते और प्रेरणा से मैं आज आपके सामने हूँ...उनमें से एक तो इस समय मेरे साथ हैं हमारी पार्टी की पुरानी सेविका सावित्री बहन, और दूसरा है वह महापुरुष जिसे मैं अपना गुरु मानती हूँ। मैं उसके चरणों की धूल को अपने माथे पर लगाते हुए उसे प्रणाम करती हूँ और वे महापुरुष हैं—मेरे परम आदरणीय श्री..."

रुक्मिणी के मुँह से निकले नाम को सुनते ही मुरली को किसी अदृश्य शक्ति ने मानो सख़्त चट्टान पर उठाकर फेंक दिया। कानों में पिघली शीशे की मोटी-मोटी बूँदें टपका दी हों। सारी देह सुन्न हो गई। रुक्मिणी के मुँह से फूटे शब्द, शब्द नहीं नगाड़े पर मोटी-मोटी चोबों की थाप-से सुनाई दिए। अर्ध-मूर्च्छित-सी अवस्था में हल्का-सा होश आया, तो पाया सामने स्क्रीन से दृश्य ग़ायब हो चुका है, बल्कि उसकी जगह युद्धरत अनगिनत कीट-पतंगों ने पूरे स्क्रीन पर अपना कब्ज़ा जमा लिया। शायद केबल ऑपरेटर के यहाँ बिजली चली गई है।

तभी मोबाइल घनघनाया। मुरली ने नम्बर देखा। फ़ोन सावित्री का ही था। कान से लगाने के बजाय मोबाइल का स्पीकर ऑन कर दिया।

"हैलो भाई साब, मुबारक हो! अपनी रुक्मिणी भारी मतों से विजयी घोषित हुई है।"

"तुझे भी।" अन्यमनस्कता के साथ संक्षिप्त-सा जवाब दिया मुरली ने।

"टीवी देखा था आपने भाई साब? रुक्मिणी ने तो आपको महापुरुष बना दिया...आपके चरणों की धूल अपने माथे पर लगाने की बात कही थी...आपको अपना गुरु..."

"चोऽऽप! दोगली कहीं की। मेरे जख्मों पर नमक छिड़क रही है।" मुरली की नसें तड़कने लगीं मारे गुस्से और क्षोभ के।

एकाएक दूसरी तरफ़ से आवाज़ आनी बन्द हो गई। लगता है सावित्री ने फ़ोन काट दिया। तभी स्क्रीन पर दृश्य उभर उठा। केबल ऑपरेटर के यहाँ बिजली आ गई लगती है। पहले से लगे उसी चैनल पर चल रहे पैनल डिस्कशन के नीचे ब्रेकिंग न्यूज़ की लाल पट्टी के सामने की इबारत ने सावित्री की सूचना की पुष्टि कर दी—धरमपुरा विधानसभा सीट से रुक्मिणी विजयी घोषित।

टेलीविज़न बन्द कर दिया मुरली ने। नहीं देखा गया इसके बाद। बिस्तर पर अचेत-सा हो गया मुरली। अब क्या बचा है देखने और सुनने को। ख़बरिया चैनल के संवाददाता और सावित्री के शब्द मुरली के मस्तिष्क में नुकीली सूइयों की तरह रह-रहकर चुभने लगे। कानों में रह-रहकर रुक्मिणी के वे शब्द गूँजते रहे जिन्हें धरमपुरा, राज्य और इस देश की बड़ी आबादी ने अपने कानों से सुने, और जो वर्षों तक मुरली के कानों में खदबदाते रहेंगे। मगर वह रहस्य फिर भी रहस्य ही बना रहा।

क़रीब दो बजे निर्वाचन अधिकारी द्वारा रुक्मिणी के विजयी होने की उद्घोषणा के साथ ही, छोटा-सा जुलूस देखते ही देखते एक विजयी शोभायात्रा में बदलता चला गया। रास्ते से गुज़रते इस जुलूस की असल नायिका को देखने की होड़ लग गई। रुक्मिणी को पार्टी द्वारा अपना प्रत्याशी घोषित करने और अपनी बहू-बेटियों पर इससे पड़ने वाले प्रभाव को देखते हुए जिन अखिल भारतीय परशुराम ब्राह्मण सभा, सनातन युवक मंडल, धरमपुरा वैश्य सुधार समिति और यूथ फॉर इक्वालिटी की नई-नई बनी शाखा ने रुक्मिणी का जमकर विरोध किया था, उन्हीं के प्रतिनिधियों द्वारा, अपने जन-प्रतिनिधि के स्वागत में माला पहनाने के दौरान आपस में हाथापाई होते-होते बची।

आज रुक्मिणी ने किसी को नहीं रोका आडम्बर रचने से। किसी को नहीं टोका प्रदर्शन करने से। पूरे गाजे-बाजे के साथ निकला जुलूस। जमकर पुष्प वर्षा हुई पूरे रास्ते। गाजूकी लौटते हुए रुक्मिणी ने धीरे-से वैद्यजी के कान से मुँह लगा, लगभग फुसफुसाते हुए तसल्ली की, "बैद्जी, पहला तोड़ का एकाध ब्लैडर बचा कर रखा है या नहीं?"

"यह भी कोई पूछने की बात है।" वैद्यजी भी मुस्कराते हुए फुसफुसाया।

दूर से धूल उड़ाते क़ाफिले को आता देखकर लगा जैसे किसी रणक्षेत्र से युद्ध जीतकर सेना की कोई टुकड़ी अपने शिविर में लौट रही है। मज़ार की पीठ पर बैठे सूरज के गाढ़े पीलेपन में जलती धूप, लोबान और अगरबत्तियों के उठते धुएँ से अध्यात्म और वैराग्य का ऐसा अलौकिक मटमैलापन उतर आया, मानो सूरज की जोगिया देह पर भभूत मल दिया हो। चारों ओर वातावरण में घुले धूसर रंग में सने जुलूस का आकार घटकर चौथाई रह गया। सिर्फ़ कुछ कारों और ख़ाली चले आ रहे टम्पुओं के इस क़ाफिले के स्वागत के लिए पूरी गाजूकी और कमला सदन माना गुरु की मढ़ी पर ही आ गया।

आज सावित्री को कहने की ज़रूरत नहीं पड़ी। मज़ार के सामने पहुँचते ही रुक्मिणी ने धरमा से गाड़ी रोकने को कहा, तो पूरा क़ाफिला एकसाथ रुक गया। गाड़ी से उतर सिर पर पल्लू डाल रुक्मिणी ने मज़ार से थोड़ा पहले सैंडिल उतारी और मज़ार पर चढ़ गई। आज देर तक पता नहीं सीस नवाए रुक्मिणी भूरा पीर से क्या मन्नत माँगती रही? इसके बाद क़ाफिला मजार से थोड़ा आगे जाकर रुक्मिणी के कुल देवी-देवता की मढ़ी यानी माना गुरु और माँ नलिन्या के चबूतरे के सामने आकर ठिठक गया।

अपने कुल देवी-देवताओं से आशीर्वाद लेते ही फिर तो गाजूकी जैसे बौरा गई। कमला बुआ ने साथ लाए नोटों से भरे थैले को देखते ही देखते ख़ाली कर दिया। किसी को नहीं टोका आज बुआ ने। पुष्प वर्षा नहीं, आज रुक्मिणी के ऊपर नोटों की वर्षा होने लगी। धरमपुरा से क़ाफिले के साथ आए ढोल-ताशे की ताल और थाप पर वंदना, पूनम, पिंकी, रेखा, हेमा ने जो डांस किया उसे देखकर, साथ आए राज्य प्रभारी तिवारी जी को वर्षों पुरानी, इसी गाजूकी में हुई महफ़िल की स्मृतियाँ ताज़ा हो उठीं।

देर रात तक कमला सदन हँसी-ठिठोलियों से अठखेलियाँ करता रहा। पहला तोड़ ने आज जमकर रंग दिखाया, ऐसा रंग कि जिसके होंठों को उसने छू लिया, वही उसका होकर रह गया। सबको विदा करते-करते रात के दो बज गए। कमला बुआ तो इस बीच नींद का एक झटका भी ले चुकी है। एकाध जलते बल्ब की रोशनी में अब कभी-कभार कोई हारा-थका साया नज़र आता। हारकर कमला बुआ को ही टोकना पड़ा, "रुक्मिणी, बेटा अगर सब निपट गया हो तो कर ले थोड़ा आराम।"

'नानी शायद ठीक कह रही है।' यही सोचते हुए रुक्मिणी भी सोने के लिए चल दी। कमला सदन के एक-एक कर हारे-थके बल्बों ने भी बुझते हुए चैन की साँस ली। दिनभर बाट जोहते किवाड़ों को मुश्किल से आराम करने का मौक़ा

मिला। अपने उनींदेपन की लौरी गाते हुए कमला सदन धीरे-धीरे किसी गहरे, अथाह स्वप्न कुंड में डुबकी लगाने लगा।

न जाने क्यों रुक्मिणी की आँखों के आगे पूरा दृश्य कौंध गया। वह रह-रहकर कोशिश करती है उस वजह को जानने और याद करने की, जिसने उस दृश्य को उसकी स्मृति के किसी धूल जमे अँधेरे कोने से निकालकर चुपचाप, बिना आहट किए उसके सामने फैला दिया। एक पल के लिए पूरी देह किसी अनजानी सिहरन से ऐसे सिहरती चली गई मानो किसी ने उसे ज़ोर से झिंझोड़ा हो। लगा जैसे चींटों की लम्बी कतार उसकी जंघाओं पर निर्बाध विचरन कर रही है। आधी बँधी साड़ी झटककर उतार फेंकी रुक्मिणी ने। हाथ तेज़ी से गया पेटीकोट में परन्तु अँगुलियों के ज़ल्लाद पोरों के हाथ कोई मुजरिम नहीं लगा। रुक्मिणी का रोआँ-रोआँ किसी दहशत से डरकर खड़ा हो गया।

रुक्मिणी का यह कोरा वहम था।

रुक्मिणी ने जानबूझकर वही गहरे नीले रंग की शिफ़ेन की साड़ी निकाली, जिसे वह पहली बार पहनकर सावित्री बाईजी के संग धरमपुरा रेस्ट हाउस में गई थी, और जिसे देखकर उसकी बाईजी धीरे-से मुस्कराई थी। आड़े पल्लू की बँधी साड़ी को सामने आदमक़द दर्पण में अलग-अलग मुद्राओं और कोणों से देर तक निहारती रही रुक्मिणी। साड़ी के पल्लू को अन्तिम बार कन्धे पर डाल, हौले-से थपथपाते हुए सामने दर्पण में अपने ही अक्स को देख रुक्मिणी कच्ची टहनी-सी लरज़ती चली गई।

"रुक्मिणी, दिन तो तूने यहीं ढला दिया...मरी, पहुँचेंगे कब?"

एकाएक किसी के हाथ से छूटा पत्थर जैसे सामने दर्पण पर आकर पड़ा।

"बस नानी चलते हैं। पहुँच जाएँगे साँझ तलक। वैसे भी कार्यक्रम तो कल सवेरे है।" सकपकाते हुए कहा रुक्मिणी ने।

इतना कह रुक्मिणी चलने के लिए जैसे ही पलटी कि उसे देख बुआ का मुँह खुला का खुला रह गया, "रुक्मिणीऽऽऽ! तू तो आड़े पल्ले की साड़ी में मरी पूरी इज़्ज़तदार-सी लग रही है। जरा रुक, मैं अभी आई!" इतना कहते हुए बुआ कमरे से बाहर निकल गई और जितनी तेज़ी से वह गई थी, उससे भी जल्दी लौट आई। "ला, जरा अपना माथा आगे कर!"

बुआ के आदेश पर रुक्मिणी ने सिर झुका दिया।

"मेरी रुक्मिणी को किसी मरे की नजर ना लग जाए।" तवे की कालिख

से सने तर्जनी के पोर को झुके हुए माथे के बाएँ ओर टेक दिया। मगर यह क्या? हतप्रभ रह गई कमला बुआ यह देखकर कि जिस काले टीके को उसने रुक्मिणी के माथे पर, उसे बुरी नज़र से बचाने के लिए लगाया था, उसी टीक ने रुक्मिणी की सुन्दरता को और बढ़ा दिया।

"वैसे नानी, एक बात पूछूँ...मैं अभी भी इज़्ज़तदार-सी लग रही हूँ?" रुक्मिणी के शब्द विषाद की लेही में लिपटे हुए थे।

"यह तो टैम ही बताएगा बेटी।" गहरा साँस ले, उसे धीरे-धीरे छोड़ते हुए बोली कमला बुआ।

"नानी, ऐसी बात कहकर तू मुझे डराए मत।" हँसते हुए कहा रुक्मिणी ने।

"मैं डरा नहीं रही हूँ रुक्मिणी....अच्छा छोड़, जल्दी आ जा!"

'आड़े पल्ले की साड़ी।' कमला बुआ के जाते ही अकेले में बुदबुदाई रुक्मिणी। होंठ वक्र होते चले गए। जो गाल ख़ुद को देखकर सुर्ख़ हुए जा रहे थे, अब उनका रंग बदलकर ताँबई हो गया और जबड़ा एकदम सख़्त।

घनश्याम 'कृष्ण' यानी वैद्यजी को अपना धीरज अब जवाब देता दिखाई देने लगा है। लगने लगा ऐसे तो उसकी एक दिन दिमाग़ की नसें ही फट जाएँगी। इसलिए उसने तय कर लिया कि जैसे ही रुक्मिणी को एकान्त मिलेगा, उससे वह ज़रूर पूछेगा। मगर अगले ही क्षण वह दुविधा के नए भँवर में फँस गया कि वह पूछेगा कब? उसे अब कहाँ मौक़ा मिलेगा? बुआ, सुशीला, माया, वंदना, पूनम बल्कि उसकी यह बाईजी भी साथ होगी। ठीक है, वापस आने पर पूछ लेगा।

"धरमा, तिबारे से बाईजी को भी साथ लेना है।" गाजूकी से निकल मज़ार के पास पहुँचते हुए ड्राइवर को निर्देश देते हुए बोली रुक्मिणी।

वैद्यजी की तन्द्रा भंग हो गई।

वैद्यजी को गुमसुम बैठा देख रुक्मिणी से रहा नहीं गया, "बैद्जी, सब ठीक तो है?"

"क्यों?" उलटा वैद्यजी ने पूछा।

'लग तो ऐसा ही रहा है।" थोड़ा रुककर फिर छेड़ा, "कहींऽऽऽ सावित्री बाईजी का नाम सुनकर मूड तो नहीं उखड़ गया?" कनखियों से देखते हुए रुक्मिणी मुस्कराई।

जबाव में वैद्यजी ने कुछ नहीं कहा।

''धरमा, मरे अभी कित्ती दूर और है तेरी यह राजधानी? मेरी तो मरी कमर ही टूटी जा रही है...पता ना यह कैसी सपथ है...इसे ये रुक्मिणी जाके खुद ही क्यों ना ले आती।''

''नानी, अभी तिबारे पर हम पहुँचे भी नहीं हैं और तेरी ये मरी कमर अभी से टूटने लग गई।''

''वंदना, तेरी नानी शपथ को कोई पाँच-सात किलो की चीज समझ रही है।''

''और कित्ते की होगी मरे बैद्जी?''

हिचकोले खाती स्कार्पियो में ज़ोर का ठहाका गूँजा। एक-दूसरे पर लद्दफद्द गिरते हुए हँसते-हँसते पेट में बल पड़ गए।

''माया, मरी एकाध गुटका-सुटका भी लाई है या ऐसे ही चली आई हाथ हिलाती...मारे चक्कर के मेरा तो मरा सिर ही फटा जा रहा है।''

''असली दरद इस मरे गुटके का है।'' माया 'हुस्न बाग' के एकसाथ चार पॉऊच देती हुई बोली, ''ले, चबाती रहे धीरे-धीरे...और हाँ, अब मत रचइयो कोई फंड।''

माया से पॉऊच लेते हुए कमला बुआ ने उनमें से एकसाथ दो पॉऊच फाड़े और गप्प से मुँह में डाल गई।

बातों-बातों में पता ही नहीं चला कि वे कब गाजूकी से चले, कब तिबारे पर पहुँचे और हँसी-ठट्ठों के बीच हिचकोले खाते हुए कब अपने गन्तव्य पर पहुँच गए।

*

विधानसभा प्रांगण में बने विशाल पंडाल को केसरिया पताकाओं से पटा देख सबकी आँखें चौंधिया गईं। सामने बने मंच से तो आँखें हटने का नाम ही न लें। बस, थोड़ा-सा अच्छा नहीं लग रहा है तो यह रुक्मिणी मंच पर नहीं है। काश, ऐसा हो जाता परन्तु यह सम्भव नहीं है। कमला बुआ को वैद्यजी ने खूब समझाने की कोशिश की मगर बुआ है कि अपने तर्कों के आगे किसी की चलने नहीं दे रही है।

''बैद्जी, मरी अच्छी सपथ हुई जिसे इस मचान पर ही लेने जाना पड़ेगा।''

''नानी, यह मचान नहीं मंच है।'' वंदना ने बुआ की ग़लती को सुधारा।

''जो भी है।'' पिच्च से नीचे थूकते हुए बोली बुआ।

एकसाथ आसपास की आधा दर्जन कुलीन भवें हिकारत के साथ बुआ की

इस उजड्डता पर तनती चली गईं।

“सबके सब मरे देख तो ऐसे रहे हैं जैसे मैंने कोई जुलम कर दिया।”

“नानी बस भी कर...जब देखो चालू हो जाएगी।” पूनम ने कमला बुआ को फुसफुसाते हुए डाँटा।

मंच पर जैसे ही महामहिम राज्यपाल के आने की उद्घोषणा हुई, विभिन्न क्षेत्रों का प्रतिनिधित्व करनेवाली नव-निर्वाचित और अन्य कुर्सियाँ महामहिम के अभिवादन में खड़ी हो गईं।

राष्ट्रगान के बाद जैसे-जैसे मंत्रिमंडल के सदस्य एक-एक कर शपथ ग्रहण करने लगे, करतल ध्वनियों से पंडाल ऐसे गूँजने लगा, मानो जेठ माह में पड़नेवाले पहले दोंगड़ों के बादल गरज रहे हों। कैबिनेट स्तर के मंत्रियों को शपथ दिलाने के बाद, राज्य मंत्रियों के रूप में जैसे-जैसे निर्वाचित विधायकों को शपथ दिलाने के लिए आमन्त्रित किया जाने लगा, वैसे-वैसे पंडाल में एक ओर छोटे-से द्वीप की कुर्सियाँ बेचैन हो उठीं। धैर्य उस द्वीप का बग़ावत पर उतारू हो गया। बल्कि राज्य मंत्रियों द्वारा ली जानेवाली शपथ के समाप्त होते-होते यह बग़ावत खुलकर सामने आ गई।

“बैद्जी, मरे तेरे दुनियाभर के मंत्री सपथ लेके चले गए पर हमारी रुक्मिणी का कहीं अता-पता नहीं है?” बुआ के धैर्य ने बजाया सबसे पहले बग़ावत का बिगुल।

वैद्यजी एकदम चुप। क्या जवाब दे।

“मरे, कहकर तो तुम दोनों यह लाए थे कि...”

इसी बीच उपमंत्रियों को शपथ ग्रहण करने के लिए मंच पर आमन्त्रित करने की उद्घोषणा हुई। वैद्यजी की साँसें लौट आईं।

“इनमें जरूर होगी रुक्मिणी!”

“हे माना गुरु! बैद्जी का कहा सच साबित हो जाए।” आँखें मूँद अपने कुल देवता का स्मरण करते हुए बुदबुदाई कमला बुआ।

अभी वैद्यजी बुआ से कुछ कहता कि मंच से उपमंत्री के रूप में शपथ लेने के लिए रुक्मिणी को आमन्त्रित किया गया। पंडाल के उस उपेक्षित-से द्वीप की कुर्सियों के चेहरे इस बार गर्व से ऐसे दिप-दिप कर उठे, मानो उन पर किसी ने धूप पोत दी हो।

“माया, मरी यह तो अपनी रुक्मिणी है?” कैमरों के फ़्लैश से भीगती रुक्मिणी को देख कुर्सी से उचककर हुमकते हुए कहा कमला बुआ ने।

“हाँ माँ, रुक्मिणी ही तो है।” जवाब माया ने नहीं माँ सुशीला ने दिया।

उस माँ ने जिसका मन बेटी को निहारते हुए नहीं भर रहा है।

बेहद सधे कदमों से रुक्मिणी मंथर गति से चलते हुए मंच पर आई। पूरी विनम्रता के साथ सामने उपस्थित जनसमूह का हाथ जोड़ते हुए अभिवादन कर क्षणभर ठिठक, पंडाल के दाईं ओर अपने द्वीप के छोटे-से क़बीले पर निगाह डाली और शपथ-पत्र ग्रहण कर महामहिम राज्यपाल के बग़ल में खड़े खाली डायस पर आ गई।

इधर महामहिम राज्यपाल द्वारा पढ़ी गई शपथ की प्रथम पंक्ति के पीछे-पीछे रुक्मिणी द्वारा यह पंक्ति पढ़ी गई कि—मैं, रुक्मिणी कंजर, सत्यनिष्ठा से प्रतिज्ञान करती हूँ...। और उधर सामने उपस्थित भद्रलोक में बेचैनी व्याप गई। फुसफुसाहटों का बाज़ार गरम हो गया।

'क्याऽऽऽ रुक्मिणी कंजर?'

'कंजर मायने, चोर-डकैत?'

'जिनकी औरतें धंधा करती हैं, वही?'

'फिर तो यह भी...राम...राम...राम!'

'देखो तो कैसी साड़ी पहनकर आई है, एकदम नीली झक्क्...पहनने-ओढ़ने का भी ढंग नहीं है।'

'क्या यह वही है जिसे अपने मुरलीजी का टिकट काटकर दिया गया है? बेचारा मुरली।'

एक के बाद एक दंभ, उपेक्षा, तिरस्कार, सन्देह की कीच में लिपटे वाक्य रह-रहकर उछलते रहे।

'कैसा समय आ गया है, चोरी-चकारी करनेवाले अब हमारे रहनुमा बनेंगे...हम पर हुकम करेंगे!'

'लो, हो गया बंटाधार...मोरों की रखवाली अब चोर करेंगे!'

'भाई साब, इसी को तो कहते हैं लोकतन्त्र!'

'घंटे का लोकतन्त्र। इससे तो गुलाम ही अच्छे थे हम...'

"शऽऽऽ!" वैद्यजी ने होंठों पर अँगुली रखते हुए टोका अपने आगेवाली पंक्ति से जारी द्विज संवादों को। टोकना ज़रूरी भी था। कहीं अन्तिम समय में आकर साधना खंडित न हो जाए।

मगर यह क्या? रुक्मिणी के शपथ ग्रहण करने पर जैसे किसी पहाड़ी के पीछे छिपी छोटी-सी बदली बड़बड़ाई। कहाँ ग़ायब हो गई करतल ध्वनियों की वह गर्जन, जो इससे पहले कानों के परदों को फाड़ने पर आमादा थी? कैमरों की फ़्लैश ज़रूर चमकती रहीं। रुक्मिणी ने पुनः पूरे जनसमूह का अभिवादन किया और कुछ

ज़रूरी औपचारिकताओं को पूरा कर अपना स्थान ग्रहण कर लिया।

शपथ ग्रहण समारोह सम्पन्न होते ही अधिकतर कुर्सियाँ अपने-अपने मंत्रियों को बधाई देने टूट पड़ीं। कुछ के हाथों में गुलदस्ते, तो कुछ के हाथों में फूलमालाएँ। मगर अकबकाए से एक द्वीप के क़बीले के हाथों में तो वह भी नहीं। अब क्या करें वे? इस अपरिचित, अनजान जनसमूह में वे रुक्मिणी को कहाँ ढूँढ़ें?

"वैद्यजी, मैं देखकर आती हूँ।"

सावित्री अभी जाने के बारे में सोचती कि सामने से भीड़ को चीरते हुए अपनी तरफ़ आते देखा उसे।

"नानी, ठीक रहा न?" आते ही पूछा रुक्मिणी ने।

एक बार फिर द्विज जनों की नज़रें आ टिकीं रुक्मिणी पर। नहीं रहा गया बुआ की बाजुओं से। लिपटा लिया रुक्मिणी को छाती से। इसके बाद माँ सुशीला, मौसी माया, वंदना, पूनम सहित रुक्मिणी की बाईजी सावित्री सबने गले मिलकर बधाई दी। वैद्यजी एक तरफ़ खड़ा मंद-मंद मुस्कराता रहा।

"दीदी, पता है ये इज़्ज़तदार क्या कह रहे थे?" पूनम से रहा नहीं गया।

"कोई बात नहीं पूनम। अब..." कहते-कहते रुक गई रुक्मिणी, शायद सावित्री की मौजूदगी की वजह से, "बैद्‌जी, अब क्या प्रोग्राम है?"

"पिरोगराम क्या, चल गाजूकी। कम से कम अपने माना गुरु के आगे एक बार मत्था और टेक आ!"

जवाब वैद्यजी के बजाय कमला बुआ ने दिया।

"रुक्मिणी, माँ ठीक कह रही है। बेशक हाथ के हाथ लौट अइयो।" माया ने कमला बुआ का समर्थन किया।

"तो फिर ठीक है नानी, कल सवेरे निकलते हैं।" रुक्मिणी ने सहमत होते हुए कहा।

पूरे कमला सदन का पहली बार अपनी रुक्मिणी पर सीना गर्व से चौड़ा होता दिखाई दिया। 'विधायक निवास' के जिन कमरों में रुक्मिणी ने सबके ठहरने की व्यवस्था कराई, उनमें मौजूद सुविधाओं को देख सबकी आँखें खुली की खुली रह गईं। सब एक ऐसे रोमांच से सराबोर थे जिसकी उनमें से किसी ने कल्पना भी नहीं की थी। शायद रुक्मिणी इसी रोमांच का अनुभव कराने के लिए तो इन्हें साथ लाई थी। वैद्यजी मन ही मन सोचने लगा कि यह रुक्मिणी की साधना का ही प्रतिफल है, जिसने इन्हें आत्मसम्मान, नई स्फूर्ति, नई ऊर्जा, नया उत्साह प्रदान किया है।

दोपहर हो गई वापस लौटते हुए।

जो हवा सुबह के समय ठंडक प्रदान कर रही थी, दिन चढ़ने के साथ-साथ वही तिबारे तक पहुँचते-पहुँचते लू के थपेड़ों में बदल गई—ठीक ऐसे जैसे धीरे-धीरे पक रहे आवाँ से निकल रही हो। इसका एहसास बेशक पूरे रास्ते न हुआ हो परन्तु वायुमंडल में फैली गरम रेत की चादर देखकर आसानी से लगाया जा सकता है।

"रुक्मिणी, मैं यहीं उतर जाती हूँ। दफ्तर की सूरत देखे बहुत दिन हो गए हैं। जाकर देखूँ तो सही क्या हाल है उसका।" तिबारे पर गाड़ी पहुँचते ही सावित्री ने कहा।

"ठीक है बाईजी।" इतना कह रुक्मिणी ने गाड़ी रुकवा दी।

गाड़ी का दरवाज़ा खुलते ही गरम हवा का तेज़ भभूका भड़भड़ाकर अन्दर ऐसे घुसा मानो वह दरवाज़ा खुलने का इन्तज़ार ही कर रहा था। तिबारे पर 'जनजाति महिला उद्धार सभा' के ठीक सामने सावित्री को उतार गाड़ी फर्लांग भर वापस लौटकर, बाएँ ओर गाजूकी पुल के बग़ल से सड़क पर उतर गई।

"बैद्‌जी, क्या सोच रहे हो?" वैद्यजी को चुप देख रुक्मिणी ने मुस्कराते हुए पूछा।

समझ गया वैद्यजी कि रुक्मिणी उसे शरारतन छेड़ रही है। इसीलिए कोई प्रतिक्रिया व्यक्त नहीं की।

"नानी, मुझे पता है बैद्‌जी किस सोच में पड़े हुए हैं!"

इस बार पलटकर देखा वैद्यजी ने रुक्मिणी की ओर। उसके इस देखने में जैसे वह सवाल छिपा हुआ है जिसका उत्तर रुक्मिणी के पास है।

"...यही कि जिस बाईजी को आज सभा से सदामदा के लिए राम-राम कह देना चाहिए, वह कैसे यह कहकर उतर गई कि दफ्तर की सूरत देखे बहुत दिन हो गए हैं...क्यों बैद्‌जी, मैं गलत तो ना कह रही हूँ?"

"बैद्‌जी ही क्यों, मरी मैं भी यही सोच रही हूँ?" वैद्यजी के कुछ कहने से पहले कमला बुआ ने भी अपनी जिज्ञासा उछालते हुए कहा।

ज़ोर से हँसी रुक्मिणी। इतनी ज़ोर से जैसे वह मुद्दत से ऐसे हँसी नहीं है।

"ठीक ही तो कह रही है बुआ। इसमें हँसने की क्या बात है?" वैद्यजी का मारे झुँझलाहट के इस बार चेहरा खिंच आया।

मगर रुक्मिणी की हँसी नहीं रुकी, तो नहीं रुकी। हँसने के साथ पूरा जिस्म ऐसे हिलने लगा, जिसे देखकर कहना मुश्किल है कि वह हिचकोले खाती गाड़ी के कारण हिल रही है अथवा उसकी हँसी के कारण।

"रुक्मिणी, मरी बस भी कर! ऐसे हँसी जा रही है जैसे भाँग पीकर बैठी

है!'' कमला बुआ ने स्नेह से डाँटा रुक्मिणी को।

''बैद्जी, बड़े भोले हो सब। अगर अब भी नहीं समझे तो तुम्हारा राम ही मालिक है।''

वैद्यजी को लगा कि रुक्मिणी ठीक ही कह रही है।

''बैद्जी, ना तो अब यह बाईजी कहीं जाएगी और ना ही मैं चाहूँगी कि यह हमें, मेरा मतलब है इस सभा को छोड़कर जाए।''

वैद्यजी को चक्कर-से आने लगे। जी जैसे मितलाने लगा। रुक्मिणी अब उसके लिए एक ऐसी अबूझ पहेली बन गई, जिसे सचमुच समझना उसके लिए मुश्किल होता जा रहा है।

''मैं क्यों नहीं चाहूँगी कि बाईजी इस सभा को छोड़कर जाए...वह इसलिए बैद्जी कि बाईजी तो मेरे लिए वो हनुमान की बूटी है जिसने, जब-जब यह लच्छमण मूर्छित हुआ है उसकी देह में प्राण फूँके हैं। इस बूटी का होना रुक्मिणी के लिए बहुत जरूरी है। यह रहेगी तो देह में जान बनी रहेगी। क्या थी यह रुक्मिणी इससे पहले? बस, हाड़-मांस का-सा पुतला।''

वैद्यजी को रुक्मिणी की आँखों से संताप की भाप उठती दिखाई दी। चेहरा ऐसे सख़्त होता चला गया जैसे पेड़ के तने पर कुल्हाड़ी से बना खाँचा धीरे-धीरे भरने के बाद हो जाता है।

''तुम दोनों की माया तुम्हीं जानो। मेरे तो तुम्हारी यह मरी रामाण समझ से परे है।'' बुआ ने विषय पर विराम ही लगा दिया।

सामने से रेत के बगूलों को चीरती हुई गाड़ी आगे बढ़ती रही। बाएँ ओर दूर तक फैली सरकंडों की चादर से हवा का कोई झोंका अठखेलियाँ करता हुआ आगे बढ़ता, तब लगता जैसे किसी समुद्र की उठती हरी लहरें उनका अभिवादन कर रही हैं। रास्ते में जगह-जगह टँगी विभिन्न आकार की पार्टी पताकाएँ बीच-बीच में बच्चों-सी किलकती हुई खिलखिलाकर हँस पड़तीं। तेज़ धूप से फीके पड़ गए फटे-अधफटे पोस्टरों से करबद्ध मुद्रा में मुस्कराती रुक्मिणी जैसे ख़ुद का स्वागत कर रही है।

मज़ार के चारों ओर बनी दीवार की जो मोखियाँ सूनी कलाइयों-सी दिखाई देती थीं, वे अब रंग-बिरंगे धागों, रिबन के टुकड़ों और अलग-अलग प्रकार के चुटीलों से भरी दिखाई दे रही हैं। यहाँ तक कि आसपास के पेड़-पौधों की शाखाएँ भी इनसे आच्छादित हैं। इसका मतलब है कि भूरा पीर बे-औलादों की गोद हरी कर,

अपने दर पर आनेवाले अक़ीदतमंदों को निराश करके नहीं भेजता है। सबकी मुराद और मन्नत पूरी कर रहा है। एकाएक मज़ार के पिछवाड़े ध्यान गया रुक्मिणी का। यह हैरान करनेवाली बात थी कि उसके लिए क्योंकि मज़ार के पीछे बने ख़ादिम के अस्थाई निवास ने अब पक्के आवास का रूप ले लिया है। बल्कि ठीक उसके बग़ल में जा-नमाज़ के रूप में एक पक्का थड़ा भी बना दिया है। समझ गई रुक्मिणी कि यह नमाज़ियों के लिए बनाया गया होगा, नमाज़ पढ़ने के लिए।

धूल उड़ाती हुई गाड़ी वहीं जाकर रुक गई, जहाँ उसे रुकना था।

"रुक्मिणी, अब सीधी घर चल। वापसी में टेक लीजो मत्था। वैसे भी बहुत गरमी है अभी।"

"ठीक है नानी। साँझ तलक निकल जाऊँगी। धरमा गाड़ी घर ही ले चल। थोड़ा-सा आराम भी हो जाएगा।" कमला बुआ के सुझाव पर अमल करते हुए कहा रुक्मिणी ने।

हालाँकि धूप में अब इतनी तेज़ी नहीं है परन्तु लू की प्रचंडता में किसी तरह की कमी नहीं आई है। आसमान में झीनी-सी मटमैली चादर अभी भी टँगी हुई है। पीछे से धुँधलाया सूरज अबोध बच्चे-सा टकटकी लगाए तपती धरती को निहार रहा।

घर से निकलते-निकलते पाँच बज गए।

भूरा पीर की मज़ार पर रुक्मिणी ने इससे पहले ऐसा मेला कभी नहीं देखा। उसने पहले चबूतरे पर बनी छोटी-सी मढ़ी में रखी माना गुरु और फिर माँ नलिन्या की अनगढ़ प्रतिमाओं के आगे सीस नवाया और वापस गाड़ी में बैठते हुए पूछा, "बैद्जी, मजार पर आज यह भीड़ कैसी है?"

वैद्यजी भी नहीं समझ पाया कुछ। मज़ार के सामने दूर तक लगी महिलाओं की लम्बी क़तार, नैवेद्य सामग्री से सजी छोटी-छोटी दुकानें और उन पर उमड़ी भीड़ का दृश्य सचमुच रुक्मिणी के लिए रोमांच पैदा करनेवाला था।

"लगता है आज कोई मेला है?" रुक्मिणी ने वैद्यजी सहित ड्राइवर धरमा को सुनाते हुए कहा।

"मेला नहीं दीदी, सालाना उर्स है।" धरमा ने बताया।

"उर्स! यह कब से लगने लगा?" अपनी अज्ञानता पर हैरानी-सी हुई रुक्मिणी को।

"पहला ही है दीदी। कहते हैं कि आज के दिन भूरा पीर से कुछ भी माँगो वह जरूर मिलेगा।" धरमा ने गम्भीर होते हुए कहा।

रुदिमणी ने पहले वैद्यजी की ओर देखा, फिर बाहर की तरफ़ देखते हुए

बोली, "बैदूजी, टैम कितना हुआ है?"

"साढ़े पाँच।"

"धरमा, गाड़ी एक तरफ लगा। बैदूजी, आओ मेरे साथ!"

वैद्यजी को साथ ले रुक्मिणी मज़ार के पिछवाड़े उसी स्थाई पक्के आवास पर गई, तो वहाँ जमा भीड़ को देखकर ठिठक गई। ख़ादिम को पता चला तो वह स्वयं ही चला आया बाहर। प्रसाद और चादर लेना नहीं भूला वह। रुक्मिणी को ले ख़ादिम मज़ार पर आ गया। वैद्यजी चुपचाप रुक्मिणी के पीछे-पीछे चलता रहा। सारी प्रक्रिया को वह दम साधकर देखता रहा। उसकी समझ में नहीं आ रहा है कि अच्छी-भली जाते-जाते क्यों रुक गई रुक्मिणी, वह भी इस भूरा की मज़ार पर?

चादर चढ़ाने की रस्म में अधिक समय नहीं लगा। देर लगनी भी नहीं थी। मात्र एक दुरूद ही तो पढ़नी थी ख़ादिम को।

"बेटी, पीर बाबा से माँग जो माँगना है...तेरी मुराद जरूर पूरी करेंगे...और ले, इसे बाँध जा...सारी मन्नत पूरी हो जाएँगी।" अपनी कलाई पर बँधे चीकट धागे को तोड़कर ख़ादिम ने रुक्मिणी को देते हुए कहा।

धागे को ले रुक्मिणी किसी सोच की गहरी खन्दक में उतर गई।

"लगता है बेटी जैसे तेरी कोई मुराद बची ही नहीं है...या मेरे मौला!" इतना कह ख़ादिम ने आँखें बन्द कीं और हल्के-से अपनी धवल दाढ़ी पर हाथ फेरा।

रुक्मिणी को जँच गया कि ख़ादिम ने उसकी दुविधा को बाँच लिया है।

धागे को लिए हुए रुक्मिणी ने धीरे-से वैद्यजी की आँखों में उतरते हुए ऐसे देखा, जैसे वह ख़ादिम के कहे की उससे पुष्टि करना चाह रही है।

"कोई बात नहीं बेटी। जा, उस दरख़्त की टहनी पर बाँध जा!" सामने विशाल पीपल की एक झुकी हुई टहनी की ओर इशारा किया ख़ादिम ने।

रुक्मिणी ने पर्स से पाँच सौ का नोट निकाला और जाने से पहले भूरा पीर यानी दरगाह-ए-भूरा पीर के ख़ादिम को दे, झुकी हुई टहनी की ओर बढ़ गई।

भूरा की मजार को पीछे छोड़ गाड़ी आगे बढ़ गई।

यह बाहर की गरमी व थकावट के कारण था, या किसी मनोरथ के पूर्ण होने की चाह में मज़ार पर चढ़ाई गई चादर और पुराने पीपल की झुकी टहनी पर बाँधे गए धागे का असर कि गाड़ी में बैठते ही रुक्मिणी की पलकें बोझिल हो, आँखें मुँदती चली गईं। जबकि वैद्यजी अभी भी सोच के इस ताल में गोते लगा

रहा है कि रुक्मिणी की अब ऐसी कौन-सी मनोकामना बची है जिसके लिए उसे दरगाह-ए-भूरा पीर यानी बे-औलादों को औलाद देनेवाले भूरा की मज़ार पर उसे चादर चढ़ाने की ज़रूरत पड़ गई।

वैद्यजी ने गर्दन घुमाकर आराम से सीट पर पीठ टिकाकर अधलेटी मुद्रा में बैठी रुक्मिणी पर नज़र डाली। रह-रहकर उसके होंठों की लरज़ को देख, एक पल के लिए लगा जैसे वह महामहिम राज्यपाल द्वारा एक दिन पहले दिलाई गई शपथ को ख़ादिम द्वारा पढ़ी गई दरूद की तरह हौले-हौले बुदबुदा रही है कि :

> *मैं, रुक्मिणी कंजर, सत्यनिष्ठा से प्रतिज्ञान करती हूँ कि मैं विधि द्वारा स्थापित भारत के संविधान के प्रति सच्ची श्रद्धा और निष्ठा रखूँगी तथा भारत की प्रभुता और अखंडता अक्षुण्ण रखूँगी। मैं, रुक्मिणी कंजर, राज्य के मंत्री के रूप में अपने कर्त्तव्यों का श्रद्धापूर्वक और शुद्ध अंतःकरण से निर्वहन करूँगी तथा मैं भय या पक्षपात, अनुराग या द्वेष के बिना, सभी प्रकार के लोगों के प्रति संविधान और विधि के अनुसार न्याय करूँगी।*

वैद्यजी राज्य की वर्तमान अनुसूचित जाति एवं जनजाति कल्याण उपमंत्री रुक्मिणी कंजर के चेहरे को ग़ौर से देखते हुए, यह जानने की कोशिश करने लगा कि क्या सचमुच अभी इसकी कोई मुराद पूरी होनी बाकी है? मगर नहीं, रुक्मिणी के शान्त, निरुद्विग्न सौम्य चेहरे पर उसे ऐसा कोई भाव नज़र नहीं आया। बल्कि इस कोशिश में ख़ुद उसे ही पता नहीं चला कि वातानुकूलित गाड़ी में तेज़ी से भारी होती उसकी आँखें कब मुँदती चली गईं।

31

रुक्मिणी ने वैद्यजी को गाजूकी के बजाय धरमपुरा पी डब्ल्यू डी रेस्ट हाउस में ही बुलवा लिया।

वैद्यजी ने समय देखा। सात बजे हैं—यानी धरमपुरा जाने का मतलब है लौटते हुए दस तो बज ही जाएँगे। एक बार सोचा भी कि साथ ले जाने के लिए आए इस धरमा ड्राइवर को मना कर दे कि अब देर हो चुकी है, सुबह मिल लेगा

वह। मगर पता नहीं फिर क्या सूझा कि उसने धरमा को यह कहकर वापस जाने के लिए कह दिया, "धरमा, तू चल, मैं आ रहा हूँ पीछे-पीछे।"

"बैद्जी, दीदी ने कहा है कि मैं आपको साथ ही लेकर आऊँ। खाना उन्हीं के साथ खाना है।"

"तू चिन्ता मत कर। मैं आ रहा हूँ साइकिल से।" वैद्यजी ने धरमा को समझाने की कोशिश की।

"दीदी डाँटेगी मुझे। आप चलो मेरे साथ।"

"देख, ज्यादा जिद करेगा तो मैं आऊँगा भी नहीं।"

वैद्यजी की इस डाँट का सीधा असर पड़ा धरमा पर।

"ठीक है, मैं चला जाता हूँ पर आ जरूर जाना वरना दीदी बहुत गुस्सा करेगी मुझ पर।" इतना कह धरमा ड्राइवर वैद्यजी को लिए बिना लौट आया।

धरमा के जाते ही वैद्यजी ने साइकिल उठाई और पीछे-पीछे चल पड़ा पी डब्ल्यू डी रेस्ट हाउस।

रेस्ट हाउस परिसर में पहुँचकर वैद्यजी को पता नहीं क्यों यह जगह कुछ जानी-पहचानी-सी लगी। अपनी स्मृति पर थोड़ा ज़ोर दिया, तो तुरन्त याद आ गया कि यह तो वही जगह है जहाँ उस दिन रात को रुक्मिणी उसे लेकर आई थी। मगर आज और उस दिन के माहौल में ज़मीन-आसमान का अन्तर है। कहाँ उसे उस दिन अपने ही साए से डर लगने लगा था, और कहाँ आज पूरे रेस्ट हाउस में गहमागहमी है।

वैद्यजी की साइकिल की घंटी की आवाज़ है यह। इस आवाज़ को तो रुक्मिणी सैकड़ों साइकिल की घंटियों की आवाज़ में से पहचान लेती है। वर्षों से इस आवाज़ को सुनते हुए लगता है जैसे यह किसी देवालय की घंटी की आवाज़ है।

कालबेल दबाने से पहले एक पल के लिए वैद्यजी की अँगुली रुक गई। चौखट के ऊपर काले वृत्त में सफ़ेद पैंट से लिखे नम्बर को देखा, तो याद आया कमरा भी वही है।

कालबेल का स्विच दबते ही अन्दर से आवाज़ आई, "बैद्जी, आ जाओ! दरवाजा खुला है।"

कमरा नम्बर दस में प्रवेश करते ही वैद्यजी पर उलाहनों, कटाक्षों, लानतों, मलामतों की बौछार शुरू कर दी रुक्मिणी ने। कुछ नहीं कहा वैद्यजी ने। बस, चुपचाप मुस्कराते हुए रुक्मिणी के बोलों को सहता रहा। रुक्मिणी भी शीघ्र ही अपने आप लू के थपेड़ों से सर्द झोंके में बदल गई।

''लो बैद्जी, पानी पिओ!'' मेज़ पर रखे जग को वैद्यजी की ओर बढ़ाते हुए कहा रुक्मिणी ने।

''नहीं, प्यास नहीं है।''

''इतनी दूर से चलकर आए हो और कह रहे हो कि प्यास नहीं है।''

''हाँ, बाहर से पीकर आया हूँ।''

अच्छा नहीं लगा रुक्मिणी को।

''हाँ बता, कैसे बुलाया है?'' वैद्यजी सीधा ही मुद्दे पर आ गया।

''अभी आए हो...घड़ी भर साँस तो ले लो!''

''मुझे उलटा भी जाना है।''

''उलटा जाना है, अब?'' हैरान होते हुए आगे कहा रुक्मिणी ने, ''बैद्जी, अब नहीं जाने दूँगी इतनी रात गए। सवेरे जाना। एक कमरा बुक करा दिया है आपके लिए।''

''वह तो ठीक है पर पहले यह तो बता मुझे बुलाया क्यों है?''

''बस ऐसे ही। आपसे मिलने का मन कर रहा था। सोचा, यहीं बुला लूँ।''

वैद्यजी ने रुक्मिणी की ओर देखा तो एक स्निग्ध मुस्कान बिखेरकर रह गई रुक्मिणी।

''मैं खाने के लिए कह देती हूँ पहले। आप भी जल्दी खाते हो और मुझे भी जल्दी खाने की आदत है।'' इतना कह रुक्मिणी ने धरमा को बुला, खाने का आर्डर देने के लिए भेज दिया।

खाना खाते-खाते नौ बज गए।

''आराम से बैठ जाओ बैद्जी। मैं अभी लत्ते बदलकर आती हूँ। तभी करेंगे फुरसत से बात।'' इतना कहते हुए रुक्मिणी बाथरूम में घुस गई।

वैद्यजी की समझ में नहीं आ रहा है कि उसे बुलाने का प्रयोजन आख़िर क्या हो सकता है? उसका मन यह मानने को तैयार ही नहीं है कि रुक्मिणी का मन उससे मिलने को कर रहा होगा। फिर ऐसी क्या बात हो सकती? इस गुत्थी को वैद्यजी नहीं सुलझा पाया। जब तक रुक्मिणी कपड़े बदलकर आती, वैद्यजी अनिश्चितता के भँवर में फँसा रहा।

''बैद्जी, मैंने आपको इसलिए बुलवाया है कि मैं चाहती हूँ अब आपके लिए कुछ करूँ।''

''मेरे लिए! क्या करेगी मेरे लिए?'' वैद्यजी की आँखें आश्चर्य से फैलने-सिकुड़ने लगीं।

''यही तो समझ में नहीं आ रहा है।''

"मुझे क्या करना है, किसके लिए करना है।"

"फिर भी मैं चाहती हूँ कि..."

"तो इसके लिए मन कर रहा था बात करने के लिए। कोई फायदा नहीं है रुक्मिणी और हाँ, कोई और बात करनी है तो कर वरना..."

"ठीक है, नहीं करूँगी इस पर बात...और बात करते हैं...।" इतना कह रुक्मिणी धीरे-से वैद्यजी के पास सरक आई और इतनी धीमी आवाज़ में बोली कि कोई तीसरा होता, तो शायद ही उसे सुनाई देता, "बैदूजी, आपको लगता था कि पार्टी मुझे मंत्री बनाएगी?"

"जब इतना सब हो गया तो मंत्री बनना कौन-सा मुश्किल है।"

हौले-से मुस्कराई रुक्मिणी, "बैदूजी, आप भी कभी-कभी इतनी गहरी बात कह जाते हो कि आदमी का सिर घूम जाए।"

प्रत्युत्तर में वैद्यजी पहले मुस्कराया और फिर उसकी आँखों में आँखें डालते हुए बोला, "बहुत मुश्किल है इस रुक्मिणी को जानना।"

वैद्यजी ने जिस अन्दाज़ में कहा, उससे पल भर के लिए सकपका गई वह। लगा जैसे पूरे शरीर पर चींटियाँ रेंग रही हैं। उसे अपनी ना-समझी पर मन ही मन झुँझलाहट-सी होने लगी कि उसने वैद्यजी से क्यों यह सवाल किया। कुछ और भी तो पूछ सकती थी।

"वैसे नानी, माँ, मौसी, वंदना, पूनम पिंकी को तो बहुत अच्छा लगा होगा बैदूजी?" तुरन्त विषय बदल दिया रुक्मिणी ने।

कोई जवाब नहीं दिया वैद्यजी ने बल्कि उसकी नज़रें तो इस बार जैसे रुक्मिणी के चेहरे पर चस्पाँ हो गईं।

"बैदूजी, सब ठीक तो है?" रुक्मिणी के होंठ काँपने लगे। लवें एकाएक सुर्ख हो उठीं और आँखों में जैसे शरारत तैरने लगी।

"मान गया रुक्मिणी!" दीर्घ निःश्वास लेते हुए शब्दों को चुबलाते हुए बोला वैद्यजी।

"आज आपको हो क्या गया है?"

"तो आखिर दिखा ही दिया एक खिलावड़ी ने अपना खेल!" वैद्यजी ने रुक्मिणी की बात पर ध्यान ही नहीं दिया।

"बैदूजी, कौ...कौन-सा खेल?" ऊपर से बेशक रुक्मिणी ने बे-परवाह दीखने की मुद्रा अपनाई परन्तु सच्चाई यह है कि वैद्यजी ने उसकी धड़कनें बढ़ा दीं।

"यह भी मुझे ही बताना पड़ेगा?" इस बार वैद्यजी सरक आया रुक्मिणी

के नज़दीक।

''स...साफ-साफ कहो बैद्‌जी!'' रुक्मिणी के शब्द टूटने लगे।

रुक्मिणी वैद्यजी से नज़रें मिलाने के बजाय, उससे नज़रें चुराने लगी। पकड़ में आ गई वैद्यजी के वह गिरह जो इतनी कोशिशों के बावजूद उसकी पकड़ में नहीं आ रही थी।

रुक्मिणी के चेहरे के बदलते रंगों, उसकी देह-भाषा और हकलाहट-हड़बड़ाहट को देख एकाएक हँसी छूट गई वैद्यजी की, ''मैं तो मजाक कर रहा था।''

''वाह बैद्‌जी, मैं तो घबरा ही गई। पता नहीं आप भी क्या बात ले बैठे... कौन-से खेल की बात करने लगे।'' बमुश्किल सँभाल पाई अपने-आपको रुक्मिणी। कमरे में ए सी चलने के बावजूद पसीना चू आया माथे पर।

''रुक्मिणीऽऽ, मैं उसी खेल की बात कर रहा हूँ जिसे तू अच्छी तरह समझ रही है।'' वैद्यजी के चेहरे से अचानक हँसी गायब हो गई।

''बैद्‌जी, फिर वही मजाक। आज आपकी तबियत ठीक नहीं लगती है... जाओ, सो जाओ! कल बात करेंगे।'' वापस आता साँस पुनः फेफड़ों में जाते-जाते रुक गया।

रुक्मिणी कुर्सी से उठकर खड़ी हो गई और अभी वह सोने का प्रयोजन करती कि वैद्यजी ने उसकी कलाई पकड़ते हुए उसे वापस बैठा लिया।

''किसी को नहीं बताऊँगा रुक्मिणी। बस, मेरे शक से धूल हटा दे एक बार।''

''कैसा शक, कैसी धूल...आज आप ये कैसी बातें कर रहे हो?'' एक बेमानी प्रतिरोध करते हुए रुक्मिणी बैठ गई।

''अच्छा यह बता, अखबारों में पिंकी के साथ जिस आदमी की फोटो छपी थी, यह वही है न जिसके बारे में मैंने एक बार बताया था!''

''वह तो वंदना के बारे में बताया था।''

''पर आदमी तो वही है न?''

''होगा, पर मुझसे क्यों पूछ रहे हो यह सब?'' कहते-कहते नज़रें झुका लीं रुक्मिणी ने।

''रुक्मिणी, मेरी तरफ देख और सच-सच बता सीडी किसने बनवाई थी?''

''कौन-सी सीडी बैद्‌जी?'' रुक्मिणी का चेहरा खिंच आया।

''तुझे सऽऽब पता है रुक्मिणी। वैसे भी दाई से क्या पेट छिपाना।''

''मुझे क्या पता है सब?''

''यही कि यह सीडी किसने बनवाई है।''

"किसने बनवाई है?" प्रतिप्रश्न किया रुक्मिणी ने।

"रुक्मिणी ने।"

"मैं...मैंने!"

"हाँ, इस रुक्मिणी ने।"

वैद्यजी ने जिस आत्मविश्वास के साथ रुक्मिणी की आँखों में घुसते हुए झाँका, रुक्मिणी के आगे अँधेरा छा गया। चेहरा एकदम सफ़ेद पड़ता चला गया और होंठ एकदम स्याह होते चले गए। पूरे शरीर से रक्त निचुड़ गया मानो। लगा जैसे कमरे में भीड़ का रेला घुस आया है। साँसें उखड़ने लगीं उसकी।

वैद्यजी ने उठकर पानी का गिलास उठाया और रुक्मिणी को देते हुए बोला, "ले, पानी पी पहले!"

कँपकँपाते हाथों से गिलास ले उसे एक ही साँस में पी गई।

काफ़ी देर बाद रुक्मिणी जब सामान्य हुई, तो वैद्यजी उठते हुए बोला, "ठीक है, मैं चलता हूँ। नींद-सी आ रही है।"

वैद्यजी जाने लगा तो उसे महसूस हुआ रुक्मिणी ने उसका हाथ पकड़ जैसे उससे कुछ कहा है। पलटकर देखा उसने।

"बैद्‌जी, आपका अंदाजा बिलकुल सही है...पर यह बात आपको बताई किसने? जहाँ तक मुझे याद है मैंने तो इस बारे में आज तक किसी को कुछ बताया नहीं है।"

जाते-जाते रुक गया बैद्‌जी, "किसी ने नहीं।"

"फिर आपको कैसे पता चला?"

"रुक्मिणी, जब मैंने सावित्री और वंदना के गांधी सर्किल के पास की एक कोठी से निकलनेवाली बात तुझे बताई थी, तब मेरे कहे पर तुझे यकीन नहीं हुआ था। मैंने इस पर कोई ध्यान नहीं दिया। मेरा माथा तो ठनका तब, जब मेरे मना करने के बावजूद जनजाति महिला उद्धार सभा की बागडोर न केवल सावित्री के हाथ में थमा दी, बल्कि सभा के माल के साथ पहले वंदना-पूनम जाने लगीं और बाद में पिंकी को भी ग्रामोद्योग भेजना शुरू कर दिया। मेरे इस शक को तब और ज्यादा बल मिला जब सावित्री को इलैक्शन होने के नाम पर फिर से रख लिया गया। मैं समझ गया कि यह किसी बड़े खेल की तैयारी हो रही है...और उस दिन मुझे पूरा यकीन हो गया जब सभा और कमला सदन को पूरी तरह सावित्री के भरोसे छोड़, एकाएक गायब हो गई थी...क्यों, मेरा अन्दाज़ा सही है न?"

रुक्मिणी के माथे पर फिर से पसीना चू आया। हाथ-पाँव एकाएक ठंडे पड़

गए। सिर घूमने लगा उसका। वैद्यजी ने रुक्मिणी के भागने की सारी मोखियाँ बन्द कर दीं।

"बैद्जी, आप ठीक कह रहे हो। इस सावित्री बाईजी पर जैसे आपको भरोसा नहीं था, वैसे ही मुझे भी नहीं था। मैं इसी बाईजी के साथ पहली बार मुरली बाबू सा' से अकेली मिली थी। मिली क्या थी, यह खिलावड़ी तो पहले की तरह अपने ग्राहक की देह की भूख मिटाने गई थी...पर ना, तुम्हारा यह इज़्ज़तदार तो मेरी ना-मर्जी को ही खरीदने पर उतारू हो गया। बैद्जी, रुक्मिणी की रजामंदी के बिना कोई इसके मजाल है हाथ तो लगा जाए। यह तो भाग अच्छा था उसका वरना मेरे हाथ से खून ही हो गया था। वह भी इसी कमरे में।"

"रुक्मिणी, यह तो हिम्मत थी तेरी।"

"बैद्जी, मैं तो एहसान मानती हूँ इस बाईजी का, जो ना यह उस दिन मेरी देह को ललकारती और न यह खिलावड़ी इसी देह के बल पर वह सब हासिल करने की कसम खाती, जिसे सावित्री बाईजी आज तक हासिल नहीं कर पाई है।"

वैद्यजी जैसे किसी गहरे गर्त में उतरने लगा। क्यों छेड़ा उसने यह प्रसंग।

"मैं ही जानती हूँ बैद्जी कि मैंने कितने बोल सहे हैं, कितनी जिल्लत झेली है। मैं कैसे भूल सकती हूँ उस दिन को जब इसी मुरली बाबू सा' के किए के लिए उलटा मुझे ही उसके पाँवों पर सिर रख माफी माँगनी पड़ी थी।" रुक्मिणी का चेहरा तेज़ी से सख़्त होने लगा।

वैद्यजी की आँखें विस्मय से फैलने लगीं। पहली बार उसे सचमुच इस रुक्मिणी से डर लगने लगा।

"मैं भी भाँप गई बैद्जी कि इस मुरली बाबू सा' को इसी देह से मारा जा सकता है। इसीलिए मैं जान-बूझकर आसमान में उड़नेवाली इन बिगड़ैल पतंगों को ढील देती गई। मैं जानती थी कि मैं जितनी इन्हें ढील दूँगी, उतनी ही ये बेकाबू होंगी। मुझे पता था कि मेरी यह ढील और लापरवाही ही इनका नाश करेगी। सावित्री बाईजी तो इसी मुगालते में थी कि जैसे मुझे कुछ पता ही नहीं है। मैं पागल थी जो इसने पिंकी को ले जाने के लिए कहा और मैं मान गई।"

"रुक्मिणी, मैं चलता हूँ। काफी रात हो गई है।" अचानक उठते हुए बोला वैद्यजी।

"क्यों, डर गए बैद्जी?"

"मैं...मैं क्यों डरूँगा।" शब्द बिखरने लगे वैद्यजी के।

ज़ोर से ठहाका मारकर हँसी रुक्मिणी, इतनी ज़ोर से कि कमरे की दीवारों

से टकराकर उसकी प्रतिध्वनियाँ देर तक किसी गहरे अंधे कुएँ में गूँजती प्रतिध्वनियों की तरह गूँजती रहीं।

वैद्यजी को लगा जैसे हँसते-हँसते रुक्मिणी का चेहरा सख़्त होते हुए एकाएक बेहद विकृत हो उठा है। अब रुक्मिणी के पास सचमुच उसका बैठना मुश्किल हो गया।

''बैदूजी, अब जाकर पता चला है कि ताकत चाहे दौलत की हो या रूप और देह की, वह कितनी बड़ी होती है। अगर इनमें से एक भी आपके पास है तो समझो आपसे बड़ा ताकतवर कोई नहीं है...और अगर सारी हैं तो कहना ही क्या...मेरे पास आज़ तीनों हैं।''

रुक्मिणी की मुट्ठियों का कसाव, उसकी आँखों का ताप और जबड़े की मांसपेशियों का खिंचाव उसके इरादों की ओर साफ़ संकेत कर रहे हैं। वैद्यजी को जहाँ पहले रुक्मिणी से डरने की महज अनुभूति-सी हो रही थी, वहाँ उसे अब सचमुच उससे डर लग रहा है।

''अच्छा हुआ बैदूजी, जो आपने आज यह भेद पूछ लिया। कम से कम अब यह तसल्ली तो रहेगी कि मेरे सिवाय कोई और भी इस भेद को जानता है।'' कहते-कहते रुक्मिणी बर्फ़ की शिला-सी हो गई—एकदम ठंडी। पता नहीं शब्दों का ताप कैसे भाप बनकर उड़ गया।

''एक बात बता रुक्मिणी, तेरे सारे मंत्रियों ने तो शपथ ली अपने ईश्वर की और तूने ली सत्यनिष्ठा के नाम पर?''

''बैदूजी, उन्हें तो उसकी शपथ लेनी ही थीं क्योंकि उनके लिए उनका ईश्वर ही सबकुछ है...और फिर ईश्वर या भगवान तो तुम इज़्ज़तदारों के होते हैं, हम जैसों के कहाँ। जिनका ईश्वर है उन्होंने उसके नाम की क़सम ले ली और जिसका नहीं है उसने यह क्या बताया आपने...सत्यनिष्ठा उसके नाम पर ले ली। वैसे सच कहूँ बैदूजी, ईश्वर की शपथ लेकर वैसे भी मुझे करना क्या है। जिन्होंने ऐसी कसमें ली हैं क्या वे भय या पक्षपात, अनुराग या द्वेष से बच पाए हैं—नहीं न? इसलिए बैदूजी, क्यों उसकी झूठी शपथ लेकर उसकी गुनहगार बनूँ...करना तो मुझे वही है, जो दूसरे अपने-अपने भगवानों के नाम पर झूठी शपथ लेकर करते हैं।''

नहीं समझ पाया वैद्यजी पल-पल रूप बदलती तीखी धूप और शीतल छाँह-सी इस रुक्मिणी को।

''मैं अब चलता हूँ...बहुत रात हो गई है।'' इस बार वैद्यजी सचमुच उठकर चल दिया।

वह तेज़ी से कमरा नम्बर दस से निकला और सीधा अपने कमरे में आकर दम लिया। कमरे की बत्ती बन्द कर वह देर तक प्रयास करता रहा सोने का परन्तु नींद ने न आने की जैसे क़सम खा ली। कैसे आए नींद? कानों में रह-रहकर रुक्मिणी के शब्द जो खदबदा रहे हैं। अँधेरे में डूबे कमरे में लग रहा है जैसे कुछ मटमैले अदृश्य साए किसी मन्त्र का जप करते हुए धीरे-धीरे चहलक़दमी कर रहे हैं। वैद्यजी को लगा कमरे की इस अँधेरी चुप्पी में चहलक़दमी करते ये साए किसी और के नहीं बल्कि रुक्मिणी के हैं, जो अब कमरे से बाहर निकल खुले परिसर में टहल रहे हैं।

पता नहीं कैसी चुप्पी है यह? वैद्यजी जितना इन पदचापों को अनसुना करने की कोशिश करता, उनकी थाप और गहरी होती जाती—ठीक बाहर और भीतर दोनों जगह गहराते अँधेरे की तरह।

●●●